Für meine Töchter

Mick Saunter, 1957 in Wuppertal geboren, hat seit seiner Jugend mindestens zwei Leidenschaften: Motorräder und Bücher. Zum Fahren von Motorrädern braucht es den entsprechenden Führerschein: Das war relativ schnell erledigt. Zum Schreiben von Büchern braucht es aber mehr: Wissen über das Leben. Das zu sammeln dauerte etwas länger: Er flog mit sechzehn vom Gymnasium, wurde Eisenwarenkaufmann, war Funker beim Bund, fuhr Lkw, verkaufte Versicherungen, und arbeitete in einer Auto-Werkstatt. Lernte das Tischler-Handwerk und holte den Schulabschluss nach, gründete eine Familie, studierte Holztechnik, und plante über viele Jahre Läden in ganz Deutschland. In der Lebensmitte lernte er durch Zufall (*den es gar nicht gibt: Nichts geschieht zufällig, sondern hat immer einen Sinn*) eine Einrichtung für Menschen mit geistiger Behinderung kennen. Das veränderte in seinem Leben alles: Er begann mit geistig und psychisch behinderten Menschen zu arbeiten, leitete die Arbeitstherapie in einer Suchthilfeklinik, und lebte als Heimleiter gemeinsam mit Menschen, die aufgrund ihrer Behinderungen ständige Betreuung brauchen.

Man sollte meinen, dass das jetzt an Lebenserfahrung genügte. Aber erst nach einer schweren Depression erkannte er, dass es jetzt aber wirklich an der Zeit war nur noch das zu tun, was er schon sein ganzes Leben lang wollte - und fing mit fast Sechzig an zu schreiben.

Mick Saunter

Unerwünschter Besuch

Meine Jahre mit den unangenehmsten Verwandten, die man sich
nur vorstellen kann: Dem dunklen Schatten der Depression
und der flammend roten Angst

Bericht einer Suche

FSC
www.fsc.org

MIX

Papier aus ver-
antwortungsvollen
Quellen

Originalausgabe Juli 2020

© 2020   Mick Saunter

Verlag: Michael Jeuter, Aalen-Waldhausen

Satz aus der Palatino Linotype, der DejaVu Sans und der Corbel

Druck: epubli, ein Service der neopubli GmbH, Berlin

ISBN: 978-3-752979-91-6

Printed in Germany

Mein Bericht beschreibt mein Leben in den Jahren von 2001 bis 2019, meinen Kampf mit der Krankheit Depression, und der Suche nach dem Warum und woher; so, wie es sich tatsächlich zugetragen hat. Ich habe nichts hinzugedichtet, hoffentlich nicht zu viel vergessen, und versucht es genau so auszudrücken, wie es meiner Erinnerung und meinem Empfinden nach gewesen ist.

Wenn Sie mehr über mich erfahren wollen, Fragen zum Thema haben oder mir einfach Ihre Meinung mitteilen wollen: Schauen Sie auf meine Website, und schreiben mir eine E-Mail - ich freue mich sehr darauf, und antworte garantiert.

✦

Inhalt

So etwas wie ein Vorwort

Es ist Anfang Juni 2020, und wir stehen mit unserem Wohnmobil auf einem Campingplatz am Kummerower See in Mecklenburg-Vorpommern. Gerade hat die Frau an meiner Seite mir gesagt, ich solle doch mal die Musik ausmachen: Draußen sänge eine Nachtigall. Okay, das ist nun wirklich ein nicht zu schlagendes Argument gegen Sandy Dennys *I´m a dreamer*.

Wir sind seit etwa sechs Wochen unterwegs, nachdem wir unsere Wohnung aufgelöst haben und auf Reise gegangen sind. Nach einigen Anfangsschwierigkeiten, die wohl relativ normal sind - wenn man beschließt so gut wie alles hinter sich zu lassen, den Hausstand einlagert, und ein fast 17 Jahre altes Wohnmobil kauft, um vielleicht die nächsten zwei Jahre, im Ruhestand, frei und, mit aller Zeit der Welt wie man vielleicht meint, ohne wirklichen festen Plan durch die Lande zu ziehen; auf der Suche nach dem einen Lebensort am Meer. Oder, wie man im Norden sagt: An der See.

Nach dem wir uns, jeder für sich zuvor allein und seit einigen Jahren gemeinsam, schon ein ganzes Leben lang sehnen.

Der Anfang war schon gemacht, als uns in der Nähe des Darß an der Ostsee die Nachricht ereilte, dass eine sehr gute und liebe Freundin, ganz plötzlich und auch an Jahren gemessen noch viel, viel zu früh, von uns gegangen war.

Nicht nur, dass dies ein schwerer Schicksalsschlag für die Familie und zahlreiche Freunde war und es bedeutete, dass wir unsere Freedom-Tour für die Rückreise zur Beisetzung erst einmal unterbrechen mussten: Es war, in einer ganzen Kette von Ereignissen und Erkenntnissen der letzten Jahre, ein weiteres, vielleicht das zu guter Letzt noch endgültig nötige Zeichen für uns, dass es nichts Wichtigeres im Leben gibt: Die einem gegebene Zeit dafür zu nutzen, einzig und allein das zu tun, was man schon immer tun wollte. Und zwar nicht irgendwann (von wegen „alle Zeit der Welt"!) - sondern genau jetzt!

Als ich, auf dem Bauch liegend und durch das Fenster in die Dunkelheit spähend, den Vogel seine wunderschönen Melodien singen hörte und darüber nachdachte, ob und wann ich zuvor überhaupt schon mal eine Nachtigall gehört hatte, fiel mir ein wie ich, noch als kleiner Junge, das Märchen „Des Kaisers Nachtigall" von Hans-Christian Andersen las; und mir vorstellte, wie wunderschön wohl ihr Gesang sein müsste: Wenn das Leben des Kaisers von China dadurch ein Anderes, ein Besseres wurde.

Aber bei uns in der Stadt gab es keine; und erst Jahrzehnte später, während eines Urlaubs in Dänemark, hörte ich sie zum ersten Mal. Nicht lang, denn ich musste, nach dem spätabendlichen Strandspaziergang mit dem Hund, zurück zum Ferienhaus, in dem meine Familie auf mich wartete. So ganz sicher, ob da tatsächlich einer dieser Vögel sang, von denen ich bisher nur gelesen hatte, war ich mir nicht mal. Aber so schön, und spät abends in der Dämmerung: Was hätte es sonst sein sollen?

So lange war das her, dachte ich jetzt, während die Nachtigall in der Dunkelheit einfach nicht aufhören wollte; und scheinbar nur für uns - denn wir waren allein und die Einzigen auf dem Stellplatz - wieder und wieder ihre Melodien sang: Mal begann sie mit einer Trillerfolge und fuhr mit einem glucksenden Rufen fort, um mit einem Pfeifen oder einem anderen Triller zu enden; dann machte sie mit einem anderen Lied weiter, jedesmal schöner noch als das zuvor. So wunderschön - wie damals in Südjütland. Der Kaiser von China hätte seine helle Freude daran gehabt.

Und was war seit dem nicht alles passiert!

Wie sehr war hatte sich mein Leben in den vergangenen fast zwanzig Jahren verändert, wie unglaublich hatte ich unter all dem gelitten, was eine Erkrankung wie eine Depression mit einem macht; und ebenso mit denen, die mit mir und an mir litten. Zu meinem Glück war es irgendwann wieder gut, wieder einigermaßen heil geworden; wenn auch vieles wohl auf immer zerstört bleibt.

Wie hatte es eigentlich so weit kommen können?

✦

Die Ankündigung

Ich sitze am Steuer meines Autos, und heule wie ein kleines Kind.

Die A 3 von Köln Richtung Frankfurt ist einigermaßen stark befahren, so wie meistens an einem Montag Vormittag.

Es regnet. Nicht wirklich viel, aber genug um durch den ständig hin und her wedelnden Scheibenwischer genervt zu sein. Die Gischt der überholenden Autos spritzt hin und wieder gegen die Scheiben, dann stelle ich kurz den Wischer eine Stufe schneller um wieder klarer sehen zu können. Wenn das doch im Leben immer so gehen könnte: Man betätigt einen Schalter, und sieht danach wieder klar.

Viele Autos sind als Geschäftswagen zu erkennen, und in den meisten sitzt nur der Fahrer: Montägliche Aufbruchstimmung, alle Mann ran an den Feind - ab ins Hamsterrad. All die Arbeitstiere, die Montag morgens zum Beginn einer neuen Arbeitswoche den Wochenplan, die Tourenpläne und die Termine mit den Kollegen ihrer Teams zusammengestellt hatten oder von ihren Vorgesetzten erhielten, packten ihre Unterlagen zusammen. Tranken vielleicht noch schnell einen Kaffee bei einer Kollegin oder in der Kantine, erzählten etwas von ihrem Wochenende. Lachten pflichtschuldig über zotige Bemerkungen ihrer Chefs, versuchten selbst ein paar Witze. Gingen noch mal zum Klo, und je nach Temperament verfluchten sie dort den beschissenen Wochen-Anfang, oder seufzten resigniert über ihre Wahllosigkeit. Rauchten noch hastig und ohne echten Genuss eine Kippe - denn meistens war das Rauchen im Dienstwagen untersagt - und machten dann schleunigst dass sie ins Auto kamen: Zuerst einmal um endlich aus dem direkten Zugriff der Firma zu verschwinden, um nicht noch mehr aufgehalst zu bekommen. Nur runter vom Parkplatz. Und auch, weil sie auf die Straße wollten: Für eine kleine Weile vielleicht so etwas Ähnliches wie Freiheit zu spüren - wenigstens, solange sie unterwegs waren. Oder einfach nur, weil sie wussten dass gerade Montags auf der Autobahn besonders viel los sein würde, je später sie los kamen. Bei den meisten war das alles Gewohnheit, Routine: Weil es ihr täglich Brot war unterwegs zu sein, und sie sich nichts Anderes vorstellen konnten. Nichts anderes wirklich vorstellen wollten.

So wie ich auch: Ich hatte am Wochenende wieder einmal gearbeitet. Natürlich wollte ich eigentlich viel lieber mit meinen Kindern und meiner Frau etwas unternehmen, ein-zwei freie Tage genießen. Aber, es war mir einfach nicht gelungen die Arbeit so einzuteilen, dass ich wirklich einmal frei sein würde für das, was im Leben wirklich wichtig ist.

Damals, als ich mich nach vielem Hin- und Herüberlegen, Konzept-Ausarbeitungen, unzähligen Gesprächen mit Frau, Freunden und Bank endlich selbstständig machte, war mein fester Entschluss mein Arbeitstempo zukünftig mehr selbst zu bestimmen. Nur - irgendwie klappte das nie! Und so hatte ich mir wieder einmal terminlich etwas von irgendwelchen Kunden so aufdrängen lassen, dass das vergangene Wochenende nur wenig freie Zeit für mich und meine Familie bot. Statt dessen saß ich stundenlang an meinem Schreibtisch, starrte auf Grundrisspläne, Stücklisten und Notizen, zeichnete im Computer meine Vorschläge zu irgendwelchen Ladeneinrichtungen und trank wieder einmal viel zu viel Kaffee, um mich irgendwie aufzuputschen. Vielleicht auch nur, um mich mit meiner Koffeinsucht von meinem Versagen abzulenken. Das Rauchen habe ich mir glücklicherweise vor fast dreißig Jahren, nach achtzehn Jahren Nikotinsucht und exzessivem Genuss von dunklen Selbstgedrehten, Gauloises ohne Filter und

Zigarillos abgewöhnt: Nachdem mir meine Älteste davon erzählte, dass der Vater einer Klassenkameradin an Lungenkrebs gestorben war, und sie mich nicht auch durch so was verlieren wolle! Das saß - und nach einigen ziemlich unbefriedigend verlaufenden Ansätzen gelang es mir schließlich meine Sucht in den Griff zu bekommen. Bis heute, fast dreißig Jahre später, bin ich rauchfrei geblieben.

Aber, so ganz unter uns: Ich könnte immer noch sofort wieder damit anfangen!

Und jetzt sitze ich im Auto, bin irgendwo auf der A 3 Richtung Süden, so zwischen Montabaur und Limburg. Unterwegs zu dem Kunden, weshalb ich wieder ein Wochenende durchgearbeitet habe, höre dabei Reinhard Mey - und heule.

Ich bin kurz vor der Ausfahrt zur Raststelle Medebach: Dort gibt es eine architektonisch sehr ansprechend gehaltene Autobahnkapelle; und wäre dort nicht der allgegenwärtige Autobahnlärm, könnte es wirklich ein Ort der Meditation sein. Ich war dort schon einige Male, habe mich dort in den Andachtsraum gesetzt und versucht etwas zu fühlen. Heute fahre ich weiter – so, wie es mir gerade geht!

> *Ich weine nicht einfach, es ist nicht so dass mir einfach nur*
> *die Tränen kommen - ich heule. Laut.*
> *Kann mich nicht bremsen, und es wird immer mehr.*
> *Ich heule Rotz und Wasser, kann nicht damit aufhören.*
> *Und eigentlich weiß ich nicht mal, warum.*

Reinhard Mey hatte gerade von den Erlebnissen in einem Restaurant in den USA gesungen, an einem letzten Urlaubstag, zusammen mit seiner Familie (der Song ist auf seinem Album „Flaschenpost" von 1998). Am Nachbartisch hatte ein älteres Ehepaar gesessen und ihn, seine Frau und seine drei erwachsenen Kinder beobachtet. Er war zunächst ein klein wenig amüsiert über das so stereotype, amerikanische Aussehen der beiden älteren Menschen, ihre Kleidung, ihre Frisuren. Dann, nachdem sie gezahlt und an seinem Tisch vorbeigingen, beugte der Mann sich zu ihm herunter, lächelte und sagte: *„What a lucky man you are!"*.

Und er sang davon, wie er auf einmal seine Familie genauer ansah, die Situation erfasste in der sie sich befanden - er, seine beiden Söhne, seine Tochter und seine Frau. Was er doch für ein Glück im Leben gehabt hatte, so eine Familie zu bekommen. Und dass er darüber nachsann, dass es manchmal eines Fremden bedarf um einem mal wieder aufzuzeigen: Was für ein glücklicher Mann man doch ist!

What a lucky man you are - war ich das auch? War ich glücklich, dass ich das machen konnte, von dem ich bis vor kurzem gedacht hatte dass es mich ausfüllen würde?

War ich glücklich, dass ich eine Familie hatte, so wie ich es mir ausgesucht hatte, mir als junger Erwachsener wirklich ganz intensivst gewünscht hatte?

War ich glücklich, dass alles trotz der ganz normalen, unendlich vielen und in immer wieder neuen Variationen wiederkehrenden Probleme eines Lebens doch irgendwie so gekommen war – wie ich es mir früher erträumt hatte?

Nein, ich war ganz und gar nicht glücklich: Ich war jetzt verdammt nochmal scheiß unglücklich!

Und das Schlimmste daran war, dass ich noch nicht einmal sagen konnte warum. Ich wusste nur: Seit einiger Zeit zweifelte ich immer öfter an mir, und ganz besonders im Beruflichen. Fühlte, dass das was ich machte nicht mehr das Richtige war.

Und das war nun eigentlich völlig verrückt, denn: Das was ich machte, machte mir eigentlich Spaß!

~

Ich war Ladenplaner, plante und realisierte Ladeneinrichtungen, erarbeitete die Einrichtungs-Konzepte und Gestaltungen für Ladengeschäfte. Hauptsächlich zu dieser Zeit Gartencenter, Baumärkte und ab und zu auch andere, kleinere Objekte, für Europas größten Einkaufsverband für Werkzeuge und Eisenwaren. Ich habe das nicht studiert, bin kein Designer oder Innenarchitekt: Ursprünglich Schreiner, hatte ich mit 4 Semestern Techniker-Schule meinen Holztechniker dran gehängt. Nach meinem Abschluss landete ich in einem Ladenbauunternehmen, das für Modelabels, Juweliere und Uhrmacher Ladengeschäfte plante und einrichtete. Das war für mich zunächst rasend interessant, eine Welt, die ich noch nicht kannte: Designer, Werbeagenturen, Show und Glitzer. In Düsseldorf richteten wir sogar für Armani einen Showroom ein. Wow – für Armani! *Den* Armani!! *Und ich war dabei!!!*

Mein damaliger Chef war eine richtige Type: Charismatisch, überzeugend, konnte sich verkaufen. Er war zwar ein ganz miserabler Kaufmann, und ohne seinen Geschäftsführer lief nichts. Aber sich und sein Know How verkaufen – Ideen umsetzen, Geschäfte an Land ziehen: Das konnte er! Und, er war immer bereit ein Risiko einzugehen, wenn er das Gefühl hatte, dass es richtig sei. Da war zum Beispiel die Geschichte mit den Marmorsäulen aus Portugal: Die Firma hatte ein Ladenkonzept entwickelt für eine große Juwelierkette; dazu gehörte natürlich auch eine ansprechende Gestaltung der Ladenfront und des Laden-Eingangs, und dieser sollte von zwei halbrunden Säulen aus portugiesischen rosa Marmor eingefasst werden. Wenige Tage vor der Eröffnung waren diese immer noch nicht geliefert, ja noch nicht einmal auf den Weg gebracht worden. Was tun – dieser Laden war DAS Vorzeigeobjekt, hier sollte und musste die Firma zeigen was sie zu leisten im Stande war - es hingen jede Menge Anschlussaufträge dran! Gar keine Frage für den Chef: Privatflugzeug gechartert, zum Lieferanten geflogen, und die beiden Säulen persönlich abgeholt. Und somit den Laden rechtzeitig und komplett übergeben. Gekostet hat diese Hauruck-Aktion damals 80.000,- DM, und sein Konto war danach leergeräumt. Aber dafür gab es dann auch den Auftrag als Generalunternehmer für viele, viele weitere Läden. Ich gebe zu: So was hat mich schon immer beeindruckt. Denn, auch wenn ich bisher niemals in die Lage gekommen bin so was tun zu müssen: Genau so etwas ist es, was auch mir als Erstes einfallen würde; schon immer, und auch heute noch - einfach was machen, was eigentlich undenkbar wäre!

Aber irgendwann merkte ich: Mode, Schmuck und Schickimicki waren doch nicht so meine Welt. Ich war schon immer mehr für das Handfeste, war im Kern eben doch nur ein Handwerker, der sich etwas hoch gearbeitet hatte. Und deshalb griff ich sofort zu, als ich von der Stelle im Einkaufsverband erfuhr. Im Juli 1990 fing ich dort im Planungsbüro an: Der Ladenbau war eine Serviceleistung für die Verbands-Mitgliedsfirmen, meistens musste noch nicht einmal akquiriert werden, die Kunden kamen zu uns.

Als ich dazu kam, war der Aufbruch in den neuen Länder in vollem Gange - und diese Aufgabe fand ich nun ziemlich klasse: Viel unterwegs, raus aus dem Büro und Neues kennen lernen. Neue Aufgaben, die neuen Bundesländer und immer wieder andere Anforderungen - und ganz andere Menschen kennen lernen. Organisieren, Probleme lösen, überzeugen: Das war meins, davon hatte ich geträumt.

Unterwegs sein, gebraucht werden, Anerkennung erhalten - bestätigt werden! Deshalb war ich nach meiner Gesellenzeit noch mal zur Schule, zur Technikerschule gegangen: Ich wollte einfach mehr!

Es gab viel zu tun damals, 50 - 60 Stunden Arbeit in der Woche waren normal - aber das war für mich kein Problem: Früh ins Büro und spät wieder raus. Jetzt gab es Besprechungen im 12. Stock, ausländische Delegationen erleben, ab und zu auch mal in teuren Hotels übernachten. Ja sogar zu Terminen fliegen war jetzt drin. Das also war es, hatte ich eine ganze Weile meines Lebens gedacht. Das war es, was mir durch meine Erziehung, meine Vorbilder mit aufgegeben worden war: Karriere machen! Ich war auf dem Weg dahin, wo ich hin wollte - weiter nach oben auf der sozialen Leiter. Mehr sein als nur ein Schreiner, der die Dinge, die sich andere überlegen, ausführt. Ich wollte einfach immer noch eine Stufe weiter!

~

O.k. - das hatte ich ja nun erreicht. Ich war zu diesem Ereignis auf der Autobahn 43 Jahre alt, bisher einigermaßen gesund geblieben, und hatte eine eigene Familie. Seit 17 Jahren war ich verheiratet, hatte zwei prima 1A Töchter bekommen. Es war doch eigentlich so, wie ich es mir immer gewünscht hatte, alles war irgendwie so gekommen wie ich es mir lange Zeit zuvor vorgestellt hatte: Als ich irgendwann mal anfing darüber nachzudenken, was ich denn wohl gern für ein Leben führen wollte.

Und warum also, zum Henker, bin ich so unglücklich?

✦

Die Diagnose

„Um die Wahrheit zu entdecken bedarf es zweier Menschen:
Eines, der sie ausspricht, und des anderen der zuhört"

(Aus: „Der Prophet" von Khalil Gibran)

2001

Alles begann damit, dass ich nicht mehr schlafen konnte. Nicht, dass ich nicht einschlief: Das klappte meistens. Aber nach ein bis zwei Stunden wachte ich auf, und konnte nicht mehr einschlafen. Meine Gedanken begannen zu kreisen, oft in einer Art Endlosschleife: Um Arbeit, Familie, Geldsorgen, Sinnsuche. So ging das tage-, manchmal wochenlang; und ich wurde immer müder, immer erschöpfter. Das Leben ging trotzdem weiter den gewohnten Gang, mit seinen Pflichten, Anforderungen, Plänen. Nach mehreren solcher Tage schlief ich dann meistens eine Nacht wie ein Toter durch, schöpfte neue Hoffnung - nur um zu erleben, dass es in der Nacht darauf wieder von vorn losging: Einschlafen, aufwachen, und keine Ruhe mehr finden.

Irgendwann war ich nicht mehr ich selbst. Meine körperliche Verfassung durch den andauernden Schlafmangel erinnerte mich an die Zeit meines Bandscheibenvorfalls Anfang 2000: Ich konnte damals, wenn überhaupt, nur seitlich angelehnt, halb sitzend, halb liegend und an einem Stapel Kissen angelehnt, mal ein paar Stunden ruhen; und das wochenlang. Nur damals hatte ich ja einen offensichtlichen Grund: Meine Bandscheibe drückte auf einen Nerv, und verursachte unerträgliche Schmerzen.

Seit einigen Monaten waren sie wieder da, obwohl der Bandscheiben-vorfall ganz zurückgegangen war. War ja auch kein Wunder: Durch die viele Arbeit in meiner noch frischen Selbstständigkeit fand ich überhaupt keine Zeit mehr, vom Schreibtisch und aus dem Auto her-aus zu kommen. Da soll schon mal der Rücken weh tun. Selbst schuld! Nur jetzt? Warum, um alles in der Welt, konnte ich jetzt nicht schla-fen? Meine Frau konnte es irgendwann nicht mehr mit ansehen (viel-leicht sollte ich eher sagen mich nicht mehr ertragen), und schickte mich zum Arzt. Ich hatte Glück: Unser Hausarzt war einer Derjenigen, die sich wirklich für die Probleme seiner Patienten interessieren, die auch über ihren Tellerrand hinaus sehen können. Und vor Allem: Der schon mal in einem psychiatrischen Krankenhaus gearbeitet hatte. Nachdem ich ihm meine Situation geschildert hatte schaute er mich eine kleine Weile nachdenklich an, beugte sich zu mir vor, und sagte mit einem Gesichtsausdruck zwischen Interesse, Erstaunen und Mit-leid den Satz, den ich nie vergessen hab: „Mein lieber Freund - Sie ha-ben eine Depression!!". Schrieb mir eine Überweisung zum Psychia-ter, drückte mir die Daumen, und schickte mich los.

Ich sehe es noch deutlich vor meinem geistigen Auge, als wäre es gerade erst gestern gewesen: Auf dem Zettel stand, handschriftlich und fett unterstrichen „Weint bei Ansprache!".

Da saß ich nun etwas verdattert im Auto, und dachte: Aha. Ich habe also eine Depression. Ich bin depressiv. Und was bedeutete das denn jetzt - eine Depression? Und überhaupt: Ich und eine Depression? Ich konnte nicht schlafen, ja. Meine Gedanken kamen nicht zur Ruhe, auch gut. Aber depressiv?

Ein guter Freund von mir hatte mit so was seit einiger Zeit zu tun - und zwar heftig. Da hatte ich zuvor schon miterlebt wie das war: Unerklärlich anders als früher war er. Ohne jeden Antrieb. Tief traurig. Schwach. Es gab Tage, da konnte er nicht aus seinem Bett aufstehen, nichts essen, nichts tun. Konnte monatelang nicht arbeiten. DER war depressiv. Aber ich? Gut, seine Gedanken kreisten auch immer um die selben Themen; so wie bei mir. Nur, ich war sonst ganz aktiv, machte weiter wie zuvor - arbeitete, kümmerte mich um meine Familie, lebte irgendwie mein Leben. Also, was sollte das dann? Zu Haus erzählte ich davon, und meine Frau sagte mir, dass sie das schon eine ganze Weile vermutet habe. Sie ist Krankenschwester, und hatte auch schon bei ihren Patienten Ähnliches erlebt. Und schließlich hatte sie die Veränderungen an meinem Wesen schon eine ganze Weile registriert. Ganz im Gegensatz zu mir: Ich war ja der Überzeugung, dass ich nach wie vor Derselbe sei. Nur etwas gereizter als sonst, etwas ungeduldiger als früher. Etwas unzufriedener, etwas abwesender. Kein Wunder, ich schlief ja auch schlecht, hatte Sorgen - DAS war für mich der Grund. Aber Depression? Das war doch ganz was anderes; so was Verrücktes eben. Was für Psychos und merkwürdige Weicheier, dachte ich. Nichts wusste ich über Depressionen - aber das sollte sich bald ändern.

Eine ganze Weile machte ich noch so weiter, ging körperlich und seelisch auf dem Zahnfleisch. Heute denke ich, dass ich damals schon spürte, dass, würde ich erst mal damit beginnen den Dingen auf den Grund zu gehen, etwas passieren könnte, das mein Leben auf den Kopf stellen würde.

Kurzum, ich ging schließlich zum Psychiater. Zu dem, der auch meinen Freund behandelte.

✦

Schöne Aussichten

„Wenn der, der etwas notwendig braucht,
dies ihm Notwendige findet, so ist es nicht der Zufall,
der es ihm gibt, sondern er selbst,
sein eigenes Verlangen und Müssen führt ihn hin"

(Aus: „Demian" von Hermann Hesse)

Psychiater sind manchmal etwas merkwürdig in ihrer Art: Ich kannte einen von früher, als Kunden an der Tankstelle meiner Eltern. Er kam regelmäßig um zu tanken, um sein Auto warten und reparieren zu lassen. Keine Ahnung was er machte, wo und als was er arbeitete. Aber, er war immer irgendwie woanders mit seinen Gedanken, abwesend, so schien es; zumindest von meinem äußeren Eindruck über ihn. Ein seltsamer Vogel, dachte ich immer, und: Machte mich insgeheim darüber lustig. Psychiater! Hah! Selber verrückt!

Als junger Schreiner arbeitete ich mal ein paar Tage in einem psychiatrischen Landeskrankenhaus, eine Station bekam eine neue Küche. Angeliefert hatten wir die Teile dazu Freitags, montieren sollte ich sie allein. Montags darauf fuhr ich wieder hin - und es war mir schon ein bisschen seltsam: Ich hatte vorher noch nie „so was" von innen gesehen, und alle möglichen Spukgeschichten gingen mir durch den Kopf - eben was man so über Verrückte wusste oder meinte zu wissen.

Damals gab es ja noch keine Mobiltelefone, nur Telefonzellen - und zu so einer musste ich: Fehlende Teile nachbestellen. Ich war in einer Stimmung zwischen leicht furchtsam und amüsiert über mich selbst, als ich Richtung Pforte, wo die Telefonzelle war, ging: Was würde mir

wohl dabei über den Weg laufen? Verrückte natürlich, was denn sonst
- die nach mir schlagen würden, mich anspuckten oder nackt durch
die herbstliche Landschaft liefen. Oder sonst so was.
Natürlich geschah nichts dergleichen. Lediglich, als ich in der Zelle
stand und telefonierte (erinnert sich noch jemand daran, wie es früher
leider sehr oft in einer Telefonzelle *roch*?!), kam eine etwas ältere Frau,
etwas wirr aussehend, und schrie von außen auf mich ein.
„Es ist nicht meine Schuld! Ich kann nichts dazu!". Vorsichtshalber
blieb ich erst mal in der Zelle – man konnte ja nicht wissen. Zum
Glück kam kurz darauf ein Pfleger und brachte sie fort. Wozu konnte
sie wohl nichts?

Kurz: Mein Bild von Psychiatrie war also sehr - sagen wir mal: Undeutlich. Und nun war ich selbst auf dem Weg zu einem Psychiater,
weil mit mir „etwas" nicht stimmte!

Seine Praxis war in einer alten Fachwerkvilla, so wie sie für das Bergische Land, woher ich stamme, typisch sind. Als Erstes fiel mir auf,
dass es dort nicht so roch wie in einer Arztpraxis; und, es sah auch anders darin aus. Die Einrichtung war ein wenig zusammen gewürfelt,
das Licht gedämpfter. Als Zweites: Ich hatte ja einen Termin bekommen, an dem ich erscheinen sollte. Dass man schon mal warten muss
kennt man ja als Kassenpatient von Arztbesuchen. Jedoch, als mir die
Sprech-Stundenhilfe sagte: „Es wird noch eine Weile dauern, haben
Sie vielleicht noch was Anderes zu erledigen?", war ich etwas erstaunt, denn so was kannte ich noch nicht. Nun gut, irgendwas ist immer zu tun; ich fragte wie lange etwa, und bekam als Antwort, dass
ich erstmal in etwa einer Stunde wiederkommen solle, und trollte
mich. Kaffee trinken gehen, Zeitung kaufen. Zur vereinbarten Zeit

war ich zurück, vernahm dass es noch etwas dauere, aber ich könnte schon mal im Wartezimmer Platz nehmen.

Eine Dame wartete dort bereits: Eine ganz stille Person, las nicht, tat nichts - saß nur da und wartete, mit einem ganz und gar unbewegtem Gesicht. Das fängt ja gut an mit den Verrückten dachte ich, nahm was zu lesen, und fügte mich fürs Erste in mein Schicksal.

Nach etwa weiteren 45 Minuten ging ich zur Sprechstundenhilfe, fragte nach, wie es denn nun so aussehe, und wann ich denn nun endlich dran käme - denn ich hätte ja schließlich noch anderes, nämlich Wichtigeres zu tun! Sie lächelte mich gelassen an, sagte, dass es manchmal eben so wäre: Wenn der Herr Doktor etwas länger für seine Patienten bräuche. Und dass es jetzt bestimmt bald soweit sei.

Ich weiß nicht mehr wie lange ich tatsächlich wartete; es erscheint mir im Rückblick ewig. Wahrscheinlich war ich währenddessen immer mal drauf und dran wieder zu gehen - das ganze ‚Gedöns‘ nur wegen so ein bisschen Schlaflosigkeit!

Aber irgendwann war es dann aber doch endlich so weit. Ich nahm im Behandlungszimmer Platz und schaute mich um: Ein wenig durcheinander alles, viele Bücher in Regalen, eine altmodische Reispapierlampe von der Decke hängend, irgend ein Öko-Fussboden, so was wie ein Jutegewebe oder so ähnlich. Bilder an den Wänden, wie von Kindern gemalt und gezeichnet, Fotos von Landschaften. Ein paar Pflanzen, hier und da etwas Deko. So wie eine WG-Wohnung aus den Siebzigern, dachte ich. Auf dem Schreibtisch Fotos von Familie, und von einem Mann mit Brille: Vor einem Fahrrad stehend, und fröhlich in die Kamera blickend. Ganz gemütlich alles, nichts Bedrohliches soweit.

Dann ging die Türe auf, und der Mann vom Foto trat ein: Einigermaßen groß, schlank, dunkelhaarig. Natürlich im weißen Kittel, leger offen getragen, und um den Hemdkragen ein „Bola tie", eine Cowboy-Krawatte: Eine geflochtene Lederschnur, die vorn von einer dekorativen Brosche zusammen gehalten wird. Silbern, glaube ich. Er lächelte mich freundlich an, begrüßte mich einigermaßen jovial - und los gings.

Nachdem ich ihm alles geschildert hatte sagte er mir, dass es sich ganz sicher und ganz typisch um eine depressive Erkrankung handele. Er würde mir erst mal ein Antidepressivum verschreiben, das mich schlafen lasse; damit sich mein Schlafrythmus wieder normalisiere - was sehr wichtig sei.

Er erklärte mir, dass es die unterschiedlichsten Formen von Depressionen gäbe: Manche seien nur kurze Episoden, die man mit Medikamenten gut behandeln könne, und die nach wenigen Wochen oder Monaten vollständig geheilt wären.

Dass es allerdings auch solche Formen gäbe, die nicht so einfach verlaufen würden. Die manchmal Jahre dauern könnten, seiner Erfahrung nach zwischen fünf und fünfzehn Jahre. Und: Manche vergingen nie, blieben ein Leben lang.

Ja - und das ich mit Allem rechnen solle.

Er ließ wirklich nichts aus, war ganz offen. Beschönigte nichts, versprach nichts - aber er sagte mir auch, das es immer ganz individuelle Verläufe gebe, das jede Depression anders wäre.

Und - und das betonte er, ernst, aber freundlich lächelnd - dass ich diese Erkrankung sehen solle als Notbremse meiner Seele, die wohl dringend etwas mehr Beachtung brauche.

Ich weiß nicht mehr wie lange ich bei ihm saß, bestimmt eine Stunde oder mehr. Wir redeten über alles Mögliche, auch über das Foto, dass ihn vor dem Fahrrad stehend zeigte: Fahrräder sind neben Motorrädern seit langem mein Hobby, ich kenn mich da ein bisschen aus. Und so fachsimpelten wir ein wenig, über Leder- oder Kunststoffsättel, Federungen oder nicht und über seine neue Rohleff-Zwölfgangnabe. Was ganz Feines, ziemlich teuer; jedenfalls damals. Übers Leben halt, und so weiter.

Jetzt wusste ich, warum ich so lange hatte warten müssen.

Wenn man weiß, wie wenig Zeit rein rechnerisch für jeden Patienten bleibt, bei den paar Euro, die ein Psychiater von den Krankenkassen pro Patient und Quartal erhält, und dass viele genau das machen - nicht mehr tun als ihnen bezahlt wird: Dieser hier war einer, dem das völlig egal schien. Er nahm sich einfach die Zeit, die seiner Meinung nach individuell nötig erschien. Ich kann nur jedem wünschen, dass er am Anfang seiner „Depressions-Karriere" an so einen Arzt gerät.

Irgendwann abends, im Dunkeln, verließ ich die Praxis, stand eine Weile draußen unschlüssig herum. Ich weiß nicht mehr, wie ich mich fühlte; wahrscheinlich aber etwas erleichtert: Wenn man den Feind kennt, kann man ihn sich auch genauer ansehen. Jetzt war ich schon mal einen kleinen Schritt weiter.

Allerdings: Wie klein dieser Schritt war, konnte ich damals auch nicht im Entferntesten ahnen.

✦

Die Einsicht

„Wenn alle Tage gleich sind, dann bemerkt man auch nicht
mehr die guten Dinge, die einem im Leben widerfahren"

(Aus: „Der Alchimist", von Paulo Coelho)

Antidepressiva sind merkwürdige Medikamente: Bis sie eine Wirkung
auf die Stimmung zeigen vergehen immer einige Wochen; die Auswirkungen auf den Körper hingegen zeigen sich sehr schnell.

Die Wirkung kann bei jedem unterschiedlich sein: Medikament X
zeigt bei einem Menschen keinerlei Wirkung, bei einem Anderen sehr
wohl. Wobei die Wirkung aber nicht immer unbedingt stimmungs-
aufhellend sein muss - es kann auch gerade das Gegenteil eintreten.

Und obwohl man sich das eigentlich gar nicht vorstellen kann, dass es
einem noch schlechter gehen kann, wenn man sowieso schon ganz unten ist: Es geht wirklich!

Wenn man also nach einigen Wochen - in denen man sich manchmal erst an die verschiedensten Nebenwirkungen hat gewöhnen müssen - merkt, dass es einem nicht hilft: Wechselt man zum Nächsten;
und dem Nächsten, und dem Nächsten - bis man vielleicht etwas findet, was einem hilft. Dabei trifft man hoffentlich auf einen Arzt, der in
seiner Praxis schon Erfahrungen mit den unterschiedlichen Wirkstof-
fen hat sammeln können, und nicht nur aus der Roten Liste agiert.

*Die Rote Liste ist das jährlich, in elektronischer Form halbjährlich er-
scheinende Verzeichnis der in Deutschland zugelassenen Arzneien und Me-
dizinprodukte, mit allen Informationen der Industrie dazu. Dabei liegt die*

Veröffentlichung darin wohlgemerkt in der Verantwortung der Hersteller (!); und was das gegebenenfalls bedeutet, kann sich nun jeder mal überlegen.

Wenn jetzt also ein Arzt erst wenig durch eigene Berufserfahrungen über die Wirkstoff-Eigenschaften der Antidepressiva weiß, und während der Behandlung in so einem dicken, roten Wälzer nachschlägt oder verdächtig lange im PC wühlt, und dann sagt: „Versuchen wir doch mal XYZ, das scheint mir bei Ihnen zu passen - oder haben Sie das schon mal probiert?" - tja dann: Weiterhin noch viel, viel Glück, und toi, toi, toi!

Im Ernst: Unser Gesundheitssystem lässt es zum Glück zu, dass jeder sich den Arzt suchen kann der zu ihm passt. Und zwar jederzeit! Allerdings liegt es auch in der Verantwortung jedes Patienten selbst dies auch zu tun. Ich kann dazu nur ermutigen - es ist für jeden essentiell wichtig. Überlebenswichtig sogar, wenn man eine Depression hat, glauben sie mir

Mein erstes Antidepressivum war der Knaller: Die angegebene Anzahl an Tropfen auf einen Löffel, hinein damit, und noch ein Glas Wasser dazu. Dann ins Bett, noch mal ein Buch aufgeschlagen - und es war, als ob einer die Lampe ausgeknipst hätte: WOW! Ich konnte wieder schlafen! Und wie!

Nur: Am nächsten Tag lief ich mit einem Gefühl herum, als würde ich durch fein gesponnene Watte wandern; so ein Gefühl von zu lange geschlafen und ein bisschen verkatert - allerdings den ganzen Tag lang. Und das blieb auch so über die Dauer der nächsten 2 Wochen, denn so lange nahm ich das Zeug ein. Das konnte es nicht sein; also hin zum Arzt, und ein Anderes versucht.

Wenn man zwischen den verschiedenen Medikamenten wechselt, muss man, bevor man mit dem Neuen beginnt, das Alte erst einmal „ausschleichen": Das heißt, der Wirkstoff des Ersten soll erst mal den Körper komplett verlassen, damit es zu keinen Wechselwirkungen kommt. Das ist zwar nicht immer zwingend vorgeschrieben - aber Vorsicht ist angebracht!

Also, ein anderes Zaubermittel versucht. Ich habe im Verlauf der vergangenen Jahre alle möglichen Medikamente ausprobiert - so richtig geholfen hat mir keins. Kurzfristig war oft eine Wirkung da, aber auf Dauer nicht.

Mein persönliches Fazit zu Antidepressiva ist: Im akuten Fall einer Depression können sie so was sein wie eine Krücke bei einem gebrochenem Bein - man muss es durch die Krücke entlasten, bis es heilt. Allerdings: Den Wiederaufbau der Muskulatur danach muss man ohne beides aktiv betreiben; und im übertragenden Sinne die Ursache für die Depression finden und beheben ebenfalls. Nur einfach ein Mittelchen einnehmen, und dann ist alles wieder gut, reicht häufig nicht: Die Ursache muss gefunden werden!

So wie bei mir: Langfristig ging nichts ohne Therapie, denn offensichtlich lagen die Gründe für meine Erkrankung tiefer. Mein Leben hatte mich scheinbar an einen Punkt gebracht, an dem meine Seele nicht mehr mitmachte. Ich hatte nicht auf sie gehört: Immer, wenn sich mein Bauchgefühl meldete, hatte ich weg gehört. Sogar, als sie versuchte mir über körperliche Signale Bescheid zu geben, mich dazu zwingen wollte, dass ich inne hielt, war ich nicht aufmerksam geworden: Der Bandscheibenvorfall, die davor und auch danach immer wiederkehrenden Rückenschmerzen waren die ersten Signale; nicht mehr schlafen zu können das Nächste.

Ich bin manchmal ziemlich uneinsichtig, andere würden es Sturheit nennen: Ich will immer unbedingt das erreichen, was ich mir als nächstes Ziel gesetzt hab. Vielleicht, weil ich im Sternzeichen Skorpion geboren bin. Aszendent Widder, wenn es jemand genau wissen will. Das war schon immer so: Wenn ich etwas wollte - oder auch nicht - dann bohrte ich so lange herum, bis ich mein Ding machen konnte; oder im anderen Fall man mich in Ruhe ließ. Jetzt allerdings war ich doch arg verunsichert, denn ich war ja nicht mehr so ganz ich; jedenfalls - nicht mehr so, wie ich bisher gedacht hatte zu sein. Und: Wenn einigermaßen intelligente Menschen um mich herum mir sagten: „Du machst was falsch!", und dazu diese körperlichen Signale mich aufhorchen ließen - so uneinsichtig war ich dann doch nicht!

Also, wenn die Medikamente nicht wirklich was bewirkten: Lag die Ursache für mein Zweifeln, mein Unvermögen, meine Hilflosigkeit doch vielleicht tiefer? Nicht nur im Geist, im Gehirn - sondern darin, was man Seele nennt? Irgendwie war das unbehaglich - die Vorstellung, dass da in mir etwas war, von dem ich bisher nichts wusste.

Und jetzt, so schien es, kam da was hoch: Das endlich beachtet werden wollte.

✦

Die grüne Lederjacke

„Wie von einem Stück Spiegelglas ein Lichtstrahl reflektiert
und in einen dunkeln Raum geworfen wird, so blitzt oft
mitten im Gegenwärtigen, durch eine Nichtigkeit entzündet,
ein vergessenes, längst gewesenes Stückchen Leben auf,
erschreckend und unheimlich"

(Aus: „Eine Fußreise im Herbst" von Hermann Hesse)

2002

Zwei Therapeuten waren mir empfohlen worden, eine Frau und ein Mann. Ich rief die Frau an: Warum ausgerechnet sie weiß ich nicht mehr; es war vielleicht zum ersten Mal auf dieser langen Reise, dass ich unbewusst wirklich mal auf mein Gefühl hörte. Später stellte sich heraus, dass dieser Anruf mein ganzes Leben verändern würde - und zwar so nachhaltig, wie ich es niemals für möglich gehalten hätte.

Frau H. arbeitete tiefenpsychologisch - und erstmal musste sie mir erklären was das überhaupt bedeutet, wo die Unterschiede sind zwischen Tiefenpsychologie und Verhaltenspsychologie liegen.

„Im Rahmen der Tiefenpsychologie geht man davon aus, dass in der Tiefe liegende, unbewusste psychische Vorgänge eine Wirkung auf die psychische Gesundheit des Menschen haben. Unbewusste Konflikte oder verdrängte Erfahrungen sind aus dieser Sichtweise heraus ein sinnvoller Ansatzpunkt, um psychische Störungen zu behandeln. Im Unterschied zur Verhaltenstherapie liegt der Schwerpunkt damit deutlich weniger auf der unmittelbaren Beeinflussung des Verhaltens des Patienten, sondern auf einer Klärung der zu-

grundeliegenden Ursachen, wodurch indirekt bzw. in der Folge eine Verringerung der Beschwerden eintreten soll".[1]

Verhaltenstherapeutische Verfahren basieren ursprünglich auf der Lern-Theorie. Die Grundidee ist, dass störungsbedingtes Verhalten erlernt wurde und auch wieder verlernt werden kann bzw. dass angemessenere Denk- und Verhaltensweisen erlernt werden können".[2]

Ja, das erschien mir logisch: Erst mal die Gründe herauszubekommen, *warum* ich so bin wie ich bin. Obwohl: Für mich war ja klar, dass alles nur damit zu tun haben konnte, dass ich es nicht auf die Reihe bekam mit meiner Arbeit sinnvoll umzugehen. Dass mich die finanziellen Sorgen auffraßen. Und: Dass ich dadurch meine Familie vernachlässigte.

Zu Beginn der Therapie hatte mich Frau H. vorgewarnt: Es könne sein, dass die Therapie sehr tief gehen könne, und lang Verborgenes zum Vorschein käme. Und, dass es zunächst einmal schlimmer werden könne. Klar, was auch sonst: Genau so wurde es!

Niemals hätte ich mir vorstellen können was nun, im Laufe der Therapie, mit mir passierte: Meine Depression brach mit aller Macht hervor - meine Seele war nicht mehr bereit das, was mich so sehr daran hinderte Ich selbst zu sein, weiter zu unterdrücken!

Der Begriff Depression stammt von dem lateinischen Verb für niederdrücken, deprimiere. Genau das passiert nämlich mit den Gefühlen wenn man sie nicht zulässt, ihnen keinen Raum gibt, sie nicht leben lässt - sie werden niedergedrückt, beiseite geschoben. Bis es nicht mehr geht, und die Seele sich

---

[1] https://de.wikipedia.org/wiki/Tiefenpsychologisch_fundierte_Psychotherapie
[2] https://de.wikipedia.org/wiki/Verhaltenstherapie

wehrt, sich meldet und krank wird. Und dies äußert sich nicht nur in der
Stimmungslage - sondern auch ganz gravierend körperlich.

Bisher hatte ich körperlich noch durchgehend funktioniert. Jetzt, wo ich es zulassen musste, dass ich meine Seele nicht länger knebeln konnte, wurde dies immer schwieriger: Momente, Minuten, Stunden, in denen es unmöglich schien die einfachsten Tätigkeiten zu verrichten. Tage an denen das Aufstehen aus dem Bett immer schwerer wurde. Wochen, in denen alles nur grau schien. Es gab Tage, an denen ich im Sessel saß, die Unterarme und die Hände auf den Armlehnen - und das Gefühl, die Überzeugung hatte, ich könne die Arme nicht mehr heben, nicht mehr von den Lehnen lösen.

Und: Alles, was ich jemals in meinem Leben getan hatte, schien mir nun als völlig schlecht, sinnlos, vergebens. Falsch war das vorherrschende Gefühl. *Ich* war falsch.

Ich habe nie wirklich in meinem Leben erfahren, dass ich schlechte Arbeiten abgeliefert hätte - von wenigen Ausnahmen, die völlig im Rahmen des Normalen waren, abgesehen. Niemals hatte mir jemand vorgeworfen, dass meine Methoden meine Töchter zu erziehen falsch seien, oder dass ich im Leben sonst wie versagt hätte.

Jetzt - war ich in meinen Augen die größte Niete, der völlige Loser: Alles hatte ich falsch gemacht! Und wenn mir doch mal etwas einfiel, dass eigentlich ganz positiv gewesen war, dann machte mein Hirn daraus etwas ganz und gar Negatives.

An solchen Tagen vermied ich jeden Kontakt zu anderen Menschen: Nur die vage Möglichkeit außerhalb des Hauses einen anderen Menschen zu treffen, mit dem ich kommunizieren müsste, hielt mich stundenlang davon ab das Haus zu verlassen. Natürlich - wenn ich dann tatsächlich jemanden traf funktionierte ich: Redete freundlich, machte Smalltalk. Danach war ich völlig leer, kraftlos, ohne Energie. So lange es nur um mich ging, war das ja noch relativ problemlos – blieb ich halt drin.

Aber: Wir hatten ja einen Hund - eine wundervolle Beagle-Terrier-Mischlings-Hündin namens Cleo. Da ich meine Arbeitszeit selbst einteilen konnte, war es tagsüber, wenn die Familie außer Haus war, meine Aufgabe mit dem Hund spazieren zu gehen. Wir wohnten damals etwas außerhalb, vom Haus bis zum Wald waren es keine 5 Minuten zu Fuß. Dort gab es dann einen Rundweg, der für mich immer sehr schön war: Ging er doch teilweise über freies, offenes Gelände, teilweise durch Wald und durch eine sehr großes Farngebiet, in dem Cleo herrlich herumstöbern konnte, während ich meinen Gedanken und Plänen nachhängen konnte.

Ich werde nie den Tag vergessen, als zum ersten Mal dieses Gefühl auftauchte, das nun immer öfter mein Begleiter sein würde: Wieder einmal ging es mir nicht gut, das Medikament funktionierte nicht wirklich, und ich war schon mit einer großen Traurigkeit aufgewacht, die anhielt. Ohne Anlass, ohne Grund. Einfach so.

Das ist auch so etwas, was der Depressive und seine Umgebung lernen müssen - sonst wird alles noch viel schlimmer: Eine depressive Episode ist einfach, und dass sehr oft ohne erkennbaren Grund. Es hilft nichts zu sagen „Ich nehme mich jetzt zusammen". Und es hilft überhaupt nicht dem Depressiven zu sagen es sei doch alles nicht so schlimm, er solle doch mal an was Schönes denken. Depression ist, und Schluss. Kein Wenn, kein Aber.

Also, dieser bewusste Tag hatte schon so begonnen, und nun sollte es erstmals so richtig kommen. Der Hund musste ja nun raus, da war nichts dran zu machen. Und das tat mir ja auch im Allgemeinen gut - nichts ist besser gegen Depressionen als Bewegung, Sport, körperliche Betätigung.

Ich leine sie an, trete vor die Türe und gehe Richtung Wald.
Kaum bin ich auf der Straße, spüre ich plötzlich, wie eine Last aus
dem Nichts auf mich niedersinkt -
und mit jedem Schritt wird sie größer und größer:
Zuerst ist es ein Gefühl wie eine Wolke, die über mir ist,
und sich auf mich herabsenkt.
Die mich einhüllt, immer mehr und mehr und mehr;
und dabei immer dichter wird.
Nicht gewichtslos wie Wasserdampf, sondern wie eine Masse aus
etwas, dass immer kompakter wird. Zäher, steifer.
Mich immer langsamer werden läßt –
und jede Kraft aus mir saugt.
Mittlerweile sind wir am Rundweg angekommen,
noch ein paar Meter, und ich kann den Hund frei laufen lassen.
Jeder Schritt, jede Bewegung ist jetzt anstrengend,
viel mühseliger als sonst.
Es ist, als ob ich ganz plötzlich unglaublich schwer geworden bin.
Als ob ich auf einmal ein großes Gewicht mit mir herumtrage.
Wie eine Jacke, in der Steine, Bleigewichte sind.

Plötzlich ist dieses Bild da, von der alten, grünen Lederjacke:
Mit 18 oder 19 hatte mir ein Freund eine alte Polizei-Motorradjacke
geschenkt, die sein Vater trug, als er noch Motorradstreife fuhr.
Diese Jacke, dreiviertel lang, im damals typischen dunklen Polizei-
Grün, war aus sagenhaft dickem Leder.
Sah megacool aus, niemand sonst in unserer Clique hatte so was -
und sie war sauschwer.
Ja, so fühlt es sich plötzlich an:
Als hätte ich diese Jacke wieder an - schwer, steif, unbeweglich.
Und überhaupt nicht mehr cool!

36

Von nun an war sie ganz oft dabei, wenn ich mit dem Hund spazieren ging, oder wenn ich mit anderen unterwegs war: Machte mir jeden Schritt zur Last, ließ mich atemlos werden.

Brachte mich dazu, jede Gelegenheit zu nutzen, um zu verschnaufen; und war wie ein Panzer, den ich mit mir herumtragen musste.

Oder: Tragen sollte?

✦

Koyies Frage

Soll ich diese Last spüren?
Trage ich sie vielleicht schon mein ganzes Leben mit mir herum –
und habe sie bisher nur nicht gespürt?
Und wenn: Warum muss ich sie gerade JETZT zu spüren bekommen?

Wieder und wieder überdachte ich mein Leben, suchte nach Fehlentscheidungen, nach falschen Ratgebern und so weiter. Und fand: Nichts. Alles war doch so gekommen, wie ich es mir selbst so nach und nach ausgesucht hatte! Seltsam.

Was sich hier so kurz und knapp liest war in Wirklichkeit ein langer, quälender, Monate dauernder Prozess, in dessen Verlauf ich immer wieder daran scheiterte, dass ich auf keinen Punkt kam - nichts fand, was mich so wirklich erkennen lies was eigentlich mit mir los sei. Und in all der Zeit wuchs die Belastung durch mich für meine Familie: Mein Denken drehte sich immer um mich - ich verlor immer mehr den Kontakt zu meiner Frau, zu meinen Töchtern. Meine Gefühle verließen mich, alles wurde immer unwichtiger gegenüber der Frage: Warum?

Seit einiger Zeit war ich nun in Therapie, und so langsam kristallisierte sich heraus, dass nicht, wie ich immer gemeint hatte, meine berufliche Situation der Grund für meine Depression war: Sicher schien nur, das die dauernde Belastung durch meine Selbstständigkeit und den damit verbundenen immer wieder auftretenden Problemen für mich einfach zu groß geworden war – und dadurch der von mir bis dahin unbewusst aufrechterhaltene Damm zu meiner, wahrscheinlich schon seit Jahren im Verborgenen vor sich hin schwelenden Depression zu schwach geworden und gebrochen war. Die wirklichen Gründe blieben aber noch im Dunkeln.

Ein Grund für meine berufliche Unzufriedenheit war, dass ich es schon lange nicht mehr so recht vereinbart bekam dass das, was ich in meiner Arbeit tat, nicht meinen privaten Überzeugungen entsprach: Meine Aufgabe war es ja mittels der Instrumente der Ladengestaltung, der Kundenführung, der Warenpräsentation usw. den Kunden zum Konsum zu verführen: Kaufanreize zu schaffen, Warenwelten zu kreieren (ja, so nennt man das tatsächlich). Ihn so zu führen, dass er möglichst das ganze angebotene Sortiment wahrnimmt, ihn zum möglichst langem Verweilen im Laden zu bewegen: Damit möglichst viel gekauft wird, Spontankäufe getätigt werden - und die Umsätze steigen. Und *das* entsprach so überhaupt nicht dem wie ich privat lebte: Ich hatte für mich schon lange erkannt, dass der in unserer Gesellschaft vorherrschende Weg des ständigen Konsums, des „Weiter! Größer! Mehr!" mich nicht zu dem führt, was sicher die meisten Menschen suchen: Glück.

Ich bemühte mich nur das zu kaufen, was wirklich gebraucht wurde, sei es an Lebensmittel oder Gebrauchsgüter. Wir hatten *ein* Auto, das meine Frau und die Kinder benutzten - ich fuhr jeden Tag mit dem Rad die 11 Km ins Büro, oder mit dem Zug. Fleisch aß ich schon lange nur noch sehr selten, und wenn kam es von einem Biohof in der Nähe. Ich hatte für mich erkannt: Weniger ist tatsächlich manchmal mehr, denn je weniger man sich mit unnützem Ballast in Form von Besitz beschäftigen muss, um so mehr Freiheit, Zeit und Energie gewinnt man - die man für etwas einsetzen kann, was für einen wirklich sinnvoll ist. Und: Man lernt wieder wirklich zu genießen!

Glück bedeutet heute für mich die Freiheit das zu tun, was ICH wirklich will. Es gibt nichts was mich glücklicher macht. Und ebenso weiß ich heute, dass ich das schon mein ganzes bisheriges Leben gesucht habe. Aber, wie es halt so geht: Die Umstände, die „Sach-Zwänge" erforderten immer wieder was anderes.

Ich bin davon überzeugt, dass es viele Menschen gibt, die eigentlich lieber etwas ganz anderes machen würden, ihr Leben ändern möchten. Wenn... ja wenn nur... aber, es geht ja nicht: Das Haus muss abgezahlt werden, ein zweites Auto muss sein, Urlaub mehrmals im Jahr, möglichst im Hotel mit so und so viel Sternen, und nur ja am besten auf der anderen Seite der Welt - auch wenn man dann dort nur im Ressort bleibt und das Land und die Menschen nicht kennenlernt (da könnte man doch auch eigentlich im Land bleiben und in eine Therme gehen?!). Zwei Porzellan-Services reichen nicht, es gibt ja auch immer wieder etwas Neueres, Schöneres. Dann reicht der Schrank dafür nicht mehr, die Tischdeko passt ebenfalls nicht, und das Besteck ist auch schon wieder so alt. Ach ja, und das Notebook ist auch schon wieder 3 Jahre alt, das Handy schon ein ganzes Jahr - gibt's da nicht schon wieder ein Nachfolger-Modell, das noch mehr kann? Zum Glück gibt es ja Ratenkauf, dann aber jetzt rasch los, zum nächsten Verbraucherzentrum! Immer mehr, mehr, mehr - und die Last wird immer schwerer.

Irgendwann begann ich darüber zu lesen, was Andere mit ihren Leben anstellten, welche Erfahrungen sie bei ihrer Selbstfindung machten. Das erste Buch zu diesem Thema dass ich las heißt „*Lass endlich los und lebe*"[3], von Richard J. Leider und David A. Shapiro, zwei amerikanischen Coaches und Autoren. Gleich zu Anfang schreibt Richard Leider über die Frage mit der alles begann – nämlich mit der nach dem Glück: Er ist als Leiter einer Gruppe von Midlife-Crisis-Abenteu-

---

[3]   *ISBN 978-3636070722*

rern unterwegs, am Rande der Serengeti in Ostafrika. Zu der Gruppe gehört ein Massai-Häuptling namens Thaddeus Ole Koyie, der sie führen wird. Dieser Massai ist kein ungebildeter Wilder, sondern ist in einer Missionsschule erzogen worden, lebte eine Zeitlang in der sogenannten westlichen Zivilisation, und kehrte dann irgendwann in sein Land zurück. Er ist gesellig, geistreich, gebildet - und vermittelt eine starke Verbundenheit zu dem Ort, an dem er lebt, und eine tiefe Zufriedenheit mit seinem Leben.

Auf der Wanderung streift Koyies Blick immer wieder den Rucksack von Richard. Scheinbar vergleicht er das schwere Gepäck mit dem, was er mit sich trägt auf der Tour: Einen Speer und einen Stock für das Zusammentreiben von Vieh. Der Rucksack von Richard ist einer dieser Hightech-ultraleicht Modelle, mit maximaler Lastentrageeffizienz. Mit vielen Taschen, Schnallen, Reiß- und Klettverschlüssen. Und bis, obenhin vollgestopft mit allem was man sich nur vorstellen kann, um während einer Trekkingtour auf alle Eventualitäten vorbereitet zu sein.

An einem Abend fragt Koyie, ob Richard ihm mal den Inhalt des Rucksacks zeigen könne. Und dieser, ganz stolz die Errungenschaften der modernen Ausrüstungs-Hersteller vorführen zu können, breitet alles vor ihm aus - bis es schließlich so aussieht wie auf einem Foto in einem Katalog für Expeditionsartikel. Richard ist sehr stolz, dass das alles ihm gehört, und dass er diese Kollektion zusammen gestellt hat. Koyie schaut ihn dabei amüsiert an, sagt aber nichts. Richard betrachtet die ganzen Einzelteile, weiß auch nicht so recht was er eigentlich dazu sagen soll.

Schließlich, nach einigen Minuten des wortlosen Betrachtens fragt Koyie: *„Und, macht all dies dich glücklich?"*.

Ja, wie ist es: Macht all dies uns glücklich, was wir da besitzen? Vieles davon sicher nicht; aber wir besitzen es weiter, hüten unsere Schätze, tragen sie in unserem Leben immer weiter mit uns herum. Ist ja auch grundsätzlich in Ordnung: Wenn das, was wir besitzen uns glücklich macht - ja dann ist es ja gut! Wenn mich der Besitz eines Hauses wirklich zufrieden sein läßt - super!

Aber, wenn ich es nur mache weil.... weil es eben so gekommen ist? Weil es ja so vernünftig ist für später zu sorgen? Oder gar: Weil es jemand anderer mir so gesagt hat, dass es so richtig ist?

Und wenn ich doch eigentlich lieber JETZT leben möchte, JETZT woanders hin ziehen will, JETZT nicht immer auf alles verzichten muss wegen der verdammten Hypothekenzahlungen, JETZT endlich wieder richtiges Leben spüren will: Warum ändere ich nicht was? Auf was warte ich? Auf ein Wunder? Ein magisches Ereignis?

*Warum mache ich nicht **das**, was mich glücklich macht?*

So war es wohl auch bei mir. Ich war so im Hamsterrad verwurzelt, dass ich es nicht bemerkte: Dass das Leben, das ich führte, nicht das war, dass ich eigentlich brauchte. Und diese Diskrepanz zwischen dem was ich tat und dem, was ich fühlte, bekam ich nicht mehr vereinbart. Schon lange nicht mehr. Unterschwellig fühlte ich es schon eine ganze Zeit, dass es so nicht mehr gut gehen konnte; aber ich verdrängte diese Gefühle immer wieder, denn: Ich hatte ja diesen Weg selbst gewählt, hatte diese Entscheidungen getroffen - und sie bestimmten nun mein Leben.

Das schien sie also zu sein, die Last die ich schon so lange mit mir herumtrug; die mich belastete, ohne dass ich mir ihrer bewusst war. Und nun, wo die Kraft in mir nicht mehr ausreichte dagegen zu halten spürte ich sie: Den Ballast der Dinge, der Gedanken, der Gewohn-heiten, die mein Leben bestimmten - und die eigentlich nicht meine waren. Die aber sehr wohl in bestimmten Phasen meines Lebens von mir selbst dazu genommen worden waren, selbst ausgesucht wurden:

Wie gesagt, man trifft immer wieder Entscheidungen, und die Konsequenzen daraus bestimmen das Leben. In der Therapie wurde mir dies immer klarer, es wurde immer drängender, wichtiger, dass sich etwas Wesentliches in meinem Leben ändern müsse. Und: Es war klar, niemand würde mir die Entscheidungen abnehmen! Keine Fee würde in einem regenbogenfarbenen Funkenregen auftauchen und mir drei Wünsche erfüllen. Die Alternative zur Entscheidung war aber auch keine: Weitermachen wie bisher, und noch unglücklicher wer-den. Noch unglücklicher? Ging ja gar nicht.

Irgendwann beschloss ich: Ich ändere es.

✦

\

Der Entschluss

„Wenn jemand seinen Weg gefunden hat, darf er
keine Angst haben. Er muss auch den Mut
aufbringen, Fehler zu machen"

(Aus: „Brida" von Paulo Coelho)

Zu beschließen, wirklich fest entschlossen etwas zu verändern, was einen Menschen einen langen, wichtigen Teil des Lebens begleitet hat, ist schon schwer genug. Wenn man nicht wirklich weiß wie oder was: Kaum zu beschreiben, wie schwer es ist!

Bei mir entstand ein Zustand zwischen Erlösung, Freude auf etwas Neues und absoluter Furcht davor, nichts zu finden: Das den Platz einnehmen könnte für das, was ich ablegen wollte. Ich hatte mich 4 Jahre zuvor selbstständig gemacht, weil ich ein mehr selbstbestimmtes Leben suchte. Der Wunsch nach Freiheit hat mein Leben schon immer bestimmt, und beruflich hatte ich den Versuch unternommen etwas in dieser Richtung zu erreichen - mit dem schon beschriebenen Ergebnis. Heute weiß ich dass dies nicht gelingen konnte, denn der Weg, den ich vor Jahrzehnten eingeschlagen hatte war nicht mein Weg - er kam aus der Vergangenheit.

Die in diesen Jahren geschlossenen Verträge mit den Verbänden wurden gekündigt, Kunden, die ich zum Teil schon jahrelang kannte und frühere Kollegen, mit denen ich immer wieder beruflich zu tun hatte, wurden informiert. Der Eine oder Andere hatte Verständnis, die meisten wohl eher nicht. Das Finanzamt bekam eine Nachricht, die Krankenkasse ebenso – und das war's. Dieses Kapitel war nun zugeschlagen. Jetzt stand ich erst mal da, und hatte keine Ahnung wie es weitergehen konnte.

Zunächst galt es das alltägliche Leben, die finanziellen Verpflichtungen zu regeln. Ich bin ganz ehrlich: Hätte meine Frau dies alles nicht mitgetragen, nicht schon seit einer ganzen Weile mitgearbeitet – ich hätte es nicht geschafft.

Und jetzt gilt es eine Lanze zu brechen für die oft so gescholtene Arbeitsagentur: Dort arbeiten nämlich auch Berater, die sich wirklich für die in vom sozialen Abstieg bedrohten Menschen einsetzen – und nicht nur die oft gescholtenen, uninteressierten und durch Überforderung frustrierten Beamte. An so einen war ich bei einem ersten Informationsbesuch in der damals noch für mich zuständigen Agentur in Wuppertal getroffen; aber das lag sicher nur daran, dass es Freitags kurz vor Feierabend war: Dieser hatte mir kurz und knapp erklärt, dass er für mich als Selbstständigen nichts tun könne.

Jetzt, wo ich *wirklich* Unterstützung brauchte bekam ich sie: Ich war knapp vier Jahre selbstständig gewesen, und natürlich hatte ich in dieser Zeit nichts in die Arbeitslosenversicherung eingezahlt; davor war ich ganz normal sozial-versicherter Angestellter. Was ich nicht wusste: Aus dieser Zeit bestand ein erworbener Anspruch auf Arbeitslosengeld. Und: Wenn die letzten Zahlungen in die Versicherung weniger als 4 Jahre zurück lag, war der Anspruch noch nicht verfallen – und eine sehr freundliche, wirklich für mich bemühte Angestellte der Arbeitsagentur Remscheid fand das sehr schnell für mich heraus. Ich kann gar nicht beschreiben, was für eine Erleichterung das war: So bekam ich etwas Zeit für die Suche nach einer Arbeit, die mich wieder erfüllte, die mich weg brachte von meiner Depression. Denn, wie schon zuvor gesagt: Damals dachte ich noch dass nur die Arbeit mich krank machte, die Unvereinbarkeit von meinem Job und meinen Idealen.

Seit einiger Zeit besuchte ich die schon erwähnte psychologische Therapie. Ich hatte schnell einen Therapieplatz gefunden, weil ich zeitlich flexibel war (wenigstens etwas Positives aus der Selbstständigkeit!).

Leider ist es bei uns so, das es nicht genügend Therapieplätze gibt für die große Anzahl an Menschen, die therapeutische Hilfe benötigen. Wartezeiten von mehreren Monaten sind eigentlich die Regel – während die Seele leidet. Zusätzlich ist es ganz wichtig das man auch eine Therapeutin/ einen Therapeuten findet, zu der oder dem man Vertrauen fassen kann. Die Chemie muss stimmen - denn wie sollte ich mich sonst einem mir Fremden öffnen können, ihm von meinen tiefsten Gefühlen erzählen, Vertrauen fassen zu dem was in der kommenden Zeit passiert? Deshalb bieten Therapeuten vor der eigentlichen Therapie ein paar Schnupperstunden an, in denen man feststellen kann man zusammen passt.

Ich hatte also eine Therapeutin gefunden, mit der ich klar kam. Ihre Praxis hatte sie in einer Praxisgemeinschaft in einer großen Altbauwohnung – hohe Decken, knarrende Fußböden; das Tageslicht fiel durch große Sprossen-Fenster, die die Geräusche der Stadt angenehm gedämpft und leise herein dringen ließen. Und dort fand ich mich eines Morgens in einem geräumigen Korbsessel sitzend wieder.

Das Zimmer war schön eingerichtet, hatte so etwas von einem kleinen indischen Touch – entsprechende Motive auf den Bilder an den Wänden, schöne Kissen auf einem dunkelrotem Sofa, Massivholzregale, in denen eine Vielzahl von Büchern standen. Der Boden war ein alter, wieder hergerichteter Holzdielenboden, darauf ein weicher

Teppich mit einem orientalischem Muster. Eine Aromalampe ver-
strömte einen angenehmen Orangenduft, in einer Ecke des Raumes
stand ein großer Ficus benjamini, und eine Stehlampe mit einem
mannshohen Papierschirm leuchtete sanft.

Dann ging es los, mit der Seelenklempnerei – und mein Leben wurde
komplett auf den Kopf gestellt!

✦

In eine unbekannte Welt

„Tu den Schritt und wirf einmal alles weg,
so wirst du plötzlich die Welt wieder mit hundert
schönen Dingen auf dich warten sehen"

(Aus „Roßhalde" von Hermann Hesse)

2003

Das Leben ist manchmal wirklich seltsam. Wenn mir jemand zu jenem Zeitpunkt gesagt hätte, wie sehr sich mein Leben in den kommenden Jahren verändern würde – ich hätte ihn für völlig verrückt erklärt!

Ich war los gezogen herauszubekommen, was denn eigentlich mit mir los sei. Das vorherrschende Thema war meine Arbeit: Die Sinnlosigkeit die ich darin empfand, und die Unfähigkeit länger damit umgehen zu können. Und so begann die Therapie auch damit herauszufinden, warum mein Berufsleben so verlaufen war wie es war, was die Gründe sein konnten das ich die einzelnen Schritte getan hatte.

Die Therapeutin versuchte zunächst abzuklären, ob ich meine Einstellung zum Wert meiner jetzigen Arbeit verändern könne: Schließlich ist es ja was Kreatives, die Bedürfnisse und Vorstellungen anderer aufzunehmen, und daraus etwas zu entwickeln was den geforderten Zweck voll erfüllt. Denn nichts anderes hatte ich bei den Planungen der Läden gemacht – so gesehen hatte ich immer etwas sehr Schönes, Kreatives getan. Aber das führte zu nichts, brachte keine Fortschritte. Für mich war diese Epoche meines Lebens vorbei: Ich wollte versuchen etwas zu tun, was – für mich! - wirklich einen Sinn ergab.

Irgendwann kamen wir auf unsere Kinder zu sprechen. Sie erzählte mir, dass sie eine geistig behinderte, erwachsene Tochter habe, die in einer kleinen Einrichtung in der Nähe von Bremen lebt. Sie beschrieb die Einrichtung, das Leben der Menschen, die dort ihre Heimat gefunden hatten, in der sie so sein können wie sie sind. Was Behindertenarbeit eigentlich so ausmacht. Welche verschiedenen Zweige und Aufgaben es gibt.

Sie erzählte von dem Begründer dieser Einrichtung: Er hatte in Wuppertal in einer anthroposophischen Einrichtung für Menschen mit Behinderung gearbeitet, bis er eine eigene Einrichtung in Norddeutschland gründete. Sah mich nachdenklich an und fragte: „Vielleicht wäre das ja etwas für Sie, Sie sind sehr empathisch – etwas was essentiell ist für diese Art Arbeit; wollen Sie sich nicht mal so eine Einrichtung ansehen?". Und, dass es gar nicht so selten sei, dass Menschen mit Lebenserfahrung, die aus anderen Berufen kamen, vielleicht auch schon Eltern waren und eigene Kinder großgezogen hatten, als Quereinsteiger in diese Art Arbeit einstiegen. Ich hörte zu – und wurde neugierig. Ich konnte mir zwar überhaupt nicht vorstellen so etwas zu machen, aber: Was hätte ich zu verlieren?

Der Gedanke musste erst einmal bei mir richtig ankommen, Wurzeln schlagen und mit Familie besprochen werden. Irgendwann schnappte ich mir das Telefonbuch, und suchte nach entsprechenden Einrichtungen. In Wuppertal waren mir zwei bekannt, die Lebenshilfe und eine anthroposophisch arbeitende Einrichtung. Ich kannte die Werkstätten der beiden Unternehmen von Advents- und Weihnachtsbasaren her – mehr nicht. Was dort gearbeitet wurde, wie die Menschen lebten, wie und wo sie wohnten: Keine blasse Ahnung, keinen Dunst! Denn: Meine Kontakte bis zu diesem Zeitpunkt zu Menschen mit geistiger Behinderung beschränkten sich auf wenige Momente.

~

Als Jugendlicher in der Schulzeit hatte ich in der Straßenbahn täglich miterlebt, das „die Bekloppten" zur Arbeit in ihre Werkstatt der Lebenshilfe fuhren. Einen von ihnen hab ich viel später, als Erwachsener, während eines Weihnachtsbasars dort wieder getroffen: Er hatte sich fast nicht verändert, außer das er grau und faltiger geworden war. Aber er war immer noch genau so fröhlich und aufgeschlossen wie damals, als wir gemeinsam in den uralten Straßenbahn-Wagen fuhren (kaum zu glauben, dass dieselben Wagen heute im Wuppertaler *Verein für Museumsbahnen* an Feiertagen bestaunt werden, die in meiner frühen Jugend noch tägliches Nahverkehrsmittel waren, das für mich und tausende Andere normales öffentliches Fortbewegungsmittel war, um von A nach B zu kommen – sogar noch mit Schaffner! Für die Jüngeren: Das war der, bei dem man seine Fahrkarten kaufte, der einem sagen konnte wo man aussteigen musste, oder mit welcher Linie man weiterfahren musste, um ans Ziel zu gelangen - lange vor dem Zeitalter des Smartphones).

Er erklärte, erzählte und war einfach – ja, was eigentlich? Ganz normal eigentlich. Ob er sich auch an mich erinnerte weiß ich nicht, denn ich traute mich nicht ihn darauf anzusprechen; ich wusste damals noch nicht dass man mit „solchen" Menschen genau so normal reden kann wie mit Nicht-Behinderten. Vielleicht sogar in manchen Beziehungen sogar besser.

In dem Stadtteil, in dem ich lebte, gab es zwei Männer mit geistiger Behinderung, die oft im Ort unterwegs waren, die so etwas wie Origi-

50

nale waren: Einmal war da Horst, genannt „Hotti": Nicht sehr groß, blond, fröhlich, nicht dick, aber etwas untersetzt. Immer mit großen, weit ausholenden Bewegungen unterwegs, und - sehr aufgeschlossen und redselig: Wenn man ihn traf bei Einkäufen oder Spaziergängen in der Stadt - und man traf ihn oft - erzählte er vom Fußball, und wie der TSV 05 am vergangenem Sonntag, auf dem Sportplatz an der Waldkampfbahn, wieder gespielt hatte, und was die „Pfeifen" da wieder verzapft hatten. Zwischendurch zog er sich immer wieder seine, manchmal viel zu große Hose hoch: Eine Hand vorn am Bund, eine hinten, und dann mit einer ruckartigen Bewegung nach oben damit! Wenn man mit Anderen aus dem Ort zusammen stand und diese Bewegung nachmachte wusste jeder sofort, was und wer damit gemeint war.

Hotti erzählte meistens auch davon, dass er sich endlich ein Auto kaufen wolle, einen Porsche habe er sich schon bestellt: Sobald er den „Lappen", den Führerschein habe, sollte es losgehen. Was natürlich nur Phantasie war, denn er war intellektuell überhaupt nicht dazu in der Lage eine Fahrerlaubnis zu erhalten. Aber das war überhaupt nicht wichtig, es war Teil seiner Welt, sein Traum – es gehörte zu Horst wie die Butter aufs Brot.

Wenn man es eilig hatte oder es einem zu viel wurde (oder, als Jugendlicher, um sich einen Spaß mit ihm zu machen) musste man nur konkret auf seine Geschichten eingehen, und nachhaken: Dann wurde Hotti sehr böse, einsilbig und trollte sich grummelnd davon.

Wie sehr er in das Leben der Kleinstadt integriert war macht deutlich, dass, als er vor einigen Jahren starb, darüber sogar in der Wochenzeitung berichtet wurde. Es gibt jetzt da eine Lücke im Leben im Ort, er fehlt jetzt einfach. Hotti ist eben nicht mehr.

Dann gab es noch ein zweites Original, ich weiß seinen Namen nicht sicher, aber ich glaube, er hieß Robert. Er war das genaue Gegenteil zu Hotti: Sehr schlank, groß gewachsen, mit einer sehr ausgeprägtem Gesichts-Physiognomie: Große Hakennase, mächtiges, vorspringendes Kinn, oft unrasiert. Kleine blinzelnde Augen, die unter einer sogenannten Bauernkappe hervorschauten, die er meist trug. Oft hatte er einen wadenlangen, grünen Lodenmantel an, der ihm zusammen mit seiner Hagerkeit und dem ausgeprägtem Gesicht etwas eigentümlich Raubvogelartiges verlieh. Er war mehr so die dunkle Gestalt, der Verrückte, der uns kleinen Jungs damals irgendwie unheimlich vorkam. Er sprach wenig, ich glaube ich hab nie ein Wort mit ihm gewechselt. Nur in der Imbiss-Bude im Ort traf ich manchmal mit ihm zusammen: Dort drückte er sich in eine Ecke, lächelte freundlich und wortlos, und wartete, bis er irgendwann von Gerd, dem Imbisswirt, eine Tüte Pommes frites geschenkt bekam. Damit trollte Robert sich dann raus – bis zum nächsten Mal (kann sich noch jemand daran erinnern: Pommes in der Tüte, nicht im Schälchen? Zu 60 Pfennig die Portion, dazu für 10 Pfennig Majo! Und wenn man noch Schaschliksoße dazu wollte – die gab es damals noch umsonst – dann steckte Gerd noch eine zweite Tüte drumrum, damit es nicht so durchsuppte, denn die Soße war ziemlich flüssig: Nicht so diese klebrige, dicke Convenience-Pampe aus der Industrie, die sich heut „Schaschliksoße" nennt – es war der Saft von dem gebratenen Fleisch, von Zwiebeln und Gemüse. Lecker!).

Auch er, Robert, gehörte irgendwie dazu, war fester Bestandteil des Stadtlebens wenn er durch den Ort ging. Nur, er war eben der Stille, Introvertierte. Was aus ihm geworden ist – keine Ahnung.

~

Das waren also meine Kenntnisse über Menschen mit geistiger Behinderung. Und nun sollte ich also tatsächlich losziehen und mehr darüber erfahren?

Von der Lebenshilfe in unserer Stadt wusste ich aus den Medien, dass es da Ungereimtheiten mit der Geschäftsführung gegeben hatte, von Veruntreuung war da die Rede gewesen, schlechten Arbeitsbedingungen und Fluktuation unter den Mitarbeitern. Also dann vielleicht doch lieber die Anthroposophen? Die Rufnummer, die ich wählte, stellte sich als zu einem Wohnheim zugehörig heraus: Die der WfbM (Werkstatt für behinderte Menschen) stand im Buch eine Spalte höher. Hatte ich schlichtweg übersehen. Das war ganz bestimmt Zufall, oder? Aber dazu an einer anderen Stelle.

An der anderen Seite der Verbindung war die Heimleiterin, und der erzählte ich nun ein wenig von meiner Idee mal zu schaun was das denn nun eigentlich sei – Arbeit mit „Behinderten", ob das vielleicht was für mich sei und ob ich mal gucken kommen könne. Nur mal so. Sie hörte höflich zu, fragte ein paar Fakten über mich, und sagte mir dann zu dass sie in der nächsten Heim-Konferenz mein Anliegen vorbringen würde. Und wenn sich einer der Hauseltern dazu bereit erklärte mich in eine der Wohngruppen einzuladen, würde ich Bescheid bekommen. Vielen Dank für den Anruf, und auf Wiedersehen. Hä? Was war denn das grad Alles gewesen – alles böhmische Dörfer für mich: Was ist denn ´ne Heimkonferenz? Was sind Hauseltern? Und wozu einladen? Aber gut, ich kannte mich nicht aus, hatte keine Ahnung über die Gepflogenheiten in so einer Einrichtung. Dann also Abwarten was passieren würde.

Ein paar Tage später klingelte das Telefon, und dran war einer der sogenannten Hauseltern. Er lud mich für einen Sonntag nach Neujahr zum Kaffeetrinken ein. Beschrieb mir den Weg, sagte mir den Namen von dem Haus in das ich kommen solle. Und sie würden sich auf mich freuen. Jetzt war es also soweit: Ich hatte mir was überlegt, hatte was unternommen und nun sollte es so geschehen. Nicht zu fassen: Ich und Bekloppte!

An diesem besagtem Sonntag Nachmittag setzte ich mich in mein Auto und fuhr los, voller Zweifel über meinen eigenen Übermut. Und ich weiß noch heute die Stelle auf der Oberbergischen Straße in Wuppertal-Barmen, an der ich ganz kurz davor war wieder umzukehren, diesen ganzen Blödsinn abzublasen. Kann ich doch sowieso nicht. Ich doch nicht.

Und dann fuhr ich doch weiter, einmal quer durch die Stadt, den einen Berg herunter, durchs Tal und die andere Seite wieder hinauf. Aus dem dicht besiedeltem Stadtgebiet etwas heraus, ein Stück Bundesstraße, dann über ein paar Nebenstraßen, durch ein Wohngebiet. Abgebogen, in ein Stückchen Wald – hier sollte noch was kommen? Dann aber sah ich zwischen den leicht verschneiten Bäumen und Büschen ein Haus auftauchen, ein Zweites, Rauch aus Kaminen. Die Straße gabelte sich, und vor mir lag so etwas wie ein kleines Dorf, eine Siedlung, bestehend aus einem großen, mehrgeschossigem Haus, zwei etwas kleineren Häusern, in der Art wie etwas größere Einfamilienhäuser, und einem größerem Hauskomplex, der ein wenig nach Reihenhäusern aussah. Weiter unten ein älteres Bauernhaus, dahinter noch mehr Gebäude. Eins der kleineren Häuser war das, wo man mich erwartete. Ich suchte mir einen Parkplatz davor und stieg aus.

Es war Anfang Januar und richtig Winter. Es war kalt, etwas Schnee lag, der Himmel war bewölkt und grau, es begann schon langsam zu dämmern. Das Dorf lag an einem mit Bäumen bestandenem Hang, zu der hangaufwärts gewandten Seite ging das Gelände in einen Mischwald über, durch den ich gekommen war. Auch zwischen den Häusern standen Bäume und Buschwerk. Zwischen den Grundstücken waren freie, jetzt Schnee bedeckte Rasenflächen, darauf vereinzelt Bänke. Wege und kleine Straßen führten zu den einzelnen Häusern. Weiter unten war das Gelände nicht weiter baumbestanden, machte den Blick frei auf ein weites, ländliches Tal.

In den Häusern sah man vereinzelt Lichter, es hingen bunte Lichterketten und Sterne an den Fenstern; Weihnacht, die Raunächte, waren noch nicht ganz vorbei.

Und die ganze Stimmung war – friedlich.

✦

Buggiwuggi!

"Sei – versuche nicht, zu werden"

(Von Osho)

Das also war sie nun, die anthroposophische Wohnsiedlung, in der mein Leben eine entscheidende Richtungsänderung nehmen sollte - nur wusste ich das damals noch nicht. Ich stand neben meinem Auto, schaute mich um und lauschte auf die Geräusche: In der Ferne war gedämpft der Verkehr der Großstadt zu hören, ein stetes, dumpfes Rauschen. Aus einem der Häuser kam leise Klaviermusik, mal langsam, zögerlich - und dann wieder in raschem Tempo; so als ob der Musiker sich nicht recht für ein Tempo entscheiden könnte. Viel später sollte ich erfahren, dass es eine Frau war, die da am Klavier saß und spielte. Und ich sollte diese Frau noch näher kennen lernen - eine Autistin.

Also, wie gesagt: Im Ganzen wirklich eine schöne, winterliche, friedliche Stimmung. Ich nahm nun allen Mut zusammen: Was würde mich jetzt erwarten?

Die paar Schritte vom Auto zum Hauseingang waren schnell gemacht, die Eingangsfront bestand aus einer großen Glasfront aus Strukturglas, die einen undeutlichen Blick ins Innere des Hauses zuließ: Wenn das Sonnenlicht in den Vorraum scheinen würde wäre er sicher herrlich von Licht erfüllt, dachte ich. Jetzt war es ja nachmittags, im Winter, und durch die Glastüre, vor der ich nun stand, war nur eine schummrige Dunkelheit im Haus zu erkennen. Und nichts zu hören.

Nun gut - auf die Klingel gedrückt, und gehorcht: Von Drinnen waren undeutlich Stimmen zu hören, dann ging hinter dem Glas Licht an – ich konnte undeutlich eine kleine Treppe erkennen, sah eine Gestalt, die die Treppenstufen herunter eilte, zur Türe kam und sie öffnete. Ein Mann stand vor mir, nicht so alt, vielleicht um die Mitte dreißig, schlank, etwa 175 cm groß. Kurze dunkelblonde Haare, ein offener, freundlicher Blick, und seine Hand streckte sich meiner entgegen: Es war der Hausvater, mit dem ich telefoniert hatte.

Er bat mich herein, hieß mich willkommen, nahm mir den Mantel ab. Ich schaute mich ein wenig unsicher um: Ein großer Flur, darin eine sehr große, bestimmt 3 Meter lange, überquellende Garderobe voller Jacken, Mäntel auf Bügeln, an Haken oder einfach irgendwo drauf geworfen; Mützen, Hüte, Stiefel, Schuhe, Regenschirme, Taschen und Hausschuhe in einem bunten Durcheinander. Ein paar massive Holzmöbel, Bilder in unregelmäßigen, scheinbar von Hand gefertigten Rahmen, und an der Decke eine etwas merkwürdig aussehende Leuchte, die warmes Licht ausstrahlte. Solche Lampen würde ich in der nächsten Zeit noch öfter zu sehen bekommen, sie sind für manche anthroposophische Einrichtungen typisch: Sie sind zusammen gesetzt aus einer Vielzahl von polygonen Flächen, z.B. aus Fünf- und Sechsecken, sogenannten Penta- und Hexagonen. Überhaupt sollte ich bald feststellen, das die Beschäftigung mit harmonischen Winkeln in der Gestaltung, sowohl von Räumen als auch Gebrauchsgegenständen in der anthroposophischen Lehre eine große Rolle spielt.

Und jetzt ging es los, eh ich mich's versah stand ich in einem großen Ess- und Wohnzimmer, darin eine lange Tafel, und darum herum sitzend – die Menschen um die es ging. Ich erfuhr das es sich um eine Wohngruppe von 10 Menschen beiderlei Geschlechts handelte, unterschiedlichen Alters. Es waren heute zwölf am Tisch, denn die Frau des

Hausvaters und ihre kleine Tochter waren ebenfalls zum Kaffeetrinken eingeladen worden.

Ja, eingeladen worden: Die Mitglieder der Wohngruppe bestimmten in der wöchentlich stattfindenden Hauskonferenz selbst, wie der private Wochenablauf zu gestalten sei. Und dazu gehörte auch, ob und wer eingeladen wurde. Die Drei lebten mit in dem Haus, hatten im Obergeschoss eine eigene, abgeschlossene Wohnung. Jedoch nur der Hausvater war Mitarbeiter in der Gruppe: Er organisierte das Zusammenleben, kaufte Lebensmittel und kochte (zusammen mit den Bewohnern), brachte zum Arzt, half bei der Freizeitgestaltung und ergänzte die täglich ins Haus kommende Haushaltshilfe bei ihren Aufgaben und einiges mehr. Ich wurde nun freundlich von ihnen Allen begrüßt, erwartungsvoll angeschaut und zu einem freien Platz gebeten – mitten rein!

Da saß ich nun, zwischen einem etwas älteren, untersetztem Herrn mit kreisrundem Haarkranz um eine glänzende Glatze und einem fröhlichem Gesichtsausdruck rechts von mir, links eine etwas jünger aussehenden Frau, die sich mir sofort aufmerksam zuwendete. Die anderen am Tisch sahen mich an, alles freundliche Gesichter - bis auf einen Mann, der mich scheinbar überhaupt nicht beachtete, sondern nur „seltsame" Geräusche von sich gab, und sich irgendwie ständig leicht hin- und her bewegte. Der Hausvater bat um Ruhe, sagte ein paar Worte zur Begrüßung und bat mich, mich selbst vorzustellen.

Mann! Was sollte ich denn jetzt sagen? Sollte ich versuchen alles ganz einfach auszudrücken? Keine Fremdwörter gebrauchen? In Kindersprache verfallen? Ja, wie denn nur ?

Der Hausvater erkannte meine Unsicherheit, und sagte mir dass es richtig sei, wenn ich mich einfach ganz normal verhalten würde; so, wie ich eben sei.

Das ist etwas ganz Entscheidendes: Warum eigentlich denken wir, wenn wir es mit erwachsenen Menschen mit geistiger Behinderung zu tun bekommen, das wir sie nicht wie einen Menschen ohne Behinderung behandeln können? So, wie wir uns eben behandeln, gegenseitig. Warum verändert sich dabei unsere Sprechweise, so, als würden wir es mit kleinen Kindern zu tun haben? Wenn wir sie zusammen mit ihren Eltern treffen oder ihren Betreuern – warum reden wir mit diesen über etwas was sie betreffen würde, und nicht direkt mit ihnen?

Versetzen wir uns mal in die Lage des Gegenüber: Wir sind erwachsen, wollen ein so weit wie möglich normales Leben führen, so weit wie es eben nur geht selbstbestimmt leben. UNSER Leben eben. Und dann erleben wir das wir nicht für voll genommen werden, missachtet werden, das über uns bestimmt wird. Würden wir so etwas wollen?

Warum sollte es bei einem Menschen, der eine Behinderung hat anders sein? Wenn wir plötzlich, durch eine Erkrankung oder durch einen Unfall, in eine ebensolche Lage kämen, selbst auf einmal behindert wären – wollten wir da plötzlich anders angesprochen, anders behandelt werden als wie der erwachsene Mensch, der wir bisher waren?

Wie würden wir uns fühlen wenn auf einmal alle mit uns wie mit einem unmündigen Kind umgehen würden, sichtlich bemüht uns nicht so mit vielen Wörtern zu belasten, weil man uns nichts mehr zutraut – würde uns das gefallen?

~

Mein Ersatzvater, der zweite Mann meiner Mutter, hatte eine Tankstelle und Autowerkstatt. Ich arbeitete dort seit meiner Jugend oft mit, nach meinen Feierabenden und an Wochenenden. Es war Teil meines Lebens, ich war gern dort. Genoss es, oft ins Gespräch mit Kunden aus allen möglichen Gesellschaftsschichten zu kommen, Neues kennen zu lernen, etwas übers Leben zu erfahren. Und etwas Geld gab es dafür auch noch. In der Rückschau kann ich sagen, dass ich dort wirklich viel über Menschen gelernt habe.

In dem Stadtteil, wo sich die Tankstelle befand, gab es ganz in der Nähe eine große Fabrik, in der technische Gummis hergestellt wurden. Dort arbeiteten viele Gastarbeiter, und eine ganze Anzahl von ihnen waren Menschen aus dem damaligen Jugoslawien. Viele davon waren Kunden bei uns geworden, sie kamen mit ihren Autos um zu tanken, sie reparieren zu lassen oder sie hinter der Tankstelle selbst zu waschen und zu warten: Dort gab es einen Waschplatz mit Staubsauger und Mülltonne - ganz wichtig, wenn man Freitags das Auto von allem befreien will, was sich in so einer Woche Autofahrerleben darin ansammelt. Und wenn jemand mal einen Ringschlüssel brauchte, um einen Keilriemen nachzuspannen, oder einen Kerzenschlüssel, um die alten Zündkerzen gegen die Neuen, soeben gekauften auszutauschen – dann war das kein Problem, gab's ganz selbstverständlich von uns. Sie kauften Zigaretten, Alkohol, Zeitschriften oder anderes. Kamen um ein wenig zu reden, sich mit anderen auszutauschen, vielleicht um draußen gemeinsam ein Bier zu trinken oder eine zu rauchen. So ein bisschen Treffpunkt eben, fast so was wie ein „Tante-Emma"-Laden.

Damals waren die Tankstellen noch nicht diese Supermärkte, wie sie es heute fast ausnahmslos sind: Der Verkaufsraum war eher klein, das Sortiment auf kleinstem Raum zusammen gedrängt, und man kam oft in direkten Kundenkontakt; nicht so wie heut, wo man durch große Theken getrennt steht, wo sich der Kunde fast immer selbst bedient, und das Personal hauptsächlich damit beschäftigt ist zu kassieren. Man hatte auch mehr Zeit sich mit dem Einzelnen zu beschäftigen: Irgendwie hatten die Menschen damals überhaupt mehr Zeit füreinander.

Ich habe nie verstanden das mein Ersatzvater, sobald er feststellte, dass der Kunde kein Deutscher war, in ein reduziertes Deutsch verfiel, das hauptsächlich aus Verben im Präsens und aus Weglassen von Artikeln bestand. Und die größte Unverfrorenheit war, dass er diese Menschen sofort duzte!

Was, wenn jemand so etwas mit uns machen würde? Wir würden denjenigen ganz schnell in seine Schranken verweisen!

~

Was aber, wenn wir dazu intellektuell nicht in der Lage wären, uns zu verteidigen? Wenn wir aufgrund unserer Behinderung nicht sprechen können, uns nicht verbal wehren können? Wenn wir so auf Hilfe angewiesen sind, so abhängig von Anderen sind, dass wir uns nicht trauen uns dagegen zu wehren?

Oder einfach, weil wir es schon unser ganzes Leben lang immer wieder erfahren haben dass man so mit uns umgeht – und resignierend hinnehmen?

Wie schön wäre es, wenn wir einfach erst mal den Menschen im Vordergrund sehen würden, und nicht seine Herkunft - oder seine Behinderung!

Also, ich sollte ganz natürlich und *ich* sein – das hatte während meines Arbeitslebens, eigentlich in meinem ganzen Leben noch nie jemand von mir erwartet!

Und genau das war es, was mich im Laufe des Nachmittags faszinierte: Hier ging es nicht darum wie man Kunden möglichst lange im Laden hält, damit er so viel wie möglich einkauft. Hier ging es nicht darum mit Small Talk sich in möglichst bestem Licht darzustellen.

Hier ging es darum als Mensch so authentisch wie möglich zu sein - um in Kontakt zu kommen mit Menschen, deren Kommunikations-Möglichkeiten eingeschränkt waren. Die aufgrund ihrer, meist von Geburt an, eingeschränkten intellektuellen Fähigkeiten darauf angewiesen waren mittels ihrer Empathie, ihrer emotionalen Intelligenz zu leben.

So was kannte ich bis dahin noch nicht. Klar, bei meinen Kindern hatte ich das gelebt, als sie klein waren (jetzt, in ihrer Pubertät half weder Empathie noch Anarchie!). Aber in der Arbeit, als essentielle Voraussetzung? Das wäre aber so was von unangebracht gewesen: Ich war eh schon ein bunter Hund in der Firma, wenn ich sogar im stärksten Regen mit dem Fahrrad zur Arbeit kam. Keine „Geschenke" von Lieferanten annahm, und Vegetarier war ich zu der Zeit auch schon (außer bei einer guten Currywurst - da werd ich immer noch schwach). Wenn ich da auch noch mit so was wie Empathie angekommen wäre – nicht auszudenken!

Ok, dann man los: Ich erzählte also etwas von mir, wie alt ich sei, über meine Familie, meine Arbeit. Was ich so machte in meiner Freizeit, und warum ich hier sei. Alle hörten mir zu, machten mal Bemerkungen dazu, so wie man das so macht wenn sich jemand vorstellt. Tranken dazu ihren Kaffee, aßen Kuchen, standen auf um zur Toilette zu gehen – der Hausvater rief bei dem einem oder anderen hinterher „Abziehen nicht vergessen!" - und kamen wieder zurück. Alles ganz normal. Ja, was hatte ich denn anderes erwartet? Ja, was - keine Ahnung. Aber schön war's irgendwie.

Die junge Frau links neben mir war mal kurz näher zu mir gerückt, hatte mir ganz vertraut ihre rechte Hand auf meinen Oberschenkel gelegt, und zwar ziemlich weit oben. Rutschte noch etwas näher, sah mir in die Augen und fragte mich, ob ich denn auch gerne Filme schaue. Zu meinem Glück hatte der Hausvater dies bemerkt, eine kurze Bemerkung zu ihr gemacht – und die Hand war wieder weg. Puuha! Tja: Männer und Frauen sind halt immer - Männer und Frauen. Wie gesagt, zu meinem Glück. Ich war noch so unsicher, ich wusste nicht: Konnte ich was dazu sagen, sollte ich sie bitten ihre Hand fortzunehmen? Oder war das „normal" in diesem Rahmen, war das einfach Teil der hier üblichen Nähe? Was durfte ich zulassen, was nicht, ohne jemand vor den Kopf zu stoßen? Ich sollte einfach ich sein, hatte er gesagt. Mann - gar nicht so einfach, mit so einer Hand am Schenkel! Später, viel später erkannte ich allerdings, dass es eben doch ganz einfach war, denn individuelle Grenzen kennt jeder Mensch - und natürlich genauso Menschen mit Behinderung. Und sie akzeptieren dies auch bei anderen Menschen. Eigentlich selbstverständlich, oder?

Was ich niemals in meinem Leben vergessen werde war, wie lebendig, wie unglaublich lebenslustig der ältere Mann rechts neben mir war: Ich erfuhr, dass er leidenschaftlich gerne Musik hörte, Boogie-Woogie sagte er dazu. Stand auf und bewegte sich hin und her, hob die Hände und schwenkte sie im imaginären Takt der Musik. Er sprach das ganz schnell aus, bei ihm klang es wie ein Wort, wie „Buggiwuggi!". Und ob ich das vielleicht auch gern mochte?

Der Hausvater erzählte mir von ihm, dass er früher mal schwer gestürzt war; und wochenlang hatte niemand bemerkt, dass er sich dabei die Hüfte gebrochen hatte: Er konnte sich mit Worten nicht richtig ausdrücken, nicht sagen wo und wie es ihn schmerzte. Und in diesen Wochen war die Hüfte wieder irgendwie zusammen gewachsen, natürlich ganz schief und krumm: Und deshalb konnte er nun nur noch unter Schmerzen laufen, nicht mehr arbeiten, war deshalb immer zu Haus. Hörte Musik, spielte mit ein paar Puzzle-Teilen, die er nie zusammen bekam. Kann man sich so etwas vorstellen? Niemandem sagen zu können, was mit einem ist?

Ich war erschüttert, so was hätte ich mir nie denken können. Und trotzdem: Er war voller Freude, strahlte eine Energie, Lebens-Energie, eine Positivität aus, wie sie sich bestimmt mancher von uns wünschen würde. Und war einfach nur ein fröhlicher Mann, dessen Familienname eigentlich „Lebenslust" sein sollte. Ein Sonnenschein, ein zu uns auf die Erde geschickter Engel.

Geschickt, um uns zu zeigen, wie schön das Leben ist.

Zu Anfang erwähnte ich die etwas seltsamen Geräusche, die der Mann von sich gab, der mich bei meinem Eintreffen nicht beachtete. Dieser Mann war ein Autist, lebte ganz in seiner Welt. Und die Geräusche, die er machte, kamen von seinen Zähnen, die er unaufhörlich aufeinander rieb: Er knirschte die ganze Zeit, den ganzen Tag, von früh bis spät mit den Zähnen. Dies machte er schon einen Großteil seines Lebens, so sagte mir der Hausvater; und dies führte dazu, dass seine Zähne schon sehr abgenutzt, abgerieben waren. Dass er deswegen immer wieder zum Zahnarzt musste. Aussicht auf Änderung, auf Besserung war keine – es sei denn, er beschloss irgendwann, damit wieder aufzuhören.

Ich war hin und weg, war nicht mehr ich, war ganz durcheinander von den ganzen Eindrücken, genoss die Wellen von Emotionalität, die mich überfluteten. War erschüttert, war begeistert, war gleichzeitig

Glück und Trauer. Meine Gefühle waren eine Sinuskurve, die weit nach oben und nach unten schwang, in einer hohen Frequenz immer wieder wechselte.

Nach einer kleinen Ewigkeit brach ich auf, bedankte mich bei allen, wurde ebenfalls herzlich verabschiedet – und gefragt, ob ich wiederkäme. Nein, nicht vom Hausvater; der bedankte sich einfach für mein Kommen.

Die Bewohner fragten mich.

~

Nach dem ich zu Hause von all dem berichtet hatte, dabei von meiner Familie nur ungläubig ob meiner Lebendigkeit, meines Heraussprudelns der Erlebnisse bestaunt worden war (so hatten sie mich schon ganz lange nicht mehr erlebt. Vielleicht auch noch nie?), entschied ich: Wenn möglich wollte ich eine Zeit dort hospitieren.

So nennt man es, wenn man in einer Einrichtung probeweise arbeitet, die Arbeit kennen lernt, begutachtet. Es kommt vom lateinischen „Hospitari", zu Gast sein.

Scheinbar war ich an diesem Wochenende gut angekommen mit meiner Empathie, denn als ich anrief und nach einem Hospitationsplatz fragte war es kein Problem: Ich konnte eine Woche in den einzelnen Gruppen zu Gast sein, durfte zuschauen und miterleben wie es sich dort lebte. Danach ging ich für eine weitere Woche in die Werkstatt, die „WfbM" - *die Abkürzung für Werkstatt für behinderte Menschen.*

Ich lernte eine Menge, sah Menschen, die Fähigkeiten hatten und Fertigkeiten entwickelten, die mich nur staunen ließen. Nie hätte ich es vorher für möglich gehalten, was trotz – oder vielleicht auch gerade wegen einer Behinderung möglich war. Und dachte lange über folgenden Gedanken nach: In der anthroposophischen Heil-Pädagogik gibt es eine Überzeugung, der in einer anderen Bezeichnung für Menschen mit einer geistigen Behinderung Ausdruck findet: Seelenpflegebedürftige. Wenn man davon ausgeht, dass die Seele des Menschen unsterblich ist, so ist sie – warum auch immer – nun für dieses Leben in einem behinderten Körper gelandet. Die seelische Individualität des Menschen kann nach diesem Verständnis nicht krank oder behindert sein. Gestört ist nun lediglich die gesunde, harmonische Verbindung von Leib, Seele und Geist. Daher benötigt dieser Mensch eine besondere Pflege des seelischen Bereichs als verbindendem Element: Er ist „seelenpflegebedürftig".

Es waren zwei sehr intensive Wochen, die ich da erlebte, ich war voller Eindrücke, voller Erlebnissen. Ich sah mein bisheriges Leben in einem ganz anderen Licht, hatte ich doch erlebt wie es ist, als Mensch mit anderen Menschen zu arbeiten, zu leben – wenn es einfach unwichtig ist was man kann. Was Leben bedeutet, wenn man eingeschränkt in seinen Möglichkeiten ist. Wenn man sein ganzes Leben immer wieder auf die Hilfe anderer angewiesen ist.

Ich hatte erlebt, welche Lebensfreude trotz allem möglich war – meine Depression war völlig in den Hintergrund getreten, war überhaupt nicht mehr so wichtig. Am Ende der Hospitation verabschiedete ich mich von den Menschen, die ich in so kurzer Zeit näher kennen gelernt hatte; näher als die Menschen, mit denen ich in meiner Arbeit zum Teil seit Jahren zu tun hatte. Ich hatte dabei etwas erlebt, was mir einfach fehlte bei dem, was ich bisher gearbeitet hatte: Gefühl. Und einen Sinn.

Was blieb war die Unsicherheit, ob das etwas sei, was ich zukünftig tun könne. Finanziell würde es sich wirklich nicht lohnen. Und: So schön ich die Vorstellung fand im Zuhause von Menschen zu arbeiten, es ihnen „schön" zu machen, sie zu umsorgen, begleiten, sie auf ihrem Weg in ihr selbstbestimmtes Leben zu unterstützen – mein Leben würde sich vollkommen ändern. Allein durch die Arbeitszeiten würde mein Privatleben völlig durcheinander kommen: Dadurch, dass die meisten Bewohner eines solchen Wohnheimes tagsüber in den Werkstätten sind, arbeitet man im Wohnheim morgens früh bevor es in die Werkstatt geht, und nach deren Ende, wenn alle wieder nach Hause kommen. Ebenso an Wochenenden, Feiertagen, und Freizeiten wollten auch begleitet sein. Kurz: Meine Familie würde ich nur noch selten sehen. Wollte ich das?

Ein bisher völlig undenkbarer Gedanke tauchte auf: Und wenn ich nur Teilzeit arbeiten würde? Dann bliebe viel mehr private Zeit für die Kinder, für meine Frau und mich übrig, das wäre schon eher denkbar. Nur: Wie würden wir finanziell klarkommen?

Und, was mich noch viel mehr beschäftigte: Was würde mein Umfeld sagen, wenn ich nicht mehr das tun würde, was bisher mein Hauptantrieb in der Arbeit gewesen war: Mehr Geld verdienen. Karriere machen. Der Versorger sein. Nach außen glänzen, so, wie ich es als Kind gelernt hatte.

Was, wenn?

✦

Der kreisrunde Befund

„Wir gehen dem Tod entgegen, ohne zu wissen,
wann unsere Zeit gekommen ist.
Deshalb sollten wir bewusst leben, für jede Minute dankbar
sein; aber auch dem Tod dankbar sein, denn er bringt uns
dazu über die Bedeutung einer Entscheidung nachzudenken,
ob wir sie nun treffen oder nicht.
Mit anderen Worten, es gilt, alles zu unterlassen was uns
zu lebenden Toten macht; und alles auf die Dinge zu setzen
von denen wir immer träumten, und alles für sie zu riskieren."

(Aus: „Sei wie ein Fluss, der still die Nacht durchströmt" von Paulo Coelho)

Anfang des Jahres hatte ich beschlossen, zum ersten Mal in meinem Leben eine Krebsvorsorge-Untersuchung machen zu lassen - ich war in dem Alter angekommen, wo die Krankenkasse der Meinung ist dass anhand der Statistik festzumachen ist, wann denn wohl ein Mann an Krebs erkranken könne; und dass es nötig sei mal nachzusehen. Der Arzt meiner Wahl dazu war natürlich mein Hausarzt, der mir in der Vergangenheit schon oft geholfen hatte – nicht zuletzt um mir zu sagen das ich depressiv geworden war, und mich damit auf den Weg brachte

Ende März hatte ich einen Termin. Ich fand mich in seiner Praxis ein, plauderte ein wenig mit der angenehmen Sprechstundenhilfe, und bequemte mich dann ins Wartezimmer. Die Praxis ist eine Gemeinschaftspraxis zweier Allgemeinmediziner; einer hat einen Doktor-Titel, der andere nicht. Nicht dass das wichtig wäre – es sagt nichts über die tatsächliche Qualitäten eines Menschen aus wenn er einen Titel hat. Ich erwähne das nur weil mir eine nette Kleinigkeit auffiel: Weil eben doch viele Menschen einen Arzt immer mit dem

Bild des „Herrn Doktor" in Verbindung bringen, meldete sich die Praxis immer mit „Arztpraxis Dr. Jürgen Müller und Hans Meier!". Durch diesen kleinen Kunstgriff fiel es gar nicht so auf – das da auch ein Nicht-Doktor praktizierte. Oder – interpretiere ich da auch nur was hinein?

Jedenfalls, die Praxis befand sich in einem Eckhaus, direkt an einer Straßenkreuzung zweier relativ gut befahrener Nebenstraßen, in einem dicht besiedeltem Wohngebiet. Gegenüber war ein Getränkemarkt, vor dem immer wieder mal LKW halten zur Anlieferung: Man hörte, wie die Seitenbracken der Ladeflächen herunterschlugen, den Gabelstapler brummen, wenn er angefahren kam und die Gabel hochfuhr, um die Paletten mit Getränkekisten abzuladen, in denen dabei die Flaschen aneinander klingelten. An der gegenüberliegenden Ecke befand sich ein Drogeriemarkt, und um die Ecke ein paar Ladengeschäfte, ein Biomarkt, ein Wollladen, eine Bäckerei. Bis zur Eisenbahn war es auch nicht weit, die Geräusche der Züge drangen vereinzelt bis hierhin vor. Hier war das ganz normale Leben, mit allen Geräuschen und Gerüchen. Farbig irgendwie. Lebendig eben.

Das Wartezimmer, in dem ich nun saß, lag zur Straßenseite hin, es war ein etwas wärmerer Tag und das Fenster geöffnet, die Sonne schien herein. Es sollte überhaupt ein Jahr werden, in dem die Sonne es besonders gut meinte – sogar etwas zu gut, wenn man sich daran erinnert, dass dieses Sonnenjahr 2003 in Deutschland und Europa für eine nicht unerhebliche Zahl von Todesfällen durch Hitze sorgte. Jetzt jedoch war es einfach nur angenehm im Wartezimmer: Nicht so voll, Sonnenschein und Geräusche von städtischem Leben, und eine Zeitschrift, die ich noch nicht gelesen hatte.

Irgendwann dann also hinein ins Behandlungszimmer, Hallo und wie geht's – und dann ging es los: Abtasten des Bauchs von Außen,

Ultraschall der Niere, Leber, Galle, Blutabnahme für Feststellung der Blutfette und des Blutzuckergehalts. Dann kam das Abtasten der Prostata... und nein, *das* geschieht nicht von außen!

Wer es noch nicht erlebt hat wird sich vielleicht wundern über diese Untersuchung, bei der der Arzt einen Finger in den Enddarm einführt und dort nach der Prostata tastet, ob sie sich ungewöhnlich anfühlt, vielleicht vergrößert oder sonst wie. Das ist eventuell etwas unangenehm, aber durchaus zu ertragen.

Sofort musste ich dabei an eine Stelle aus einem der Bücher des Tierarztes James Herriot denken (*„Der Doktor und das liebe Vieh"*[4]), die ich Jahre zuvor mit Genuss gelesen hatte. Wenn ich es recht erinnere schreibt er dabei über die Rektaluntersuchung eines Rinds, in dessen Hintern er bis zur Schulter mit seinem eingeseiftem Arm steckt: „Nirgends kann man als Tierarzt mehr lernen als im Arsch einer Kuh!".

Bei meiner ersten Untersuchung dieser Art war ich nun voller Hoffnung, dass sich die Human- von der Veterinärmedizin in diesem Punkt wesentlich unterscheidet – und zum Glück war das auch so: Es blieb beim Finger, und der steckte in einem sterilen Gummihandschuh in meinem Allerwertesten. Wie auch immer, ich kann nur sagen das es auch bei dieser Untersuchung GANZ BESTIMMT von Vorteil ist, wieviel Erfahrung ein Arzt in diesem Kontext schon hat. Gefühl ist halt doch sooooo wichtig !

Das war dann auch überstanden, und das war's.
Das war's? Ja wie - und, was ist mit dem Rest?

---

[4]   *ISBN-13: 978-3499143939*

Ja, sagte mein Arzt, nachdem er den Gummihandschuh mit Nachdruck in den Müllkübel geworfen hatte, das war es eigentlich, was vorgesehen ist. Und ob denn schon mal ein Thorax-Röntgen bei mir gemacht worden sei *(Thorax ist Altgriechisch und bezeichnet den Brustkörper; weil die Mediziner immer noch die Bezeichnung für Körperteile in längst ausgestorbenen Sprachen vorziehen um uns Laien zu beeindrucken; oder zu verwirren)*? Nein, jedenfalls erinnerte ich so was nicht *(was nicht unbedingt was heißen muss: Ein Symptom unter vielen einer Depression ist, dass man vergesslich wird)*. Und so zog ich also los mit einer Überweisung, in eine große radiologische Gemeinschaftspraxis. Termin war ein paar Tage später, an einem Freitag – und ich weiß noch ganz genau: Auch diesmal war schönes, frühlingshaftes Wetter.

Der Tag begann gut – ich fand sofort einen Parkplatz, der nicht zu weit abgelegen war. Der Weg zur Praxis führte über eine Fußgängerbrücke, die eine breite, vierspurige Bundesstraße überquerte: In der Fernsehserie „Stromberg" sieht man im Vorspann solch einen Fußweg, der spiralförmig aufwärts gewendelt zur Brücke führt. Jedes mal, wenn ich diesen im TV sah, dachte ich an diesen Tag.

Ich genoss den Sonnenschein, hatte blendende Laune, dachte, dass ich nach der Untersuchung noch nett auf einen Kaffee gehen würde. Vielleicht könnt ich ja auch eine Kleinigkeit essen? Und dann noch kurz beim Fahrradladen vorbei, vielleicht hatte ich Glück, und dort war etwas Nettes im Preis herunter gesetzt.

Diese radiologische Praxis kannte ich schon aus anderen Besuchen: Eine sehr große Praxis, sehr *(SEHR!!!)* unpersönlich – sachlich und nüchtern, sowohl in der Einrichtung als auch im Umgang mit den Patienten. Eine Praxis, in der es einem so richtig ungemütlich ist. Toll: Gerade wenn man sowieso wegen Etwas da ist, was einen an die eigene Unvollkommenheit erinnert, ja dann braucht man so was aber so was von überhaupt nicht! Dort konnten alle Untersuchungen gemacht werden - Röntgen, CT, MRT. In früheren Besuchen dort ging es um meine Gelenke: Ich habe heftig Arthrose in den Schultern, in der Lendenwirbelsäule und in den Knien. Im rechtem Knie wurde vor zehn Jahren ein künstliches Kniegelenk eingesetzt – *eine sogenannte Total-Endoprothese (TEP)*.

Auch hier die ganz dringende Aufforderung sich Fachärzte zu suchen, die sich mit so was wirklich auskennen: Es gibt festgelegte Kriterien an denen gemessen wird, wie die chirurgische Erfahrung einer Klinik in bestimmten Bereichen ist, ob wirklich von einer Spezialisierung gesprochen werden kann – ob es eine Fachklinik ist. Also vorher informieren, informieren, informieren!

Bei diesen früheren Untersuchungen war der Ablauf immer so, dass man mittels der sogenannten bildgebenden Verfahren untersucht wurde, und danach wartete bis der Spezialist seine Diagnose gefunden hatte. Dann ging es zu ihm in sein Büro, der Befund wurde einem äußerst knapp und schnell mitgeteilt, mit dem Hinweis, dass der überweisende Facharzt das Ergebnis mit einem besprechen würde. Wiedersehen, raus. Zack und weg. Zeit ist Geld. Und ich war auch immer froh, wenn ich schnell wieder diesen sehr ungastlichen Ort verlassen konnte.

Dieses Mal war der Ablauf der gleiche: Mein Brustkorb (den ich nun voller Fachkenntnis *Thorax* nennen konnte) wurde von zwei Seiten geröntgt, dann wurde mir gesagt „Sie dürfen im Wartebereich noch Platz nehmen!", wofür ich mich freundlich bedankte - ist doch schließlich nett wenn man für so etwas extra eine Erlaubnis bekommt.

Die Zeitungen in den Wartebereichen, fällt mir grad ein, waren immer aktuell; wenigstens das etwas Positives: Es gibt nämlich wirklich Ärzte, die ihr Altpapier von zu Haus in ihren Wartezimmern monats- und jahrelang zwischenlagern!

Dann kam der Moment, als ich bei dem mir nun schon von früher bekannten kurz angebundenen Diagnostiker im Büro saß: Doch diesmal war er anders als sonst, ruhiger, ausführlicher. Beinahe sanft.

Er sagte mir, dass sie in meiner Brust etwas gefunden hätten, was dort nicht hingehörte – einen kreisrunden Befund, etwa in der Größe eines 2 Euro-Stücks. Und dass sie noch eine weitere Untersuchung machen müssten, um sich zu vergewissern. Und - ich solle mir erst mal keine Sorgen machen.

Aha.

Ja ne, is klar, dachte ich, keine Sorgen machen: Ruckzuck, schon war da was in meinem Bauch, was da nicht hingehörte, und sich immer breiter machte - so etwas ganz Unwohles, Unbekanntes.

Na, also dann in ein anderes Untersuchungszimmer, dort konnte man sich während des Röntgens drehen, so das der Untersuchende einen dreidimensionalen Eindruck des Befundes bekommen konnte. Der Leiter der Praxis kam dazu, Begrüßung, na, dann stellen Sie sich mal da und da hin, ja, so. Und dann bitte mal etwas drehen. Ja, sooo – ja, da ist etwas. Das müssen wir uns aber im MRT noch genauer ansehen. Ist jetzt noch ein Termin frei? Was? Ach, so spät ist es schon? Ne, das schaffen wir heute nicht mehr, dann lassen Sie sich bitte einen Termin für nächste Woche geben. Und – machen Sie sich mal keine Sorgen!

Tja. Da war ich nun aus der Praxis heraus – und hatte gar keine Lust mehr auf Kaffee und Fahrradladen. Und jetzt, wo ich das schreibe, fühle ich genau, was ich damals fühlte. Was da immer weiter heran kroch und sich in mir ausbreitete: Angst.

Auf dem Weg zum Auto ging mir alles Mögliche durch den Kopf: Was, wenn? Was, wenn es nun Krebs wäre? Meine damalige Frau war Krankenschwester, da bekommt man im Laufe der Jahre vieles mit, kann was lernen, erfährt was es so alles gibt an Krankheiten. Und ich wusste: Lungenkrebs war eine sehr gefährliche und häufige Form von Krebserkrankung, und das man sie lange nicht spürte. Und das es oft genug dann, wenn man durch Schmerzen darauf aufmerksam wurde schon sehr spät war. Manchmal zu spät. Schließlich hatte ich ja früher geraucht. Zwanzig Jahre lang. Viel, sehr viel; und immer starken, schwarzen Tabak. Was, wenn jetzt alles zu Ende wäre? Wenn ich jetzt nicht mein Leben ändern könnte, weil mir keine Zeit bliebe?

Ich sollte mir also keine Sorgen machen. Und der Termin für das MRT war der Dienstag darauf.

Ich hatte ein verdammt langes Wochenende vor mir!

✦

Der Anlass

„Die Verzweiflung schickt uns Gott nicht, um uns zu töten,
er schickt sie uns, um neues Leben in uns zu erwecken"

(Aus: „Das Glasperlenspiel" von Hermann Hesse)

Das war bestimmt das beschissentste Wochenende meines Lebens!
Natürlich machte ich mir Sorgen, natürlich machte meine Frau
sich Sorgen. Ich weiß nicht mehr, ob wir unseren Kindern was sagten,
aber ich denke nicht - schließlich wollte ich erst das Ergebnis von der
kommenden Untersuchung abwarten. Vielleicht hatten sie sich ja ge-
irrt? Wir hatten einfach Angst – und das reichte vollkommen um meine Depression in den Hintergrund treten zu lassen. Auch ne Methode
der Depressionsbewältigung! Eine Scheiss-Methode.

Irgendwie gingen die Tage vorbei, und die Untersuchung stand an,
meine Frau war mitgefahren. Ein tumorähnlicher, runder Befund in
der Größe von etwa 2,5 cm Durchmesser, im rechten oberen Lungenlappen wurde festgestellt. Ziemlich scharf abgegrenzt zur Umgebung.
Es wurde uns gesagt, dass es für Krebs eigentlich untypisch sei, dies
aber nur in einer Fachklinik abgeklärt werden könne. Und, alles Gute
für Sie! Das war nun doch nicht wirklich besser, echt nicht. Wir fuhren
sofort zu unserem Hausarzt, und ich saß nun nicht mehr so locker im
Wartezimmer, wie damals bei der Vorsorge-Untersuchung, als ich einen schönen, sonnigen Tag hatte – bis auf den Finger im Arsch. Mein
Arzt las den Befund durch, schaute uns an und sagte: Sofort in eine
Fachklinik - die nächste sei in Essen, die Ruhrlandklinik. Meinte, wir
sollten einfach dorthin fahren, uns nicht an der Pforte abwimmeln las-

sen und mit einem Arzt reden, ihm die Diagnose zeigen – und hartnäckig sein. Und das es jetzt besser schnell gehen solle.

Ich weiß nicht mehr ob er uns sagte, wir sollten uns keine Sorgen machen – aber ich bin mir sicher, dass er es nicht getan hat: Weil er sich auch Sorgen machte, das war deutlich zu spüren.

Wir fuhren nach Haus, packten ein paar Sachen ein und düsten zur Klinik, mittlerweile war es schon Abend. Brauchten den Pförtner nicht niederschlagen, weil der so etwas wohl schon kannte - und sogleich den diensthabenden Arzt rief. Der hörte sich meine aufgeregt vorgetragene Geschichte ruhig an, schaute sich die Bilder und das Schriftliche an, sagte dass er mich unmöglich jetzt mal so eben aufnehmen könne, und dass er anhand des Befunds, der so gar nicht typisch sei für Lungenkrebs mich erst mal etwas beruhigen könne. Ich solle am kommenden Morgen bei der Aufnahme anrufen, sagen dass er mich aufnehmen wolle, und dann zum zu vereinbarenden Termin kommen solle.

Und, als er mir sagte das ich mir *wirklich* erst mal keine Sorgen machen solle – glaubte ich ihm das so ein ganz winzig kleines etwas Bisschen. Wie heißt es: Die Hoffnung stirbt zuletzt *(oder, im Original eigentlich: „Solange ich atme, hoffe ich", auf Latein: „Dum spiro, spero." Und wer es wissen will: Es stammt von Cicero, einem römischer Politiker, Anwalt, Schriftsteller und Philosoph, der berühmteste Redner Roms, im Jahr 63 v. Chr.).*

Der Termin war am nächsten Morgen schnell gemacht, und am Montag der darauf folgenden Woche wurde ich in der Klinik aufgenommen. Meine Stimmung war – wie soll ich sagen: Zwischen Hoffen und Bangen, als die Untersuchungen jetzt erst so richtig los gingen. Wieder

Röntgen, Ultraschall, MRT, Lungenfunktion und was weiß ich noch alles. Die Aussage blieb insoweit die Gleiche, als dass da in meiner Lunge etwas war, das da so nicht hingehörte!

In einer Klinik trifft man auf die unterschiedlichsten Menschen, alles Schicksale, alles verschiedene Lebensentwürfe. ALLES. Alles, was das Leben so zu bieten hat.

Und nun, in dieser Lungenfachklinik – genauer *Westdeutsches Lungenzentrum* – lernte ich Menschen kennen, die speziell mit diesem Thema beschäftigt waren: Da gab es neben Menschen, die ihr Leben lang geraucht hatten ebenso die, die noch niemals in ihrem Leben eine Zigarette angerührt hatten. Solche, die seit 10 Jahren nicht mehr rauchten als auch die, die erst gerade aufgehört hatten – und alle mit Lungenkrebs. Vor dem Eingang zur Klinik traf man die Fälle, die in meinen Augen wirklich nicht mehr zu retten waren: Patienten, die erst vor kurzem operiert waren, denen man gerade erst einen Teil der Lunge entfernt hatte – und die nun weiter rauchten: Weil die Sucht nicht zu überwinden war; damals unfassbar für mich.

Heute, nach meiner Zeit als Arbeitstherapeut in einer Suchtklinik und der Beschäftigung mit den unterschiedlichsten Suchterkrankungen weiß ich erst, was für eine schwere Sucht Nikotin auslösen kann, durchaus vergleichbar mit einer Heroinabhängigkeit. Was es für ein ungeheurer Kraftakt für Körper und Geist ist, sie zu überwinden, und dauerhaft standhaft zu bleiben - trotz der Nervenverbindungen, die sich unter der Sucht gebildet haben, und die ein Leben lang bleiben: Wie gesagt: Wenn ich nicht so vernünftig wäre (oder wenn ich nicht so viel Schiss hätte sofort wieder süchtig zu werden), ich könnte sofort wieder anfangen; und ganz bestimmt mit Genuss. Und das nach fast 30 Jahren Abstinenz!

All diese Menschen erzählten mir von ihren Leben, ihren Ängsten und ihren Hoffnungen. Ein junger Mann von damals 23 Jahren lag mit mir im Zimmer; er hatte Hodenkrebs, mit Metastasen in Leber und Lunge. Und - schlechten Prognosen. Ich wurde ganz klein, angesichts so mancher Schicksale. Und immer nachdenklicher!

Mir sagte man, dass man zwar nicht genau sagen konnte was es denn sei – aber mir fehlten einige physische Begleiterscheinungen, die üblicherweise bei Krebserkrankungen auftreten. Das war schon mal gut – aber sonst?

Schließlich sollte noch eine letzte Untersuchung gemacht werden: Eine Bronchoskopie.

Dabei wird durch eine Nasenöffnung ein endoskopisches Gerät durch die Atemwege in die Lunge eingebracht; durch den Kehlkopf hindurch, in die Luftröhre und weiter über die Bronchien in die einzelnen Lungenlappen. Hört sich blöd an – und fühlt sich auch ebenso an: Man bekommt zwar vor der Untersuchung ein Spray, das den Hustenreflex unterbindet – sonst würde man ja den Schlauch immer wieder heraus husten. Aber das Gefühl, das da etwas in einem steckt, das da nicht rein gehört *(*nein, nicht so ähnlich wie bei der Krebs-Vorsorgeuntersuchung, auch wenn da ebenfalls etwas in mir steckte, was da nicht hinein gehörte!*) - also dieses Gefühl war schon etwas... beängstigend. Unangenehm. Und es war halb so schlimm, und: Es tat wirklich nicht weh.*

Am Freitag dieser für mich unvergesslichen Woche, nach dem ich sowohl physisch (durch Ärzte, Tamtams und Pflegepersonal) als auch psychisch (durch die schon geschilderten Erlebnisse, Gespräche und den daraus resultierenden Gedanken) einmal ordentlich gerührt *und* geschüttelt worden war, sollte diese letzte Untersuchung gemacht werden. Auf einem Monitor konnte ich mitbekommen, wie die Kamera da so durch meine Lunge fuhr.

Kennt jemand den SF-Film *„Die phantastische Reise"* von Richard Fleischer, aus dem Jahr 1966? Der Film handelt von einer Gruppe Ärzte und Wissenschaftler, die samt einem Mini-U-Boot auf mikroskopische Größe verkleinert werden und in einen aus dem Ostblock übergelaufenen tschechischen Wissenschaftler injiziert werden, um eine komplizierte Hirnoperation direkt vor Ort vornehmen zu können. Der Wissenschaftler hat ein Blutgerinnsel im Hirn, das entfernt werden muss, bevor es wichtige Hirnareale zerstört und das Wissen des Überläufers vernichtet. Von Richard Fleischer sind übrigens auch die Filme *„Jahr 2022 - die überleben wollen"* - im Original *„Soylent green"* - mit Charlton Heston, sowie *„Conan der Zerstörer"* mit Arnold Schwarzenegger. Charlton Heston erlangte gegen Ende seines Lebens unrühmliche Bekanntheit durch seine radikalen Ansichten bezüglich des privaten Waffenbesitzes in den USA, und war Präsident der NRA, der National Rifle Association. Und Arnie hat uns damals schwer damit enttäuscht, dass er es vorzog Gouverneur von Kalifornien zu werden, anstatt uns mit den nächsten *Terminator*-Folgen zu erheitern. Hat das irgendwas mit meiner Untersuchung zu tun, kann man da Parallelen ziehen? Nein, eigentlich nicht. Also vergesst es. Hasta la vista, Baby!

Jedenfalls erinnerte ich mich an diesen Film, als da die Kamera so durch meine Bronchien fuhr. Als Ziel dieser Reise war mein „kreisrunder Befund" vorgesehen: Dort sollten die miniaturisierten Wissenschaftler in Skaphandern aus dem Boot aussteigen – immer auf der Hut vor eventuell plötzlich auftauchenden Antikörpern, die sie als Eindringlinge erkennen und vernichten könnten. Diese würden sie dann mit einem Lasergewehr grillen, dann Gewebeproben aus dem bösen Tumor entnehmen, über die Blutbahnen auf dem kürzesten Weg Richtung Augen fahren und anschließend meinen Körper über den Sehnerv wieder verlassen.... nein, Quatsch. Wäre aber doch eine interessante Vorstellung, oder? Aber eine Gewebeprobe sollte tatsächlich entnommen werden: Um festzustellen, um welche Art von Tumor es sich handelte. So weit die Theorie.

In der nun ablaufenden Praxis stellte sich heraus, dass die Lage des Gewächses in meinem rechten oberen Lungenlappen so ungünstig war, dass tatsächlich ein Mikro-Mini-U-Boot nötig gewesen wäre, um dort hin zu gelangen. Das Endoskop kam jedenfalls nicht dorthin! Das bedeutete, so sagte mir der die Untersuchung durchführende Chirurg, dass niemand mir sagen könne, um was es sich denn bei meinem unerwünschtem Lungengast nun handelte. Und der einzige Weg das heraus zu bekommen war – es heraus zu bekommen! Puh. Erst mal wieder tief durchatmen.

Nach einer Weile, auf meinem Zimmer, kam ich so langsam wieder zu mir. Also würde ich tatsächlich so bald wie möglich aufgeschnitten und ein Stück meiner Lunge entfernt - darin dieses Ding das mir so viele Unannehmlichkeiten gebracht hatte ?

Wenn etwas aus der Lunge entfernt werden muss, wird immer ein Teil der Lunge, ein oder mehrere der sogenannten Lungenlappen-Segmente entfernt: Das Lungengewebe kann nicht aufgeschnitten und wieder zugenäht werden.

Aber – waren es hauptsächlich Unannehmlichkeiten die mir durch diese Geschichte entstanden waren?

Hatte ich durch diese Geschichte nicht Erfahrungen gemacht, die ich sonst nie hätte machen können, und dabei in die Leben anderer Menschen schauen dürfen?

Hatte ich nicht erkannt, worauf es im Leben ankommt: Nämlich jederzeit zu leben, im Hier und Jetzt – weil es genau so gut jederzeit damit vorbei sein könnte?

War ich nicht nachdenklich geworden, als ich erkannte, wie oft ich in meinem Leben etwas auf später verschob?

Was, wenn es irgendwann, morgen oder übermorgen, zu spät war: Wirklich zu begreifen, dass ich die Chancen, die mir vom Leben geboten worden waren, nicht genutzt hatte?

~

Mir fiel Onkel Paul ein: Paul war der Mann einer Tante meiner Frau – gibt es für so ein Verwandtenverhältnis eigentlich eine Bezeichnung? Mein Schwipp-Onkel oder so was? Paul jedenfalls war verheiratet mit Elisabeth, Tante Lieschen. Diese war aus der früheren DDR, geflüchtet als es noch keine Mauer gab, und in meiner Heimatstadt heimisch geworden; ebenso wie Paul, der in Niedersachsen auf einem kleinen Kuhdorf aufgewachsen war, bevor er seinem Bruder in unsere Stadt folgte (warum der allerdings ausgerechnet dorthin gezogen war weiß ich nicht mehr). Hier, in der Großstadt lernten sie sich kennen, lieben und gründeten eine Familie. Paul arbeitete bei der Post, Lieschen als Arbeiterin bei *„Luhns-Feine Seifen"*, in einem Industriebetrieb. Beide hatten einen Traum: Paul gehörte in seinem Heimatdorf ein nicht unansehnliches Grundstück, Bauland, erschlossen. Und hierhin wollten sie beide ziehen, sich dort ein Haus bauen – *wenn* die Kinder groß waren, *wenn* sie genug Geld gespart hatten, *wenn* sie Rentner waren. Und *DANN* sollte es endlich losgehen, mit dem guten Leben.

Also bescheideten sie sich, und lebten sie in einer kleinen Drei-Zimmer-Wohnungsbau-Genossenschafts-Wohnung, in einem Wohnblock. In einer wirklich miesen und gar nicht bevorzugten Gegend, mit kleinem Balkon und einem winzigen Badezimmer - und sparten. Sparten ihr Leben lang auf den Traum zu. Lebten vielleicht auch nicht gar so schlecht, aber: So richtig sollte es eben erst *DANN* losgehen.

Irgendwann war es tatsächlich so weit: Paul wurde Rentner, und es war so viel gespart, dass es bis auf einen sehr kleinen Rest reichte, der problemlos mit der Pension und dem Einkommen von Lieschen abgezahlt werden konnte. Ein Architekt wurde gefunden, das Haus geplant: Groß sollte es werden, damit die Kinder und Enkelkinder, die bereits in Niedersachsen wohnten, wenn sie zu Besuch kämen auch gut untergebracht werden konnten. Und: Paul hatte sich als Arbeitskraft voll eingeplant, es sollte ja SEIN Haus werden, und er wollte endlich da sein, wo er schon immer gern wieder leben wollte. Also zog er in den Norden, um Bauarbeiter zu werden an seinem Traum. Sein Lieschen blieb noch zurück, noch ein, zwei Jährchen, bis auch sie die Rente „durch hatte". Ein- zweimal im Monat kam er wieder zurück, berichtete über den Fortgang des Traums – und wurde immer dünner.

So lange ich Paul kannte war er immer ein stattlicher Mann gewesen, nicht zu dick, aber auch weit davon entfernt schlank zu sein. Gemütlich halt, so ein richtiges gestandenes Mannsbild!

Jetzt – konnte man beinah zusehen wie die Kilos abfielen. Zuerst war das ja sehr schön für ihn; ich kann da leider ein Wörtchen über das Leben mit Übergewicht mitreden, wirklich. Aber irgendwann kam die Nachricht, dass Paul einen Herzanfall hatte, und sich jetzt zurückhalten musste mit der Bauarbeit. Mittlerweile war er bereits dabei den

Garten anzulegen, und die Terrasse zu bauen. Das ging nun nicht mehr, und so musste die Verwandtschaft ran. Das war der erste Rückschlag, bei der Verwirklichung des so lang aufgeschobenen Lebens.

Das Leben ist manchmal wirklich nicht fair, auch wenn man sich tausendmal sagt dass Alles, was einem im Leben geschickt wird einen Sinn hat; irgendwann einen Sinn ergibt.

Paul bekam Leberkrebs, kurz nachdem sein Lieschen in Rente gekommen war, und sie beide in ihrem Traum angefangen hatten zu leben: Anfangen wollten, mit dem guten Leben. Ihre Tochter, die mit ihrem bisher so vergöttertem Schwiegersohn und den Enkelkindern nur ein paar Dörfer weiter wohnte, trennte sich von ihrem Mann, weil der was mit einer Freundin von ihr angefangen hatte. Ein regelrechter Rosenkrieg begann, deren Haus wurde verkauft, Umzug, Streit um die Kinder und und und.

Ich weiß nicht mehr wie lange es noch dauerte: In der Rückschau verfiel Paul immer mehr, rasend schnell – und starb. Und Tante Lieschen saß nun in ihrem großen, neuen, bezahlten Haus - vom Traum, der sie und ihren Paul ein Leben lang davon abgehalten hatte JETZT zu leben, war nichts mehr übrig.

~

Sollte es mir auch so ergehen?Hatte ich nicht vor ein paar Monaten eine Chance geboten bekommen – einen kurzen Blick auf ein anderes Leben, eine andere Aufgabe werfen können? Und hatte ich seit dem nicht immer wieder gerungen mit mir, ob ich sollte oder nicht?

Was, wenn diese Geschichte da in mir, diese Unannehmlichkeiten, das Zeichen war? Der Tritt in den Arsch, der Fingerzeig von Oben, mich jetzt aber wirklich, endlich zu entscheiden?

So oder so ähnlich waren meine Gedanken, als ich da saß, und noch das Gefühl der Endoskopie-Kamera in meinem Hals spürte. Was, wenn?

Ohne weiter zu überlegen, ohne vorher mit jemand anderem darüber zu sprechen, ohne meine Frau über meinen Entschluss zu informieren griff ich zum Telefon und rief die Auskunft an. Ließ mir die Nummer geben der Wohneinrichtung für Menschen mit geistiger Behinderung, in der ich vor knapp drei Monaten hospitiert hatte, rief dort an, erzählte dem Geschäftsführer was gerade mit mir geschah. Und dass ich, wenn sie Verwendung für mich hätten und diese Geschichte durchstanden wäre, gern bei Ihnen arbeiten würde, egal als was. Und er sagte mir dass ich, wenn es soweit sei, vorbeikommen sollte. Wir würden reden, und dann sehen.

Den Dienstag darauf, am 1.4.2003, wurde ich operiert - kein Aprilscherz. Die Vorbereitungen im OP an und mit mir wurden von Menschen gemacht, die es schafften mir Zuversicht zu vermitteln, mich aufgehoben zu fühlen (und wieder, jetzt da ich dies schreibe fühle ich GENAU was ich damals fühlte!). Ein Tropf wurde angelegt, und irgendwann war ich weg.

Ich wachte auf der Intensivstation wieder auf, lag auf dem Rücken, war an vielen Schläuchen und Kabeln angeschlossen – und hatte einen fürchterlichem Brand, einen ungeheuren Durst. Ein Pfleger bekam mit dass ich wach war, begrüßte mich, fragte wie es mir ginge. Überprüfte meine Vitalzeichen, drückte etwas Morphium gegen die Schmerzen nach, und antwortete mir auf meine Frage nach etwas Trinkbarem, dass ich noch nichts trinken dürfe, nur ein paar Zitronenstäbchen könne er mir geben. Mann, die waren *herrlich*! So frisch, saftig, zitronig, voller Sonnenaroma..... nein, sie schmeckten für'n Arsch! Aber in der Not: Besser als nix. Viel besser!

Wenig später kam der Chirurg, der mich operiert hatte, ein großer, schlanker Rothaariger, dessen Name ich vergessen habe (eigentlich sollte sich doch gerade in so einer Situation alles ins Hirn brennen, was da geschieht, weil die Aufmerksamkeit so angespannt ist; bei mir leider nicht: Ich hab mir noch nie Namen merken können), und teilte mir lächelnd mit, dass alles in Ordnung sei: Noch während einer solchen OP wird vom entfernten Tumor eine sogenannte Schnellschnitt-Diagnose im klinikeigenen Labor gemacht - soll heißen, man bleibt da solang offen rumliegen, bis das Ergebnis da ist: Die Schwestern gehen auf ein Gläschen Prosecco und sich die Nägel machen, die Chirurgen gehen zur Beruhigung eine rauchen, damit die Hände beim Zunähen nicht mehr so zittern, und der Anästhesist lehnt sich zurück und macht ein Nickerchen.

Ist der Befund gutartig wird die OP nicht ausgeweitet, sondern an dieser Stelle abgeschlossen. Diese Diagnose wird dann später noch verifiziert, in dem Proben des Tumors an zwei von einander unabhängig arbeitende Labore geschickt und dort untersucht werden. Und wenn deren Untersuchungen zu dem gleichen Ergebnis kommen, besteht endgültige Sicherheit. Mein Schnellschnitt war gutartig, und er sei sich sicher, dass auch die Labore zum gleichen Ergebnis kämen. Das alles sagte er mir, und ich war ... !!!!!

Danke, meine Engel!

Um mal einen kleinen Einblick zu geben was da passiert war, zitiere ich jetzt von der Seite der Uni Freiburg, Klinik für Thoraxchirurgie: *Ca. 1% der Lungentumoren sind gutartig (benigne). Die gutartigen Lun-*

gentumoren können von allen in der Lunge vorkommenden Zelltypen abstammen. Sie können im Lungengewebe (parenchymal) oder in den Atemwegen (endobronchial) lokalisiert sein. Gutartige Lungentumoren sind meistens ohne Symptome und werden häufig als Zufallsbefund bei Röntgenaufnahmen gefunden, die aus anderen Gründen, etwa zu einer Operationsvorbereitung durchgeführt werden. Typisch sind kleine Tumoren von 1-2 cm Durchmesser. Diese sind in der Röntgenuntersuchung nicht von einer bösartigen Veränderung zu unterscheiden (Aha !). Die wichtigste Maßnahme bei einem neu nachgewiesenen Lungenrundherd ist herauszufinden, ob es sich um eine gutartige oder um eine bösartige Veränderung handelt. Während bei gutartigen oder entzündlichen Veränderungen häufig keine weitere Therapie erforderlich ist, bedürfen bösartige Rundherde der möglichst raschen weiteren Abklärung und Behandlung. Gerade weil zufällig entdeckte, kleine bösartige Geschwülste gute Heilungschancen haben, sollte es bei der Abklärung zu keiner zeitlichen Verzögerung kommen..*

Und, lieber Chirurg, was war nun mein Tumor für einer? Definition wieder Uni Freiburg: *Der häufigste gutartige Tumor ist das Hamartom und macht ca. 77% aller gutartigen Lungentumoren aus. Hamartome sind eine Mischung aus verschiedenen Geweben, die zur normalen Ausstattung der Lungen gehören wie z. B. glatte Muskulatur, Kollagen, Knorpel, Fettgewebe. Die Hamartome in der Lunge können im Lungengewebe (parenchymal) oder in den Atemwegen (endobronchial) liegen. 90 % der Hamartome kommen als einzelne periphere Tumoren im Lungengewebe vor. Hamartome in der peripheren Lunge sind gewöhnlich ohne Symptome. Seltener liegen die Hamartome endobronchial. So können dann Bluthusten (Hämoptysen), Husten oder wiederholte Lungenentzündungen auftreten. Hamartome kommen häufig bei Menschen zwischen dem 40. - 60. Lebensjahr vor, häufiger bei Männern als bei Frauen (2:1). Hamartome der Lunge wachsen langsam. Gewöhnlich werden sie bei einer Größe zwischen 1-2 cm entdeckt, aber es wer-*

den auch größere beobachtet. Hamartome sind im Röntgenbild oder in der Computertomographie gewöhnlich gut abgrenzbar. Meistens sind sie rundlich und haben scharfe Grenzen. 10 – 30 % sind kalzifiziert (d. h. es findet sich im Computertomogramm gut erkennbarer Kalk), 30 - 75 % besitzen Fettansammlungen, 90 % kommen als einzelne Veränderung vor und mehr als 80 % sind in der Lungenperipherie gelegen. Hamartome haben das Potential bösartig zu entarten.

1 % der Lungentumore sind gutartig. Ein Prozent! Ich hatte einfach sagenhaftes Glück gehabt. Jetzt war ich sozusagen ein „Onepercenter", ein Ein-Prozenter (passt eigentlich gar nicht hierher, fällt mir aber gerade dabei ein: In der Rockerszene bezeichnen sich diejenigen als „Onepercenter" oder 1%er, die ihren Lebensstil ohne Rücksicht und ohne Kompromisse leben wollen. Ohne Kompromisse kann ich voll und ganz unterstreichen. Ohne Rücksicht nur in Bezug auf mich – aber nicht auf Andere).

Im Nachhinein sage ich mir, ich hab tatsächlich diesen Anstoß gebraucht, um meinem Leben eine neue Richtung zu geben. Alles war da – aber ich hatte es nicht gesehen. Nicht sehen können, weil mir der Blick darauf verstellt war.

Was mir den Blick verstellte - das sollte ich allerdings erst viel, viel später erkennen.

✦

Alles auf Anfang

„Die Entscheidungen waren nur der Anfang von etwas.
Wenn man einen Entschluss gefasst hatte, dann tauchte man
damit in eine gewaltige Strömung, die einen mit sich riss,
zu einem Ort, den man sich bei dem Entschluss
niemals hätte träumen lassen"

(Aus: „Der Alchimist" von Paulo Coelho)

Hatte ich zu Anfang meiner Geschichte nicht gewusst warum ich weinte, war es mir jetzt um so klarer: Dankbarkeit über so viel Glück! Die Anspannung der letzten knapp 3 Wochen fiel augenblicklich von mir ab, löste sich auf in den Tränen, die mir jetzt kamen.

Die Intensivstation konnte ich bereits den kommenden Tag verlassen, kam auf die normale Krankenstation, und teilte das Zimmer mit dem jungen Mann, den ich zu Anfang hier im Krankenhaus kennen gelernt hatte, und der an Hodenkrebs erkrankt war. Auch er war frisch operiert, man hatte viel aus ihm und seiner Lunge herausgeschnitten; und die Prognosen waren, angesichts des fortgeschrittenen Zustands seiner Krebserkrankung, nicht gar so schlecht. Er war ein sehr angenehmer Zimmergenosse, wir konnten über nachdenkliche Themen genauso so gut reden wie über Nebensächlichkeiten.

Wir genossen es gemeinsam, wenn alle vier Stunden eine Krankenpflegerin kam, um uns über den zentralen Venenkateter eine neue Portion eines morphinhaltigen Schmerzmittels zu verabreichen: Nicht nur, das die Schmerzen damit gestillt wurden – es war ein unglaublich angenehmes, befriedigendes Gefühl, zu spüren wie sich das Mittel vom Zugang ausgehend über den ganzen Körper ausbreitete, und eine wunderbare Wärme und Ruhe auslöste. Wir dösten oder schliefen danach meist ein Weilchen vor uns hin: Zwei Morphiumjunkies in ihrer Opiumhöhle! Wirklich, seit dem kann ich es nachvollziehen, warum man nach so etwas süchtig wird!

Aber, keine helle Seite ohne dunklen Schatten: Zu Hause, schon lange nachdem die Schmerzmittel auf Tablettenform umgestellt worden waren, hatte ich, nach dem diese dann auch abgesetzt wurden, regelrechte Entzugserscheinungen. DAS war dann gar nicht mehr so nett! Also: Besser, viel besser ist es wenn man so was nicht braucht. Echt!

Man nennt so was wie unsere kleinen „Morphin-Räusche" übrigens einen „primären Krankheitsgewinn", ein Begriff der überwiegend in medizinischen Bereichen gebräuchlich ist.

Unter primärem Krankheits-Gewinn versteht man die mit einer Krankheit verbundenen Vorteile wie Schonung, Entlastung, gute Gefühle, die unmittelbar dem Körper und der Seele zugute kommen. Diese sind sozusagen durch die Krankheit erzwungen; man könnte also auch von „durch die Krankheit erzwungene Folgen" sprechen. Und es gibt auch den Begriff des sekundären Krankheitsgewinns, der nicht vorrangig der Heilung dient, aber trotzdem im Kontext mit der Erkrankung steht, wie z.B. vermehrte Beachtung und Unterstützung des Erkrankten[5].

Nach der Klinik schlossen sich ein paar Wochen Reha an. Irgendwann meldete sich der MDK, der medizinische Dienst der Krankenkassen bei mir: Ich musste zu einer Begutachtung durch einen Vertragsarzt. Der sollte beurteilen, ob ich denn noch krank genug sei, um

---

[5] *http://www.dr-mueck.de/HM_FAQ/sekundaerer-Krankheitsgewinn.htm*

weiter Krankengeld zu beziehen. Der Arzt befand mich zwar noch für in der Rehabilitation befindlich, setzte mir aber auch ganz klar einen in nicht zu ferner Zukunft liegenden Termin, zu dem ich seiner Meinung nach wieder arbeitsfähig sei; und das ggf. dann eine weitere Begutachtung nötig würde.

OK, dann war es jetzt soweit: Durch das, was ich den letzten Monaten erlebt hatte, dem Stups mit dem Finger von „Oben", und meinem darauf folgendem, telefonischem „Bewerbungsgespräch" mit der Wohn-Einrichtung, hatte ich mir die Richtung vorgegeben, wohin es beruflich gehen sollte. Ich rief also erneut dort an, bekam einen Termin und wurde um Vorab-Zusendung meiner Unterlagen gebeten. Und versuchte mich so gut es ging darauf vorzubereiten.

Was macht man eigentlich so, wenn man sich auf ein Vorstellungs-Gespräch vorbereitet? Klar, man schaut, das man die an die Firma geschickten, eigenen Unterlagen auch wirklich kennt – eigentlich sollte man meinen dass das selbstverständlich sein sollte; aber es kommt wohl immer wieder vor das Bewerber nicht mehr so genau wissen, was sie da abgeliefert haben. Peinlicher Einstieg, so was! Man bereitet sich darauf vor die eigenen Stärken und Schwächen klar darzulegen. Informiert sich so ausführlich wie möglich über das Unter-nehmen, in dem man sich bewirbt. Überlegt sich welche Fragen wohl gestellt werden könnten. Und man kleidet sich, dem Arbeitsfeld entsprechend. Aber wie sollte ich den Menschen, auf die ich bei dieser Bewerbung treffen würde erklären, warum ich nach einem Leben, das so gar nichts mit dem zu tun hatte mit dem, was ich jetzt machen wollte, und gerade jetzt einen solchen Bruch, einen solch gravierenden Wechsel vornehmen wollte?

Ich beschloss einfach das zu tun, was eigentlich am nächstliegendsten war: Zu erzählen wie es ist. Wie mich mein bisheriges Leben in eine emotionale Sackgasse geführt hatte. Dass ich nach einer Aufgabe suchte, in der Empathie wichtiger ist als kaufmännisches Denken und Handeln. Wo ich mich als Ganzes einbringen kann. Und dass ich durch die Erfahrungen in der Klinik erkannt hatte worauf es ankommt: Wenn man etwas verändern will, es auch zu tun. Jetzt.

Genau so machte ich es, und - bekam den Job: Ich würde als ungelernte Hilfskraft in einer Wohngruppe von 9 Menschen mit geistiger Behinderung arbeiten. Was für mich sprach war, das ich bereits ein gerüttelt Maß an Lebenserfahrung mitbrachte, Kinder großgezogen und ein tief empfundener Wunsch mich zu dieser Arbeit gebracht hatte. Dies geschieht übrigens gar nicht so selten: Das Menschen in der Lebensmitte sich für solch eine Aufgabe interessieren, und quer einsteigen.

Das war schon ein besonderer Moment: Alles was ich in den vergangenen Jahrzehnten meines Berufslebens gelernt hatte, die Fertigkeiten die ich dabei erworben hatte, die Ausbildungen die ich abgeschlossen hatte – alles nicht mehr so wichtig. Jetzt würde ich ganz von vorn anfangen, würde etwas erlernen, von dem ich praktisch nichts wusste.

Mein Gehalt war... nun, drücken wir es einmal so aus: Sehr viele Menschen würden dafür morgens noch nicht einmal aufstehen wollen. Das es sooo wenig sein würde hatte ich dann doch nicht erwartet! Und schon gar nicht zu solchen Zeiten, zu denen ich zukünftig aufstehen würde: Der Frühdienst begann um 5.30 Uhr, endete um 8.00 Uhr; um diese Zeit kam der Bus, der einen großen Anteil der Bewohner zur Arbeit in die WfbM abholte. Der Spätdienst begann dann um 15.30, endete um 21.30 Uhr. Zwei mal die Woche folgte nach dem Spätdienst noch eine Nachtbereitschaft, von 21.30 bis zum Frühdienst.

Nachtbereitschaft ist keine Nachtwache: Es bedeutet das man im Haus sein muss, für Notfälle bereit sein, aber ansonsten frei ist das zu tun was man möchte, also Fernsehen, lesen, schlafen. Der Gesetzgeber hat „vernünftigerweise" ganz klar erkannt, das man in dieser Zeit – wenn nichts geschieht – ja praktisch schlafen kann. Also sozusagen nicht arbeitet! Und deshalb - auch nur ein Viertel der 8 abgeleisteten Nachtstunden vergütet bekommt. Das ist gängige Praxis.

*Also nochmal deutlich in Worten: Man hat 8 Stunden Dienst und bekommt nur 2 Stunden bezahlt! Und das, obwohl man in dieser Zeit dem Arbeitgeber **ganz** zu Verfügung steht, und nicht zu Haus sein kann. Ich habe mich später mal in einer ebenfalls anthroposophischen Einrichtung im Bayrischen Wald beworben, die noch einen drauf tat: Sie vergüteten für die Nachtbereitschaft **nichts**, sondern sahen die unentgeltliche Bereitschaft dazu als idealistisches Entgegenkommen der Angestellten .....*

Na, lieber Leser: Lust bekommen, auf solche Arbeit? Ist wirklich nicht jedermanns Sache, denk ich – zumal das bedeutet, dass man dann eigentlich nur zu Haus ist, wenn die Familie normalerweise nicht da! (Ich seh da den einen oder anderen der denkt: Hat ja auch was für sich – hab ich endlich meine Ruhe, kann mal das machen wozu sonst keine Zeit ist).

Sie erinnern sich an den Anfang meiner Geschichte: Ich war ziemlich unzufrieden mit mir, das ich meine Arbeitszeit nicht so einzuteilen wusste, das mehr Zeit für meine Frau und meine Kinder übrig blieb. Für das, von dem wir alle wissen das es *darauf* ankommt: Leben. Und jetzt – begab ich mich wieder freiwillig in eine Arbeitssituation, in der genau das erneut eintrat! Dazu kam noch, das ich den finanziellen Verlust durch den geringen Verdienst irgendwie auszugleichen versuchte, durch einen Nebenjob: Ich trug, nach dem Frühdienst, für eine private Logistikfirma Post aus. Damit war ich immer 3-4 Stunden beschäftigt. Und das bedeutete, das ich wirklich sehr wenig Zeit für meine Lieben hatte!

Damals hab ich das alles nicht erkannt, ich war wie verblendet: Das einzige was ich sah war, dass ich eine Möglichkeit geboten bekam etwas ganz anderes zu tun. Etwas das meiner Sehnsucht nach Erfüllung, nach Bestätigung von mir als Mensch und allen meinen Fähigkeiten entgegen kam. Dass ich dadurch wieder dabei war einen Fehler zu begehen, der mich nicht freier sondern erneut abhängiger machte, erkannte ich nicht.

Doch es war auch wirklich ein bereichernde Zeit: Das Zusammensein mit Menschen mit geistiger Behinderung ist etwas ganz Besonderes, bei dem man dem Menschsein sehr unmittelbar, sehr nahe kommt. Kommen kann, wenn man dazu in der Lage ist die Behinderung nur als einen Teil des Menschen zusehen, und wenn man bereit (in der Lage?) ist authentisch zu sein, in allem was man da so macht. Wenn man nur etwas aufsetzt, wenn man nicht seine Emotionen lebt, nur versucht einen Job zu machen, wird man sehr schnell von den Klienten durchschaut – und nicht akzeptiert. Dann stellt sich natürlich auch nicht die Befriedigung in der Arbeit ein, wie man sie gerade hier bekommen kann. Bei mir stellte sich jetzt heraus, dass ich dazu in der Lage war echt sein konnte.

In den 11 Jahren, in denen ich im sozialen Bereich bearbeitet habe hatte ich nie Probleme mit den Menschen, mit den Klienten, um die es ging: Es war wunderschön ganz so sein zu können, wie man war! Es gab Momente, die mich bis ins Innerste erschütterten, genauso aber auch so schöne, menschliche Erlebnisse, wie ich sie mein Leben lang nicht vergessen werde.

Da war zum Beispiel die kleine Frau mit Downsyndrom.

Downsyndrom wird auch Trisomie 21 genannt: Das 21. Chromosom liegt dreifach vor, und verursacht die körperlichen Veränderungen, die früher als „Mongolismus" bezeichnet wurden; die kognitiven Fähigkeiten sind sehr eingeschränkt, so das meist eine geistige Behinderung vorliegt).

Sie war schon älter, um etwa Mitte 50.

Menschen mit Downsyndrom werden oft nicht viel älter als etwa 60-65 Jahre, und sie entwickeln oft ab dem 40. Lebensjahr Anzeichen der Alzheimer-Erkrankung. Die Demenz wird dann ab etwa dem 55 Jahr klinisch.

Sie redete nur noch sehr wenig, fast überhaupt nicht mehr, war sehr still und zurückgezogen. Nur wenn Musik gespielt wurde, erwachte das Leben wieder in ihr, und sie begann zu tanzen: „Stundenlang" konnte sie sich dann zum Takt der Musik bewegen, drehen und sang oft mit. Lachte. War einfach glücklich. Das zu erleben, dieses Glück in ihrem Gesicht zu sehen machte einem das Herz auf!

Wenn ich sie nach solchen Tagen zu Bett brachte, summte sie noch lange vor sich hin, ging zufrieden in ihr Bett. Zog sich die Decke hoch, drehte sich auf die Seite, und alles war gut.

~

Es gab, nach etwa einem Jahr, eine Zeit in der ich ernsthaft überlegte mit dieser Arbeit wieder aufzuhören. Ich war damals, in diesem herrlich warmen Sommer 2003, voller Idealismus eingestiegen. Hatte die Wohngruppen-Mitglieder kennen gelernt, die Besonderheiten des Lebens in dieser Wohnsiedlung erfahren, Mitarbeiter kennen gelernt. War frühmorgens, bei herrlichem Sommer-Sonnenlicht, gegen Fünf losgefahren, quer durch die Stadt, die um diese Zeit erst langsam erwachte. Sonntags morgens war dies für mich ein besonderer Genuss, alles war noch stiller, nur wenige Menschen waren so früh unterwegs: Ein paar Jogger, Frauchen und Herrchen mit ihren Hunden, die Kehrmaschinen der Stadtreinigung, die den Unrat wegräumten, der von samstäglichen Feiern auf den Straßen im Zentrum liegengeblieben waren.

Kam ich dann in der Wohnsiedlung an, parkte ich meinen Wagen an eine schattige Stelle, stieg aus, schloss leise die Autotür. Und stand eine Weile still, hörte auf die Geräusche der Vögel, genoss es, wenn ein leichter Wind durch den nahen Wald raschelte. Ich öffnete dann die Haustüre und schloss sie leise, denn ich wollte nicht, dass meine Kollegin, die im Haus wohnte, durch eine zuschlagende Tür geweckt würde: Wie zu Anfang gesagt, wird in dieser Siedlung das „Hauseltern"- System gelebt, sprich in jedem Haus gibt es Mitarbeiter, die mit im Haus leben; teilweise Paare, teilweise Einzelpersonen, die dann Hausmutter oder Hausvater genannt wurden. Sie hatten zwar eine eigene, abgeschlossene Wohnung, waren aber doch immer im Hintergrund präsent. Jedes Haus agierte für sich, selbstständig, in Abstimmung mit der Heimleitung. Dienstpläne beispielsweise wurden im Haus geregelt, es wurde selbst eingekauft und gekocht. Jedes Haus hatte einen Etat, der von den Hauseltern verwaltet wurde. Es gab auch gemeinsame Aufgaben und Veranstaltungen, diese wurden dann in wöchentlichen Mitarbeiter-Konferenzen organisiert.

Der ursprüngliche Gedanke bei dieser Form der Betreuung von Menschen mit Behinderung ist ein schöner, aber auch idealistischer: Gegründet wurde die Einrichtung als wirkliche Lebens-Gemeinschaft von Menschen mit und ohne Behinderung, entstanden aus einer Elternbewegung. Sie lebten familienähnlich zusammen, ohne Grenzen, ohne Ausgrenzung - ein Stück gelebte Inklusion.

Es gibt eine Bewegung in der Heilpädagogik, die 1939 als „Camphill Kommunität" in Abenden/Schottland vom Wiener Karl König, auf der Grundlage der Anthroposophie gegründet wurde, und die genau dieses Prinzip lebt: Leben und Arbeiten in einer dorfähnlichen Gemeinschaft, kein Schichtbetrieb, kein wir hier oben und ihr dort unten. Miteinander das Leben teilen, unabhängig von Behinderungen. Heute ist es eine weltweite Bewegung – man gibt in der Suchmaschine einfach „Camphill" ein, und findet Erstaunliches.

Hier, in dieser Wohnsiedlung stellte sich mit der Zeit allerdings heraus, dass es nicht genug Menschen gab, die ihr Privatleben so völlig umstellen wollten, dass sie keine oder nur noch sehr wenig Privatsphäre hatten. Wenn Hauseltern aus Alters- oder anderen Gründen die Gemeinschaft verließen, wurden nicht immer geeignete Menschen gefunden, die diese Aufgaben übernehmen wollten. Es wurden immer mehr „externe" Mitarbeiter nötig, auch weil gesetzliche Vorgaben in der Pflege immer höhere, qualifizierte Ansprüche stellten als nur puren Idealismus.

Grundsätzlich verlangt der Gesetzgeber, das solch eine anspruchs- und verantwortungsvolle Arbeit von fachlich ausgebildeten und menschlich geeigneten Menschen ausgeführt wird.

In Deutschland gibt es seit langem einen Pflegenotstand, Fachkräfte werden immer rarer; dazu kommt noch, das gerade in Wohnheimen für Menschen mit Behinderung die Arbeitszeiten – wie geschildert - so absolut Privatleben-mordend sind, dass zu wenig Personal gefunden wird. So mussten Kompromisse geschlossen werden – die eigentlich dem Pflegegedanken fremd sein sollten. Die Heimaufsichten verlangen heute meist einen Anteil an Fach-Personal von über 50 %, also etwa Heilerziehungspfleger, Altenpfleger oder Krankenpfleger. Auch muss pro Schicht ein bestimmter Anteil von Fachkräften in der Einrichtung zugegen sein – eine Schicht nur durch Hilfskräfte ist nicht zulässig! Wie meine Erfahrung aus 7 Jahren verschiedener Wohnsiedlungen zeigt, ist dies oft nicht der Fall. Aber - das ist nur meine persönliche Erfahrung.

So wurde das Konzept der Siedlung geändert, Wohnungen für die Hauseltern abgeteilt und die Möglichkeit von Privatsphäre hergestellt. Schade, das der ursprüngliche Gedanke so aufgegeben werden musste. Weil sie durch ihre fast ständige Anwesenheit schnell „greifbar" sind, springen die Hauseltern ganz oft ein, wenn Mitarbeiter ausfallen, oder Arbeiten innerhalb der Dorfgemeinschaft anstehen, die nicht vom normalen Dienstplan gedeckt werden (andererseits hat man dabei auch eine Menge an Freiheiten, die in einem herkömmlichen Arbeitsverhältnis undenkbar wären – aber der Mensch ist halt so, das er sich an so was schnell gewöhnt, und es selbstverständlich wird). Kurz, die Hauseltern brachten mehr Arbeitszeit zusammen als die KollegInnen, die von außerhalb kamen. Und das war ein wunder Punkt im System, das immer wieder für Unmut bei den im Dorf lebenden Mitarbeitern sorgte: Warum mussten sie immer mehr arbeiten als die anderen – bzw. wenn die Anderen dies sahen, warum brachten sie sich nicht freiwillig mehr und unentgeltlich ein?

Ich denke, es ist immer ein Problem, wenn Menschen zusammen arbeiten, die eine Aufgabe aus unterschiedlichen Motivationen ausführen; dies gilt es zu akzeptieren, und eine Leitung muss dafür sorgen, das Bedingungen geschaffen werden, die allen gerecht werden.

Wenn ich Sonntag morgens zum Dienst ins Haus kam, war der Hans in der Küche grad dabei, für sich und Axel einen Morgen-Kaffee zu richten: Hans hatte ebenfalls ein Down-Syndrom, war auch schon älter, aber noch sehr aktiv. Nur die Hüfte machte ihm Probleme, weshalb er im Zimmer einen Hometrainer stehen hatte, auf dem er dreimal täglich 15 Minuten radelte. Meistens brauchte er dazu keine Aufforderung, sondern dachte selbst daran. Hans stammte aus einer wohlhabenderen Familie, war als Kind sehr gefördert worden. Er las viel, hörte klassische Musik, und kopierte seitenweise aus Büchern: Er saß oft stundenlang an seinem Sekretär, und schrieb fein säuberlich das ab, was er gelesen hatte. Am Wochenende war es für ihn und Axel, seinem Zimmergenossen, lieb gewonnenes Ritual früh am Sonntagmorgen, noch lange bevor der gemeinsame Tag mit den Anderen der Gruppe begann, sich ein kleines Frühstück zu richten: Hans kochte Wasser für den Malz-Kaffee, und Axel machte für sich und Hans ein Marmeladenbrot. Dann wurde beides auf ein Tablett gestellt, und die zwei zogen damit ins Untergeschoss, in ihr gemeinsames Zimmer, das sie sich schon seit vielen Jahren teilten Und wo sie es sich nun noch ein Weilchen „gemütlich machten".

Axel war ein großgewachsener, schlanker Mann um Ende 40, still und ruhig, meist freundlich. Wie ich später bei einer für mich besonderen Situation erfahren sollte, war er sehr aufmerksam, und – er war mit dem Asperger-Syndrom zur Welt gekommen.

„Vom Asperger-Syndrom Betroffene zeigen oft kaum eigene Emotionen, können sich nicht oder nur schwer in die Gedankenwelt anderer Menschen hinein versetzen, und auch nicht an deren Mimik die jeweilige Gefühlslage ablesen. Sie sind äußerst Detail orientiert, haben aber Schwierigkeiten, Zusammenhänge zu erkennen und die Details als ein Ganzes zu sehen und zu verstehen. Während manche ein fast normales Leben führen, sind andere auf ständige Hilfe angewiesen, da sie sich in ihrem Umfeld kaum zurechtfinden. Durch die mangelnde Empathiefähigkeit sind Betroffene oftmals nur schwer oder eingeschränkt beziehungsfähig. Bereits im Kindesalter fällt es den vom Gekasperter Syndrom Betroffenen schwer, sich zu integrieren; sie wirken egozentrisch, verhaltensauffällig, introvertiert, distanziert, rücksichtslos und sozial isoliert. Dazu kommt eine motorische Schwerfälligkeit, Emotionslosigkeit und das zum Teil starre Festhalten an gewohnten Tagesabläufen" [6].

Ich bereitete an solchen Tagen als erstes das Frühstück für die Gruppe: Kochte Kaffee (Malzkaffee und Bohnenkaffee), schnitt Wurst und Käse auf, füllte Marmelade aus großen Gläsern in kleine Töpfe um, backte Semmeln auf und schnitt Brot. An einem der Wochenendtage wurde immer ein Brunch angeboten, zu dem es eine warme Mahlzeit gab – Mittagessen fiel dann aus; dafür gab es dann Abends ein um eine weitere warme Mahlzeit erweitertes Abendbrot. Wie unterschiedlich doch die Geschmäcker sein können: Ganz oft tauchte in der wöchentlichen, Gruppenkonferenz genannten Besprechung mit

---

[6] *www.aspergersyndrom.info*

der Wohngruppe, an der alle Bewohner und Mitarbeiter der Wohngruppe teilnahmen, der Wunsch auf, Tomatensuppe zum Brunch zu reichen. Tomatensuppe zum Frühstück!!! Zum Glück wurde aber ebenso oft Back-Camembert mit Preiselbeeren gewünscht.

An diesen Tagen wurde die Mittagspause etwas verlängert, was von den meisten Bewohnern gern wahr genommen wurde: Jeder konnte die Zeit dazu nutzen, etwas für sich zu tun – Lesen, andere Gruppen besuchen, spazieren gehen – oder schlafen. Lange, ausgedehnte Mittagspausen waren an Wochenenden immer vorgesehen – und auch nötig: Es herrschte ein großer Bedarf nach Ruhe, nach Zeit für sich; vielleicht auch, weil das Leben der Bewohner überwiegend fremdbestimmt abläuft.

Ein Erlebnis, dass mir diesen Umstand, also die Bestimmung des eigenen Lebens von Anderen, ganz deutlich machte, war folgende Geschichte: In der Gruppe lebte ein Mann, Christian, ebenfalls mit Down-Syndrom. Er war Mitte Dreißig,recht aufgeweckt - und liebte es, fremde Menschen mit feuchten Küssen zu begrüßen. Das war nun nicht jedermanns Sache, zumal Christian sehr schlechte Zähne und einen ebensolchen Mundgeruch hatte. Darüber hinaus hatte er noch eine sehr üble Neurodermitis und eine Psoriasis (Schuppenflechte): Seine Haut sah stellenweise wie verbrannt aus, auch im Gesicht, war ständig gerötet, und juckte auch entsprechend. Deshalb wurde er jeden Abend mit einer lindernden Lotion eingerieben, und zwei Mal in der Woche gab es ein spezielles Bad, das er sehr genoss. Er kam aus einer sozial schwächeren Familie, und war wohl als Kind lange nicht so gefördert worden wie beispielsweise Hans. Er konnte nicht lesen oder schreiben, und er konnte praktisch nicht sprechen, bis auf ein paar wenige, sehr undeutliche Worte. Nur schimpfen, und die dazu nötigen Kraftausdrücke – die hatte er drauf! Aber, wie gesagt, er war überhaupt nicht dumm; wenn man sich auf ihn einstellte, war es kein allzu großes Problem für ihn etwas Neues zu lernen.

Aufgrund seiner „besonderen" Art war es nicht möglich, ihn allein gehen zu lassen: Ich hatte einmal, bei einem Besuch in einem Steh-Café mit ihm, erlebt, wie er sich – kaum hatte ich mich ganz kurz umgedreht – dem nächst besten Handwerker an den Hals warf, und ihn herzhaft abküsste. Irgendwie hatte der etwas dagegen! So hatte ich, wenn wir unterwegs waren, immer eine Hand an seiner Jacke, um ihn nötigenfalls zurück zu halten.

Und so sah das Leben von Christian also aus: In der Woche, nach dem Frühstück, wurde er von einem Mitarbeiter in die Werkstatt gebracht, die etwa 100 m entfernt war. Dort verbrachte er seine Zeit in der Metallwerkstatt, machte dort auch Mittagspause, und zum Feierabend wurde er wieder von einem von uns abgeholt, und in die Gruppe begleitet. Dort gab es dann einen Nachmittags-Kaffee und ein paar Kekse, dann etwas freie Zeit in seinem Zimmer oder im Gruppen-Wohnzimmer, bis zum Abendbrot. Nach den kleinen Pflichtaufgaben, die jeder in der Gruppe hatte, ging es auch schon nach unten, in sein Zimmer. Dann Körperpflege, und ab ins Bett.

Seine Wochenenden spielten sich ebenfalls in der Siedlung ab – meistens in der Wohngruppe: In anderen Gruppen war er nicht immer so gern gesehen, weil er halt manchmal ein wenig schwierig war. Und wenn nicht irgend ein Mitarbeiter sich bereit erklärte, mit der ganzen Gruppe etwas zu unternehmen, dabei auf Christian besonders acht zu geben – war's das dann auch schon. Sein ganzes Leben spielte sich auf dem Gelände der Siedlung ab. Mehr gab's nicht.

Das war das Leben von ihm – und dieser Umstand wurde mir eines Morgens richtig klar. Ich hatte erst wenige Wochen dort gearbeitet, und so langsam sickerte in mein Bewusstsein, was es heißt: Nicht nur das ganze Leben auf die Hilfe anderer angewiesen zu sein – sondern auch abhängig zu sein von betreuenden Mitarbeitern! Und das rund um die Uhr – 24 Stunden, 7 Tage die Woche. Als ich das erkannte, als mir die Dimension dieser Tatsache zum ersten Male so richtig zu Bewusstsein kam, war ich tieftraurig und betroffen.

Sein Schicksal und das der Anderen, ihre Leben waren so völlig anders als meins. Abhängig und: Unfrei.

Es ist, in der Arbeit mit hilfebedürftigen Menschen, essentiell und wichtig sich immer wieder klar zu machen, welche Verantwortung man da als Mitarbeiter hat. Das dabei nicht die eigenen Vorstellungen das Mass aller Dinge sein dürfen, sondern die Wünsche und Nöte der sich anvertrauenden oder von Anderen anvertrauten Menschen, die ohne Hilfe nicht ihr Leben leben können.

Ich stellte Geschirr bereit, das später von Hans und Axel auf den großen Esstisch verteilt wurde. Sie kamen, nach ihrem kleinen Frühstück, selbstständig wieder nach oben, stellten ihr gebrauchtes Geschirr in den Geschirrspüler, und begannen mit ihren Aufgaben.

Jeder Bewohner der Gruppe hatte Aufgaben in der Wohngemeinschaft, jeweils angepasst an die individuellen Fähigkeiten: Während eine Bewohnerin Wäsche sortieren konnte, hatte ein anderer die Aufgabe die Spülmaschine nach den Mahlzeiten einzuräumen. Ein Dritter fegte den Wohnraum, ein anderer wiederum brachte den Müll zur Sammelstelle – und so fort. Es war eben eine Lebens-Gemeinschaft, etwas mehr als nur eine Wohngemeinschaft. Die sich zwar nicht immer ganz freiwillig zusammen gefunden hatte, aber in die sich doch jeder nach seinen Interessen einbrachte.

Wenn alles für das Frühstück vorbereitet war, ging ich eine Etage tiefer, zu den Privaträumen der Bewohner. Dort mussten manche geweckt werden, bekamen Hilfestellung bei der Hygiene und beim Ankleiden. Betten wurden aufgeschüttelt, Fenster zum Lüften geöffnet, und manchmal mussten Betten auch neu bezogen werden. Dann ging es nach oben, und das Frühstück konnte beginnen. Zu Anfang wurde immer eine Art Tagesspruch vorgelesen, manchmal von einem Bewohner selbst, manchmal von uns Mitarbeitern. Und dann – begann ein ganz normales Frühstück, in einer großen Runde.

~

Bei einem dieser Frühstücke nun saß ich am Tisch, und links neben mir die kleine Frau mit Downsyndrom, die nicht mehr redete. Mir ging es diesen Morgen nicht gut, ich zweifelte schon seit einiger Zeit an mir, und an meiner Entscheidung hier anzufangen. Ich hatte festgestellt, dass ich hier nicht das erlebte von dem ich, zugegebener Maßen sehr blauäugig, angenommen hatte - dass hier alle an einem Strick zogen. Pustekuchen: Jeder kochte irgendwie sein Süppchen, Egos wurden gepflegt und es wurde gemobbt auf Teufel komm raus.

Mir war es passiert, das mir in einer Konferenz unterstellt wurde, ich wolle mir einen Sonderstellung in der Siedlung verschaffen. Ich hatte eine Idee für eine neue Senioren-Gruppe, diese nach meinem Wissen ausgearbeitet, und dann in der Runde vorgestellt: Menschen mit geistiger Behinderung identifizieren sich meist ganz stark über ihre Arbeit. Sie sind stolz darauf, mit ihrer individuell möglichen Leistung zum Gelingen, zum Bestehen der Einrichtungen beizutragen. Man hüte sich davor anzunehmen, das diese Menschen nur aufgrund ihrer geringeren Intelligenz nicht darüber Bescheid wissen, dass ihr

Leben überwiegend von der Gemeinschaft bezahlt wird: Sie wollen ihren Teil dazu beitragen, etwas leisten, eben teilhaben am großen Ganzen. Sie erfahren ihr ganzes Leben immer wieder, dass die Gesellschaft mit Mitleid auf sie schaut, sie nicht für voll nimmt. Nicht erkennt, dass dort Fähigkeiten existieren, die ein Gewinn für uns Alle wären. Deshalb ist es für sie so wichtig, ihrem Leben einen Sinn zu geben, und sie arbeiten gern. Aber so wie wir alle sind auch sie irgendwann nicht mehr in der Lage, noch ein Mindestmaß an Produktivität zu leisten. Und die Zeiten, als Webcams noch rein beschützende Orte waren, sind schon lang vorbei: Heutzutage muss auch dort produktiv gearbeitet werden, muss Gewinn erwirtschaftet werden. So kommt es, das sie dann also irgendwann in Rente geschickt werden – und fallen in ein Loch, weil ihre Bestätigung von Außen weg fällt. Ich hatte nun die Idee, mit einer neuen Seniorengruppe in der Wohngruppe weiter zu produzieren, weiter wirtschaftlich verwertbare Ergebnisse zu erzielen. Zwar in ganz kleinem Rahmen, ohne große Ansprüche; aber etwas, auf das man stolz sein konnte, wenn es im Werkstattladen angeboten wurde. Und so hatte ich das ausgearbeitet – auf meine Art, so wie ich es gewohnt war: Selbstständig, in meiner Freizeit, und voller Enthusiasmus.

SO eine Ohrfeige, wie ich sie nun bei der Vorstellung meines Konzeptes erhielt, hatte ich wohl noch nie bekommen: Das, was ich vorstellte, war überhaupt nicht Gegenstand der Diskussion, sondern dass ich nicht den in dieser Gemeinschaft üblichen Weg eingehalten hatte. Alle Alteingesessenen fielen über mich her, sahen überhaupt nicht, dass ich das Wohl unserer Senioren im Sinn hatte – nur meine Dreistigkeit SO vorzugehen, ohne mir vorher das o.k. der Konferenz für die Ausarbeitung zu holen. Tja, wie konnte ich auch nur?

Ich war echt geschockt, völlig verunsichert – und tief getroffen. Ich hatte keine Begeisterung oder Ähnliches erwartet. Aber ehrliches Interesse auf jeden Fall, und keinesfalls den Aufschrei der versammelten Egos. Jetzt war ich schlauer, und hatte eine Menge gelernt !

Und nun ich saß da am sonntäglichen Frühstückstisch, trank meinen Kaffee und versuchte einigermaßen fröhlich zu sein, während ich an die vergangenen Monate dachte. War ich der Störenfried? Hatte ich ein zu großes Ego, konnte ich mich nicht einfügen? Oder war es doch so wie ich es empfand – das meine Aktivitäten als Angriff auf gewohnte Pfründe empfunden wurden? Ich hatte hier Anderes erwartet als das, was ich aus meinem früheren Leben so gut kannte. Der Leiter der Schule, auf die ich bald gehen sollte, hat es mal auf den Punkt gebracht: Nirgends wird so viel gemobbt wie in sozialen Berufen!

Ganz in Gedanken daran spürte ich plötzlich, wie von links eine kleine Hand nach meinem Arm tastete, wie meine Tischnachbarin, die kleine Frau mit Downsyndrom, die, die sonst nie etwas sagte, nach Worten suchte. Schließlich sagte sie: „Hierbleiben!". Nur „Hierbleiben!".

Ich dachte zuerst, dass sie ihren Aufenthalt in der Wohngruppe meinte: In der Vergangenheit war laut darüber nachgedacht worden, ob sie nicht vielleicht in das Seniorenheim der Einrichtung ziehen sollte: Dort war der Betreuungsschlüssel ein anderer, mehr Fachpersonal, mehr Zeit für den Einzelnen. Mehr Pflege möglich. Sicher hatte sie das mitbekommen – meine KollegInnen waren manchmal etwas unbedarft in ihrer Wahrnehmung, was unsere uns anvertrauten Menschen mitbekommen, und nahmen wenig Rücksicht darauf. Also sagte ich ihr, das sie sich keine Sorgen machen müsse, sie würde auf jeden Fall erst mal hier bleiben. Doch sie wurde unruhig, rutschte ein wenig auf ihrem Stuhl hin und her, schüttelte ihren Kopf, suchte wieder nach Worten.

Schließlich wieder: „Nein! Hierbleiben!".

Und nochmal: „Hierbleiben!".

Und dann: „Du!".

Ich leiste bei Bedarf jeden Eid, dass es genau so war.

Bisher hatte ich mit niemand außerhalb meiner Familie über meine Gedanken vom Aufhören gesprochen. Jetzt war ich sprachlos, hatte einen Kloß im Hals – und drückte ihr den Arm. Sagte ihr und auch den Anderen, die mittlerweile aufmerksam geworden waren, dass ich „hierbleiben" würde, ganz klar.

Keine Ahnung, ob sie mit ihrer unglaublichen Empathie gemerkt, erkannt hatte, was in mir vorging, was mich zweifeln ließ, was mich verunsicherte. Oder ob es einfach ihre lebenslange Erfahrung mit Betreuern war, die kamen und gingen, und sich vielleicht ebenfalls, kurz vor ihrem Ausscheiden, ähnlich verhielten wie ich. Und sie nun daraus schließen konnte, was sich da anbahnte, was als Nächstes kommen würde.

Das war wieder so ein Moment, der meine Gefühle bis aufs Äußerste aufwühlte, etwas, das ich niemals vergessen werde. Und der mich dazu brachte meinen bisherigen Standpunkt zu verlassen, beiseite zu treten: Um aus einem anderen Winkel einen Blick darauf werfen zu können, was ich denn vielleicht anders machen könnte.

Um zu erkennen, dass ich, um näher an mein Ziel zu gelangen, vielleicht einen kleinen Umweg in Kauf nehmen musste.

✦

Etwas lernen

„Etwas lernen bedeutet mit einer Welt in Verbindung zu treten, von der man nicht die geringste Vorstellung hat".

(Aus: „Brida" von Paulo Coelho)

2004

Ich war losgezogen mein Leben zu ändern. War daran in meiner Therapie das zu ergründen, was meine Depression eigentlich verursachte. Ein Teil davon war meine Arbeit, und meine Ansprüche daran. Meine Ansprüche an mich.

Hatte erkannt, das meine frühere Arbeitssituation aufgrund der Vorbilder meiner Kindheit, meiner Jugend und der Wünsche der Menschen, die mich erzogen hatten, entstanden war. Aber, eben nicht meine war, nicht mir und meinem Wesen entsprach. Deshalb war ich immer gescheitert, deshalb hatte ich nie das Gefühl des Angekommen sein erlebt, nie ein anhaltendes Glücksgefühl der Bestätigung – dass ich richtig bin. Dass ich einfach genüge.

Eigentlich hätte ich in meinem Leben schon genug Erfahrungen sammeln können, um diese Situationen zu vermeiden, in die ich jetzt wieder geraten war: Ich habe eine Idee, stürme los, um sie umzusetzen – und erkenne nicht, das ich Andere damit verunsichere. Und bekomme als Retoure die Meldung: He – was willst Du eigentlich von uns? Nimm dich mal nicht so wichtig! Lern erst mal, wie man es richtig macht. War wohl nix mit purem Idealismus, so wie ich mir das gedacht hatte. HÄTTE ich eigentlich früh genug erkennen können; wenn ich durch meine erlernten Schemata nicht immer wieder mein altes Verhalten aufleben lassen würde, und mir dadurch den Blick auf das Wesentliche verstellte.

Okay, so also nicht. Wie sollte es weitergehen? Einfach aufgeben, mich von der Idee verabschieden etwas zu tun, was mir näher ist, als einfach nur Geld zu verdienen? Etwas, was mehr meins ist als nur etwas zu verkaufen? Und nur, weil mich mein erster Anlauf scheitern ließ? Ne, kam gar nicht in Frage!

Bisher kannte ich ja nur die Arbeitsweise, wie sie in der Siedlung angewandt wurde. Woanders würde man vielleicht ganz anders arbeiten. Würde man andere Sichtweisen haben. Andere Methoden anwenden. Was aber wäre „die Richtige"? Immer einfach probieren, immer wieder wechseln – auf Verdacht? Nein, das war es nun auch nicht.

Üblicherweise macht man ja, wenn man einen Beruf wählt, eine mehrjährige Ausbildung. Der in diesem Umfeld übliche Beruf ist der des Heilerziehungspflegers[7]. Aber wollte ich das – einen ganz neuen Beruf erlernen? Ich wollte doch ursprünglich das, was ich im Laufe meines Lebens an Fertigkeiten erlernt hatte, meine Fähigkeiten und meine Lebens-Erfahrung einbringen. Ich begann mich näher zu informieren, suchte nach Alternativen, nach Ergänzungsmöglichkeiten zu meinen Ausbildungen. Gab es vielleicht Fortbildungen, die auf Bestehendem aufbauten?

Bei meiner Suche stieß ich auf die Weiterbildung zur Fachkraft Arbeits- und Berufsförderung in WfbM.

„Fachkräfte zur Arbeits- und Berufsförderung wirken mit bei der Planung, Gestaltung und Durchführung berufsbildender, lernförderlicher und

---

[7] *http://de.wikipedia.org/wiki/Heilerziehungspflege)*

arbeitspädagogischer Maßnahmen für Menschen mit geistiger, seelischer oder körperlicher Behinderung. Ihr Ziel ist es, Menschen mit Behinderung in die Arbeitswelt zu integrieren. Sie arbeiten in Werkstätten für Menschen mit Behinderung und vergleichbaren Einrichtungen.

Die Werkstätten können in unterschiedlichen Produktionsbereichen der handwerklichen oder der Industrie zuliefernden Fertigung, aber auch im hauswirtschaftlichen, gartenbaulichen oder landwirtschaftlichen Bereich tätig sein. Fachkraft zur Arbeits- und Berufsförderung ist eine sonder-pädagogische Zusatzqualifikation für Gruppenleiter/innen in Werkstätten für Menschen mit Behinderung und Rehabilitationseinrichtungen. Diese Qualifikation ist nach der Werkstättenverordnung vorgeschrieben. Die Lehrgänge finden an staatlich anerkannten Weiterbildungs-Einrichtungen privater Bildungsträger meist in berufsbegleitender Form statt (in der Regel in Form von Blockunterricht) und können je nach Bildungsträger 10 Wochen bis 2 Jahre dauern. Auch werden Lehrgänge in Vollzeit angeboten"[8].

Na, das hörte sich doch vielversprechend an: Ich als gelernter Handwerker würde doch auch gut in eine Werkstatt passen, in der mit und für Menschen mit Behinderung gearbeitet würde.

Allerdings wusste ich bereits, dass solche Arbeitsplätze sehr gesucht waren, einen zu ergattern ist manchmal gar nicht so einfach. Für Wohnbereiche war das ganz anders: Wegen der bereits geschilderten Arbeitszeiten war die Arbeit für viele nicht so interessant. Gab es denn nicht auch eine Fortbildung für den Wohnheim-Bereich? Klar, gibt es: Den Heilerziehungspflegehelfer[9] - aha, auch nicht schlecht. Wo würde denn so was angeboten? Womöglich bei mir in der Nähe?

---

[8] *http://berufenet.arbeitsagentur.de*

[9] *http://berufenet.arbeitsagentur.de*

Ich fand eine Schule des *Evangelischen Johanneswerk* in Bochum, keine vierzig Kilometer von zu Haus entfernt. Dort wird eine kombinierte Weiterbildung angeboten, die sowohl die Arbeit in der Werkstatt als auch in der Pflege umfasst. Genau das was ich suchte! Die Ausbildung fand berufsbegleitend statt, einmal wöchentlich. Dazu ein paar Wochenblöcke, in denen auch Prüfungsvorbereitungen statt fanden. Das ganze für die Dauer von zwei Jahren. Ok, das sollte es werden.

Vor der Anmeldung musste ich erst in meiner Arbeit klären, ob es sich mit den Dienstplänen der Anderen vereinbaren liess, das ich zukünftig an einem festen Wochentag frei hatte. Auch diese Hürde nahm ich – zwar wollte man mir von der Heimleitung aus die Ausbildung zum Heilerziehungspfleger in berufsbegleitender Form schmackhaft machen. Das hätte für mich bedeutet, mich für mindestens 3 Jahre an die Stelle zu binden; aber ich hatte ja schon erkannt, dass ich über kurz oder lang diese Stelle verlassen würde. Und, wie gesagt, ich wollte auch keinen neuen Beruf lernen, sondern für mich praktisches, anwendbares Wissen erwerben. So fuhr ich im Sommer 2004, nach den Schulferien, an einem Dienstag nach Bochum, zur Schule .

Die Unterrichtstage waren immer sehr intensiv, und ich genoss den Austausch und die Erfahrungen der Mitschüler, die größtenteils schon in Werkstätten arbeiteten. Ich lernte in den zwei Jahren sehr viel – auch über mich, konnte meinen Blickwinkel auf Arbeit mit Menschen mit Behinderung enorm erweitern - und lernte sehr nette Menschen kennen.

Besonders intensiv waren die Wochen, die ich während der im Lehrplan vorgeschriebenen Hospitationen in anderen Werkstätten erlebte. Diese sollten den Blick erweitern für andere, noch unbekannte Arbeitsbereiche und Arbeitsweisen. Ich hatte mich für die Förderbereiche zweier Einrichtungen entschlossen, in denen zwei meiner Schulkollegen arbeiteten.

Förderbereiche sind den Werkstätten für Menschen mit Behinderung angegliedert; dort finden Menschen, die aufgrund von schwerstmehrfachen Behinderungen keine Arbeit in den Werkstätten aufnehmen können, einen zweiten Lebensraum außerhalb ihres Zuhauses. Die Zielsetzung dort ist es, den Besuchern ein erfülltes Leben in Gemeinschaft und eine Teilhabe am Arbeitsprozess zu ermöglichen. Dabei sorgen sowohl Aktivität als auch Entspannung dafür, das eine Alternative zum Alltag geschaffen wird, um Arbeit zu erleben. Es soll Sozialverhalten gefördert, Mobilität verbessert und lebenspraktische Kenntnisse und Fertigkeiten vermittelt werden. Und: Möglichst eine Eingliederung in eine WfbM schaffen.

Wieder lernte ich dabei Menschen kennen, deren Schicksale mich aufwühlten – wie das des jungen Mannes, der durch die Schädel-/Hirnverletzungen, die er bei einem Motorradunfall erlitten hatte, schwerst körper- und geistigbehindert geworden war: Er war ein Kerl von einem Mann gewesen, groß, breit, stattlich. Und saß nun im Rollstuhl, ohne Aussicht je wieder ein selbstbestimmtes Leben zu führen. Wenn er es fertigbrachte, einen Joghurtbecher selbst zu leeren – und das dauerte manchmal eine halbe Stunde oder mehr – war das ein Erfolgserlebnis. Dieser Riesenkerl trug Windeln; und um die zu wechseln, musste er jedes Mal mit einer Hebevorrichtung auf eine Liege gehoben werden, oder doch zumindest so aufgerichtet, das man eine Neue anlegen konnte. *Jedes* Mal. Und wenn sich nicht irgendwann der Himmel auftut, sich ein allmächtiger Finger herab senkt um ihn zu heilen – wird das so bleiben für den Rest seines Lebens.

Da war die junge Frau, die ertrunken war – und erst viel zu spät wiederbelebt werden konnte. Ihr Hirn war dadurch irreparabel geschädigt worden, was schwerste körperliche Behinderungen nach sich zog. Sie war zunächst viele Jahre von ihrer Mutter gepflegt worden, sicher mit den besten Absichten. Jedoch, sie konnte nicht selbst essen, und so reichte die Mutter ihr das Essen an, fütterte sie; und dabei war es immer wieder passiert, das Nahrung in die Luftröhre kam, zum Teil unbemerkt, denn: Reden konnte die junge Frau nicht mehr. Dadurch, dass immer wieder Essensreste in Luftröhre und Lunge gerieten, war diese so dauerhaft geschädigt worden, dass sich ansammelnder Schleim nicht mehr selbstständig abgehustet werden konnte.

So wurde die junge Frau alle paar Stunden bäuchlings auf eine, speziell für sie konstruierte und ihrem Körper angepassten Liege gelegt, von der sie nicht versehentlich herunterfallen konnte. Und zwar so, das ihr Oberkörper und ihr Kopf leicht nach unten geneigt lagen, und der Schleim abfließen konnte, um ihr Erleichterung zu verschaffen. Damit sie nicht irgendwann am Schleim erstickte. Und auch bei ihr würde es wohl so bleiben.

Und – was denken, was fühlen Sie jetzt gerade?
Dass es doch bestimmt besser für die beiden gewesen wäre, wenn sie die Unfälle nicht überlebt hätten?
Ist doch kein Leben, so was! Oder?
Wenn Sie mal ganz ehrlich sind?

Sie würden zumindest nachdenklich werden, wenn sie diese beiden Menschen beim Snoezelen erlebt hätten.

„Das aus den Niederlanden stammende Konzept des Snoezelen wurde Ende der 70er Jahre entwickelt, um Menschen mit sensorischen Störungen und schwersten Behinderungen adäquate Freizeit- und Erholungs-Möglichkeiten zu bieten. Das Kunstwort Snoezelen (sprich: „snuselen") setzt sich aus den beiden niederländischen Verben „snuffelen" (schnüffeln, schnuppern) und „doezelen" (dösen, schlummern) zusammen. „Snuffelen" steht für das Prinzip der freien Entscheidung und „doezelen" für Zuwendung und Geborgenheit"[10].

„Unter Snoezelen versteht man den Aufenthalt in einem gemütlichen, angenehm warmen Raum, in dem man, bequem liegend oder sitzend, umgeben von leisen Klängen und Melodien, Lichteffekte betrachten kann. Das Snoezelen dient der Verbesserung der sensitiven Wahrnehmung und zugleich der Entspannung. Der Snoezelenraum kann von wohlriechenden Düften durchflutet sein, die schöne Erinnerungen wecken und zum Träumen animieren. Zu seiner Ausstattung gehören meist unterschiedliche Lichtquellen und Projektoren, die verschiedenartige visuelle Effekte erzeugen, eine Farbdrehscheibe, eine sich an der Raumdecke drehende Spiegelkugel und eine bequeme Sitz- und Liegelandschaft"[11].

Wenn sie im Snoezelen-Raum waren, mit ihrer Lieblingsmusik, ihren Düften, bequem auf Decken und Kissen lagen und die Therapeuten oder Mitarbeiter sie bei leichten Übungen anleiteten und ihre Körper zu den Klängen sanft bewegten, sie sich immer mehr entspannten, und sie lächelten, genossen, fühlten – dann gab es keine Zweifel: Auch ein ganz anderes, nicht selbstbestimmtes Leben zu führen ist ganz sicher viel besser als der Tod! Jedenfalls – wenn man an die richtigen Menschen gerät, die einem dabei helfen.

---

[10] *http://www.snoezelen-stiftung.de/*

[11] *http://de.wikipedia.org/wiki/Snoezelen*

So waren meine Eindrücke in jener Zeit – und sie deckten sich mit den zum Teil jahrelangen Erfahrungen der Kollegen mit ihren Klienten. In solchen Momenten wurde meine Depression ganz klein, trat ganz in den Hintergrund. War nicht mehr wichtig. Aber, das war leider nicht von Dauer.

Etwa ein halbes Jahr vor meinen Abschlussprüfungen wurde unsere häusliche Situation immer schwieriger: Eine meiner Töchter steckte mitten in der Pubertät – und zwar sehr, sehr heftig. Ich war sowieso durch meine immer gegenwärtige Depression leicht aus dem Gleichgewicht zu bringen. Die körperlichen Symptome waren nach wie vor sehr heftig – über Rückenschmerzen und Schlaflosigkeit bis hin zu bleierner Müdigkeit, massiven Konzentrationsschwierigkeiten und nie gekannter Kraftlosigkeit. Trotzdem ging ich weiter arbeiten, um überhaupt noch so etwas Ähnliches wie ein „normales" Leben zu führen; wenn auch nur nach Außen. Wenn ich dann zu Haus war, brach alles in mir zusammen. Ich wollte nur noch meine Ruhe, keine Verantwortung mehr tragen müssen für Irgendwas. Und dass war für eine Zeit, in der pädagogische, liebevolle Konsequenz in einer Erziehung unabdingbar ist, sehr schlecht. Dass spürten wir beide – meine Tochter genau so wie ich; wenn es mir auch erst viel später wirklich bewusst wurde, was das denn alles mit ihr machte. Alles lief immer mehr aus dem Ruder.

Auf der einen Seite schäme ich mich sehr dafür, was denn damals so alles gesagt und getan wurde; nicht nur von mir, aber eben doch auch. Versagen auf der ganzen Linie. Auf der anderen Seite weiß ich heute aber auch, dass ich damals gar nicht anders konnte - nicht erkennen konnte was denn da passierte: Meine Seele hatte schon seit Jahren um Hilfe gerufen, und ich hatte ihr nicht zugehört - jetzt hatte sie sich zurückgezogen, sozusagen meinem Körper überlassen mich spüren zu lassen, was ich seelisch nicht wahrhaben wollte. Dass zu ertragen kostete all meine Energie, und es war davon nicht mehr genug dafür da das zu tun, was denn wirklich richtig gewesen wäre: Bei meiner Tochter zu sein, für sie da zu sein – ganz. Ich will hier nicht herumjammern, oder um Absolution bitten; es war halt wie es war. Aber, meine Tochter – ich liebe Dich sehr, und es tut mir unendlich leid.

Vielleicht durch die Doppelbelastung der zwei Jobs, die ich nicht gern machte und den Anforderungen der Ausbildung; bestimmt aber auch durch den sich in meiner Psychotherapie abzeichnenden Drang nach Veränderung meiner Lebenssituation, wurde meine Depression immer belastender, nahm immer mehr Raum in meinem Leben ein – und im Leben meiner Familie. So konnte es nicht weiter gehen.

✦

Kur-Schatten

„Plötzlich ein Mensch, ein lebendiger Mensch, der die trübe
Glasglocke meiner Abgestorbenheit zerschlug und mir die Hand
hereinstreckte, eine gute, schöne, warme Hand!
Plötzlich wieder Dinge, die mich etwas angingen, an die ich mit
Freude, mit Sorge, mit Spannung denken konnte!
Plötzlich eine Türe offen, durch die das Leben zu mir hereinkam!
Ich konnte vielleicht wieder leben,
ich konnte vielleicht wieder ein Mensch werden"

(Aus: „Der Steppenwolf" von Hermann Hesse)

2006

Ich erinnere mich, dass meine Frau und ich mit einem befreundeten
Paar zu einem Konzert von Reinhard Mey gingen, ich glaube es war
im Dezember 2004. Es fand in Düsseldorf in der Tonhalle statt, ein
Konzertsaal in der Nähe des Rheins, mit Platz für über 1.800 Gäste. Es
war im Winter, das Wetter war schmuddelig und nass, so gesehen war
meine Stimmung passend zum Himmel: Grau.

Es war das erste Mal, dass ich in diesem Konzertsaal war, und dass
erste Konzert für mich mit Reinhard Mey. Ich hatte überhaupt keine
Ahnung, was mich dabei erwartete: Heutzutage sind Musikveranstal-
tungen ja oft große Events mit Bühnenshow und Riesen-Drumherum.
Hier war aber nichts davon zu sehen, einfach nur der große, mit Holz
ausgekleidete Saal, und die nackte Bühne. Erst heute, beim Nachlesen
im Internet über die Tonhalle sehe ich, dass das Dach der Halle eine
riesige Glaskuppel ist, mit einem Durchmesser von 38 Metern: Eigentlich bin ich immer sehr interessiert an der Architektur der Orte, an de-

nen ich mich aufhalte. Damals jedoch saß ich nur auf meinem Platz, verließ ihn auch während der Pause nicht. Keine Energie für Irgend-was. Jedenfalls, irgendwann wurde die Beleuchtung gedämpfter, das Stimmengemurmel im Publikum verstummte, und das Konzert be-gann.

Es ging einfach damit los, das Reinhard Mey auf die Bühne trat: Er trug ein schwarzes T-Shirt und eine schwarze Jeans, dazu ein Paar schwarze Stiefel mit etwas höherem Absatz. Bikerstiefel sagt man heut dazu – früher waren das Cowboystiefel. Er hatte seine Gitarre dabei – und das war's an Equipment. Keine Lightshow, kein Begleitorchester, keine Bühnendekoration. Nur er.

Und begann mit dem Song *„Narrenschiff"*, dem Titelsong der CD, auf der auch der Song *„What a lucky man you are"* ist, den ich am An-fang meiner Geschichte erwähne. Mit dem mein Weg durch die De-pression begann: Als ich zum ersten Mal richtig spürte, dass mit mir etwas nicht stimmte. Und sofort hatte ich wieder das Bild in meinem Kopf: Montag morgen auf der Autobahn, und wie ich da in meinem Auto sitze, wie ein Häufchen Elend, Tränen überströmt, einsam und völlig verzweifelt.

Reinhard Mey füllte den Saal und die Bühne einfach mit seiner Präsenz, seiner Musik, seiner Stimme, seiner Persönlichkeit. Es war toll!

Der Abend hatte aber noch etwas für mich parat: Meine Frau und ich waren in der Pause auf unseren Plätzen sitzen geblieben, mir war es nicht nach lachenden, Smalltalk plaudernden Leuten, nach Sekt oder Häppchen.

Auf einmal hörte ich jemand sagen: „Ich grüße Euch!". Wir blick-ten hoch, und da war die Frau eines früheren Freundes, den ich durch mein Ego verloren hatte. Sie war mit ihrer Schwester da, und auf ihrem Weg in die Pause waren sie an unseren Plätzen vorbei gekommen. Das hatte mir gerade noch gefehlt: Dass ich an diesem Abend, an dem ich sowieso schon am Boden lag, noch daran erinnert wurde, wie ich durch meine Unüberlegtheit einen guten Freund verloren hatte!

~

Wir waren drei Freunde: Den Einen, nennen wir ihn Gabriel, kannte ich seit dem ersten Schuljahr, den Zweiten, der nicht wirklich Peter hieß, seit dem Konfirmandenunterricht, in dem wir alle drei zusammen waren. Wir hatten als Jugendliche Freizeiten miteinander verbracht, waren gemeinsam in den Veranstaltungen im Gemeindezentrum gewesen, hatten zusammen gefeiert, uns über Autos und über Frauen unterhalten, hatten am Meer gesessen und geraucht, Bier getrunken und Probleme gewälzt. Unsere Lebenswege waren völlig unterschiedlich verlaufen, aber immer hatten wir uns wieder getroffen, hatten nie den Kontakt verloren. Peter hatte mir sehr dabei geholfen, als ich mich 1999 selbstständig machte. Ich hatte mit ihm und seiner Frau viele Abende immer wieder mein Konzept durchgekaut, er mir viel von seinen Erfahrungen erzählt, als er sein Maklerbüro gründete. Er war sehr erfolgreich, und für mich war er manchmal so was wie ein väterlicher Freund. Manchmal wäre ich wirklich gern wie er gewesen.

Damals ging ich einmal im Monat in einen Männerkochclub, den Peter zusammen mit einem seiner Freunde, einem Pfarrer, in dessen Gemeinde gegründet hatte. Das war immer ein schöner Abend: Manchmal kamen dabei wohl an die 15 - 20 Männer aus allen Altersklassen und allen gesellschaftlichen Schichten zusammen. Viele davon, die so grade eben den Unterschied zwischen einer rohen und einer gekochten Kartoffel erkennen konnten – aber nicht wussten wie man vom Einen zum Anderen kam. Zwei Stunden lang wurde an so einem Abend Gemüse gewaschen, Zwiebeln geschnitten, Suppe gekocht und Fleisch gebraten, Soßen wurden gerührt und Desserts abgeschmeckt. Ein paar von uns hatten immer die Aufgabe die Tische zu decken und zu dekorieren, Platzkärtchen zu schreiben und zu verteilen, meist so für 40-50 Leute. Denn so gegen 20 Uhr - kamen die Gäste: Partner, Familie oder Freunde. Es wurde zu den Plätzen geleitet, Getränke wurden verteilt – dann hielt der Pfarrer eine kleine Ansprache über die Menüabfolge, und dann ging's los: Es gab immer mindesten vier Gänge, und es wurde oft ein fröhliches Durch- und Miteinander; und meistens wurde viel zu viel gegessen und getrunken. Die Küche wurde einigermaßen aufgeräumt, damit die Zivis am nächsten Morgen nicht sooo viel zu tun hatten: Wenn sie die Küche putzen mussten!

Und dieser Pfarrer, vielmehr eine Arbeit für ihn, war der Anlass, warum meine Freundschaft zu Peter zerstört wurde.

Gabriel ist Schreinermeister, hatte sich ebenfalls gerade selbstständig gemacht. Er war in eine kleine Schreinerei eingestiegen, und auf jeden Auftrag, der Umsatz versprach, angewiesen. Auch er hatte mir bei meinem Start in die Selbstständigkeit geholfen: Ich hatte mich im Planungsgeschäft auf Gartencenter konzentriert, und direkt im Frühjahr des ersten Jahres buchte ich in Köln, auf der internationalen Gartenfachmesse GAFA, eine kleine Fläche für einen Messestand, zusammen mit einem Anbieter für Beleuchtungen. Diesen Stand baute ich selbst: In Gabriels Werkstatt konnte ich die Einrichtungsteile dafür vorbereiten, und er fuhr mit mir nach Köln, um den Stand aufzubauen. Freundschaft eben.

Der Pfarrer hatte für sein Pfarrhaus einen Auftrag für eine neue Treppe zu vergeben, und Peter hatte Gabriel mit ins Spiel gebracht. Sein Angebot war wohl in Ordnung, und so bekam er den Auftrag. Irgendwas bei der Ausführung war nicht zur Zufriedenheit des Pfarrers ausgefallen, ich weiß nicht mehr was. Er erzählte Peter davon, bat ihn aber nichts davon an Gabriel weiter zu geben. Es sollte einfach so bleiben, und gut; aber, er hatte sich wohl doch mehr davon versprochen, was auch immer. Davon erzählte mir Peter beim nächsten Kochklubtreffen – und bat mich ebenfalls um Stillschweigen; sein Wort hatte schließlich beim Pfarrer Gewicht, und das sollte auch so bleiben. Ein Mann, ein Wort.

Wie gesagt, ich weiß nicht mehr genau, um was es dabei ging; ich glaube, in der Ausschreibung des Auftrags war nicht erwähnt, dass die alte Treppe mit entsorgt werden musste, irgend so was. Und Gabriel hatte diese Extra-Arbeit mit in die Rechnung genommen, die also jetzt höher ausfiel als im Angebot, und der Pfarrer war etwas verschnupft darüber. So in etwa.

Natürlich waren Peter und ich der Meinung, das Gabriel bei dieser ersten Arbeit, für den Pfarrer einer relativ großen Gemeinde, etwas mehr „Augenmaß" hätte aufbringen sollen: Es ist halt nun mal so - wenn man erst mal ein Bein in der Tür hat, sich einen guten Ruf erarbeitet hat, dann ist die Wahrscheinlichkeit groß mehr Folgeaufträge zu erhalten. Vor allem, wenn man einen so wichtigen Fürsprecher wie in diesem Fall einen Gemeindevorstand für sich gewinnen kann. Ganz einfach. Wir waren uns sicher dass es besser gewesen wäre so vorzugehen, wie es im Geschäft allgemein üblich ist: Den zusätzlichen Posten einfach „vergessen", und vielleicht später einmal mit einzurechnen. So hätten wir es Gabriel sagen sollen - aber, das ging ja nicht: Peter hatte dem Pfarrer sein Wort gegeben, und von mir erwartete er das

Gleiche. Ich sah jedoch nur, das wir drei Freunde waren, und das wir zueinander stehen sollten – wir *mussten* Gabriel so was Wichtiges am Anfang seiner Selbstständigkeit sagen! Nichts zu machen, Peter blieb eisern. Und so gingen wir auseinander, ohne nach einer anderen Lösung zu suchen. Mir ging das Ganze nicht aus dem Kopf: Ich fand, das unsere freundschaftlichen Verbindungen wichtiger seien. Und setzte mich schließlich über Peters eindringliche Bitte, Stillschweigen zu bewahren, hinweg. Ich rief Gabriel an - und das war das Ende meiner Freundschaft mit Peter: Er war tief verletzt über meinen Vertrauensbruch.

Ich sah irgendwann ein, das ich den völlig falschen Weg gewählt hatte, denn: Ich tat es zwar im Sinne der Freundschaft – aber dadurch verletzte ich aufs Gröbste Peters in mich gesetztes Vertrauen. Ich hätte versuchen müssen einen Weg zu finden, der sowohl ihm als auch meinem Anliegen gerecht geworden wäre.

Einige Zeit später traf ich mich mit ihm, um erneut mit ihm darüber zu sprechen. Ich bat um Entschuldigung, versuchte noch mal meinen Beweggrund darzulegen – aber es war einfach vorbei, er konnte mir meinen Vertrauensbruch nicht verzeihen. Es ist etwas, das mich auch viele Jahre später noch tieftraurig macht, denn es war wirklich etwas sehr Schönes, mit Peter befreundet zu sein.

Ich habe daraus gelernt – ich weiß, dass ich damals mein Ego über alles andere gestellt hab. Und kann heute überhaupt nicht mehr verstehen, dass ich damals so handelte.

So was passiert mir nie mehr.

Hoffentlich.

~

Nach dem Konzert fahren wir wieder nach Haus.
Ich spüre die harte Glasscheibe des Seitenfensters im Autos unserer
Freunde, an das ich meinen Kopf lehne, die Lichter der nächtlichen
Stadt ziehen an meinen Augen vorbei.
Die beiden Frauen unterhalten sich leise auf dem Rücksitz,
und Joachim hat eine CD von Reinhard Mey eingelegt.
Ich habe gerade ein wunderschönes Konzert erlebt, habe erlebt,
dass handgemachte Musik von einem großen Künstler
einen großen Saal bis in die hintersten Reihen füllt.
Wenn man zuhören kann.
Aber ich spüre nur Leere, Hoffnungslosigkeit und Verzweiflung.
Meine Seele ist unerreichbar geworden für die Gefühle,
die früher mein Leben erfüllt haben.

Irgendwann nach diesem Erlebnis sprach ich mit einer Freundin über meine Situation, meine Ausweglosigkeit, die ich spürte. Sie leidet ebenfalls schon lange unter Depressionen, und sie erzählte mir von einer psychosomatischen Reha, die sie ein paar Jahre zuvor gemacht hatte. Wie gut es ihr damals getan hatte, wie ihr wieder Kraft gegeben wurde, und wie sie sich dort mehr Klarheit über sich und ihr Leben verschaffen konnte. Sie war in der Hohenfeld-Klinik in Bad Camberg gewesen, in der Nähe von Limburg, am Rande des Taunus; und hatte sich dort sehr aufgehoben gefühlt.

Ich musste etwas machen, alles versuchen, um die Situation zu verbessern - also: Zuerst mal beim Arzt nachfragen, was seine Meinung dazu wäre. Wie so was abläuft. Worauf man bei der Wahl der Klinik achten muss. Wo und was man beantragen muss, und was man noch so alles wissen muss. Ich ging zu meinen Hausarzt, besorgte mir ein Attest und eines von meinem Psychiater – schließlich sollte es ja eine psychosomatische Reha werden.

Wenn man einen Antrag auf Reha stellt, kann man darin einen Wunsch äußern, wo man gern hin will – wenn man, so wie ich, beispielsweise einen Tip bekommen hat; und üblicherweise wird der Wunsch berücksichtigt, wenn möglich. Einen Antrag stellt man im allgemeinen bei seiner Rentenversicherung; Unterlagen dazu kann man sich aus dem Internet herunterladen oder schicken lassen. Es kann manchmal ganz schön lange dauern, bis man einen Bescheid bekommt. Innerhalb von 30 Tagen allerdings, so sagt das deutsche Verwaltungsrecht, muss schriftlich in Form von einer Eingangsbestätigung auf den Antrag reagiert werden – was allerdings nicht automatisch bedeutet, dass er dann auch schon bearbeitet ist. Ab und zu mal freundlich Nachfragen kann aber nicht schaden: So macht man deutlich, dass es einem Ernst ist mit dem Willen zur Gesundung. Manchmal geht es auch schneller, wenn man den Antrag über die Krankenkasse zur RV schicken lässt: Die KV sind nämlich daran interessiert, dass sie kein Krankengeld zahlen müssen – was ja ab der 6. Woche Krankenstand anfällt, und machen die Angelegenheit bei der RV dringlich; während der Reha bekommt man übrigens Überbrückungs-Geld, wenn die RV der Träger ist. Da man meist eh auch Unterlagen der KV einreichen muss, kann man ja direkt alles aus einer Hand schicken lassen. Und das Porto spart man auch noch!

Zu dieser Zeit war ich in der Endphase meiner Weiterbildung, da jetzt den Unterricht ausfallen zu lassen war ein Problem. Andererseits ging es mir wirklich schlecht – mittlerweile schauten mich schon die Arbeitskollegen seltsam an. Also hin zum Schulleiter, und ihm ganz offen meine Situation geschildert. Er zeigte großes Verständnis, und bot mir an, die noch anstehenden Schulstoffe in der Klinik, während der Reha, im Selbststudium zu erarbeiten. Die Tests dazu könnte ich ja nachholen, wenn ich zurück sei. Und so machte ich es dann auch. An dieser Stelle nochmals vielen Dank, lieber Elmar !

Ich beschloss keinen Hehl mehr daraus zu machen, dass ich an einer Depression erkrankt war: Die Ersten, denen ich es außerhalb meiner Familie und dem engsten Freundeskreis sagte, waren meine Kollegen in der Fachschule, gleich nach meinem oben geschilderten Gespräch. Und siehe da, nicht nur dass eigentlich die Meisten mir Verständnis entgegen brachten und mir ihre Hilfe anboten; nein, ganz viele hatten Freunde oder Familienmitglieder, die ebenfalls schon ihre Erfahrungen mit Burnout oder depressiven Erkrankungen hatten machen müssen. Keine Spur von Unverständnis oder dergleichen!

Die Nächsten sollten meine Kolleginnen in der Arbeit sein – schließlich mussten sie die Wochen, in denen ich ausfiel meine Arbeitszeit zum Teil mit übernehmen. Und da sollte ich die nächste Überraschung erleben.

Meine Teamleiterin, die Hausmutter, war eine Frau in meinem Alter, die mit den betreuten Menschen im selben Haus wohnte. Dazu gab es noch meine Kollegin aus Griechenland; mit einem spaßigen Dialekt, meist sehr gut aufgelegt, sehr bestimmt in ihrem Auftreten, und auch ziemlich beliebt bei den Bewohnern. Als ich 2007 dort aufhörte, war sie grad selbst „Hausmutter" geworden, hatte eine eigene Gruppe übernommen.

Ich hatte schon eine ganze Weile gemerkt, dass meine Chefin ihre Probleme mit mir hatte – kein Wunder: Ich kämpfte ja täglich mit mir, meine Depression nicht die Oberhand über mein Tun gewinnen zu lassen, meine Arbeit so gut es ging zu schaffen. Aber ich weiß, dass ich in dieser Zeit wirklich kein Quell der Freude für meine Kollegen war: So richtig glücklich waren wohl alle nicht mit mir.

Bei unserer nächsten Kleinteam-Besprechung rückte ich dann also mit der Wahrheit heraus – über meine Erkrankung, was sie mit mir machte, und mit meiner geplanten Reha. Es war, als hätte ich eine große Last von meiner Teamleiterin genommen: Sie hatte wohl die ganze Zeit meine miese Stimmung, mein ständiges Zweifeln auf sich bezogen. Hatte gedacht, dass ich wegen ihr meinen Elan, den ich die ersten Jahre an den Tag gelegt hatte, verloren hätte. Und auch meiner anderen Kollegin sah man an, dass es ihr nun, wo sie eine Erklärung bekommen hatte, wesentlich leichter fiel mit mir umzugehen. Warum zum Teufel hatte ich sie nicht schon viel früher ins Vertrauen gezogen?

Ich will nun nicht jeden von Depression Betroffenen dazu auffordern, sich sofort und vollständig zu outen: Wie gesagt, es gibt eine Menge Menschen, die aber so was von kein Verständnis dafür haben! Aber, so ein wenig Aufmerksamkeit für die Anderen; wie sie sich wohl fühlen mit Einem der etwas ausstrahlt, von dem man nicht so recht weiß, was: Das ist ganz wichtig! Früher oder später muss es eh gesagt werden, und vielleicht sind ja die einen oder anderen lieben Kollegen doch etwas aufgeschlossener, als man in seinem Grau-in-Grau-Sehen denkt.

Und dann: War da noch Axel, der Mann mit dem Asperger-Syndrom. Sie erinnern sich, als ich von ihm und Hans erzählte?

„....vom Asperger Syndrom Betroffene zeigen oft kaum eigene Emotionen, können sich nicht oder nur schwer in die Gedankenwelt anderer Menschen hinein versetzen..."?

Als ich davon schrieb, dass ich später noch merken sollte, wie aufmerksam er sei? Axel war während unserer Besprechung im Hintergrund, er war schon etwas früher in den Wohnraum gekommen, um das nachmittägliche Kaffeetrinken für die Gruppe vorzubereiten. Und hatte mitbekommen, was ich meinen Kolleginnen mitgeteilt hatte. Als wir nun unser Teamgespräch beendeten und von unseren Stühlen aufstanden, kam er zu mir, nahm mich, auf seine seltsame, etwas hölzerne Art und Weise, in den Arm, und sagte mir so was wie: „Du wirst sehen, es wird schon wieder besser werden!". Tja – so viel dazu, dass man ganz schnell Menschen ein bestimmtes Verhalten zuschreibt; egal, ob mit oder ohne Behinderung!

Und so brachte mich meine Älteste an einem kalten Wintermorgen im Februar 2006 an den Bahnhof. In dem Moment, als der Zug anrollte und den Bahnhof verließ, wich alle Anspannung aus mir, und zum ersten Mal seit langer Zeit spürte ich wieder etwas Ruhe. Ich wollte nur noch weg – weg von meinen Sorgen, meinen Ängsten, meinen Verpflichtungen, meinem Ärger, meiner Hilflosigkeit. Weg von meiner Depression. Und: Weg von meiner Familie.

Heute weiß ich, dass ich damals zum ersten Mal etwas von dem spürte, das ich bis dahin strikt als Unsinn abgetan hatte: In einer Sitzung am Ende meines ersten Psychotherapie-Zyklus *(Psychotherapie wird von der Krankenkasse immer in Abschnitten bewilligt – ein Zyklus umfasst meist 25 Stunden)* hatte mir meine Therapeutin an einem Morgen, ganz ruhig und sehr deutlich gesagt: „Sie werden sich von Ihrer Frau trennen müssen". Ich war wie vor den Kopf gestoßen: Absolut undenkbar – ich liebte meine Frau doch!

Wir waren damals seit fast 22 Jahren verheiratet, hatten eine Familie gegründet, Kinder bekommen und konnten uns aufeinander verlassen. Hatten schon verschiedene Klippen des Lebens umschifft, nicht aufgegeben, wenn Probleme versuchten uns um zu schmeißen. Sicher, etwas war schon daran – es gab etwas, das ganz entscheidend in unserer Beziehung fehlte. Nur, das wollte ich mir damals nicht eingestehen: Wie wichtig das war.

Jetzt jedoch, im Zug zur psychosomatischen Rehaklinik, war ich einfach nur froh, der Mühle aus immer wiederkehrenden und offensichtlich nicht zu lösenden Gedankenkarussells und Problemen endlich entflohen zu sein: Was danach käme war mir in diesem Moment einfach egal.

Der Begriff Psychosomatik setzt sich zusammen aus den altgriechischen Wörtern Psyche und Soma. Psyche steht dabei für den Atem, den Hauch, die Seele, und Soma für den Körper, den Leib und das Leben. In einer psychosomatischen Klinik wird also alles daran gesetzt, Seele und Körper wieder mehr zu einem Ganzen werden zu lassen.Das Eine kann nicht wirklich ohne das Andere sein. Und so setzt sich ein Rehabilitations-Programm aus Behandlungen sowohl für den Körper als auch für die Seele zusammen – Sport, Ernährung, Entspannungsübungen wie z.b. Yoga und progressive Muskelentspannung, für das körperliche Fit werden. Und für die Seele gibt es psychotherapeutische Einzel- und Gruppensitzungen, Achtsamkeitsübungen, Kunst- und Ergotherapie.

In meiner zweiten Reha, Anfang 2014, habe ich erfahren, dass die Rentenversicherer, wie überall, auch bei diesem Thema Kosten senken wollen. Warum sie da witzigerweise ausgerechnet die Psychotherapie-Sitzungen verringern, verkürzen oder sogar ganz abschaffen - so wie es bereits in einigen psychosomatischen Rehakliniken durchaus Praxis ist - ist mir wirklich ein Rätsel! Ich hab da so eine vorgefasste, und leider allzu oft bestätigte Meinung über Schreibtischhengste und Sesselpuper, die nur ihren beschränkten, Sozialversicherungs-Fachangestellten-Horizont haben. Und nichts, aber auch wirklich gar nichts vom wirklichen Leben, über dass sie entscheiden, wissen. Sicher, nicht alle sind so, wirklich nicht. Aber leider nicht alle verstehen ihre Arbeit, die sie da tun, als gesundheitspolitischen Auftrag. Also, um so wichtiger: Bei der Auswahl der Klinik informieren !

In meiner ersten Reha war zum Glück noch nichts davon zu spüren; normal sind ein einzeltherapeutisches Gespräch pro Woche; ich bekam sogar zwei Termine! Ich hatte wieder eine Therapeutin bekommen. Sie war gut: Schaffte es innerhalb der 8 Wochen die ich dort war, meine Probleme gut aufzufassen. Zeigte mir auf, was ich denn an meinem Verhalten ändern könne, um in Zukunft besser auf mich achten zu können. DAS war nämlich auch so etwas (auch wenn die meisten, die mich länger kennen, jetzt sicher sagen werden: Aber das hast Du doch schon dein ganzes Leben lang gemacht!): Ich hatte ganz viel auf Andere geschaut – aber nicht zuerst in der richtigen Art und Weise auf mich!

Zu den unterschiedlichsten Anwendungen und Kursen gehörten auch das Erlernen einiger Entspannungstechniken, viel Sport und Informationen zum Thema Depressionen und dem Umgang damit. Sport ist eine feine Sache, wirkt sehr antidepressiv – wenn man sich denn dazu aufraffen kann: Körperliche Aktivität ist ein sehr gutes Mittel, um aus den Seelentiefs heraus zu kommen. Dabei wird die Bildung körpereigener Glücks-Hormone angeregt; und zusätzlich kommt man dabei noch aus dem Schneckenhaus „Zuhause" heraus, trifft mit anderen Menschen zusammen, erlebt soziale Kontakte. Alles etwas dass einem hilft.

Der Kontakt zu meinen Mitpatienten, der Erfahrungsaustausch zwischen uns war ungeheuer hilfreich: Hier traf ich auf Menschen, die genau fühlen konnten, was ich fühlte. Die mir nicht dass Gefühl gaben, dass ich mich nur mal zusammenreißen müsse, um wieder auf die Beine zu kommen – um wieder so zu funktionieren, weil man es ein Leben lang gemacht hatte. Jede und jeder von ihnen hatten ganz unterschiedliche Leben, ganz unterschiedliche Schicksale – und doch hatten sie alle mit mir etwas gemeinsam: Irgendwann passierte etwas, dass sie völlig aus der Bahn warf, ganz überraschend und unerwartet. Das sie auf einmal nicht mehr all die Aufgaben zuverlässig bewältigen ließ, die bisher so ganz selbstverständlich ein Teil ihres Lebens waren - und ihre Depression an die Oberfläche brachte.

Ich hatte ja schon ein paar Jahre an Erfahrung hinter mir, so ganz unbekannt war mir meine Depression ja nicht mehr – und ich wusste genau, was die anderen meiner Gruppe erlebt hatten; wenn sie mit jemand darüber sprachen, der nicht nachvollziehen konnte, über welch merkwürdigen Gefühle man da sprach. Meine Frau war immer ganz bei mir gewesen, wenn ich wieder mal völlig depressiv neben mir und dem Leben stand. Nahm mir Arbeiten ab, die ich nicht machen konnte, weil ich sämtliche mir zur Verfügung stehende Energie dafür brauchte, das zu unterdrücken, was nach oben drängte. Aber, *fühlen* was *ich* dabei fühlte – das konnte sie nicht.

Das ist etwas, das jeder der an einer Depression erkrankt lernen muss: Wer noch nie eine Depression gehabt hat kann niemals nachempfinden wie es sich anfühlt, wenn man depressiv ist! Wie soll jemand auch verstehen können, das man es nicht schafft, aus dem Bett aufzustehen – und zwar nicht, weil es so schön warm und bequem ist, sondern weil keine Kraft dafür da ist.

„Häh – keine Kraft zum Aufstehen?". Ja, genau! Was soll man denn davon bloß halten, oder?

Ich wohnte in der Klinik im 5. Stock. Natürlich gab es einen Aufzug, aber ich wollte unbedingt wieder fitter werden, wollte dringendst von meinem damals schon beängstigend hohen Gewicht runter. Und so lief ich immer die Treppe, sowohl hinunter als auch rauf.

Auf meinem Gang, ein paar Zimmer weiter wohnte eine Frau, die mir schon ein paar mal aufgefallen war: Sie war in etwa in meinem Alter, etwas kleiner - vielleicht so 165 cm, trug eine fetzige, bunte Brille und ebensolche Ohrringe. Sie hatte die grau-blonden Haare immer flott und auffallend wild durcheinander geföhnt, und war mir schon mehrmals beim Etagentüröffnen entgegen gekommen. Nun bin ich so ein Kerl, für den es selbstverständlich ist, einer Frau in den Mantel zu helfen, sich nicht vor ihr im Restaurant an den Tisch zu setzen, ihr die Autotüre zu öffnen und zu schließen – und natürlich auch die Türen generell zu öffnen. Ich weiß, das wirkt heute vielleicht altmodisch, und viele Frauen, auch meines Alters, halten davon gar nichts mehr. Auch bei ihr machte ich das, wenn wir uns über den Weg liefen; es ist für mich wirklich selbstverständlich, immer und bei jeder Frau. Und ihr fiel das schließlich auf.

Irgendwann, ich weiß heute nicht mehr bei welcher Gelegenheit, kamen wir dann ins Gespräch. Sie hieß Traudel, kam aus dem Saarland, hatte einen ausgeprägten Dialekt und war seit langer langer Zeit die erste Frau, mit der ich mich nur als Mann unterhielt - ohne den Hintergrund von Familie, aus dem ich sonst immer andere Menschen kennen lernte. Es war sehr schön, wir verstanden uns gut und führten viele ausführliche und offene Gespräche. Ich erzählte ihr von meinem Leben und sie mir von ihrem, und ihren Schicksalsschlägen: Sie hatte vor kurzem ihren Partner verloren, einen Motorradfahrer. Er war ihre große Liebe gewesen, den sie nach der Trennung von ihrem Mann kennen gelernt hatte, mit dem sie eine lieblose Ehe geführt hatte. Sie hatten gemeinsam ein Haus, fuhren gemeinsam Motorrad, und dann – war er an Krebs gestorben.

Ein paar Mal gingen wir gemeinsam in ein Tanzlokal ganz in der Nähe, auch wenn ich mich nicht traute zu tanzen; und die Musik war gar nicht nicht mein Fall. Aber, als wir zum ersten Mal dorthin gingen, war es schon ein wenig so wie bei der ersten Verabredung mit seinem Mädel, ich war regelrecht aufgeregt. Auch wenn für mich ganz klar war, dass da nichts passieren würde: Ich war verheiratet, und das meinte ich auch ernst so!

Jedoch, wir verstanden uns wirklich gut, saßen oft als Letzte nach dem Essen noch im Speisesaal der Klinik, und erzählten uns von uns. Und schließlich, ich weiß nicht mehr welches Thema wir hatten, saßen wir ganz dicht beieinander, ihre Geschichte rief ganz intensive Gefühle in mir hervor, und ich hatte so sehr das Bedürfnis meine Hand auf ihren Unterarm zu legen, dass es fast unerträglich war. Aber ich tat es nicht – zu sehr war es in mir drin, dass ich zu anderen Frauen keine nähere Beziehung haben durfte. Ich hatte ja meine Frau, und es war selbstverständlich, dass wir uns auf den Anderen verlassen konnten. Immer.

Und so kam es, dass ich nach acht Wochen Reha wieder nach Hause fuhr, ohne Traudel ein einziges Mal auch nur an der Hand berührt zu haben. Wir haben dann noch eine Weile miteinander telefoniert, und es war immer sehr schön. Als ich ihr von diesem oben geschilderten Gefühl erzählte fragte sie nur, warum ich es denn um Himmels willen nicht getan hätte. Heute würde ich anders handeln: Ich weiß, dass ich mich in diesem Erlebnis mit Traudel das erste Mal nach etwa 25 Jahren wieder als Mann erlebte. Etwas, das ich in meinem Leben, in meinen Rollen als Ehemann und Vater sehr vernachlässigt hatte,

Ich hätte sie gern mal besucht, habe aber irgendwann ihre Telefonnummer und ihre Adresse verloren; und dann nie wieder von ihr gehört.

Die Reha war beendet, und ich fuhr, wirklich gestärkt an Seele und Leib, wieder nach Haus. Ich hatte eine ganze Menge über mich erfahren, durch den vielen Sport und meine Ernährungs-Umstellung 12 Kg abgenommen, und war wieder zuversichtlicher geworden. Das Leben konnte wieder weiter gehen!

Am Bahnhof erwartete mich meine Frau – und war sooo froh mich wieder zu sehen: Unser Töchterlein war in der Zwischenzeit nämlich nicht untätig gewesen – und hatte sich zu einem richtigen „PuberTier" entwickelt, wie Jan Weiler in seiner Kolumne „Mein Leben als Mensch" die sich entwickelnden Jugendlichen so trefflich nennt. Keine Abmachung wurde eingehalten - oder doch so gut es ging torpediert. Verabredungen über Wieder-Nach-Hause-Kommen wurden schlicht ignoriert – und die Wiederherstellung einer gewissen Ordnung im eigenen Zimmer als nun wirklich völlig überflüssige Zeitvertreibung angesehen. Natürlich war sie nicht nur deswegen froh mich wieder zu sehen, versteht sich ja. Aber, jetzt endlich den täglichen Kampf nicht mehr allein ausfechten zu müssen war schon ein Hauptanliegen, denke ich.

Mir war damals nicht klar, dass mein frisch gewonnenes Selbstwertgefühl noch sehr wackelig war, und eigentlich noch eine Zeit der Festigung bedurft hätte: Nur weil meine Depression damals noch nicht so weit fortgeschritten war, noch nicht ganz von mir Besitz ergriffen hatte, stürzte ich in den kommenden Jahren nicht wieder so schnell wieder ab; und die gewonnenen Selbsterkenntnisse halfen mir schon eine neue Sicht auf mich und mein Leben zu bekommen.

Jedenfalls war ich damals froh wieder mein Leben angehen zu können, meine Depression für's Erste besiegt zu haben, wie ich dachte. Dass ich wieder ein Ziel hatte.

Und das hieß es nun mit aller Kraft angehen.

✦

Reisefertig

„Auch eine Reise von tausend Meilen beginnt
mit dem ersten Schritt - in die richtige Richtung"

(Aus: „Das weiße Segel" von Sergio Bambaren)

Meine Reha war recht erfolgreich verlaufen - so sah es jedenfalls aus. Ich hatte einiges über die Gründe meiner gegenwärtigen Depression erfahren und aufgearbeitet, und wieder eine ganze Menge Kraft geschöpft. Ich war sehr zuversichtlich, dass ich wieder in der Lage war, mein Leben und das meiner Familie in die richtigen Bahnen zu lenken. In der Arbeit waren meine Kolleginnen froh, dass sie nun endlich wieder etwas entspannter arbeiten konnten – es war schon schwer genug die Wohngruppe mit dem ganzen kleinen Team zu betreuen: Der Personal-Schlüssel war sehr knapp bemessen – wenn man von der täglich rein hauswirtschaftlich arbeitenden Kraft absah, die nur in dringendsten Notfällen mal kurz die Betreuung übernehmen konnte, bestand unser Team aus 2,5 Stellen. Oft war man allein mit acht bis neun Menschen, also der ganzen Wohngruppe. Dies funktionierte ganz gut - aber auch nur, weil unsere Bewohnergruppe ein schon seit vielen Jahren eingespieltes Team war, die meisten waren schon etwas älter; und die Ansprüche ans Leben waren vielleicht nicht mehr ganz so hoch. Aber, vielleicht waren ja wir Mitarbeiter auch einfach klasse ?

Die Bewohner „meiner" Wohngruppe freuten sich wirklich sehr, als ich das erste Mal wieder zum Dienst erschien, sie an einem Nachmittag nach ihrer Arbeit zum täglichen Kaffeetrinken erwartete. Viele

Umarmungen, viele freudige Blicke - ein bisschen war es so, als ob man wieder nach Haus kommen würde.

Im Berufskolleg für Heilerziehung freuten sich meine Schulkollegen, dass ich pünktlich zu den Abschlussprüfungen zurück war, und dass es mir sichtbar besser ging. Dass die Klasse das am Anfang von uns allen formulierte Ziel, dass der Klassenverband komplett die Ausbildung erfolgreich abschloss, nun zuversichtlich angehen konnte. Und so war es dann auch – alle schafften die Prüfungen; bis auf einen Kollegen, der am Anfang des Kollegs aufgrund eines schweren Berufsunfalls zu lange ausgefallen war, als das er den Stoff wieder aufholen konnte, und schon nach einem Jahr wieder neu angefangen hatte. Aber wir Anderen hatten uns gut gegenseitig gestützt, wenn es mal schwierig wurde - ich hatte das ja als besonders gut erlebt. Es gibt ein Foto von mir, wie ich auf der Abschlussfeier des Berufskollegs aussehe – nach vielen vielen Jahren war es das Erste, auf dem ich mir wieder mal gefiel. Ich sehe darauf ziemlich lebensfroh aus; und das lag nicht am Bier, denn ich musste danach noch Autofahren. Jedenfalls, alle waren froh, dass ich wieder da war; und auch darüber, dass es mir wieder besser ging. Schön war das!

Soweit so gut: Ich hatte also, nach den ersten Schritten wie Diagnose, Medikamentation und Psychotherapie meine Depression zu bekämpfen, den nächsten wichtigen Schritt wieder auf die Beine zu kommen mit der Reha erfolgreich angeschlossen. Die Familie war wieder einigermaßen stabil, und meine Seele war zu ihrem Recht gekommen - jedenfalls für's Erste. Ich hatte den Weg in einen neuen Beruf beschritten, und war dabei nicht gescheitert; davon mal abgesehen, dass ich oft nicht den richtigen Ton im Umgang mit meinen neuen Kollegen getroffen hatte, in meinem Enthusiasmus manchmal übers Ziel hinaus geschossen war und außerdem feststellen musste, das nirgends so viel gemobbt wird wie in sozialen Berufen. Es gibt übrigens eine Studie[12] die zu dem Ergebnis kommt, dass Mobbing überdurchschnittlich häufig im Gesundheits- und Sozialwesen vorkommt, gefolgt von der allgemeinen und öffentlichen Verwaltung, dem Erziehungsbereich und dem Finanzdienstleistungssektor.

Jetzt konnte es also weitergehen, jetzt war die Zeit gekommen den nächsten Schritt beruflicher Entwicklung zu gehen.

Ich hatte schon vor einer geraumen Zeit erkannt, das die Wohnsiedlung nicht das war, was ich eigentlich wollte: Sie erinnern sich an den Anfang meiner Kontaktaufnahme mit Behinderteneinrichtungen, dass ich ursprünglich in eine Werkstatt für Menschen mit Behinderung, in eine WfbM wollte – schließlich hatte ich mein ganzes Leben mit Handwerk und Handel zu tun gehabt.

Was ich da gelernt und mir an Fertigkeiten hatte aneignen können wollte ich nun, als frisch ausgebildete Fachkraft für Arbeits- und Berufsförderung, endlich einsetzen. So begann ich Bewerbungen zu schreiben: Zunächst in der näheren Umgebung von Wuppertal, dann weiter ins Bergische Land, schließlich dehnte ich meine Suche auf das gesamte Ruhrgebiet aus. Hatte auch ein paar Vorstellungsgespräche – aber nichts klappte. Ob es daran lag, dass ich wenig Werkstatterfahrung hatte – schließlich hatte ich das letzte Mal mit 29 hauptberuflich handwerklich gearbeitet, die Jahre danach hatte ich mit Planungs- und Außendienstarbeit verbracht, mit Menschen mit Behinderung nur die 4 Jahre in einer Wohnsiedlung - keine Ahnung. Jedenfalls fand ich keinen anderen Job, der irgendwie von uns aus sinnvoll zu erreichen gewesen wäre.

---

[12] *Zapf 1999, Mobbing-Report 2003*

Es dauerte eine ganze Weile, bis ich begriff, dass es so nix werden würde.Irgendwann kam ich auf die Idee, ob wir nicht vielleicht eine alte Idee wieder aufleben lassen: Das „sonnige" Wuppertal zu verlassen. In Wuppertal regnet es nämlich ungefähr doppelt so häufig wie im etwa 35 Km weiter westlich gelegenem Düsseldorf. Der Grund dafür sind sogenannte „Kondensations-Regenfälle": Die nach Osten ziehenden, über die flache Rhein-Ebene kommenden Wolken müssen an den Hügeln des Bergischen Landes aufsteigen - der Höhenunterschied beträgt von Düsseldorf, mit etwa 38 m über N.N. bis zu den in etwa ca. 330 m über N.N. liegenden Wuppertaler Höhen, fast 300 m. Dabei kühlen die Wolken erheblich ab, die Feuchtigkeit darin kondensiert – und es regnet viel. Und oft!

Daher wohl auch das Gerücht, dass Wuppertaler Kinder früher einen Regenschirm zur Geburt geschenkt bekamen. Und dann natürlich: Dass die Schwebebahn nur eine zum Trocknen aufgehängte Straßenbahn ist – wegen dem Wuppertaler Regen.

Meine Frau und ich hatten immer schon mal an Weggehen gedacht – schon als wir uns kennen lernten. Dann aber kam erstmal unsere erste Tochter: Okay, dann also später. Vielleicht noch vor der Einschulung? Nein, irgendwas war immer. Wie es so geht: Es kommt die zweite Tochter, dann viel Arbeit, das Leben setzt sich irgendwie in irgendwelche Bahnen – und so vergeht die Zeit. Immerhin, unsere Älteste hatte nach dem Abi den Sprung zuerst nach Köln geschafft, später dann den nach München. Und jetzt - dachten wir anderen Drei darüber nach.

Wir hatten immer schon eine große Sehnsucht nach dem Meer, speziell nach der Ostsee. Dort verbrachten wir auch viele Jahre unsere Urlaube, bevorzugt in einem kleinen Ort auf der dänischen Insel Als, kurz hinter Flensburg. Vielleicht gab es ja was in der Nähe? Also, ran ans Internet, und beworben was das Zeug hält - aber wieder passierte das Gleiche: Alle Bewerbungen auf Stellen, die mit Werkstatt oder ähnlichem zu tun hatten liefen ins Leere, noch nicht einmal Einladungen zu Vorstellungsgesprächen.

Manchmal dauert es bei mir eine ganze Weile, bis ich von etwas loslasse, für dass ich mich mal entschieden habe, von dem ich dachte dass es das Richtige für mich sei. Dieses Mal sah ich recht bald ein, dass ich so nicht weiter käme.

Ich arbeitete ja nach wie vor in der anthroposophischen Wohnsiedlung. Über die in solchen und ähnlichen Einrichtungen üblichen Arbeitszeiten habe ich ja bereits geschrieben; ich hatte mich damit im Laufe der Jahre einigermaßen arrangiert, ja sogar einige Vorteile erkannt: Wenn man an Tagen arbeitet, an denen Andere üblicherweise frei haben, hat man dafür an Tagen frei, die für die Meisten normale Arbeitstage sind.

Das war, hatte man sich erst mal damit abgefunden, eigentlich eine bereichernde Erfahrung: Plötzlich hatte man keine Probleme damit, Termine bei Behörden oder Ärzten zu bekommen und wahrzunehmen, die früher nur mit dem Nehmen von Urlaubstagen machbar waren. Man konnte an Seen fahren, die an Wochenenden grundsätzlich überfüllt waren, und nun einem fast allein gehörten. Fahrradwege waren leer, in Cafés und dergleichen hatte man die freie Auswahl an den besten Plätzen und so weiter. Einkaufen konnte man dann, wenn die Geschäfte leer waren, ganz in Ruhe und gelassen. Es ist halt alles eine Sache der Sichtweise: Man könnte mit den unangenehmen Pflichten hadern – oder sich die positiven, angenehmen Seiten zu Nutze machen. Alles im Leben hat mindestens zwei Seiten – und man hat immer die Wahl, für welche Seite man sich entscheidet, welche man für sich annehmen will.

Wenn man Menschen im privaten Bereich, in ihrem Zuhause kennen lernt, dann ist das etwas ganz Anderes als in einer beruflichen Umgebung: Die Rollen, die jeder von uns in seinem Leben in den unterschiedlichen Aufgabengebieten, die man so inne hat sind ganz verschieden: Als Angestellter in Büro oder Werkstatt verhalte ich mich anders als zu Hause bei meiner Familie; als Eltern benehmen wir uns anders als Geliebte unseres Partners, und sind wir mit unserem besten Freund auf Tour sind wir wieder jemand anderes – und so fort.

Wenn man in dem Zuhause von Menschen mit Behinderung arbeitet, dann ist es das Gleiche. Da, wo sie das Recht haben das zu tun, was sie gerne machen wollen. Für mich bedeutete das immer eine Verantwortung der individuellen Freiheit des Individuums gegenüber: Nicht meine Selbstverwirklichung steht im Vordergrund, sondern die des Menschen, des mir Anvertrauten: Das, was er braucht und will ist entscheidend.

Man stelle sich einmal vor wie es wäre, wenn wir sogenannten Nicht-Behinderten so leben sollten, wie es als betreuter Mensch ganz oft der Normalfall ist: Rund um die Uhr, 24 Stunden am Tag, 7 Tage die Woche, 52 Wochen im Jahr ist ständig jemand um uns herum. Jemand, der uns sagt was wir tun oder lassen sollen. Der sich zwar Mühe gibt den Tagesablauf mit uns zusammen zu planen, unsere Wünsche berücksichtigen soll und muss – der aber andererseits unter dem Druck der gesetzlichen Vorgaben des Sozialgesetzbuches und der sogenannten Wiedereingliederungshilfe steht. Der sich an Dienstpläne halten muss, der Überstunden machen muss, weil die eh schon dünne Personaldecke durch Krankheit immer größere Löcher bekommt. Und der auch nur ein Mensch ist, der eben auch nur eine bestimmte Menge an Belastung erträgt.

Man stelle sich weiter vor, dass da ständig die Sozialpädagogen und Heilerziehungspfleger bemüht sind, uns auch noch in unserer Freizeit mit pädagogischen Maßnahmen zu mehr Selbstständigkeit zu verhelfen – denn, wie gesagt: Im Sozialgesetz steht als oberstes Ziel der Arbeit mit Menschen mit Behinderung die Wiedereingliederung in ein normales, in ein selbstbestimmtes Leben in unserer Gesellschaft. Das nimmt manchmal groteske Züge an!

Dann stelle man sich weiter vor, dass da immer wieder neue Menschen in unser Privatleben treten, in unsere Wohnungen kommen – obwohl wir sie gar nicht gerufen haben. Sie sind auf einmal da, und greifen in unser Leben ein, oft ob wir es nun wollen oder nicht: In Wohneinrichtungen gibt es häufig eine hohe Personal-Fluktuation - aufgrund von Unzufriedenheit, die durch die hohen Belastungen in der Arbeit entstehen, weil das Gehalt manchmal ein Witz ist, über den man nur als ausgeprägter Zyniker lachen kann oder weil der Partner nicht mehr bereit ist die unregelmäßigen Arbeitszeiten mitzumachen. Und nicht zuletzt dadurch, dass die vom System und auch oft von der Leitung der Einrichtung hausgemachten Frustrationen zu dem erwähnten Mobbingverhalten unter Kollegen führt. Bis es dann irgendwann wieder einer nicht aushält und geht – und dann jemand Neues gesucht wird, der in die Wohngruppe passt.

Manche verfügen über genügend Empathie, Erziehung und Niveau um sich bei dieser besonderen Art von Aufgabe selbst eher zurück zu nehmen. Die verstehen was es bedeutet betreut und gepflegt zu werden. Aber ebenso gibt es genügend, die aber auch so was von gar kein Gespür für die Situationen haben, in denen Hilfebedürftige sich befinden. Die sich überhaupt nicht klarmachen, in welcher

Machtposition sie sich gegenüber den Bewohnern befinden, welche Manipulationen sie manchmal ausüben. Und dann gibt es manche, die wissen es leider nur zu genau; und nutzen das rücksichtslos aus.

Da es in Deutschland immer schwieriger wird, qualifiziertes Pflegepersonal zu bekommen, wird vieles bis zu einem gewissen Grad von den Leitungen toleriert: Wie soll man auch den Betrieb aufrecht erhalten, wenn keine Mitarbeiter mehr da sind, und neue immer schwerer zu finden sind?

All das stelle man sich einmal vor, wie es wäre – wenn man selbst nur eine Woche lang so leben sollte.

Das Alles hatte ich im Laufe der vier Jahre dort verstanden, hatte in meinen Ausbildungen gelernt, auf was es wirklich ankommt. Am meisten hat mich damals ein Satz eines Dozenten beeindruckt, der genau zu diesen Themen referierte: „Diese Menschen haben es schon schwer genug – machen sie es ihnen schön, wo sie nur können!".

Das ging mir damals durch den Kopf – ja, und eigentlich kam es doch nur darauf an, oder? Und das konnte ich, nein - kann ich noch immer besonders gut: Spüren was Menschen brauchen, und ihnen dabei helfen es zu bekommen. Als mir das als eine meiner Stärken klar geworden war, begann ich meine Suche auszuweiten auf Stellenangebote in Wohnbereichen; dort konnte ich schließlich auch als Gruppenleiter arbeiten, ja im besten Fall etwas neues aufbauen.

Bald hatte ich bei meiner Suche in Norddeutschland was gefunden, das mich interessierte – und die Einrichtung in der Nähe von Schleswig interessierte sich auch für mich. Aber, irgendwie kamen die dort nicht in die Pötte: Ich fragte nach einem Termin für ein Vorstellungsgespräch, bot ein mehrtägiges Probearbeiten an.

In sozialen Einrichtungen, in denen man Menschen betreut ist es üblich,
ein paar Tage Probearbeit in der Praxis abzulegen. Zum Einen, damit der
Arbeitgeber sehen kann, ob der zukünftige Arbeitnehmer für die Aufgabe
taugt, ob er empathisch sein kann, ob er von den Klienten angenommen
wird; und natürlich auch für einen selbst, um zu sehen ob die Aufgabe auch
die Richtige für einen ist.

Aber immer kamen irgendwelche Terminprobleme bei ihnen dazwischen, irgendwie war „man" dort noch nicht so weit – und das
über einen längeren Zeitraum immer wieder. Also Wirklich!

Irgendwann saß ich mal wieder am PC, suchte unter den Schlag-
wörtern Behinderte, Werkstatt, Wohneinrichtung und so weiter nach
Angeboten. Erweiterte die Suche auch auf andere Bundesländer. Und
auf einmal stieg da aus den Tiefen des Internet das Angebot einer großen, ebenfalls anthroposophischen Einrichtung für Menschen mit Behinderung in Berchtesgadener Land, ganz in der Nähe von Salzburg.
Sie suchten Mitarbeiter für die verschiedensten Bereiche. Die Seite las
sich wirklich ganz toll: Wenn davon nur die Hälfte stimmen würde
könnte das schon interessant sein. Aber – im allertiefsten Oberbayern?
Ich kannte die Gegend von einigen Arbeitseinsätzen als Planer, für
den Verband. Landschaftlich ganz schön da. Das Bier war auch ganz
lecker dort. Sollte ich mich vielleicht da mal …? Meine Frau meinte
schaden könne es nicht.

Tja - wer weiß, wenn wir alle damals schon gewusst hätten, wie
sehr sich unser Aller Leben in den folgenden Jahren verändern würde:
Ob wir trotzdem diesen Schritt gewagt hätten ?

✦

Ans Ende der Welt

„Wenn jemand sucht, dann geschieht es leicht, dass sein Auge nur
noch das Ding sieht, das er sucht, dass er nichts zu finden,
nichts in sich einzulassen vermag, weil er nur an das Gesuchte denkt,
weil er ein Ziel hat, weil er vom Ziel besessen ist.
Finden aber heißt: Frei sein, offen stehen, kein Ziel haben"

(Aus: „Siddhartha" von Hermann Hesse)

In Bayern ist es wirklich anders als in Nordrhein-Westfalen. Echt.

Natürlich ist da erst mal der Dialekt: Da muss man schon bereit
sein dazu zu lernen - zumindest was das Zuhören und Verstehen betrifft. Selbst so zu sprechen versuche ich erst gar nicht, das würde sich,
zusammen mit meinem rheinischen Zungenschlag, nur schräg anhören: Eben nur nachgemacht, nicht echt; und da die Bayern stolz auf
ihre Dialekte sind, kann man schon mal an einen geraten, der es einem übelnehmen würde. Aber diverse Redewendungen, Ausdrücke
etc. hab ich mir in den Jahren die ich hier bin schon angeeignet, und
benutze sie ganz selbstverständlich. Wenn man also hierher gezogen
ist, und einen der Postbote an der Haustür zum ersten Man fröhlich
begrüßt mit einem Satz wie beispielsweise „Griaß Di, servus! I hob do
an Oanschreiben für den Saunter Mick; bist des Du?" - spätestens
dann weiß man: Jetzt ist man da wirklich woanders!

Und zwar ganz woanders - in meinem Fall in Oberbayern: Da ist
zum einen die herrliche Landschaft – das Voralpenland mit seinen
sanften Hügellandschaften, seinen unzähligen Seen, Wälder in allen
Größen und Baumarten, und natürlich die Ausblicke auf die Alpen.
Wenn man durch diese Landschaft fährt und dabei die vielbefahrenen

Hauptverkehrswege meidet, kommt man immer wieder durch Städte und Dörfer, in denen es sich eigentlich jedes Mal lohnt anzuhalten, los zu schlendern und zu schauen. Die Landstraßen sind meist in bestem Zustand - ganz im Gegensatz zu den Straßen in meiner Heimat, dem Bergischen Land. Immer findet man einen schönen Platz zum sitzen, zum Staunen. Und immer findet sich ein schöner Biergarten! Das Einzige, was man dann noch tun muss ist, sich darin einen schönen Platz zu suchen, etwas Gutes zu trinken oder zu essen zu bestellen – und zu genießen: Vielleicht einen „Russ" - das ist wie ein Radler, nur mit Weißbier statt dem normalen, hellen Bier. Sehr lecker! Mit Cola heißt das dann politisch ganz unkorrekt „Neger". Dazu vielleicht eine Tellersülze, mit einer Scheibe von frischem, guten Roggenbrot (mit etwas Kümmel darin – lassen Sie sich auf diesen Geschmack ein, auch wenn er Ihnen zunächst sehr ungewohnt erscheint: Er gehört dazu und passt genau, Sie werden es feststellen!). Oder einen „Bayernburger" auf die Hand: Eine Leberkässemmel (für mich bitte ohne den süßen Senf; und bitte auf keinen Fall mit so was unsäglichem wie Pizzaleberkäs!!!). In Schwaben wird die Leberkäs-Semmel übrigens auch LKW genannt: Leber-Käs-Wecken. Und dann, nachdem man sich ordentlich gestärkt hat: Auf in die Berge!

Als ich noch in Sachen Ladenbau sehr viel mit dem Auto in ganz Deutschland unterwegs war, kam ich immer wieder in Staus – und auch damals schon habe ich dann die Autobahn verlassen. Bin über Landstraßen gefahren, um den Stau zu umgehen; und dabei habe ich schönste Dörfer und Landstriche gesehen, die mir sonst verborgen geblieben wäre. Wie es halt immer so ist, wenn man im Leben immer nur die geraden Wege nimmt - die, die Andere einem vorgeben: Man versäumt was Eigenes!

Auch in die Berge fahre ich am liebsten bevorzugt abseits der viel-befahrenen Hauptstrecken: Die ungefähre Richtung anpeilen, und dann auf's Geradewohl los. Auf kleinen Nebenstraßen, nehme mir Zeit zum Anhalten, zum Schauen - und werde belohnt mit Ausbli-cken, Geräuschen und Gefühlen, die mich das Leben wieder spüren lassen. Ein Navi habe ich dabei noch nie vermisst: Gerade wenn man auch schon mal Umwege fahren muss, wenn man ins Unbekannte fährt, findet man die schönsten Orte. Immer!

Hat man so wie ich mit Depressionen zu tun, dann überfällt einen manchmal eine große Einsamkeit – man ist halt mit seiner Erkrankung sehr, sehr oft allein. Alles ist hoffnungslos, nichts ist mehr da, das ei-nem als lebenswert erscheint. Nicht immer hilft es, wenn man dann raus geht, in die Natur, unter Menschen, ans Licht. Manchmal ist es halt so arg, dass gar nichts hilft. Auch die Berge sind in solchen Zeiten schon mal zu viel. Eben alles ist dann zu viel. Und alle Schönheit, alles Erleben der Elemente, alle Energie schafft es nicht, bis dahin vorzu-dringen, wo sie so dringend benötigt wird: In die Seele.

Die Berge kann man, so wie ich früher, als Barriere sehen. Die ei-nen so lange nicht zur Ruhe kommen lassen bis man sie überwunden und hinter sich gelassen hat. Aber sie können einem auch Ruhe, Si-cherheit, Gelassenheit geben: Wenn man sich auf sie einlässt, ihrer aus menschlicher Sicht ewigen Existenz nachspürt. Ihre Kraft spürt, die von Ihnen ausgeht.

Wenn ich es also an solchen Tagen *trotzdem* schaffe mich irgendwie zusammen zu reißen, wenn es klappt heraus zu gehen – z. B. durch die Anwendung von Methoden, die ich in Therapien gelernt habe; die die Abwärtsspirale aus Angst, Verzweiflung, Einsamkeit und Leere stoppen können; und mit dem Fahrrad, dem Auto oder dem Motorrad zu einem solchen Platz in den Bergen fahre, den ich an einem guten Tag für mich als einen meiner Kraftplätze entdeckt habe; oder doch wenigstens zu einem Platz in der Nähe gehe, von wo aus ich einen guten Ausblick auf sie habe. Mich an diesen Platz setze, langsam zur Ruhe komme, und meine Mitte sich irgendwann meldet *(legen Sie ihre Hände flach aufeinander, direkt über die Stelle unterhalb ihres Brustbeins, ihres Sternums, und warten eine kleine Weile. Und, spüren Sie die Wärme, die sich da auf einmal sammelt?)*: Dann fühle ich manchmal förmlich körperlich, wie die Depression aus mir heraus läuft, vom Kopf und Brust ausgehend tiefer sinkt, und über meine Hände und meine Füße meinen Körper verlässt. Spüre, wie mich statt der Verzweiflung eine tiefe Ruhe erfüllt, ich eins werde mit meiner Umgebung, mit der Energie die sich dort befindet. Und schließlich: Dass mein *Ich* wieder da ist, weil die Lebensenergie zurückgekehrt ist. Fühle, dass es nie weg war – sondern nur von der verdammten Depression überdeckt wurde.

Das es stimmt, was ich zuerst über meine Depression gelernt hatte: Dass ich nicht die Depression bin, sondern sie nur ein Teil von mir. Wenn auch ein ganz furchtbarer; aber nicht der Wichtigste!

Was in Oberbayern ganz wunderbar ist: Es lebt sich hier doch schon eine ganze Menge entschleunigter – der Süden, das Mittelmeer, das Laissez-Faire ist hier schon deutlich spürbar; wovon man in meiner nördlicher gelegenen Heimat Wuppertal wirklich nicht reden kann. Witzigerweise empfinden es manche Einheimische gar nicht so wie ich: Für sie ist auch hier alles ständig in Hetze, in Hektik und Stress. Es ist halt eine Sache des Sichtweise, des Standpunktes, womit man etwas vergleicht. Übrigens, ich dachte eigentlich immer dass ich aus der westlichen Mitte Deutschlands käme. Aber aus der Sicht der Bayern bin ich schon ein Nordlicht, ein Norddeutscher – und eben auch ein Preuße: „An Preiß!".

Ich hab es vom ersten Tag gespürt und genossen: Das bayerische Leben und Leben lassen hat aus meiner Sicht wirklich was sehr Schönes für sich.

Damals, noch in Wuppertal und zur Zeit als Ladenplaner, wusste ich von all dem allerdings noch gar nichts. Wir hatten im Büro eine interne Absprache: Mich zog es schon immer in den Norden, mein Kollege wollte am liebsten nach Süden, vor allem Bayern liebte er sehr. Und so teilten wir uns unsere Aufträge möglichst nach unseren Vorlieben untereinander auf. Das klappte natürlich nicht immer, und so kam ich auch zu ein wenig Süd-Deutschland-Erfahrung, und mein bavariaphiler Kollege musst sich ab und an auch mit den Fischköppen rumschlagen. Meine persönlichen Erfahrungen mit Bayern beschränkten sich auf ein paar kurze berufliche Aufenthalte, unter anderem in München: Klasse Stadt – wirklich sehens- und erlebenswert! Und wenn auch die bayerische Landeshauptstadt und die dort lebenden Menschen nicht wirklich repräsentativ für das übrige Land und dessen Bewohner sind: Sogar hier gehen die Uhren schon ein wenig anders.

Aber auch im restlichen Lande vom „Kini", dem heiß geliebten König Ludwig II war ich damals einige Male unterwegs - in der Oberpfalz, im Bayerischen Wald, in Schwaben, im Allgäu und eben auch in Oberbayern. Und je weiter südlich ich kam, um so weicher wurde es, das Lebensgefühl. DAS hatte ich damals schon gespürt.

Einmal hatte ich einen Termin in einem Eisenwaren- und Haushaltwarenladen in Eichstätt, also im schönen Frankenland. Als Hans das hörte sagte er: „Oh, Franken - da muss ich Dir vorher was erklären! Also, wenn Du zu einem Franken kommst und ihm was erläutern sollst, musst Du das folgendermaßen machen: Zuerst erklärst Du ihm Alles, und fragst ihn dann, ob er es verstanden hat. Und auch wenn er es bejaht – erkläre es ihm nochmal, und frage ihn erneut. Wenn er auch jetzt wieder bejaht lässt Du dir von ihm die ganze Sache noch mal erklären. Und erst wenn das geklappt hat kannst Du dir einigermaßen sicher sein – dass er es auch wirklich verstanden hat!"

Was soll ich sagen: Die Kunden, zu denen ich nun im wirklich sehr schönen Eichstätt kam, waren Vater und Tochter, beide betrieben den Laden. Einen Laden, wie ich ihn noch nie zuvor gesehen hatte; und auch nicht mehr danach: SO ein Durcheinander! Und ich schwöre bei meinem Barte: Beide, meine ersten Franken – waren genau so wie mein Kollege Hans es mir geschildert hatte!

~

Meine Klienten im Einkaufs-Verband waren neben Baustoff-, Bau- und Gartencentern oft ganz traditionelle Werkzeug-, Eisen- und Haushalts-Warenläden, die meist familiär geführt wurden: Der Mann hatte in den Aufbaujahren nach dem Krieg den Eisenwarenladen gegründet, irgendwann war seine Frau dazu gekommen und hatte die Haushaltswaren dazugenommen. Gemeinsam wurde der Laden über die Jahre aufgebaut, viel Herzblut hinein gesteckt, und oft das ganze Leben danach ausgerichtet. Immer wurde gearbeitet, Urlaub gab es selten, und die Kinder wuchsen sozusagen im Laden auf.

Waren sie irgendwann erwachsen, wurde eine Ausbildung in dem Bereich gemacht, später ging es möglicherweise auf die Eisenwaren-Fachschule (und die ist in …. genau, in Wuppertal! Wurde von dem Gründer des Einkaufsverbandes, für den ich arbeitete, mitgegründet), und dann wurde der Laden vom Inhaber an die nächste Generation weiter gegeben. Oder besser, wurde „eigentlich" übergeben - denn ganz oft konnte die ältere Generation nicht so richtig loslassen, arbeitete noch nebenbei mit. Wusste alles besser, und wollte und konnte Umbauten oder andere Neuerungen nicht zulassen - was manchmal fürchterliche Konflikte innerhalb der Familie hervorrief.

Ich habe im Laufe meines Berufs-Lebens immer wieder Menschen der nachfolgenden Generation kennen gelernt, die sich irgendwann wieder von dem Familienbetrieb getrennt hatten: Weil die Konflikte zwischen ihnen und den Eltern nicht zu lösen waren. Das war insofern schlimm, weil so ein Laden in der heutigen Zeit meist nur durch den ganzen Einsatz der Familie aufrecht gehalten werden wird, externes Personal ist oft zu teuer; und wenn denn alles Streben nach Entwicklung auf die Kinder als Nachfolger gesetzt wurde, und diese dann wegfielen, blieb nur der Weg des Verkaufs an Externe. Ja, und dann konnte man dabei zusehen, wie der Laden gar nicht so selten nach kurzer Zeit immer mehr nachließ, und schließlich aufgegeben wurde: Weil das Herzblut fehlte.

So ein richtiger alter Eisenwarenladen ist was ganz Besonderes, da bekommt man fast alles. Wenn da noch so ein riesiger, alter, hölzerner Schubladenschrank im Laden steht; mit vergilbten Papier-Schildchen in den metallenen Schilderrähmchen auf den Schubkästen, auf denen zum Beispiel steht „1 Gros 2 ½ zöllige Drahtstifte, gestaucht" - dann ist dass das Größte. Ein Gros? Das sind 12 mal 12 Stück – also 144 Stück, eine ganz alte Stückzahlangabe. Wird das heute noch irgendwo angewendet?

Wenn auf solchen alten Packungen die Anzahl des Inhalts angegeben war, dann stand da auch nicht „Stück" drauf, sondern „Stck." - ich hab nie verstanden was diese „Abkürzung" wohl bringen sollte, woher sie noch stammte. Bestimmt noch aus Kaisers Zeiten - oder aus Franken.

In so einem Laden trifft man auf Leute, deren Väter da schon eingekauft haben, und manchmal auch schon ihre Großväter. Verkäufer, die sich in allen Gewerken auskennen, und einem die seltsamsten Tips geben können - wie man zum Beispiel mit dem Nachbarn umgeht, wenn man beim Bohren eines Lochs ins Mauerwerk nebenan in dessen Wohnzimmer landet: „Dann nehmen Sie doch einen Sixpack Bier aus unserem Angebot mit, und laden ihn auf einen spontanen Umtrunk ein! Und diesen superschnell abbindenden Spachtel für's Loch auch noch!".

Man trifft Handwerker, die eigentlich nur ein Paket Dübel brauchen – aber sich auf einen Schwatz mit einem Kollegen dort treffen (in Bayern nennt man so ein Schwätzchen einen „Ratsch"; ausgesprochen wird es mit langem *a*); und wenn es da neben der Theke einen Kaffeeautomaten gab - vielleicht konnte man sich dann noch auf einen Kaffee und eine Fluppe ein halbes Stündchen und länger gemeinsam dort aufhalten (man höre dazu, wenn man des Kölschen Dialektes einigermaßen kundig ist, den Song „Kaffeebud"[13] von den *Bläck Föös* – da wird herrlich beschrieben, wie es unter Handwerkern in der Frühstückspause zu geht. Übrigens, das „Bläck" in deren Namen hat nichts mit der Farbe Schwarz, auf englisch Black zu tun: Bläck Föös heißt auf Kölsch einfach nur „nackte Füße").

Bestimmt hab ich zu solchen Geschäften eine ganz besondere Affinität, weil ich damals, mit gerade mal 15, in so einem Laden in die Lehre gegangen bin. Ich weiß gar nicht ob es die Firma Edmund Faust, Eisenwaren und Werkzeuge, Groß- und Außenhandel, Hunsrückstraße 9-11 in Wuppertal-Heckinghausen überhaupt noch gibt; denn auch dort hat es Generationenwechsel gegeben, mittlerweile bereits in die 3. Generation. Diese Firma war ebenfalls Mitglied in dem Einkaufsverband, für den ich die Läden plante. Als ich das letzte Mal von ihnen hörte wollten sie eine Planung haben, um ihre Verkaufsräu-

---

[13]   *1978 EMI Electrola*

me zu modernisieren, dem Trend der Zeit folgend mehr öffnen, mehr vom Sortiment zu zeigen: Nur was der Kunde sieht, kann er auch spontan kaufen. Das war schon ein irres Gefühl, nach etwa 20 Jahren durch die Räume zu gehen, in denen ich als „Stift" Freitags nachmittags den Besen schwingen musste, die alten Kollegen von damals wieder zu treffen. Ob sie wohl immer noch dort sind?

~

Dieser Laden in Eichstätt, bei einem ersten Besuch im Frankenländle, war ein Mischmasch aus beiden Sortimentsbereichen: Kein System, keine Übersichtlichkeit, keine gescheite Beleuchtung – nix. Ein unübersichtliches Chaos. So was hatte ich auch noch nicht erlebt. Und der Knaller war: Der Senior hatte seinen Schreibtisch mitten im Schaufenster, so, dass er auch ja den Überblick über das Geschehen im und vor dem Laden hatte! Unfassbar. Ich glaube, ich hab ihnen dann eine Planung gemacht, ihnen zugeschickt – und dann nie wieder etwas von Ihnen gehört. Aber - Eichstätt war schön!

Wenn ich also beschreiben soll, wie das Leben hier in Oberbayern, im Vergleich zu meiner Heimat Wuppertal, dem Bergischen Land und dem Ruhrgebiet ist, fällt mir eigentlich, wie schon oben gesagt, immer als Erstes ein: „Es ist weicher!".

Jetzt also war da diese Stellenausschreibung: In einer großen Einrichtung für Menschen mit Behinderung in Bayerisch-Gmain, nahe Bad Reichenhall, suchte man Mitarbeiter für den Wohnbereich – Hilfskräfte, Fachkräfte und Gruppenleiter. Es wurde von schönen Projekten gesprochen, von der Einweihung eines neuen Wohnhauses, von der geplanten Werkstatt-Erweiterung in den kommenden Jahren. Und – von einem besonders wertschätzendem Menschenbild, von einer besonderen Sicht auf Menschen, die mit einer Behinderung geboren wurden, oder die sie durch Krankheiten oder Unfällen erworben hatten. All das sprach uns in Wuppertal sehr an, und so schickte ich meine Bewerbung auf den Weg. Und - wurde tatsächlich eingeladen! Unsere Älteste lebte damals schon in München, in einer WG. Ein Großteil ihrer Sachen und Möbel war noch in unserer Garage, sie wollte sie immer schon mal abholen; aber, wie dass so ist als Studentin – nimmt man doch gern die Unterstützung der Eltern in Anspruch: Wofür hat man denn welche?! Und so war die Idee sich einen Transporter zu leihen, ihre Sachen einzupacken und zu ihr zu bringen, und danach zum Vorstellungs-Gespräch und zum Probearbeiten weiter zu fahren ganz naheliegend.

So ging es denn an einem Maitag auf die Autobahn, Richtung München. Bei meiner Großen angekommen wurde der Wagen ausgeladen, danach bekam ich einen Kaffee und schaute mir die WG an, in der sie lebte. Zum Glück, dachte ich, muss ich nicht mehr so leben: Ich lege mittlerweile doch ziemlich viel Wert auf ein eigenes Bad, und: Eine eigene Toilette. Am nächsten Morgen fuhr ich dann weiter, in Richtung Berchtesgadener Land, zu meinem Vorstellungstermin.

Ich hatte ganz vergessen wie es sich anfühlt, wenn man den Münchener Süden hinter sich lässt, und so ganz allmählich die Alpen auftauchen – und man irgendwann direkt an ihnen entlang fährt, Richtung Südosten. Ganz schön schön – und ganz schön beeindruckend. Majestätisch!

Wenn man auf der A 8 Richtung Salzburg fährt kommt man zum Irschenberg – die meisten, die schon mal während der Urlaubsfahrt Richtung Österreich hierher fahren kennen diesen relativ kurzen, dafür aber um so überraschender, plötzlich ansteigenden Hügel sehr gut. Hier staut es sich fast immer! Das liegt meiner Meinung daran, dass dieser relativ steile Anstieg ganz plötzlich auftaucht, viele Fahrer nicht schnell genug reagieren und zurückschalten – und dadurch ihre Geschwindigkeit fast sofort abfällt. Die Nachfolgenden müssen reagieren und ebenfalls langsamer werden, und so setzt sich das wie in einem rückwärtsgewandten Dominoeffekt fort – schon staut es sich. Dazu kommt noch, dass am Kopf des Berges die Abfahrt zur Raststätte ist, und die Fahrer entweder zu voreilig vom Gas gehen um sich in die Abfahrtsspur einzuordnen, oder sich erst kurzfristig zu einer Pause und einer Abfahrt von der Bahn entschließen, die Spur schnell wechseln – und zack: Das Alles zusammen sorgt bei hohem Verkehrsaufkommen zu den sattsam bekannten Staumeldungen im Verkehrsfunk.

Wenn man dann auf der anderen Seite den Hügel wieder hinunter fährt, hat man bei klarem Wetter eine beeindruckende Aussicht auf die Gegend um Rosenheim, und sieht wie sich die Berge aus dem Voralpenland erheben - ganz plötzlich ist da Gebirge! Wow!

Damals hatte ich das Gefühl, dass die Berge immer prägnanter wurden, je näher ich meinem Ziel kam. Es war ziemlich bewölkt, und dunkelgraue Wolken drückten den Himmel weit herunter. Als ich schließlich das letzte Gefälle vor der Ausfahrt Bad Reichenhall hinunterfuhr und sich mir gegenüber der Untersberg, der Hausberg der Salzburger, dunkel und mächtig aufbaute – da hatte das etwas Bedrohliches, und gar nichts Majestätisches mehr.

Die paar Kilometer von der Autobahn bis zu meinem Ziel in Bayerisch-Gmain waren dann emotional ganz schön heftig: Es ist das Eine von Veränderungen im Leben zu sprechen – sie dann auch wirklich anzugehen etwas ganz Anderes!

Längst hatte sich meine Depression wieder gemeldet, und sagte mir mit jedem Kilometer den ich näher an mein Ziel kam, dass ich das doch alles nicht schaffen würde. Dass ich doch besser dabei bleiben solle, was ich kenne, was mir vertraut ist – da, wo ich sicher bin. Und: Kein unnötiges Risiko eingehen, auch nicht für meine Familie.

Allerdings: So weiter machen wie bisher war jetzt auch nicht wirklich das, was meine Frau und ich wollten. Wir wollten endlich mal was Anderes erleben – und die Zeit dafür war einfach reif: Mein Schwiegervater war vor einigen Monaten ganz überraschend gestorben, plötzlicher Herztod, keiner hatte damit gerechnet. Es war ganz dramatisch gewesen: Sein Sohn, mein Schwager, hatte ihn eines Abends leblos in seiner Wohnung gefunden. Und der Notarzt konnte nur noch seinen Tod feststellen. Wie lange er da wohl gelegen hatte?

Seine Frau, meine Schwiegermutter, war etwa 5 Jahre vorher an einer nicht heilbaren Knochenkrebserkrankung gestorben, nach über 40 Jahren Ehe – und entsprechend einsam war er danach; und so wäre es für meine Frau undenkbar gewesen fortzugehen, ihn allein zu lassen – auch, wenn es seit einiger Zeit arge Differenzen zwischen ihm und uns gab.

Jetzt aber war es, als ob alles zeitlich zusammen kam, als ob es genau so sein sollte: Dass wir jetzt ein anderes Leben versuchen konnten! Die Entscheidung dazu lag auch nicht allein bei mir – ich war nur der reitende Kundschafter, der erst mal das zu erobernde Terrain erforschen sollte; um danach zu berichten, ob es am Ende der Welt, im südöstlichsten Zipfel Deutschland für uns einen Platz gäbe. Und so kam ich nun in Bayerisch-Gmain an.

Der Wohnbereichsleiter der Einrichtung hatte mir eine Pension ganz in der Nähe vermittelt, da fuhr ich nun zuerst hin, sie lag in einer kleinen Seitengasse, kurz vor der Zufahrt zum Heim. Als ich ausstieg und an die Heckklappe des Transporters ging um mein Gepäck auszuladen, bemerkte ich auf der gegenüberliegenden Straßenseite ein Gebäude, auf dem „Pension Tanneck" stand; und dort, an einem Fenster im ersten Stock, stand ein jüngerer Mann der zu mir herunter sah und mich grüßte. Er hatte das Wuppertaler Nummernschild am Auto gesehen, und rief: „Hallo - endlich mal jemand aus Nordrhein-Westfalen – ich stamme übrigens aus Münster! Was machst Du denn hier ?". Ich sagte ihm, das ich mich in der Einrichtung bewerben wolle, fragte ob er sie kenne. Mittlerweile war eine Terrassentüre im Erdgeschoss aufgegangen, und eine blonde Frau mit großen Augen streckte neugierig ihren Kopf heraus und beäugte mich genau, sagte aber nichts. Der junge Mann lachte, antwortete auf meine Frage: „Allerdings! Na, dann sehen wir uns ja noch! Bis später!" und verschwand wieder im Zimmer.

Tja – und so war es dann auch tatsächlich. Und wie !

✦

Neustart

„Wenn man auf ein Ziel zugeht, ist es äußerst wichtig auf den Weg zu
achten. Denn der Weg lehrt uns am besten, ans Ziel zu gelangen,
und er bereichert uns, während wir ihn zurücklegen"

(Aus: „Auf dem Jakobsweg" von Paulo Coelho)

2007

Die Einrichtung in Bayerisch-Gmain liegt landschaftlich sehr schön,
an dem sogenannten Lattengebirge, unterhalb der „schlafenden
Hexe" - einem Bergzug, der so heißt, weil man mit etwas Phantasie
das Profil von ihrem Gesicht sieht, mit ausgeprägter Nase und vor-
springendem Kinn. Dort leben und arbeiten etwa 200 Menschen mit
unterschiedlichen Behinderungen, sie kommen aus allen Gegenden
Deutschlands und aus allen Altersgruppen. Auf einem weitläufigem
Gelände gibt es Wohnhäuser für Erwachsene und Jugendliche, eine
Schule, Werkstätten, Gewächshäuser und einen Bauernhof sowie Frei-
zeiteinrichtungen. Es gibt große Wiesen und Waldflächen, einen Dorf-
platz, eine Bäckerei, ein Bistro und natürlich Verwaltungsgebäu-
de.Auch aus meiner heutigen Distanz dazu muss ich sagen: Es ist dort
eigentlich wirklich sehr schön, und bietet viele Möglichkeiten.

Ich stellte mich beim Bereichsleiter vor. Er führte mich ausführlich
herum, und ich war schwer beeindruckt - es hörte sich wirklich sehr
interessant an, und man war auch an mir interessiert. Wenn es dazu
käme, würde ich zunächst in einer bestehenden Gruppe arbeiten, und
nach einiger Zeit eine Eigene übernehmen. Das Gehalt war auch so,

wie ich es mir vorgestellt hatte. Und, man wäre auch an der Mitarbeit meiner Frau interessiert – sie ist ja Krankenschwester, und nicht erst heute ist es so, dass in der Pflege Fachkräfte händeringend gesucht werden. Dazu gab es noch die Möglichkeit für meine Jüngste, dass sie dort eine berufsbegleitende Ausbildung zur Heilerziehungspflegerin machen könnte. Mensch, DAS waren ja Aussichten! Als hätte ich das große Los gezogen.

Danach wurde ich zur Vorstellung in die Gruppe geschickt, wo ich meine Hospitation leisten sollte: Eigentlich brauchte ich mich gar nicht darüber zu wundern, denn – die Gruppe wohnte in dem Haus Tanneck, das gegenüber meiner Pension stand, und aus dem mich der junge Mann gegrüßt hatte. Noch so ein „Zufall"!

Das Probearbeiten verlief ganz gut, die Menschen der Gruppe waren überwiegend etwas jünger – es war ganz lebendig in dem Haus; viel lebendiger jedenfalls als in der Gruppe, in der ich bisher arbeitete – dort war das Durchschnittsalter etwa Mitte 40. Die Gruppenleiterin kam aus Köln, und wir verstanden uns ganz gut; ich konnte mir schon vorstellen dort zu arbeiten.

Am Tag meiner Abreise verabredete ich mit dem Leiter, dass ich mit meiner Familie reden würde und wir uns dann melden würden. Er sagte mir, dass das Feedback der Gruppe auf mich positiv gewesen war, die Gruppenleiterin nichts an mir auszusetzen hatte, und sie mir eine Zusage geben könnten: Ich könnte so bald es mir möglich wäre anfangen.

Jetzt musste ich erst mal wieder auf den Boden kommen – das war ja alles einfach unglaublich verlaufen. Ich verabschiedete mich von der Gruppe, packte meine Sachen. Ich wollte vor meiner Abfahrt nach Reichenhall, ein bisschen die Atmosphäre dort kennenlernen. Vorher fuhr ich noch mal über das Gelände der Einrichtung: Es schönes, sonniges Frühlingswetter – und es war wirklich sehr schön dort!

Und auch Bad Reichenhall ist schön: Eine Kleinstadt, die viel von Tourismus und Kurgästen lebt. Es gibt eine nette Fußgängerzone, einiges an Kultur, alles da an Nahversorgung und einen netten Bahnhof. Landschaftlich liegt die Stadt zwischen drei Bergen: Westlich liegt der Staufen, südlich das schon erwähnte Lattengebirge mit der schlafenden Hexe, und östlich der Untersberg. Nach Norden hin öffnet sich das Gelände, man sieht ins Alpenvorland.

Der Untersberg, der Hausberg der Salzburger, ist übrigens ein magischer Berg, ein Kraftort, mit dem sich Schamanen beschäftigen. Er ist ein Ausläufer der Berchtesgadener Alpen, um den sich Mythen und Legenden ranken. So soll er von zahlreichen unentdeckten Höhlen durchzogen sein, von Zwergen, Berggeistern und anderen Wesen bewohnt sein.

Die nächstgelegene etwas größere Stadt mit allen Einkaufs-Möglichkeiten ist Freilassing, zum Chiemsee sind es etwa 40 Km, und Salzburg ist mit dem Auto in etwa 20 Minuten zu erreichen. Hört sich doch ganz gut an, so für einen Neustart, oder?

Zu Hause berichtete ich lange darüber was ich vorgefunden hatte, zeigte Fotos und Karten. Erzählte von den Möglichkeiten, die mir für mich und meine Familie aufgezeigt worden waren. Ich glaube, wir überlegten gar nicht sooo lange, sondern machten schon in den nächsten Tagen einen Termin zum Probearbeiten für Frau und Tochter – und fuhren wieder hin.

Ich weiß noch genau, wie wir Drei bei herrlichem Wetter auf einer Wiese saßen, mitten auf dem Einrichtungs-Gelände. Rundherum Berge, Landschaft, Blumen und darüber ein weiß-blauer Himmel.

Es war wunderschön – und wir beschlossen es zu machen: Nach Bayern auszuwandern!

✦

Der alte Rocker

„And he was too old to Rock'n'Roll,
but he was too young to die.
No, you're never too old to Rock'n'Roll -
if you're too young to die!"

(Aus: „To old to Rock'n Roll" von Jethro Tull)

2008

Mein erstes Motorrad war eine Puch M 50 Jet. Aus Österreich. In einem satten, warmen Gelb.

Mit 16 durfte man damals den Führerschein der Klasse 4 machen – und damit etwas fahren, dass schon richtig nach Motorrad aussah: Eine Fuffziger! Okay, so ein sogenanntes Kleinkraftrad durfte nicht mehr als 50 cm³ Hubraum haben, und auch nicht schneller als 85 Km/h sein. Aber, man war damit in der Lage ordentlich am allgemeinen Verkehrsgeschehen teilzunehmen, vor der Eisdiele und dem Jugendzentrum volles Programm hin- und her zu fahren und neidische Blicke auf sich zu ziehen, Bürger zu erschrecken, und: Man konnte damit ein Mädel auf den Rücksitz packen, und mit ihr überall hin. Man war damit schon ganz nah am richtigen Motorrad – es war das Höchste!

Alle andern fuhren Hercules, Kreidler oder Zündapp. Es gab auch ein paar wenige KTMs oder Maicos (die hatte einen drehschiebergesteuerten Zweitaktmotor, mit einem ganz speziellen, kreischendem Klang - erkannte man sofort !). Hondas und Yamahas waren damals ebenfalls sehr selten: Die hatten nämlich vieeeel zu wenig Leistung, nur so was um die 5 PS (eine ordentliche Fuffziger hatte damals 6,25 zu haben; meine Puch und die Maicos hatten sogar 6,3 – Wahnsinn!).

In ganz Wuppertal gab es damals, zusammen mit meiner, nur drei Puchs, alle in der gleichen Farbe – und alle drei hatten ihren Standort in meinem Ortsteil Ronsdorf! Das war schon ein eigenartiger Zufall: In der Siedlung, in der mein damaliges Mädchen wohnte, standen die beiden Anderen davon; und wenn ich Andi besuchte, sah man drei gleiche, dottergelbe Moppeds am Straßenrand stehen. Cool !

Leider zerlegte ich sie bei einem saublöden Auffahrunfall – wenn man den als Slapstick-Einlage in einen Teeniefilm gebracht hätte, wäre er gut für ein lautes Prusten gewesen. Und das kam so: Ich war auf dem Nachhauseweg von der Arbeit, dabei kam ich immer an unserer Tankstelle vorbei. Wie immer hupte ich kurz, blickte rüber und grüßte; das machte ich eigentlich jeden Abend. Manchmal fuhr ich auch kurz auf die Tankstelle, auf einen kleinen Schwatz, einen Ratsch. Heute hatte ich es allerdings eilig, ich sollte für die Firma noch etwas ausliefern – und so machte ich also meine Grußnummer: Ich sah rüber, hupte, alles wie immer - nur das sich diesmal, in diesem kurzen Moment der Unaufmerksamkeit, vor mir ein Stau vor der nächsten Kreuzung gebildet hatte. Als ich wieder nach vorn blickte, stand da in ein paar Meter Entfernung ein grüner Golf vor mir auf der Straße – und trotz Vollbremsung ballerte ich volles Rohr auf sein Heck, flog im hohen Bogen darüber und landete vor ihm auf der Straße. Zum Glück war mir außer ein paar bösen Prellungen und dass meine nagelneuen Adidas-Turnschuhe hinüber waren nichts passiert. Aber meine schöne, geliebte, heiße Österreicherin – war Geschichte. Das war also mein erstes Motorrad.

Bis zu meinem Zweiten dauerte es bis nach meiner Zeit bei der Bundeswehr. 1977 hatte ich wieder etwas Geld zusammen, und kaufte mir eine Suzuki GT 380: 371 cm³ Hubraum, 3-Zylinder mit RamAir-Luftkühlung, 38 PS (na ja, offiziell waren es 27, wegen der Versicherungs-eingruppierung; aber, wer wollte das schon wissen). In der Beschleunigung konnte ich damit locker eine 750er Honda mit ihren 67 PS abhängen, und meine Suzi hatte beim Hochdrehen den typischen Sound eines kräftigen, mehrzylindrigen Zweitakters der siebziger Jahre: Wie eine Kreissäge! Mensch, wer weiß wie oft ich damit die Leute aus dem Schlaf aufgeschreckt hab, wenn ich spät nachts damit durch die Stadt nach Hause fuhr – und natürlich habe ich meistens keine Rücksicht genommen, sondern die Gänge richtig schön ausgedreht! Hach ja, goldene Jugend.

Damals war das schon ein richtiges Motorrad; wenn man sie mit den Maschinen von heute so anschaut, war das nicht viel mehr als eine Rolle Draht mit Motor. Aber für mich – war sie die Beste! Damit war ich nun endlich im richtigen Motorradleben angekommen, und DAS war genau das, was mir im späteren Leben so sehr abging, was ich aber immer wieder aus Vernunftgründen verdrängte: Mein Gefühl von Freiheit, das ich einfach zum Leben brauch ! Und das ist nicht nur ein Klischee, wie mir unzählige andere Moppedfahrer bestätigen werden: Mit einem starken Motorrad auf einer Landstraße unterwegs zu sein, diese Kombination aus unmittelbarer Wahrnehmung der Elemente, also Sonne, Wind, Regen ohne schützendes Dach zu fühlen, und zu spüren wie der starke Motor unter einem arbeitet. Das Gefühl der Beschleunigung, wenn man den Gasgriff beim Kurvenausgang ganz aufzieht – das ist einfach unbezahlbar !

Easy Rider[14] von Dennis Hopper ist aus meiner heutigen Sicht sicher kein filmisches Meisterstück. Aber das Lebensgefühl, das sich beim Cruisen, beim Fahren durch die Landschaft einstellt; die - anders als mit dem Auto - unmittelbare Begegnung mit der Natur und den

---

14   *https://de.wikipedia.org/wiki/Easy_Rider*

Menschen, das Gefühl für sich und die Welt: Das bringt er für mich nach wie vor bestens rüber. Und die Musik daraus, die Oldies von damals begleiten mich auf meinen Touren nach wie vor. Heute bin ich auch ein Oldie – genau wie die Maschine, die mich seit 2008 begleitet: Eine Yamaha XJ 750 Seca von 1983. Vierzylinder-Reihenmotor, 82 PS, knapp 200 Km/h schnell.

1977 aber war es die Suzuki: An ihr habe ich damals angefangen herumzuschrauben, sie zu verändern – immer wieder. Noch ganz stümperhaft, denn handwerklich hatte ich noch nicht viel drauf; aber mit viel Spaß und vielen Träumen versuchte ich mein damals Mögliches. 1980 hatte sie dann einen Motorschaden, und ich hatte wieder mal kein Geld um die doch recht aufwändige Reparatur bezahlen zu können. Zu der Zeit fuhr ich LKW: Damals auch noch ein Mittel für mich, etwas mehr Freiheit in meinem Leben zu spüren, und nicht nur im Büro am immer dem gleichen Platz zu hocken, oder im Eisenwarenladen im grauen Kittel herum zu laufen. *„On the road again, I just can't wait to get back on the road again……"* sang Willie Nelson immer wieder, es lief oft bei mir im Cassettenrecorder, wenn ich morgens nach dem Beladen auf Tour ging. Und genau so war es: Ich konnte es nicht abwarten, wieder auf die Straße zu kommen – ob mit dem LKW oder meinem Bike!

Ich zahlte damals an einem alten Kredit ab, den ich Jahre vorher für dummes Zeug ausgegeben hatte; und das Geld, dass ich für die Raten aufbringen musste, fehlte noch eine Weile, um mal wieder was richtig Gutes damit zu machen; oder eben um Mopeds reparieren zu lassen. So hieß es zum zweiten Mal Abschied von meinem Traum auf zwei Rädern zu nehmen. Ich bin mir nicht ganz sicher – aber ich glaube, ich habe sie Jahre später bei uns an der Tankstelle wiedergesehen, als jemand mit genau so einer Maschine zum Tanken kam; ich hab nicht gefragt – aber wehmütig dabei zugesehen, wie er sie antrat, der blaue Qualm aus den Auspuffrohren kam, und beide mit dem herrlichen Zweitaktgekreische davon stoben.

Tja, und bevor ich dann meinem Traum vom nächsten Motorrad nahe genug kam, lernte ich meine Frau kennen: Die Richtige um eine Familie zu gründen – was wir dann ja auch machten. Und da trat das Motorradfahren erst mal ganz weit in den Hintergrund - für eine lange Zeit. Wie ich heute weiß: Für zu lange!

2008 waren mehr als 28 Jahre vergangen, seit meinem letzten Motorrad, und die meiste Zeit davon hatte ich die Sehnsucht danach erfolgreich unterdrückt. Hatte das Radfahren für mich entdeckt, und das Schrauben daran wurde meine Ersatzleidenschaft: Ich saugte alles in mich auf, was es an Literatur darüber zu lesen gab, besuchte Messen und stöberte in allen möglichen Fahrradläden herum. Kaufte nach und nach einzelne Komponenten, und baute mir Fahrräder nach meinen Vorstellungen zusammen. Heut nennt man das „Customizing" - und so waren meine Räder eben auch: Speziell auf mich , auf den Customer zugeschnitten. Okay, hätte ich mehr Zeit mit dem Fahren der Räder verbracht als mit dem Schrauben daran, wäre mein ständiges Übergewicht weniger ein Hauptproblem in meinem Leben gewesen. Aber, es war ja auch eigentlich nur eine Art Ersatzdroge gewesen: Für die Zeit bis zu meinem nächsten Motorrad. Und diese Zeit kam - JETZT!

Wir lebten jetzt etwa ein Jahr in Bayern. Den ganze Umzugsstress von 2007, den Abschiedsschmerz vom langjährig Gewohnten und von Freunden, die man schon ein Leben lang kannte, hatten wir hinter uns gelassen. Das Eingewöhnen in eine ganz andere Lebensart und das Einarbeiten in unsere neuen Jobs hatten wir ganz gut hinbekommen.

Und unsere finanzielle Situation war seit einer längeren Zeit endlich mal etwas entspannter. Wir fühlten uns so im Großen und Ganzen recht wohl in unserem neuen Leben, und es sah so aus als ob es für uns gut laufen würde.

Wir hatten nur ein Auto; und da meine Frau und ich meistens zu unterschiedlichen Zeiten Dienst hatten bedeutete das, dass einer von uns immer hin und her fahren musste, um den Anderen zur Arbeit zu bringen oder abzuholen. Irgendwann kam da die Überlegung ein zweites Fahrzeug zu kaufen. Warum also kein Motorrad? Es bedurfte noch etwas Überzeugungsarbeit bei meiner Frau – meine Töchter hingegen fanden es gleich ganz klasse. Aber dann war es endlich soweit: Nach über achtundzwanzig Jahren ohne Mopped ging ich auf die Suche!

Schon etwa 6 Jahre zuvor, bei den Umzugsvorbereitungen in eine neue Wohnung, kam der alte Motorradvirus zum ersten Mal wieder hoch. Ich war morgens, nach dem Frühdienst im Wohnheim, bei meiner Therapeutin, danach in einen Baumarkt gefahren, um Farbe, Spachtel und was man noch so braucht zu kaufen, um eine neue Wohnung nach dem eigenen Geschmack zu gestalten. Ich hatte noch keine Lust nach Haus zu fahren, bummelte noch ein bisschen in der Stadt herum, und kam bei einer Hein-Gericke-Filiale vorbei: Dieses Unternehmen kannte ich noch von früher, ich hatte mir damals vor etwa 35 Jahren in der Düsseldorfer Filiale meine erste Lederjacke gekauft. Gesehen hatte ich den Laden schon oft; aber, anstatt wie in der Vergangenheit daran vorbei zu fahren hielt ich an – und ging hinein.

Ich war seit vielleicht 20 Jahren nicht mehr in einem Laden gewesen, der irgend etwas mit Motorrädern zu tun hatte, hatte überhaupt keine Ahnung was sich in der Zwischenzeit verändert hatte. Jetzt, nach all den Jahren, in denen ich nichts gespürt hatte vom Biker-Feeling, in denen ich jeden Gedanken daran verdrängt und unterdrückt hatte, war ich also ganz plötzlich wieder mitten drin im Geschehen: Obwohl ich es so lange niedergedrückt hatte, war es ganz plötzlich wieder da: Das Gefühl von Freiheit, und der Wunsch es mal wieder so richtig krachen zu lassen! Also fragte ich nach einem Katalog, setzte mich in die Kaffee-Ecke, und stöberte in den dort liegenden Motorrad-Zeitschriften herum: Was sich alles in der Zeit seit damals verändert hatte!

Ich fuhr zu der neuen Wohnung, packte die Farben aus, und setzte mich erst mal mit dem Katalog in eine Ecke. Und schaute. Und staunte. Und... wollte mehr! Von jetzt an waren Motorradzeitschriften wieder Teil meines Lebens, und wie in den Jahren zuvor beim Fahrrad verschlang ich alles zum Thema, was mir in die Hände fiel. Es sollte doch noch ein paar Jahre dauern, bis es soweit sein sollte; aber o hatte es wieder angefangen – das „Easy livin'".

Das Budget war nach wie vor sehr begrenzt, und so war es ganz selbstverständlich dass ich nach etwas Gebrauchtem Ausschau hielt. Außerdem hatte ich sofort eine ganz bestimmte Maschine im Kopf: 1983 kam eine Yamaha auf den deutschen Markt, die mir damals sofort ins Auge fiel. Sie hatte ein etwas spezielleres Design, war irgendwas wie eine Mischung zwischen Sporttourer und Softchopper: Die XJ 750 Seca. Ich hatte sie damals irgendwo am Straßenrand geparkt gesehen, hatte angehalten und sie mir aus der Nähe betrachtet. Sie war noch ein richtiges, im Ruhrgebiet und drumherum „Mopped" genanntes Motorrad. So, wie es sich in den Siebziger- und Achtzigerjahren für uns gehörte; und ich hatte damals gedacht: Wenn es denn mal soweit käme dass ich wieder zum Fahren käme, dann würd ich mal nach so einer schauen.

In den Gebrauchtfahrzeugbörsen im Internet fand ich schnell ein paar davon – also, dann mal ran an den Speck: Was sagen die Motorradforen im Internet zu ihr, ist sie zuverlässig trotz ihres Alters, gibt es Teile usw.. Ich erfuhr, das die XJ-Reihe von Yamaha (es gab 550, 650, 750 und später auch 900er) den Nimbus des nahezu Unzerstörbaren besitzt. Von sagenhaften sechsstelligen Kilometer-Fahrleistungen ist da die Rede, bester Zuverlässigkeit und so weiter. Ersatzteile gibt es unter anderem auch daher reichlich, weil die Baureihe in einem Baukastensystem ausgelegt war – vieles passt untereinander. Also gut, das hörte sich ja ziemlich perfekt für meine Bedürfnisse und meine Möglichkeiten an. Ja, und dann fand ich eine im Angebot - und sie stand wo? In Wuppertal! Nicht zu fassen! Also einen Kumpel dort angerufen, der losgefahren und sich das gute Stück angeschaut. Seiner Meinung nach war sie in Ordnung, auch für den Preis. Noch ein bisschen verhandelt, und dann – gekauft! Und so stand eines schönen Tages der Fahrer einer auf Motorradtransporte spezialisierten Spedition mit seinem Lkw vor der Tür. Öffnete die Heckklappe am Anhänger, löste ein paar Gurte, schob ein silbernes Motorrad auf unseren Hof, stellte sie auf den Ständer – und da war sie: Mein Mopped!

Das war vielleicht ein seltsames Gefühl: So lange hat ich davon geträumt – jetzt, da es wirklich Wirklich war, kam doch etwas Schiss hoch: Was, wenn ich überhaupt nicht mehr fahren konnt ? Ich hatte seit weit über zwanzig Jahren keine Maschine mehr zwischen den Beinen gehabt, und diese hier war nun auch kein Leichtgewicht, wirklich kein Anfänger-Motorrad. Jetzt jedenfalls kam sie erst mal in die Garage, denn ich musste ich mir ja nun tatsächlich Helm und Klamotten dafür kaufen. Ein, zwei Tage später war es dann so weit: Schutzkleidung war da, Benzin aufgefüllt, Ölstand geprüft – jetzt konnte es losgehen. Ich weiß gar nicht mehr, ob jemand meiner Familie zu Haus war, als ich zu meiner ersten Fahrt aufstieg; ich weiß nur dass ich sehr, sehr aufgeregt war.

Also, den Zündschlüssel ins Schloss, Benzinhahn auf, den Chokehebel gezogen, mit dem linken Fuß den Leerlauf eingelegt, den Schlüssel auf Ignition gestellt und den Anlasserknopf gedrückt und: Das typische Anlassergeräusch und ein Drehen des Motors war aufregend laut zu hören - aber sie sprang nicht an.

Okay, sie hatte ja nun einige Tage gestanden; so eine reife Lady verlangt schon mal etwas mehr Aufmerksamkeit als ein kleines Ansprechen, bis sie auf Touren kommt. Und ich wusste ja noch von früher, was man so alles anstellen kann, um die Startwilligkeit zu erhöhen: Also den Seitenständer ausgeklappt und die Süße vorsichtig darauf abgestellt und abgesessen. Die Handschuhe ausgezogen, dann die Sitzbank aufgeschlossen und aufgeklappt – darunter sitzt nämlich die Ansaugöffnung des Luftfilterkastens. Und dort hinein sprühte ich nun eine gehörige Portion „Start-Pilot", hielt mit der Handfläche der linken Hand die Öffnung leicht verschlossen, drehte den Schlüssel wieder auf Zündung, drehte leicht am Gasgriff, drückte wieder den Anlasserknopf – und nach ein paar heiseren Röcheltönen sprang sie an. Vorsichtig gab ich Gas, bis der Leerlauf einigermaßen stabil wurde. Trat ein paar Schritte zurück, und lauschte dem Motorgeräusch. Ja, das war es, so sollte es sein: So ein Vierzylinder hat schon eine ganz besondere Art von Musik, jedenfalls in den Ohren eines Motorradfahrers.

Ich zog also die Handschuhe wieder an, setzte mich auf mein Motorrad - auf das ich so lang gewartet hatte. Zog den Kupplungshebel, legte den ersten Gang ein, gab vorsichtig Gas, lies die Kupplung langsam kommen – und fuhr los. Einfach so! Als ob ich nie was Anderes getan hätte in den vergangenen Jahren. Als ich auf die Hauptstraße einbog und vorsichtig losfuhr hatte ich ein Stadium von „Wow – ich kann's noch!" und „Au weia – mach ich auch alles richtig?" erreicht. Aber, es war grandios, und nach wenigen Kilometern war es schon wieder ganz da: Das Gefühl vom Motorradfahren. Born free, and easy livin'!

Beim genussvollen Cruisen durch die Landschaft, mit jedem intensiv wahrgenommenen Geruch nach frisch gemähtem Gras, nach Wasser, nach Wald, nach Erde; mit jedem heiseren Röcheln des Motors beim Gaswegnehmen vor einer Kurve und jedem Brüllen aus der 4-in-1-Se-bring-Auspuffanlage beim Hochdrehen des Motors beim Beschleunigen aus der Kurve heraus, ja sogar bei Fahrten durch Regen und dem unmittelbarem Erleben der Elemente wurde mir klarer und klarer: Es war ein Riesenfehler gewesen, DAS so lange aus meinem Leben auszuschließen!

Sicher, es war ganz richtig gewesen die Familienbedürfnisse in den Vordergrund zu stellen, ohne Zweifel. Das Geld war halt immer knapp. Man muss im Leben immer Kompromisse eingehen, Prioritäten setzen.

Tja - muss man das wirklich immer ?

Nein, ich hätte nach einem Weg für mich suchen können! Ich hätte versuchen können irgendwie eine Möglichkeit zu finden doch ein Motorrad zu haben - denn jetzt, mit 51, merkte ich, wie sehr ich es vermisst hatte, wie sehr es Teil von mir ist, und immer gewesen war. Es war ein Teil von mir gewesen, den ich aus Vernunftgründen bewusst unterdrückt hatte. Ein leidenschaftlicher Teil, und somit ein ganz wesentlicher Teil von mir. Und das ist nun wirklich nicht gut für einen Menschen, ganz besonders nicht für einen wie mich: Seine Leidenschaften zu unterdrücken – das war mit eine Ursache für meine Depression geworden.

Heute weiß ich, warum ich das gemacht hatte, dass ich von meiner Erziehung und Sozialisation her gar keine andere Möglichkeit gehabt hatte: Meine Leidenschaften hinten anzustellen.

Diesem Teil davon hatte ich nun endlich wieder Raum gegeben, freien Lauf gelassen. Hatte wieder etwas mehr zu meinem Selbst gefunden.

Und weitere Teile würden nun folgen – aber natürlich ahnte ich davon noch nichts!

✦

Sex and Drugs and Rock'n' Roll

"Lebe dein Leben auf alle möglichen Arten –
gut-schlecht, bitter-süß, dunkel-hell, Sommer-Winter.
Lebe alle Dualitäten.
Habe keine Angst Erfahrungen zu machen,
denn umso mehr Erfahrung du hast,
umso reifer wirst du werden"

(Von Osho)

Wir lebten nun schon ein gutes Jahr in Bayern. Hatten uns irgendwie arrangiert mit den neuen Lebensumstände, an die neue Arbeit, die Landschaft und die Art der Menschen die hier leben. Waren angekommen. Meine Depression war besonders in der ersten Zeit verschwunden: Die vielen Aufgaben, das Neue und Unbekannte und die Freude über die Tatsache, dass ich es endlich geschafft hatte eine ganz andere Richtung ins Leben einzuschlagen als jemals gedacht sorgten dafür, dass ich von dunklen Gedanken und Abwärtsspiralen abgelenkt wurde. Ich war viel mit meiner Maschine, meiner Yamaha unterwegs; alleine, denn meine Frau traute sich noch nicht mitzufahren. Und so erkundete ich meine neue Heimat, genoss die wiedergewonnene Freiheit auf zwei Rädern mit jedem Kilometer.

Bei meiner ersten Fahrt hatte ich ein ungeheures Empfinden von Geschwindigkeit: Wenn man im Auto sitzt ist man ja vor dem Fahrtwind geschützt, bekommt von dem Element Luft und Wind nicht viel mit. Auf dem Motorrad hingegen sitzt man voll im Fahrtwind, und das Erleben von Geschwindigkeit ist ein völlig anderes, viel unmittelbarer. Und als mir nun nach so langer Zeit der Wind wieder in den offenen Helm blies dachte ich: „Wow, bist du schnell !" - bis ich auf dem Tacho sah, dass ich gerade mal 70 Km/h fuhr! Trotzdem meinte ich eine ganze Zeit lang, dass ich einigermaßen schnell unterwegs sei. Bis zu dem Moment, als mich der Fahrer einer alten Enduro überholte, mit einem Kind hinten auf dem Soziussitz – und mir wieselflink und ganz offensichtlich völlig mühelos davon fuhr! Achtundzwanzig Jahre ohne Mopped sind eben doch eine lange Zeit. Aber, das Wichtigste war, dass ich keinerlei Probleme damit hatte Motorrad zu fahren; alles Gefühl dafür war noch da, es war so wie früher, vor langer, langer Zeit; nur etwas mehr Übung war halt nötig. Und die - holte ich mir nun.

Sehr gern fuhr ich auf meinen kleinen Fluchten Richtung Waginger See: Er liegt östlich vom Chiemsee und ist ein relativ großes Naherholungsgebiet, mit Cafés, Restaurants und Biergärten. Dort machte ich gern mal eine kleine Pause, denn manchmal waren auch andere Motorradfahrer dort und man kam ins Gespräch. Und einmal war da auch eine Motorradfahrerin, mit einer alten Honda CB 400 T, auch ein sogenannter Youngtimer: Damit bezeichnet man Motorräder, die schon ziemlich alt sind, aber eben noch kein Oldtimer – um als solcher anerkannt zu werden muss das Fahrzeug mindestens 30 Jahre alt sein. Wir kamen über unsere alten Maschinen ins Gespräch – und so fing alles an.

Sie war ein paar Jahre jünger als ich, und wir verstanden uns auf Anhieb. War vielleicht 5 cm kleiner, hatte kurze, strubbelige schwarze Haare, war auf eine hübsche Art etwas molliger; hatte ein umwerfendes Lächeln und eine unglaublich ansteckende Art zu Lachen. Wir tranken Kaffee zusammen, redeten übers Motorradfahren, erzählten uns schon nach relativ kurzer Zeit viel über unsere Leben. Sie war Krankenschwester in einem Akutkrankenhaus, in einer Kleinstadt in der Nähe; hatte drei erwachsene Kinder, und lebte schon eine Weile getrennt von ihrem Mann. Getrennt hatte sie sich von ihm, weil ihre Partnerschaft lieblos geworden war, weil sie sich nicht mehr als Frau und Mann wahrnahmen und es keine erotische Spannung mehr zwischen ihr und ihm gab. Alles war Routine, alles war selbstverständlich geworden: Man lebte mittlerweile wie in einer Zweckgemeinschaft, und nicht mehr in einer Liebesbeziehung. Es ist vielleicht gar nicht so selten dass so etwas passiert – und bestimmt sagen sich viele Paare dass das eben dazu gehört, wenn man schon eine Weile zusammen lebt; und sich anpasst aneinander. Wenn der Alltag einen gefangenen nimmt, die Probleme in der Familie immer und immer wieder Energie fressen, und: Wenn man nicht auf sich und seine Bedürfnisse aufpasst.

Das ist sicher mit eine der wichtigsten Quintessenzen aus den Erfahrungen meines Lebens: Man muss auf sich und den Partner aufpassen - sonst passiert so was! Und wenn es tatsächlich geschieht, dann ist das oft ganz schnell das Ende der Liebe, der Verlust der Sehnsucht nach dem Anderen; und damit das Ende des unbedingten Willens mit dem Anderen zusammen zu sein: Ihn berühren zu wollen, ja, zu müssen - weil die Gefühle so stark sind dass man sie nicht unterdrücken kann. Auf einmal ist es scheinbar so, dass man einfach vergisst wie gut es sich anfühlt den Anderen zu berühren: Ihn anzufassen, zu sich heranzuziehen, zu küssen, zu streicheln, zu kuscheln. Zu lieben. Eins zu sein in der Zeit, im Hier und Jetzt.

Wenn es bei Ihnen nicht auch so war wie bei mir - dass Sie nämlich aufgrund Ihrer Vorgeschichte irgendwelche Probleme mit sich selbst haben, und deshalb ihre Beziehung zu ihrem Partner den falschen Weg nahm, sich von Anfang an nicht wirklich entwickeln konnte - also wenn Sie eigentlich mit dem richtigen Menschen für sie zusammen sind, aber sie sich gar nicht richtig erinnern können, wann Sie das letzte Mal so richtig Sehnsucht nach körperlicher Nähe hatten: War das früher bei Ihnen und ihrer Frau, Ihrem Mann nicht auch mal anders? Und? So was haben Sie vergessen? Wie konnte das geschehen? Wie konnten Sie das zulassen? Ich weiß heute, warum es bei mir so war - was war Ihr Grund?

Sie erzählte davon, was sie so in ihrer Ehe erlebt hatte; wie sich zuerst der Alltag in ihrer Leben drängte, und die Zeit für die Liebe immer weniger wurde. Wie Karrieren immer mehr Zeit und Raum beanspruchten, wie Geld immer wichtiger wurde, und wie die Aufgaben in der Familie wuchsen und wuchsen. Wie sich der Frust schließlich einschlich über das kaum noch stattfindende Liebesleben. Wenn es denn mal stattfand – dann war es mehr Pflichtübung als Verlangen. Alles andere als die früher so unbedingte Liebe war wichtiger geworden. Wie sie immer mehr zunahm, dicker wurde - weil Essen die Kompensation für die nicht mehr gelebte Leidenschaft wurde. Die verzweifelte Suche nach einer Lösung, die Versuche die Partnerschaft zu retten. Und: Wie sie es schließlich nicht mehr aushielt und ihre Familie verließ – um wieder irgendwie ins Leben zurück zu finden.

Ich saß nur da, und meine Ohren klingelten: So eine Offenheit hatte ich noch nie erlebt.

Außer mit Traudel in der Reha hatte ich seit fast 25 Jahren nicht mehr mit einer Frau in meiner Rolle als Mann gesprochen; ich war immer nur Ehemann und Vater gewesen. Und jetzt so etwas: Kaum habe ich festgestellt, wie sehr mir die Freiheit auf dem Motorrad in meinem ach so normalen Leben gefehlt hat - treffe ich zufällig eine mir völlig unbekannte Frau und wir verstehen uns auf Anhieb. So gut, dass wir bald so ziemlich über alles reden, als würden wir uns schon ewig kennen. Alles sicher Zufall. Oder ?

Als ich nach unserem ersten Treffen wieder nach Hause fuhr, war auf einmal alles ganz anders. Es war ganz eigenartig: Ich war so durcheinander und aufgewühlt, mit meinen Gedanken so ganz woanders als beim Fahren auf der Straße, dass ich mich zusammen nehmen musste, um nicht im Graben zu landen.

Irgendwie entstand während der Fahrt nach Hause vor meinem geistigen Auge dieses Bild von einem großen Scheunentor, das sich auf einmal geöffnet hatte - und nun eine nie gekannte Fülle von Licht herein ließ: Das, was ich unbewusst viele Jahre so unterdrückt hatte, das ich mir nicht ein einziges Mal klar gemacht hatte was ich denn da eigentlich mit meinem Leben anstellte; was ich da alles unterdrückte, ständig niederkämpfte, nicht ans Licht kommen ließ: Jetzt war es wieder da !

~

Ich habe im Zusammenhang mit meiner Therapie bereits kurz erwähnt, dass meine erste Therapeutin davon sprach, dass ich mich von meiner Frau trennen müsse. Das es da etwas gab, das mir in meiner Partnerschaft fehlte; und zwar schon eine ganze Weile.

Meine Frau – heute meine Ex-Frau, denn wir sind geschieden – und ich verstanden uns meistens ganz besonders gut. Wir waren alles in Allem bis zu unserer Trennung 30 Jahre zusammen. Ich bin sicher sagen zu können, dass wir uns in dieser Zeit kein einziges Mal miteinander gelangweilt haben; wir hatten immer ein Thema über das wir gemeinsam reden konnten. Und glücklicherweise überhaupt nicht, weil wir immerzu miteinander gestritten hätten oder so – wir hatten uns eben einfach immer was zu sagen. Man liest oft davon, dass sich Paare in Deutschland im Durchschnitt etwa 15 Minuten pro Tag unterhalten: Das habe ich noch nie verstanden, denn bei uns war es ganz anders, und es war schön so. Echt. Und es geht mir auch heute noch aber so was von ab! Meine Frau und ich waren ganz intensiv zusammen, klasse Partner; jedenfalls hab ich das immer so erlebt. Wir waren die allerbesten Freunde, dachten oft das Gleiche, hatten viele gemeinsame Interessen und konnten uns bedingungslos aufeinander verlassen. Aber: Was fehlte war die Spannung. Die Anziehung zwischen Frau und Mann. Das Knistern. Das Wollen.

Klar hab ich sie gern in den Arm genommen, klar hab ich es genossen mit ihr gemütliche, vertraute Abende zu verbringen. Auch Nähe war kein Problem, nur: Dieses Knistern, diese Erotik zwischen Zweien, die sich wirklich wollen – war bei mir irgendwie nicht da. Ich hatte das schon früh gemerkt, schon in den Anfangsjahren unserer Ehe: Es fehlte was in meinen Gefühlen zu ihr. Ich hatte keine Ahnung warum das so war - nur, dass ich mich damals im vollen Bewusstsein damit abfand. Denn: Sie war wirklich genau die richtige Frau für mich, um endlich das zu bekommen, was ich als Kind nicht hatte, aber schon immer wollte: Eine Familie.

Vor meiner Ehe hatte ich ein paar kurze Beziehungen zu Frauen, die zwar auch ganz schön, aber eben belanglos waren. Davor, mit siebzehn, war ich vier Jahre mit Andi zusammen - da war es anders. Mit ihr hatte ich meine ersten wirklichen sexuellen Erfahrungen. Sie war genauso neugierig und experimentierfreudig wie ich, und: Sie war damals meine erste wirkliche große Liebe. Irgendwann verlobten wir uns sogar, ich war in ihre Familie integriert. Ihre Eltern verstanden sich recht gut mit meinen, und sie hatte ganz herrliche Großeltern, die ich sehr mochte - besonders Oma Lieschen; und ich glaube, sie mich auch. Es sah eine ganze Zeitlang schon so aus, als ob ich mit ihr die Familie gründen könnte, die ich so sehr ersehnte. Und es knisterte eben gewaltig.

Leider stellte ich irgendwann fest, dass Andi ihre Finger nicht von anderen Kerlen lassen konnte; und zwar nicht nur einmal, sondern öfter. Ich war damals unglaublich in sie verliebt, vielleicht auch so etwas wie ein wenig abhängig, denn, wie gesagt: Es war sehr leidenschaftlich und aufregend mit ihr. Und so machte ich ihre Eskapaden eine Zeitlang mit. Es war eine furchtbar schöne, leidenschaftliche Zeit mit ihr – und eine furchtbar Verletzende.

Irgendwann jedoch war es selbst mir zu viel, und ich schaffte es nach einigen Anläufen unsere Beziehung zu beenden – mit dem festen Vorsatz, dass mir so etwas nie mehr passieren solle. Und: Dass ich genau so wenig meine zukünftige Frau, meine Partnerin betrügen würde. Niemals!

Heute, nach vielen Psychotherapiestunden weiß ich, was der Grund dafür war. Der Grund, warum ich zu meiner Frau zwar eine wunderbare, vertrauensvolle Freundschaftsbeziehung bekam, als Vater unser gemeinsamen Kinder funktionierte, wirklich sehr glücklich war - aber keine wirkliche körperliche Verbundenheit zu ihr fand; und auch, was mich davon abhielt, es offen und ehrlich auszusprechen.

In meiner Beziehung zu ihr herrschte das *Über-Ich* und das *Ich* vor; das *Es* unterdrückte ich. Leider ohne mir dessen klar zu werden, was dies für Auswirkungen auf mein Leben haben würde, denn: Natürlich hatte ich damals keinen blassen Dunst über die Zusammenhänge von Geist, Seele und Körper!

<u>*Das Struktur-Modell der Persönlichkeit von Sigmund Freud (1856-1939).*</u>

Das Strukturmodell der Persönlichkeit ist das Kernstück seiner allgemeinen Theorie der Persönlichkeit. Die menschliche Persönlichkeit ist danach von drei psychischen Instanzen geprägt: Über-Ich, Ich und Es.

Das Es

Das Es ist nach Freud diejenige psychische Instanz, die die Triebe repräsentiert. Triebe sind alle Wünsche und Bedürfnisse, darunter vor allem sexuelle Impulse, die mit Triebenergien "aufgeladen" sind. Sie drängen in Reaktion auf Reize, die von außen oder von innen kommen können, aus dem Unbewussten heraus, auf unmittelbare Befriedigung. Die wichtigste Triebenergie bezeichnet Freud als Libido (= Energie des Sexualtriebs), die ebenso wie die erst später von ihm ihr dazugesellte Destrudo (= Energie des Todes- oder Destruktionstriebs) aus dem Unterbewusstsein Einfluss auf den Menschen nehmen. Mit seinem Streben nach unmittelbarer und totaler Trieberfüllung vertritt es das Es das so genannte Lustprinzip in der Psyche des Menschen. Bei Neugeborenen ist das System "Es" gut zu beobachten, denn das Baby handelt nach dem Lustprinzip: Es schreit, damit seine Bedürfnisse sofort gestillt werden, und interessiert sich dabei überhaupt nicht darum, wie und ob das überhaupt möglich ist. Auch Menschen, die stets lieber heute feiern wollen, als eines zukünftigen Erfolges wegen auf das sofortige Vergnügen zu verzichten, von Freud "Es-dominiert" genannt, stehen für ein Übergewicht des Lustprinzips.

Das Über-Ich

Das Über-Ich ist die psychische Instanz, die die Wertvorstellungen und Normen und die moralischen Prinzipien repräsentiert, die von einem Menschen beginnend mit seiner frühkindlichen Entwicklung erworben worden

*sind. Als eine Art Gewissen dient es zur Beobachtung des Ichs in seiner Aus-
einandersetzung mit den impulsiven Es-Ansprüchen, ist es die meist bis zum
5. Lebensjahr abgeschlossene Verinnerlichung von Werten und Normen der
Eltern und der Gesellschaft. Das Über-Ich wirkt direkt auf das Ich ein, "es
beobachtet das Ich, gibt ihm Befehle, richtet es und droht ihm mit Strafen,
ganz wie die Eltern, deren Stelle es eingenommen hat." Das Über-Ich ist letzten Endes eine innere, eigene Zensurinstanz und vertritt das Moralitätsprin-
zip und "strebt nach Perfektion, bewertet alles, was wir tun und erzeugt po-
sitive Gefühle von Stolz oder negative Gefühle von Schuld." Menschen, die
ein besonders stark ausgeprägten Über-Ich haben, können oft viel leisten und
erweisen sich als rundum tüchtig und können doch zugleich andauernd von
Schuldgefühlen geplagt werden, weil sie z. B, meinen, etwas nicht gut genug
zu können oder eben nicht "richtig" zu machen. Umgekehrt kann ein
Mensch, dessen Über-Ich nicht so stark besetzt ist, oftmals mit sich selbst,
ohne Gewissensbisse zu haben, sehr nachsichtig sein.*

Das Ich

*Das Ich stellt die Instanz des bewussten Lebens und Handelns dar. Es
stellt gewissermaßen den Kern eines Individuums dar. Physiologisch gesehen
eine organische Weiterentwicklung des Gehirns, die sich unter dem Einfluss
der Außenwelt, von Wahrnehmung und Bewusstsein vollzogen hat, hebt es
die phylogenetisch älteren "Programme" des Es auf ein dynamisches Niveau
(als Phylogenese bezeichnet man die stammesgeschichtliche Entwicklung aller Lebewesen und ihrer Verwandtschaftsgruppen). Dies ist zugleich die Voraussetzung dafür, dass ein menschliches Individuum sein Verhalten so an die
Erfordernisse der Umwelt anpassen kann, dass es daraus überhaupt einen
Lustgewinn beziehen kann. Um diese Aufgabe erfüllen zu können, muss das
Ich es verstehen, zwischen dem im Über-Ich repräsentierten Ich-Ideal mit seinen hohen Wert- und Norm-Ansprüchen und den "dunklen" Seiten der
Triebstruktur, wie sie im Es verankert sind, zu vermitteln. Zwischen den*

Ansprüchen dieser beiden Instanzen vermittelnd, prüft das Ich die Realität und entscheidet letzten Endes darüber, welche der vom Es mit entsprechender Triebenergie vorgebrachten Wünsche unter den Bedingungen des idealen Werte- und Normenhorizonts des Über-Ichs verwirklicht werden sollen. Gelingt dem Ich, die Versöhnung der beiden ständig miteinander rivalisierenden Instanzen Es und Über-Ich nicht, oder werden die Triebansprüche des Es zu heftig, entsteht Angst. Mit unterschiedlichen Abwehrmechanismen versucht das Ich dann, diesen unangenehmen Gefühlen oder Erlebnisinhalten dadurch Herr zu werden, dass es ihnen den Zugang zum Bewusstsein verwehrt.

Geschieht dies zu häufig und stets in der gleichen Weise können sich daraus Neurosen und andere psychische Störungen und Krankheiten entwickeln. Das Ich repräsentiert das Realitätsprinzip und bemüht sich in der Anwendung dieses Konzeptes, "auf lange Sicht mehr Lust als Schmerz oder Zerstörung" bei der Befriedigung von Triebimpulsen zu erlangen. Nicht auszudenken, "wenn wir unsere ungebremsten sexuellen oder aggressiven Impulse ausleben würden, sobald wir sie spüren!". Im Ich-System finden sich "die bewussten Wahrnehmungen, die Gedanken, die Erinnerungen und Urteile".

Das Zusammenspiel der drei Instanzen hat Nicolaus mit einer Vorstellung des "Seelenhauses" anschaulich gemacht: "Es ist kurz nach dem Ersten Weltkrieg, als Sigmund Freud in der Wiener Berggasse ein neues Menschenbild entwirft. Das »Ich«, nach gängiger Vorstellung ein Alleinherrscher im Haus der Seele, wird nicht nur rigoros entthront - der Wiener Psycho-Pionier quartiert auch noch zwei mächtige »Mitbewohner« ein: »Es« und »Über-Ich« nennt er die beiden Unruhestifter, die dem »Ich« das Leben schwer machen.

Im Bild vom Seelenhaus hat das »Es« das ganze Kellergeschoss belegt. Auf dem Klingelschild steht:»Das Unbewusste«; in Klammern ist vielleicht noch die Warnung »Vorsicht! Triebe!« zu lesen. Das »Über-Ich« residiert in diesem Modell unterm Dach in einer hellen Maisonette-Wohnung: über der Eingangstür prangt in Schmuckschrift:»Das Gewissen«; in die Fußmatte könnte noch»Das Gute, das Wahre, das Schöne« gestickt sein. Das »Ich« schließlich, das nach Ansicht der meisten Menschen identisch mit ihrer Persönlichkeit ist, lebt eher bescheiden auf der mittleren Etage in sehr hellhörigen Räumen; von oben und unten dringen die Stimmen seiner beiden Mitbewohner durch die dünnen Wände, Tag und Nacht, ohne Unterlass".[15]

In der Folge der Jahre machten mein Ich und mein *Über-Ich* aus den Verletzungen meiner Seele durch Andis Betrug an mir eine, in der Psychologie so genannte, *„Überlebens-Regel"* für mich: Eine vom Unterbewusstsein selbst aufgestellte Regel, die dafür sorgen würde, das ich nicht noch mal so verletzt werden könnte. Nach den gemachten Erfahrungen war es für mein *Über-Ich* klar, dass Leidenschaft gefährlich für eine sichere, langfristige Partnerschaft ist - die ich aber zur Familiengründung unbedingt wollte - also kann eine gute, sichere Beziehung nicht mit dem Ausleben von echter Leidenschaft bestehen! Darum würde ich lieber darauf verzichten, als so etwas noch mal erleben zu müssen. Klar, ziemlicher Quatsch: Wenn man etwas wirklich für sich braucht – dann muss man einfach zu sich stehen, authentisch sein. Ganz einfach, oder?

Nur: Diese von dem eigenen Ich aufgestellten Regeln helfen der verletzten Seele sich vor weiteren Verwundungen zu schützen. Und egal wie verrückt diese Überlebensregeln sein mögen, die die Seele im Widerspruch mit sich selbst konstruiert hat: Wenn sie erst mal aufgestellt ist, erkennt man nicht wie falsch sie ist – weil man damit mal

---

[15] *http://www.teachsam.de/psy/psy_pers/psy_pers_freud/
psy_pers_freud_2.htm*

fürs Erste überlebt.Natürlich war mir das damals alles nicht bewusst: Ich fühlte nur, das da in meiner Beziehung zu meiner Frau etwas war, dem ich keinen Raum zum Ausleben geben konnte.

Was hatten Ian Dury and the Blockheads 1977 gesungen, und mir dabei aus der Seele gesprochen:

„Sex and drugs and rock 'n' roll is all my brain and body need.
Sex and drugs and rock 'n' roll is very good indeed".[16]

Klar hatten wir Sex, und er war auch schön - aber nicht der, wie er denn sein sollte: Leidenschaftlich, schmutzig, oft und ohne jede Hemmungen. Hatten keine Drogen, und erst recht kein Rock n' Roll mehr. Und alles nur, weil ich meine Überlebensregel hatte.

Ich Blödmann!

Ja, und so war das 25 Jahre lang gegangen: Ich ließ wirkliche Leidenschaft zu meiner Frau nicht zu.

Es ist mir wirklich wichtig das ganz deutlich klarzustellen: *ICH* ließ es nicht zu, und es war überhaupt nicht die Schuld oder ein Versagen meiner Frau. *Ich* war der Seelenkrüppel – warum auch immer ich so geworden war. Meine Erfahrungen aus der Beziehung mit Andi (im Zusammenspiel mit meiner familiären Vergangenheit, später dazu mehr) hatten mich unbewusst etwas tun lassen, was ich nun aber so was von überhaupt nicht wollte: Leidenschaftslos werden. Aber, wie gesagt: Das ist mir erst jetzt, nach vielen Therapiestunden und Jahre später klar geworden; und leider viel zu spät.

Lange Zeit hatte ich das Fehlen davon immer einigermaßen kompensieren können. Aber jetzt, mit dem Aufbrechen meiner Depression

---

[16] *https://de.wikipedia.org/wiki/Sex_and_Drugs_and_Rock_and_Roll*

und der nun immer tiefer gehenden Therapien kam immer mehr von all dem an die Oberfläche, das ich so lange unbewusst nicht zugelassen hatte.

~

Wir trafen uns zum gemeinsamen Motorradfahren, gingen im Sommer schwimmen, hörten Musik und redeten. Sie rauchte, und ich drehte ihr ab und an eine Zigarette – trotz all den Jahren als Nichtraucher kann ich das noch immer ganz gut. Ich fühlte mich immer lebendiger, bekam immer mehr Luft, und die Depression trat in den Zeiten, in denen ich mit ihr zusammen war, immer weiter zurück.

Es gab damals ein Erlebnis, das ich nie mehr vergessen werde: Wir hatten uns an einem kleinen Badesee getroffen, hatten wieder viel geredet, die Sonne und den Sommer genossen, waren eine Runde geschwommen. Ich musste was vom Motorrad holen, zog eben meine Jeans über die Badehose, das zerknitterte T-Shirt über, und ging barfuß zum Parkplatz. Der Weg dorthin führte über die Liegewiese am Kiosk vorbei: Dort, an den Bänken und Tischen saßen Menschen, die miteinander redeten, lachten, aßen und tranken, die Sonne und das Leben genossen. So etwas – wie banal es auch erscheinen mag – hatte ich schon ewig nicht mehr machen können: Wann war ich das letzte Mal so, einfach mal eben und fast unangezogen, so frei von den Bedenken was Andere wohl von mir dachten wenn ich so herum lief, wann war ich so unter Menschen gewesen? Überhaupt: Wann hatte ich jemals nicht das Gefühl gehabt, dass alle Blicke auf mir lasteten, wann nicht ein Gelächter auf mich, auf meine Unvollkommenheit bezogen? Wenn überhaupt – wie viele Jahre war das wohl her? Und jetzt – machte es mir nichts aus.

Der Weg war mit etwas gröberen Schotter bedeckt, und ich wollte zuerst über die Wiese gehen, um den Steinen auszuweichen. Aber einem plötzlichen Impuls folgend betrat ich vorsichtig mit bloßen Füßen die Steine – etwas, was ich auch schon viele Jahre nicht mehr getan hatte. Zuerst war da natürlich so was wie Schmerz, denn die Steine im Kies waren ganz schön hart, waren eckig, kantig und spitz. Jeder kennt das, wenn man da so merkwürdig herumeiert, die Füße irgendwie verbiegt, den Kopf zwischen die Schultern zieht, mit den Armen herumrudert und das Gewicht von links nach rechts und wieder zurück verlagert; und einfach nur eine lächerliche Figur dabei abgibt. So gings mir auch einen Augenblick – aber dann geschah etwas ganz Anderes: Ich spürte, wie durch den Druckschmerz der Steine unter meinen Fußsohlen das Leben in mich zurück kam. Ja, ich weiß, wie seltsam sich das jetzt anhört; aber genau so war es! Es war wirklich ein ganz besonderer Moment: In diesem Augenblick so etwas ganz Einfaches zu tun – und dann so zu fühlen: Das war für mich so unglaublich belebend, gab mir mit einem Mal so viel Energie, wie ich sie schon lange, sehr lange ganz dringend gebraucht hatte. Jahrelang hatte ich mich nicht mehr so lebendig gefühlt, wie auf diesem Schotterweg!

Um es kurz zu machen: Irgendwann war es uns dann klar, wir wollten nicht länger nur darüber reden, was wir, jeder in seiner vorherigen Beziehung, so vermissten. Wir wollten es ausleben: Das, über was wir sprachen. Wir wollten endlich Sex and Drugs and Rock 'n' roll in unseren Leben.

Und schließlich war es dann so weit. Das, was ich mir niemals hätte vorstellen können zu tun: Ich betrog meine Frau.

✦

Eine Türe öffnen

„Die ganze Kunst war: Sich fallen lassen.
Hatte man das einmal getan, hatte man einmal sich dahingegeben,
sich anheimgestellt, sich ergeben, hatte man einmal
auf alle Stützen und jeden festen Boden unter sich verzichtet,
hörte man ganz und gar nur noch auf den Führer im eigenen Herzen -
dann war alles gewonnen, dann war alles gut,
keine Angst mehr, keine Gefahr mehr"

(Aus: „Klein und Wagner" von Hermann Hesse)

Wie ist das: Wenn man etwas tut, das einem schon mal selbst widerfahren ist und so weh getan hat, dass man geglaubt hat es nicht aushalten zu können?

Wie fühlt es sich an, wenn man gerade seiner Leidenschaft einfach ganz unbeherrscht, ganz hemmungslos freien Lauf gelassen hat - obwohl man genau weiß, was man da gerade anrichtet?

Aber andererseits: Wie fühlt es sich wohl an etwas erlebt zu haben, von dem man zwar immer phantasierte und träumte, aber sich sicher war dass einem so etwas niemals passieren würde: Zum Einen weil man glaubte, dass es so was in der Realität nicht geben kann. Zum Anderen könnte so etwas niemals geschehen, denn man würde ja sowieso niemals die Beherrschung verlieren; denn die Überlebensregel sagte ja ganz klar in der eigenen Ich-Welt: Leidenschaftlich zu sein bedeutet Gefahr für die Beziehung!

Wie fühlt es sich also an - danach, wenn man so etwas getan hat?

Eigentlich war es in erster Linie: Überraschend.

Natürlich hatte ich sofort ein schlechtes Gewissen, natürlich fühlte ich mich wie das, was ich ja nun auch war – ein Riesenarschloch.

Wie konnte ich meiner Frau, die mir so vertraute, die mich bisher wirklich durch alle Höhen und Tiefen begleitet und gestützt hatte, so was antun? Wie konnte ich so etwas machen, von dem ich aus eigener Erfahrung genau wusste, wie schrecklich es für den Partner, die Partnerin ist? Und: Wie sollte es nun weitergehen – wie sollte ich meiner Frau und meinen Kindern das erklären?

Ich fühlte mich schrecklich. Meine soeben noch herrlichen, freien, intensivsten und hemmungslosesten Gefühle kehrten sich schlagartig um - in Angst, Panik, Übelkeit.

Ich konnte nicht bei ihr bleiben - ich musste raus aus ihrem Bett, raus aus ihrer Wohnung, raus aus ihrer Stadt. So schnell wie nur irgendwie möglich. Nur weg von dem, was ich da gerade zugelassen hatte. Weg von dem Gehenlassen, dem Unkontrolliertem. Von dem Fühlen. Von meiner Freiheit. Von dem, was mein *Ich* für einen kleinen Moment in meinem Leben zugelassen hatte. Weg von Leidenschaft, hemmungslosem Genuss und zum ersten Mal im Leben das zu tun und mit einer Frau zu erleben, was ich mir so sehr gewünscht hatte. Weg von der Frau, die mir gezeigt hatte, dass meine Phantasien von einer wirklichen, realen Frau geteilt wurden. Ersehnt wurden – ebenso wie ich es ersehnt hatte. Weg von der jahrzehntelang mir selbst verbotenen Erfüllung.

Ich musste heim zu meiner Frau, zu meiner Familie. In mein Leben zurück: In das kontrollierte Sich-etwas-zu-versagen. Mich begnügen mit dem, was war.

Es war fast wie eine Flucht. Irgendwie verabschiedete ich mich von ihr, dann das Treppenhaus herunter, das ich erst vor zwei-drei Stunden mit klopfendem Herzen und voller Erwartung heraufgestiegen war. Aus der Haustür heraus und die paar Schritte zu meiner Maschine. Ich konnte gar nicht schnell genug aufs Motorrad kommen, den Motor starten und los. Sie stand oben am Fenster, winkte mir zu, lächelte, warf mir einen Kuss zu. Ich winkte zurück, lächelte ihr zu - obwohl in mir der Gedanke tobte: Nie, nie, NIE wieder!

Später hat sie mir mal gesagt, dass sie natürlich genau fühlte was da in mir arbeitete, wie meine Zweifel fast mit Händen zu greifen waren. Und: Das sie einfach nur die Zeit mit mir genossen hatte, ohne die Erwartung, dass jetzt daraus sofort die große Liebe würde. Vielleicht würde mehr daraus, vielleicht auch nicht. Sie hatte schon gelernt worauf es im Leben wirklich ankommt: JETZT zu leben. Das annehmen was kommt. Was ist.

Die ersten Kilometer dachte ich ununterbrochen: Wie konnte ich nur? Ich schrie laut in meinen Helm „Scheiße, Scheiße, Scheiße!" - war aufgewühlt, verzweifelt, voller Selbstvorwürfe.

Jedoch: Je weiter ich mich von dem Ort meines Gehenlassens entfernte, um so ruhiger wurde ich. Das soeben Erlebte kehrte wieder zurück in meine Bewusstsein, begann in mir zu arbeiten. Und trotz der Kälte, die die Panik, die Angst und die Unsicherheit zuvor in mir ausgelöst hatte, begann sich ganz allmählich ein warmes Gefühl in mir auszubreiten: Es war schön mit ihr gewesen, und ich hatte mich – wenn auch nur für eine kurze Zeit – als richtig gefühlt: Als Ich.

Es war, jetzt auf der Heimfahrt, schon später am Tag. Es herrschte ein Zwielicht zwischen nicht mehr hell, aber auch noch nicht wirklich dunkel. Meine Frau hatte diesen Tag Spätdienst, war also noch nicht zu Hause, und ich konnte mich dort erst einmal sammeln, etwas zur Ruhe kommen. Mir eine Geschichte zurechtlegen, was ich denn den Nachmittag über auf meiner morgens angekündigten Motorradtour erlebt hatte. Wo ich denn gewesen war. Und – konnte vielleicht darüber nachdenken, wohin ich eigentlich nach diesem Erlebnis unterwegs war.

Ich war mit meinen Gefühlen plötzlich in einem Zwischenbereich: Im Zwielicht eben, wie es gerade auch jetzt um mich herum war – ich war gefangen in der „Twilight zone" meiner Unsicherheit: Nicht hell, nicht dunkel. Nicht mehr Tag, noch nicht Nacht. Nicht in der Vergangenheit, nicht in der Zukunft. Aber auch nicht wirklich im Jetzt. Ich war im Nirgendwo – ohne zu wissen wohin.

Ich hatte eine Türe geöffnet, von der ich vorher nicht wusste wohin sie mich führen würde. Hatte mich einen Schritt hinein gewagt, hatte eine erste Ahnung – aber alles war tief in den Schleiern vom Grau des Zwischenbereichs verborgen.

Aber, war da nicht ein Teil von dem wahr geworden, das ich so lange so sehr vermisst hatte? Das ich so lange immer mehr und mehr unterdrückt hatte, bis ich es, mein *Es* nicht mehr aushielt - und die Depression anfing mir zu zeigen, das ich auch dabei so nicht mehr weiter machen konnte? Und mich dazu zwang an mir zu arbeiten?

So lange hatte es in mir gearbeitet, bis es sich nicht mehr verbergen ließ, bis der Teil von mir ans Licht brach, der – genau wie das Motorradfahren – so sehr zu mir gehört wie mein rechter Arm: *Meine* Leidenschaft, *meine* Sexualität. *Meine* Liebe zur Freiheit, *meine* Sehnsucht nach völligem Ich-Sein. Und noch viel mehr: *Echt* zu sein. *Ich* zu sein. *Ganz* zu sein.

Ich fühlte, dass sich durch mein Erleben mit ihr etwas mit mir, in mir verändert hatte, dass sich nicht mehr umkehren lies: Ab jetzt konnte und wollte ich nicht mehr auf das verzichten, unterdrücken, was so lange in meinem Leben fehlte. Ich hatte mit einer Frau erlebt, dass es das doch gibt: Was ich mir zuvor in meinen Phantasien ausmalte und bisher nur aus irgendwelchen künstlichen Medien kannte, etwas von dem ich annahm, dass es das in der wirklichen Welt nicht gäbe.

Ich Idiot - auf was hatte ich da Jahrzehnte lang verzichtet!

Die erste Frage, die ich mir nun stellte war: Wie sollte es nun weitergehen?

Die Zweite: Warum eigentlich hatte ich darauf verzichtet?

✦

Gefühle sind oder sind nicht

"Wenn du dich selbst liebst, liebst du deine Mitmenschen.
Wenn du dich selbst hasst, hasst du deine Mitmenschen.
Deine Beziehung zu den anderen ist nur
ein Spiegelbild von dir selbst"

(Von Osho)

Es ging natürlich weiter. Mein Leben mit meiner Frau ging weiter, meine Beziehung zu meiner Geliebten ging weiter, meine Suche nach einer Lösung ging weiter. Ich war weiterhin der Vater von zwei Töchtern, ich arbeitete weiter mit Menschen mit Behinderung, und ich liebte weiterhin meine Frau. Und eben auch meine Motorradfahrerin – das war die Crux.

Ich wusste einfach nicht was ich machen sollte: War ich in meinem alten Leben, zusammen mit meiner Frau und meinen Töchtern - dann waren da Sicherheit und Vertrautheit, die Gemeinsamkeiten als langjähriges Paar, das sich gut verstand. Und: Ich konnte es kaum aushalten ihr nicht zu erzählen, was ich erlebt hatte – geschweige denn, nicht immer wieder an meine neuen Gefühle für eine andere Frau zu denken.

War ich bei ihr, und träumte mit ihr von einem neuen, gemeinsamen Leben, dann fehlte mir all das, was zwischen meiner Frau und mir einfach nur gut war, schön war, vertraut war – klar war. Erkannte, das es gar nicht so einfach sein würde wirklich einen Schnitt zu machen, wirklich ganz neu anzufangen – denn wer weiß schon, ob die Zukunft wirklich das bringt, was man sich so sehnlichst erhofft? Viel später, schon nach Trennung und Scheidung, würde ich in einer anderen Beziehung erkennen, dass man wirklich nie wissen kann ob es gut geht.

Ja, schon klar. Ich weiß genau, was Sie jetzt denken: Am liebsten wäre es dem Kerl wohl gewesen, wenn er beides hätte haben können – seine Frau mit Sicherheit und Vertrautheit, und die heiße Lovestory mit der Anderen! Ja ne, is klar - typisch Mann!

Tja, sehen Sie: Und genau das war es nicht.

Eine ziemlich kurze Zeit lang konnte ich meinen Lügenspagat ertragen, traf mich mit meiner Freundin, telefonierte stundenlang mit ihr. Hatte ich Nachtdienst, schickten wir uns endlose SMS hin und her, eine offener und direkter als die andere. Hatte ich irgendwie Gelegenheit mich aufs Motorrad zu schwingen fuhren wir gemeinsam durch die Landschaft. Setzten uns in einen Biergarten und redeten über unsere vergangene Zeit mit unseren Ehepartnern, über unsere Kinder, über Wünsche, Träume, Enttäuschungen – oder wir blieben bei ihr und liebten. Lebten. Aber mit jeder neuen Lüge über Unternehmungen, die ich ohne meine Familie machte, fühlte ich mich schlechter und schlechter. Ich bin eben wirklich nicht so gestrickt, dass ich mir für mich die ganze Geschichte so hätte hinbiegen können, als dass sich mein Gewissen länger damit abfand - dass es schon „irgendwie" richtig sei. Es einfach zu tun, eine Affäre zu haben und scheiß drauf, was soll schon geschehen: Dass bin ich nicht.

Sie machte mir keinen Druck, sie wusste aus der Zeit ihrer Trennung von ihrem Mann, welchem Gefühlschaos man dabei ausgesetzt ist. Wir redeten viel, auch darüber. Aber mich wirklich entscheiden konnte ich mich deshalb trotzdem nicht.

Schließlich war es dann so weit, dass mein Verhalten auch meiner Frau so sehr auffiel, dass sie fragte was denn eigentlich los sei, und auch ich ertrug es nicht länger. Und so erzählte ich ihr von dieser Frau, die ich beim Motorradfahren kennen gelernt hatte. Die so vieles an Gefühlen aus mir hervor geholt hatte, dass ich mein ganzes bisheriges Leben in Frage stellte. Und - irgendwann erzählte ich dann auch, dass ich sie, meine Frau, betrogen hatte. Es war ganz furchtbar, ganz ganz schrecklich – und doch war es letztendlich richtig.

Natürlich war es ganz und gar unentschuldbar, dass ich sie betrogen hatte, dass ich nicht vorher mit ihr gesprochen hatte.

Dass ich nicht ehrlich war; so, wie wir es uns vor vielen Jahren versprochen hatten; dass ich egoistisch, feige und gar nicht mannhaft einfach fremd gegangen war. Dass ich gelogen und verheimlicht hatte. Dass ich nicht den Mumm hatte mit meiner Frau früh genug darüber zu sprechen, dass ich auf dem besten Weg war mich in eine andere zu verlieben – und zwar bevor alles passierte, was passiert war. Um vielleicht doch einen anderen, einen gemeinsamen Weg für uns zu finden. Ich war wirklich so ein jämmerlicher Arsch!

Dieser Abend und die darauf folgende schlaflose Nacht waren sicher einige der schlimmsten Stunden in meinem Leben. Wir redeten die ganze Nacht, meine Frau schrie ihre Wut und Enttäuschung über mich immer wieder heraus. Und ich – konnte nur da sitzen und ihr in Allem Recht geben.

In fast Allem, denn: Dass unsere Beziehung, unsere Ehe schon seit langem nicht mehr das war, was wir uns, jeder für sich, von seinem Leben erwartet hatte – war uns beiden klar. Wir beide waren nur nicht mutig genug gewesen dem Anderen ganz ehrlich und authentisch zu sagen, was uns fehlte – und dass wir so nicht weiter machen konnten.

Es nicht mehr länger so aushalten, ertragen würden. Was ich getan hatte war unentschuldbar – aber was dadurch passierte war richtig: Wir waren jetzt gezwungen zu verändern, denn dieser durch mich herbeigeführte Schnitt war zu gravierend, um darüber hinweg zu gehen.

Ich weiß nicht mehr genau wie lange diese Phase unseres Versuches der Aufarbeitung dauerte, und was in der Zwischenzeit alles noch geschah. Meine Depression, die sich in den Zeiten mit meiner Geliebten völlig verabschiedet hatte, kam zurück, dass machte es natürlich auch nicht leichter. Schließlich fiel es meinem Vorgesetztem im Wohnheim auf, dass ich nicht mehr der Alte war. Er bat mich um ein Gespräch, fragte direkt was denn nur mit mir los sein – und als ich ihm dann ehrlich von unserer Krise erzählte hatte er zwar Verständnis dafür; aber er wollte trotzdem, dass ich die Leitung der Gruppe, die ich übernommen hatte wieder abgab. Zu riskant schien ihm meine Verfassung, als dass er mir diese Verantwortung weiter überantworten wollte. Das war natürlich ein Schlag für mich; aber es gehörte eben alles dazu.

Jedenfalls: Irgendwann fragten wir uns, was wir denn wollten. Meine Frau sagte als Erste, dass sie es noch mal versuchen wolle – unter der Voraussetzung, dass wir ab sofort wirklich ehrlich miteinander umgehen würden. Ich wollte das auch – irgendwie. Vielleicht würde es ja funktionieren, wenn ich ihr ganz ehrlich sagen würde, was mir fehlte, was ich von und mit einer Frau erleben will? Und, vielleicht würde es mir ja dann auch gelingen endlich wieder diese Sehnsucht nach ihr, diese Spannung zu entwickeln – die so wichtig ist für eine wirkliche, erfüllende Beziehung?

Wir beschlossen, es zu versuchen.

Um auch deutlich einen Neuanfang zu machen kauften wir uns als Erstes ein neues Bett, neue Bettwäsche, eine neue, große, gemeinsame Decke – und da unsere Jüngste auch auf dem Weg war selbstständig zu werden und mit ihrem Freund eine gemeinsame Wohnung zu suchen (wenn auch eigentlich am liebsten noch nicht zu diesem Zeitpunkt) – suchten wir uns eine neue Wohnung. Nur für uns. Wir fanden in Bad Reichenhall eine wunderschöne Dachwohnung, mit einer kleinen, von keiner Seite einsehbaren Dachterrasse. Ein richtiges Nest - mitten in der Stadt. Dort richteten wir uns für unser neues Leben ein: Alles war frisch renoviert, eine kleine aber feine Küche war eingebaut die wir übernehmen konnten, das Badezimmer hatte eine Wanne und ein Fenster. Die Fenster waren allesamt Erkerfenster, aus denen man von dem 3. Stock aus auf das Stadtleben sehen konnte. Vom Wohnzimmer zur Dachterrasse kam man durch eine große, doppelflügelige, vom Boden bis auf etwa 2,10 Meter hohe Glastüre (diese Türe sollte übrigens zu einem späteren Zeitpunkt noch eine wichtige Rolle für mich spielen). Vom Sofa aus sah man auf den Rathausturm: Er erinnerte mich in den Jahren, in denen ich dort lebte, von seiner Form her und mit seiner Wetterfahne darauf immer an einen Turm in Italien. Saß man auf der Dachterrasse sah man zu den Bergen auf: Auf den Staufen und, auf der anderen Seite, zum Predigtstuhl. Dort konnte beobachten wie die älteste im Original erhaltene Groß-Kabinenbahn der Welt hinauf- und hinunter fuhr. Ich bin bis heute noch nicht mit ihr gefahren. Das Einzige, was die Idylle ab und zu störte, waren die SEHR lauten Stadtfeste, die oft bis nach 22 Uhr dauerten – und die gibt es dort reichlich.

Meine Motorradfahrerin hatte mir irgendwann am Telefon gesagt, dass sie es nun wirklich nicht gebrauchen konnte, immer wieder von mir zu hören, dass ich meine Frau ja auch immer noch liebte – irgend-wie. Dass wir es noch mal versuchen wollten fand sie eigentlich ganz richtig: Schließlich hatte sie mich in der Zwischenzeit etwas näher kennen gelernt, und genau wie ich festgestellt, dass es mit uns auf die Dauer wohl nicht klappen würde – zu verschieden waren unsere Le-bensmodelle. Wir hatten beide für uns diese Zeit des Lebens und Lie-bens gebraucht, hatten beide erfahren dass es da wirklich etwas zwi-schen Frau und Mann geben konnte, das nicht nur in der Phantasie ausgelebt werden musste. Und, so ganz abgeschlossen hatte sie da-mals mit ihrer Vergangenheit auch noch nicht. Kurz: Wir blieben Freunde – und das war ganz richtig und gut.

Die neue Wohnung war wirklich sehr schön. Wir gaben uns alle Mühe wieder eine neue Basis für uns zu finden, und meine Frau gab mir nie, wirklich nie das Gefühl, dass sie mir meine Affäre, meinen Betrug an ihr nachtrug. Sie gab sich alle Mühe etwas von dem zu werden, was ich mir so sehr von ihr wünschte – und ich gab mir alle Mühe sie nicht mit der Anderen zu vergleichen, sondern unserer Liebe eine neue Chance zu geben.

Aber: Man kann Gefühle nicht einfach wollen, sie nicht erzwingen. Sie müssen von Allein kommen. Und wenn sie nicht da sind – dann sind sie auch wirklich nicht da. Auch nicht in hundert Jahren.

Doch so lange sollte es dann auch nicht mehr dauern.

✦

Wieder auf der Suche

"Halte nie an etwas fest.
An etwas festzuhalten ist der Grund unserer Unbewusstheit"

(Von Osho)

2009

Meine Position in der Arbeit belastete mich schwer.

Ich war nach Bayern gekommen, um dort meinen Quereinstieg in die Arbeit mit und für Menschen mit Behinderung weiterzuführen. Etwas von dem zu verändern, was ich in den Weiterbildungen gelernt hatte, und das ich durch die Praxis erkannt hatte: Unser System mit geistig und psychisch Behinderten umzugehen ist sehr oft von viel Ignoranz und Überheblichkeit geprägt. Das geht schon bei der Bezeichnung los, die ich hier gerade bewusst benutzt habe: *Behinderte*. Als ob es eine ethnische Gruppe der Menschen gebe, die „*so*" ist!

„*...und so gibt es anthropologisch betrachtet, meine sehr verehrten Damen und Herren, neben dem weißen Europaeus, dem roten Americanus, dem gelben Asiaticus und dem schwarzen Afer noch eine weitere ethnische Gruppe, die überall auf der Welt vertreten ist: Die des debilen Behindicus – des umgangssprachlich auch so genannten Behinderten ...*"

Menschen sind Menschen – Punkt. Jeder ist individuell, hat individuelle Stärken, Schwächen, Fähigkeiten. Aber auch wirklich Jeder! Und deshalb gibt es auch nicht „den Behinderten".

Ganz falsche Bezeichnung: Sie stellt die Behinderung in den Vordergrund, gibt ihr mehr Raum und Bedeutung als berechtigt. Eine Behinderung ist immer nur ein Teil eines Menschen, eine Eigenschaft von Vielen; aber eben auch wirklich nur *ein* Teil. Und wenn wir nur darauf schauen, dann entgeht uns ganz schnell sehr viel, was dieser Mensch außerdem noch zu bieten hat. Deshalb ist es so wichtig diese unglückselige Bezeichnung „Behinderte" nicht mehr zu gebrauchen: Es gibt Menschen mit Behinderung, und das ist es auch schon.

Lange Rede, kurzer Sinn: Ich erlebte in meiner bisherigen Arbeit, wie auch Mitarbeiter, die von ihren Ausbildungen her es eigentlich hätten besser wissen können, sich immer wieder über die Bedürfnisse der ihnen überantworteten Menschen gedankenlos hinwegsetzten. Das ging sogar soweit, dass der Leiter einer großen Einrichtung bedenkenlos, ohne zu läuten oder anzuklopfen – und ohne Gruß - ein Wohnhaus der Einrichtung betrat: Er hatte schließlich den Generalschlüssel!

Mein Verständnis in dieser Arbeit ist die, dass ich mich als Dienstleister in dem Zuhause der Menschen bewege. In dem Rückzugsort, den jeder von uns braucht. Wo ich sein kann wie ich will – und wo ich gefragt werden will, bevor mich jemand dabei stört oder besucht. Da kann ich nicht einfach überall reinplatzen, kann nicht ohne Anklopfen ein Zimmer eines Bewohners betreten! Ich würde gern mal erleben wie solche Menschen reagieren würden, wenn man das Gleiche bei ihnen zu Haus machen würde. Klar haben erwachsene Menschen mit einer geistigen Behinderung oft nur die intellektuellen Fähigkeiten eines Kindes; und sind es auch leider sehr oft von klein auf gewohnt, dass man ihre Wünsche und Bedürfnisse einfach übergeht. Nichtsdestotrotz sind es Erwachsene, und sie haben deshalb genau so Anrecht auf einen respektvollen Umgang wie jeder Andere auch.

Jedenfalls – dadurch, dass ich mich jetzt durch meine Lebens- und Beziehungskrise schon eine ganze Weile von meiner Arbeit so sehr hatte ablenken lassen, waren meine Aussichten in der Einrichtung, wegen der ich hier nach Bayern gezogen war, sehr eingeschränkt. Gruppenleiter war ich jetzt nicht mehr, und es fiel mir zugegebenermaßen sehr schwer, mich wieder zurück in die Rolle des normalen Mitarbeiters und Betreuers zu begeben - und in meinem Zustand, der jetzt auch immer wieder mehr von Depressivität geprägt wurde, wäre es wohl auch nicht so erfolgreich gewesen zu versuchen die alte Position zurück zu gewinnen. Jedenfalls redete ich mir das damals so ein.

Schon seit einigen Monaten hatte ich eh meine Zweifel, ob die Arbeit im Wohnbereich weiter für mich und die nun geänderte Situation mit meiner Frau das Richtige wäre: Sie erinnern sich, dass die Arbeitszeiten in Wohnheimen für Menschen mit Behinderung recht wenig Rücksicht auf ein geregeltes Privatleben nehmen: Geteilte Dienste und Nacht-Bereitschaften gehören halt einfach dazu.

Meine Frau hatte schon ein paar Wochen zuvor die Konsequenzen gezogen, und war wieder in die häusliche Krankenpflege gewechselt, unter der Voraussetzung, das sie in erster Linie nur tagsüber Dienst machen müsse – also war sie schon mal wesentlich öfter und regelmäßiger zu Hause. Daraufhin streckte ich die Fühler aus, ob ich nicht vielleicht intern in den Werkstattbereich wechseln könnte. Bisher war keine Stelle frei gewesen, außer im Förderbereich – und dafür eigne ich mich überhaupt nicht. Jetzt kam noch die Geschichte mit meiner privaten Belastung dazu; ich denke dass ich dadurch auch nicht mehr ganz so interessant für meinen damaligen Arbeitgeber war.

Ich begann mich umzuhören, schaute regelmäßig auf den einschlägigen Seiten der Arbeitsvermittler nach. Und fand schließlich eine

Stelle in Traunreut, etwa vierzig Km entfernt: Dort wurde ein Leiter für den Eingangsbereich einer Werkstatt für Menschen mit psychischer Behinderung gesucht. Ich habe ja in meinem Berufsleben schon in vielen verschiedenen Aufgabenbereichen gearbeitet, kenne mich sowohl im kaufmännischem sowie in vielen Gewerken aus. Und bekam die Stelle tatsächlich genau deswegen!

Im sogenannten Berufsbildungsbereich – kurz BBB – einer WfbM geht es darum den neu in die Werkstatt eingetretenen Menschen die grundlegenden Fertigkeiten beizubringen die sie brauchen, um die in den Werkstätten regelmäßig anfallenden Auftrags-Arbeiten auch ausführen zu können. Der Eingangsbereich ist der Ort, in den die neuen Mitarbeiter mit Behinderung zuerst kommen: Dort werden zunächst ihre Fähigkeiten festgestellt, inwieweit ihre Behinderung sie einschränkt und worauf dabei besonders geachtet werden muss, und - ob sie überhaupt dazu in der Lage sind eine regelmäßige, mehrstündige Arbeit 5 Tage in der Woche auszuüben: Das ist nämlich gar nicht selbstverständlich, besonders im psychisch behindertem Bereich nicht. Wenn das dann alles geklärt ist geht es damit weiter, ihnen grundlegende handwerkliche Fertigkeiten beizubringen – und dann erst geht's in den BBB, wo sie auf den zukünftigen Einsatz vorbereitet werden.

Ich hatte mir vorgestellt, das die Arbeit für Menschen mit einer seelischen, einer psychischen Behinderung eine Abwechslung zu meinen bisherigen Erfahrungen darstellte - denn es gibt natürlich einen ganz wesentlichen Unterschied zwischen einer geistigen und einer seelischen Behinderung: Abgesehen von einer z. B. durch Verletzungen durch einen Unfall oder einer von einer Krankheit verursachten und dadurch erworbenen ist eine geistige Behinderung angeboren – d.h. dass das Leben dieses Menschen von Geburt an anders verlief.

Eine seelische oder auch psychische Behinderung bekommt man erst im Laufe seines Lebens – und zuvor war man nicht behindert, sondern führte ein mehr oder weniger normales Leben. So wie Sie und ich. Und dass bedeutete für mich erst mal, dass ich mich ganz auf eine andere Ausgangslage einstellen musste.

So konnte es z.b. passieren dass ich einen Neuzugang erhielt, und mir von ihm sagen lassen musste, dass man eine bestimmte Arbeit anders wesentlich einfacher oder besser machen konnte: Weil dieser Mensch, bevor er denn eine Behinderung erlitt, dieses Handwerk erlernt und ausgeübt hatte; und darin wesentlich mehr Erfahrung hatte als ich. Das war dann nicht nur für mich sehr interessant, sondern auch ein Grund für Erheiterung in der Werkstatt: Wenn da der Kerl von Werkstattleiter, der einem sonst immer was vormachte, nun einsehen musste, dass da ein Anderer mehr wusste als er. Schön war das!

Ich lernte in dieser Zeit eine Menge über psychische Erkrankungen und den daraus resultierenden Behinderungen. Was so etwas mit einem machte, wie sich das Leben gravierend veränderte.

Und – bekam einen Riesenrespekt vor diesen Menschen, die, trotzdem sich ihr Leben völlig verändert hatte, trotz der vielen schmerzhaften Erfahrungen durch Aufenthalte in der Psychiatrie, durch Verlust des Arbeitsplatzes und dem Erleben, dass man einfach nicht mehr sein Leben schaffte, nicht aufgaben. Die trotz der Ablehnung, die sie durch andere - auch gerade in ihrer Familie und durch ihre Freunde - erfahren hatten, und trotz mancher unglaublichen Medikationen, die sie beeinträchtigten, ihr Denken und Handeln verlangsamten und manchmal zu Schatten ihrer selbst machten, trotzdem einfach irgendwie wieder versuchten in ein Leben zurück zu kommen; und nun über den Weg einer WfbM versuchten wieder eine Arbeit, eine Aufgabe, einen geregelten Tagesablauf zu finden. Etwas, dass sie schaffen konnten.

Unglaublich. Wenn ich darüber nachdachte, kam mir manchmal der Gedanke, dass ich durch meine langjährige Depression gar nicht so weit entfernt war von ihnen – irgendwie behindert war ich dadurch ja schon.

Ab wann ist man eigentlich behindert?

Das neunte Buch des deutschen Sozialgesetzes sagt dazu: <u>§ 2 Behinderung</u> *(1) Menschen sind behindert, wenn ihre körperliche Funktion, geistige Fähigkeit oder seelische Gesundheit mit hoher Wahrscheinlichkeit länger als sechs Monate von dem für das Lebensalter typischen Zustand abweichen und daher ihre Teilhabe am Leben in der Gesellschaft beeinträchtigt ist. Sie sind von Behinderung bedroht, wenn die Beeinträchtigung zu erwarten ist. Also: Schon nach etwas mehr als sechs Monaten fällt man unter den Begriff „behindert".*

Mir gingen die Schicksale und Geschichten der Menschen, denen ich helfen sollte sehr nah. Zu nah; denn, obwohl ich in den vergangen Jahren gelernt hatte wie wichtig es ist, sich und sein persönliches Schicksal von dem der Klienten zu trennen, saß ich oft abends und am Wochenende daheim und dachte über sie nach. Und ganz fatal war, dass ich nichts dagegen machen konnte immer wieder darüber zu grübeln, wie weit ich denn von so einem Schicksal entfernt war, mit meiner seelischen Erkrankung Depression. So kam es immer öfter so, dass ich mich Montags morgens mit immer größerem Widerwillen auf den Weg in die Arbeit machte. Dort angekommen war zwar alles soweit gut, dass ich dort funktionierte – aber abends, wieder zu Haus und in der Nacht, kamen wieder die Grübeleien.

Depression ist wirklich etwas, das einen zu so etwas wie einen Behinderten macht... ach nein, zu einem Menschen mit Behinderung! Und tatsächlich ist eine diagnostizierte chronische Depression ein Grund, einen Grad der Behinderung zu beantragen – weil das Leben dadurch manchmal so belastet ist, dass „... *daher ihre Teilhabe am Leben in der Gesellschaft beeinträchtigt ist...* ".

Kurze Zeit später veränderte sich mein Leben wieder einmal einschneidend – im wahrsten Sinne des Wortes.

Schon in Wuppertal, lange bevor wir darüber nachdachten in Bayern ein neues Leben zu beginnen, hatte ich die ersten Probleme mit meinen Knien: Immer wieder Schmerzen auf beiden Seiten, im rechten Knie besonders arg. Nach dem letzten Umzug innerhalb Wuppertals, 2006, hatte sich mein rechtes Knie zum ersten Mal so entzündet, dass ich nahezu nicht mehr laufen konnte. Dass ich in beiden Knien Arthrose habe wusste ich da bereits: Es knirschte und schmerzte schon lange darin, dass es einem Angst und Bange werden konnte. Auch meine beiden Schultern und meine Lendenwirbel sind schon ziemlich fertig - also bin ich nicht nur seelisch, sondern auch körperlich ein Krüppel: Wäre ich ein Pferd, würde man mich erschießen!

Zunächst war es immer nach ein-zwei Tagen Schmerzen wieder besser geworden. Mittlerweile jedoch nicht mehr: Ich musste es tagelang schonen, es kühlen und entzündungshemmende Medikamente nehmen; und konnte wirklich kaum laufen oder Autofahren. Und als ich endlich wieder arbeiten ging war ich immer noch beeinträchtigt: Bergab zu laufen oder eine Treppe herab ging nur mit viel Humpelei, und es schmerzte nach wie vor tierisch.

Mein Hausarzt schickte mich zum Orthopäden: Der röntgte beide Knie, schaute auf die Aufnahmen, und sagte mir klipp und klar, dass ich rechts bereits soweit war, dass *eigentlich* ein künstliches Gelenk eingesetzt werden müsst – es rieben bereits Knochen auf Knochen, der Knorpel war so gut wie aufgebraucht. Und irgendwann in nicht allzu ferner Zukunft würde links das Gleiche anstehen.

Eigentlich deshalb, weil in meinem Alter von damals 49 noch kein Gelenkersatz gemacht werden sollte, wenn es denn nicht unumgänglich wäre – und gerade nicht am Knie: Das Kniegelenk ist das größte und das am meisten belastete Gelenk des Menschen; und ein künstlicher Ersatz hält vielleicht 10 Jahre, wenn's gut geht 15. Nach gegenwärtigem Stand der Medizin ist so ein Ersatz zwei mal möglich, dann ist es vorbei - das hätte bedeutet dass ich dann etwa 70 oder etwas älter wäre, und die dann folgenden Lebensjahre mit Schmerzen und Unbeweglichkeit leben müsste. Und, was sollte ich also tun?

Ja, sagte der Doktor und noch ein paar weitere seiner Kollegen, die ich im Laufe der Jahre kennen lernte: Man könnte es mit einer Arthroskopie versuchen, dabei die Flächen glätten und den Müll raus bringen, oder es mit Hyaluronsäure-Injektionen ausprobieren – aber eigentlich... bei dem Zustand... und eine Gewähr gäbe es dabei wirklich nicht. Das alles hatte ich verschoben, immer wieder verdrängt. Und, es ging ja auch wieder besser – solange, bis ich es wieder zu sehr belastete; dann ging's wieder los mit den Schmerzen. Aber, zwischendurch ging es wirklich immer mal besser; und die Hoffnung stirbt ja bekanntlich zuletzt.

Jetzt, knapp drei Jahre später war es soweit: Die Schmerzen waren wieder da, und diesmal ständig. Mein neuer Chef schaute schon immer öfter mit einem fragenden Blick, wenn ich nach der Frühbesprechung die Treppe runter hüpfte – anders war es gar nicht mehr zu machen: Treppab oder Bergab das rechte Knie weit genug zu beugen war fast unmöglich. Das Laufen ging noch so einigermaßen, das lange Stehen war schon schwieriger – aber irgendwie konnte ich es immer so einrichten, dass ich mich setzen konnte, ohne all zu große Aufmerksamkeit zu erregen: Schließlich hatte ich gerade erst mit der neuen Arbeit begonnen, war noch in der Probezeit – da kann man einfach nicht krank werden!

Und so ging ich weiter zum Arzt, ließ mir starke Schmerzmittel verschreiben, legte abends und am Wochenende die Beine hoch und hoffte auf ein Wunder. Das natürlich nicht kam.

Aber etwas anderes kam zu mir.

✦

Das Zeichen

> „Das, was wahr ist, und wie das Leben eigentlich eingerichtet ist,
> das muß ein jeder sich selber ausdenken
> und kann es aus keinem Buch lernen"
>
> *(Aus: „Vorfrühling" von Hermann Hesse)*

Das mit dem Wunsch nach einem Wunder ist schon so eine Sache. Ich kann ja nur für mich sprechen, denn *ich* weiß nur, was *ich* fühle, wie *ich* empfinde. Wie es bei einem anderen Menschen ist kann ich zwar versuchen nachzufühlen – aber mehr auch nicht. Jeder von uns lebt letztendlich in SEINER Wirklichkeit; und diese unterscheidet sich immer von der eines Anderen. In meinem Leben habe ich meistens dann auf ein Wunder gehofft, wenn eine Entscheidung anstand, wenn ich nicht mehr weiter kam. Wenn ich spürte, wusste, dass ich etwas ändern muss – aber den Weg dahin nicht fand. Oder zu feige war das auszusprechen, was unausweichlich war. Es wäre aber auch zu schön wenn man nicht mehr weiter weiß, dass man sich darauf verlassen könnte dass da jemand kommt, und einem die Entscheidung abnimmt. So, wie es die Eltern früher für einen getan haben.

Nun, irgendwann wird man erwachsen, und muss die Verantwortung für sich selbst übernehmen, da ist nicht dran zu rütteln. Auch wenn man es noch so sehr bedauert - ein Zurück gibt es nicht mehr. Neil Young singt davon sehr schön und treffend in seinem Song *„Sugar Mountain"*. Aber manchmal ist es halt zu schwer etwas ohne Hilfe zu entscheiden. Bei meiner Frau und mir war es so, dass wir gemeinsam Entscheidungen trafen, wenn sie von Tragweite waren – Kinder, Geld, Beruf usw.. Kennt bestimmt jeder, der in einer Partnerschaft lebt. Mit dem Aufbrechen meiner Depression aber veränderte sich nach und nach etwas: Je weiter ich durch meine Erkrankung gezwungen war mich mit mir zu beschäftigen, um so schwieriger wurde es für mich, Entscheidungen zu treffen. Das ist erst mal nichts Ungewöhnliches in einer depressiven Phase:

„Der depressive Patient bleibt allein mit seinen negativen Gedanken, die sich im Kreis drehen und ihm nachts den Schlaf rauben. Ohne zu einer befriedigenden Lösung zu kommen, grübelt der Betroffene immer wieder über dieselben Probleme. Dabei ist er unfähig, eine Entscheidung zu treffen und schiebt insbesondere wichtige Dinge immer weiter vor sich her. Je nachdem, wie stark diese Entscheidungsunfähigkeit ausgeprägt ist, resultieren daraus beträchtliche Probleme, den privaten und beruflichen Alltag zu bewältigen"[17]

Das kannte ich natürlich auch, und zwar zur Genüge: Als es los ging mit meiner Depression fiel mir manchmal sogar die Entscheidung schwer, morgens aus dem Bett aufzustehen, so verrückt sich das anhört: Ich lag ewig im Bett, wollte aufstehen; und grübelte darüber nach, ob oder ob überhaupt. Und wenn: Wann der richtige Zeitpunkt dafür war. Oder: Es war kein Brot mehr im Haus, und ich sollte eigentlich einkaufen. Ich schob diese einfache Entscheidung „Ich gehe jetzt raus und kaufe ein" manchmal stundenlang vor mir her – unfähig, einen Entschluss zu fassen; es war ganz oft nahezu unmöglich, eine solch ganz einfache Aufgabe zu bewältigen. Das war aber etwas ganz Anderes, als es jetzt war: Ich war schon weiter in meiner Entwicklung - die ursprüngliche Beschäftigung mit meiner Depression war d er tiefenpsychologischen Aufarbeitung gewichen. Klar hing ich immer noch immer wieder durch, so wie ich das schon beschrieben

---

[17] *http://www.psychotherapie-neumuenster.de/depression.htm*

hab. Aber im Wesentlichen beschäftigte ich mich nun ja schon eine ganze Weile mit den wirklichen Gründen, mit meinem Selbst und meinem bisherigen Leben. Arbeitete mit der Hilfe meiner Seelenklempner daran, die ursprüngliche Ursache meiner Depressionen herauszufinden. Bisher hatte ich versucht nichts – oder doch so wenig wie möglich - an dem Rahmen, an den Umständen in denen ich lebte zu verändern.

Was mir damals überhaupt noch nicht klar war: Ich machte meine Entscheidungen immer von Anderen abhängig - so, wie ich es schon als Kind gelernt hatte. Ganz selbstständig meine eigenen weitreichenden Entscheidungen zu treffen kam so gut wie nie in meinem Leben vor; auch vor meiner Ehe nicht. Sicher, Sie werden sagen: So ist es nun mal, wir leben nicht für uns alleine, immer muss man Kompromisse eingehen, immer Rücksicht nehmen – und zurückstecken. Stimmt. Bei mir war es nur so, dass ich mein Leben lang nicht wirklich wusste, was *ich* denn eigentlich mit meinem Leben anstellen wollte. Das Einzige, von dem ich wusste, dass ich es schon mein ganzes Leben lang wollte waren Kinder – am besten zwei Mädchen. Die ich ja dann auch bekommen habe: Weil ich es wirklich wollte. Alles andere, was in mein Leben trat, ist einfach geschehen, zu mir gekommen. Irgendwie. So ganz bewusst war mir das wohl nie wirklich.
    Heut weiß, ich dass dass in meinem Unterbewusstsein schon lange arbeitete, nagte, wühlte.

Und so war es jetzt wieder einmal, dass ich im Grunde auf ein Wunder hoffte, auf ein magisches Ereignis, dass mir die Entscheidung abnahm: Was sollte ich in dieser Situation tun, was war das Richtige für mich? Einerseits war da die Arbeit, die ich gesucht und bekommen hatte, und die eigentlich ganz erfolgversprechend war – die mich aber andererseits so beschäftigte, dass ich in meiner Freizeit keine Entspannung, keine Erholung fand (erinnern Sie sich an den Anfang, und meine Selbstständigkeit?). Und da waren meine ständigen Schmerzen, von denen ich ja genau wusste, dass sie nicht weniger werden würden, sondern auf Dauer immer mehr.

Ich wollte weiterhin genug Geld verdienen, um meiner Frau und mir endlich mal etwas gönnen zu können – trotz der Schulden, an denen wir noch jahrelang abzahlen würden. Und, ich fühlte genau, dass ich so nicht würde weitermachen können - aber genau so kämpfte jeden Tag in mir mein *Über-Ich* darum, dass ich nicht inne hielt. Dass ich nicht auf mein *Es* hörte, dass wieder einmal eigentlich unüberhörbar „STOP!" rief. Wieso war ich immer noch so vernagelt?

Wieder einmal ging es mir schlechter und schlechter. Eines Montag morgens hatte ich in der Früh um Sechs meine Frau zur Arbeit gebracht, und war wieder nach Haus gefahren, um noch in Ruhe einen Kaffee zu trinken, bevor ich auch los musste. Sie hätte auch selbst fahren können, und ich wäre dann mit dem Motorrad zur Arbeit gefahren. Aber es war schon seit Tagen schlechtes Wetter, mit wolkenbruchartigen Sommerregenfällen - und ich hatte die Nase gestrichen voll davon, immer klatschnass in der Werkstatt anzukommen, mich immer dort erst mal umzuziehen und abends das Gleiche wieder zu erleben. Deshalb wollte ich lieber mit dem Auto fahren, und nahm das frühe Aufstehen in Kauf.

Das Wochenende war wieder einmal voller Grübeleien gewesen, und einer Art von Unwohlsein, fast so etwas wie Angst davor, was mich in der kommenden Woche in der Arbeit erwarten würde.

Ich sitze mit meinem Kaffeebecher auf dem Sofa,
ganz niedergeschlagen und mutlos.
Ohne Energie, ohne Antrieb –
nur mit dem Wunsch dass sich endlich etwas ändert.
Der rechte Flügel der großen Glastüre zur Dachterrasse steht offen,
die morgendlichen Geräusche der Stadt und des leise rauschenden
Regens dringen herein. Es ist ganz friedlich, und
es könnte der schöne Anfang eines Tages sein.
Aber nicht für mich: Es geht mir ganz ganz schlecht –
wirklich.
Was soll ich um Himmels Willen nur tun?

Ganz plötzlich taucht ein Gedanke auf, den ich in solch einer Klarheit in ähnlichen Situationen noch nie zuvor hatte: Warum soll ich eigentlich so weitermachen? Warum soll ich meine Lebenszeit immer wieder damit verbringen etwas zu tun, das ich in meinem Inneren überhaupt nicht will? Warum soll ich damit weitermachen – obwohl ich doch genau weiß, fühle dass ich so nicht glücklich werde? Eine Arbeit tun die mich so belastet, dass ich nicht mehr ein noch aus weiß?

Wer oder was soll mich eigentlich daran hindern jetzt eine Entscheidung zu treffen etwas zu tun, damit ich mich endlich wieder besser fühle? Es wäre doch das Beste einzusehen, dass ich einen falschen Weg eingeschlagen habe, und dass es nun an der Zeit ist anzuhalten, umzudrehen und nach einem anderen Weg zu schauen!

Aller Druck fällt urplötzlich von mir ab.
Das Gefühl von Enge in meiner Brust ist schlagartig weg.
Ich spüre wie die Belastung aus mir herausläuft, wie ich freier atmen
kann, wie mein Denken wieder frei wird vom Zwang,
etwas entscheiden zu müssen.
Im gleichen Augenblick – schließt sich die Türe zur Terrasse.
Von allein.
Und: Ich spüre ganz fest, ganz tief in mir,
dass ich nicht allein im Zimmer bin.

Okay – Sie werden jetzt vielleicht sagen dass sicher irgendwo ein Luftzug war, der dafür sorgte dass sich die Türe schloss. Ich versichere Ihnen, dass in der ganzen Wohnung kein Fenster auf war - ich sah sofort nach. Es gab keinen Durchzug, draußen war kein Wind.

Die Türe schloss sich einfach.
Ganz sanft, ganz leicht.
Ging einfach wie von allein zu.

Für mich war es so, als wollte mir jemand damit etwas zeigen, etwas sagen wie:

Du hast erkannt dass du auf dem falschen Weg warst. Der Weg, zu dem diese Türe führt die du geöffnet hattest, war nicht richtig für dich. Du hast das endlich selbst erkannt, und jetzt schließen wir sie gemeinsam.

Und: Da war dieses körperliche Gefühl, dass da etwas mit im Zimmer war, und zwar ganz intensiv. Ich spürte genau, dass ich in diesem Moment nicht allein war; dass da etwas war, das zuvor nicht da war.

Ich bin ganz verunsichert, frage: „Ist da jemand?". Aber ich bin nicht ängstlich, und auch nicht zweifelnd, sondern voller froher Gefühle – es ist wunderschön.

Keine Ahnung, was es war: Selbsthypnose, Wunschdenken oder Halluzination (*auch das gibt es bei ganz schweren Fällen von Depression*). Oder aber, und darüber mag nun jeder denken wie er will: Vielleicht war es doch so etwas wie ein Kontakt zu einem metaphysischen Wesen?

Vielleicht hatte mich ja gerade ein Engel besucht: Ich fragte mich ja in meiner Verzweiflung *„Was soll ich um Himmels Willen nur tun?"*.

Und vielleicht - wurde mir darauf die Antwort geschickt.

Wie auch immer: Aller Selbstzweifel, alle Verzweiflung war weg. Ich wusste jetzt was ich zu tun hatte: Ich zog mich froh gestimmt an, fuhr zur Arbeit, verbrachte meinen Arbeitstag in aller Ruhe. Packte Abends meine privaten Sachen ein, wünschte allen einen schönen Abend, setzte mich ins Auto – und fuhr zu meinem Hausarzt.

Als ich dann eine Stunde später bei ihm in seiner Sprechstunde saß, begann ich zu erzählen - und brach einfach zusammen. Meine Tränen strömten mir nur so und völlig unkontrolliert über's Gesicht. Ich berichtete ihm darüber, wie die letzten Wochen verlaufen waren, wie ich an den Abenden und den Wochenenden immer mehr in die Depression versank, und nicht mehr heraus fand. Und er erkannte sofort, wie fertig ich war. Er schrieb mich für die nächsten vier Wochen arbeitsunfähig, damit ich erst mal die Sicherheit bekam, dass ich nicht sofort wieder zurück musste. Dass ich in Ruhe wieder zu mir finden und entscheiden konnte, wie ich weiter machen wollte. Ich rief am nächsten Morgen in meiner Arbeitsstelle an, ließ mich mit meinem Chef verbinden und sagte ihm, dass meine Knieerkrankung so schlimm geworden war, dass ich erst einmal aussetzen musste. Ihm zu sagen was wirklich mit mir los war brachte ich nicht fertig; heute würde ich es anders machen.

Einen Tag später, abends gegen 19 Uhr - ich war zu Haus und kam grad aus der Dusche - klingelte es bei uns, und mein Arzt stand auf der Matte: Er hatte sich Sorgen um mich gemacht, mein Zustand war für ihn wohl noch beunruhigender gewesen als ich selbst gedacht hatte. Während seiner Ausbildungszeit als Arzt im Praktikum hatte auch er, so wie mein früherer Hausarzt in Wuppertal, eine längere Zeit in einem psychiatrischen Krankenhaus gearbeitet, und da auch Erfahrungen mit Suizid-gefährdeten Patienten gemacht; und etwas in meinem Verhalten ließ ihn nicht ihn Ruhe, so dass er lieber bei uns zu Haus nach dem Rechten schaute. Wie ich im Kapitel „Schöne Aussichten" schon sagte: Ich kann nur jedem wünschen, dass er an *solche* Ärzte gerät.

Jetzt hatte ich also erst mal Zeit, um einen Plan für meine Zukunft zu entwickeln: Was war jetzt für MICH wirklich wichtig? Und: Welche meiner Baustellen sollte ich zuerst angehen? Depression oder Knie?

✦

Heavy Metal

„Es gibt Menschen, die denken so sehr an die Zukunft,
daß sie die Gegenwart vernachlässigen.
Und am Ende haben haben sie
weder die Gegenwart noch die Zukunft erlebt"

(Aus: „Sei wie ein Fluss, der still die Nacht durchströmt" von Paolo Coelho)

2010

Die Schmerzen in meinem rechten Knie waren mittlerweile so heftig, dass ich ohne starke Schmerzmittel überhaupt nicht mehr laufen konnte. Mein Arzt hatte mir schon vor einiger Zeit *Tilidin*[18] verschrieben – das half mir eine Zeitlang: Ein opioidhaltiges Mittel, dass neben der Hauptwirkung Schmerzstillend zu wirken zum Einen die angenehme Nebenwirkung hat stark euphorisierend zu wirken (ich war manchmal aber so was von unerträglich gut drauf, dass sich meine Töchter schon über meine gute Laune beschwerten). Zum Anderen macht es leider stark abhängig, was auf die Dauer keine gute Lösung ist. Und tatsächlich hatte ich, nachdem ich es endlich absetzen konnte große Probleme mit Entzug, musste mehrere Ansätze machen das Teufelszeug loszuwerden. Aber trotz der Droge konnte ich schließlich ohne Krücke keine 100 Meter mehr gehen. Sogar in der Wohnung lief ich damit rum – und vermied jeden Gang aus dem Haus.

Auch das Motorradfahren war mittlerweile eine Qual: Ich konnte das Knie kaum weit genug beugen, um irgendwie eine auf Dauer halbwegs erträgliche Position auf der rechten Fußraste einzunehmen;

---

[18]   *https://www.drugcom.de/drogenlexikon/buchstabe-t/tilidin/*

und auf den Fußbremshebel zu treten und zu Bremsen war schier unerträglich. Das war für meine Depression ein gefundenes Fressen! Manchmal stellte ich mir vor wie es wäre, wenn ich an einem Stock gehen würde; an ´nem *Krückmann*, wie man bei uns im Ruhrpott sagt. Damit könnte ich die Türen aufstoßen oder Hunde verscheuchen. Wenn mich jemand nach dem Weg fragte könnte ich damit irgendwohin zeigen, und im Zug Halbgare vom Behinderten-Sitzplatz vertreiben. Wäre ja irgendwie auch eine Option: Für den Rest des Lebens mit einem Stock herumzulaufen wie *Dr. House,* und Opioide schlucken – damit würde ich in der Masse gruselig auffallen, und gleichzeitig Neugier und Mitgefühl erreichen. Cool! Vielleicht würden ja auch die Frauen darauf stehen – auf so eine Mischung von einem Kerl mit einer sichtbaren Behinderung, voller Selbstironie und Sarkasmus - und trotzdem feinfühlig und sensibel?

Ein Stock von Dr. House gefiel mir besonders gut: Der mit stilisiertem Flammen-Dekor darauf, wie auf der Motorhaube eines getunten Ford Mustang. Im Internet gab es sie sogar schon - vielleicht sollte ich mir ja einfach mal einen bestellen? Würde bestimmt gut zu meiner Motorrad-Kutte passen!

Ich ging wieder zu einem Orthopäden, der mir mein Knie wieder hinund her bog dass es nur so knirschte und krachte.

„Jau", sagte er, „das ist ziemlich hin. Da muss ein Neues rein. Aber, wir können versuchen es mit einer *Arthroskopie* noch eine Zeitlang hinaus zu zögern, Zeit gewinnen, denn: Eigentlich sind Sie noch zu jung für eine Knieprothese. Aber versprechen kann ich nichts!".

Technisch passiert bei allen Gelenk-Arthroskopien im Grunde das Gleiche: Über einen sehr kleinen Schnitt wird eine etwa bleistiftdünne Kamera in das Gelenk eingeführt. Weil die Optik nur vier Millimeter misst, kann sich der Arzt das an sich sehr enge Gelenk, das künstlich mit einer Kochsalzlösung gefüllt wird, genau anschauen. So ist es möglich, nicht nur alle Gelenkbestandteile und deren Zustand zu beurteilen und verschiedene Krankheitsbilder zu diagnostizieren, sondern der behandelnde Arzt kann auch sofort aktiv eingreifen. Dafür werden schmale Operationsinstrumente in das Gelenk eingebracht und durch die Kamera über einen großen Bildschirm kontrolliert. So können verschiedene Knorpel- und Gelenkschäden im Knie behoben werden, ohne dass das Gelenk freigelegt werden muss...[19]

Dabei werden z.B., wie bei mir, die im Kniegelenk herumwandernden losen Teile von Knorpeln und Knochen entfernt, sowie die durch Reibung und Druck aufgerauten Flächen mechanisch geglättet. Das kann eine vorübergehende Besserung bringen, kann aber auch eine Verschlechterung bringen. Bei mir war nach dem Eingriff die Beweglichkeit wieder größer – allerdings um den Preis von noch häufigeren Schmerzen. Das war also schon mal nichts gewesen!

Heute ist der Stand der Medizin der, dass in den meisten Fällen davon abgeraten wird – eben weil der Erfolg eines solchen Eingriffs fraglich ist. Ich hab damals übrigens dabei zugeschaut, mittels Peridural-Anästhesie kein Problem. Außer dass man eine Windel tragen muss: Denn alles unterhalb der Einstichstelle im Rücken war völlig taub. Sehr interessant – und ziemlich unheimlich: So muss es sich anfühlen wenn man querschnittgelähmt ist. Ich spürte von meiner unteren Körperhälfte nix mehr. Gar nichts. Ü-ber-haupt-nix-mehr. Echt gruselig – und gut dass es nicht von Dauer war. Aber, es war wirklich interessant mal ins eigene Knie zu schaun – und zu sehen, dass wirk-

---

[19] *http://www.schoen-kliniken.de/ptp/medizin/mobilitaet/op/knie-arthroskopie/ vom 8.5.2015.*

lich alles kaputt war, was nur kaputt sein konnte: Nur noch Fetzen und herumschwimmende Reste von Knorpel. Und: blanker Knochen!

Nach dem Eingriff muss man noch ein paar Stunden da bleiben – bis feststeht dass alles wieder funktioniert; unter anderem die Blasenfunktion, das Pinkeln. Wenn das wieder klappt, kann man nach Haus. Bei mir war es dann so, dass ich zwar meine Beine wieder spürte, aber Drang zum Wasserlassen hatte ich nicht. Auch nicht, als ich zwischen zwei Pflegern meine ersten vorsichtigen Schritte machte.

„Ja, dass geht aber nicht – wenn Sie noch nicht müssen ist das nicht normal nach so einem Eingriff – da müssen wir mal den Arzt holen!", hieß es zuerst. Als wir dann aber wieder zu meinem Bett zurück kamen sahen wir, warum ich nicht pieseln musste: War alles schon passiert, während ich im Bett lag! Durch die lokale Narkose hatte ich einfach nicht gespürt, das ich die Laken flutete – das Bett schwamm geradezu. Und es stank!!!

Nachdem ich nun festgestellt hatte dass alles nur schlimmer geworden war, wäre jetzt eigentlich die Knieprothese fällig gewesen: Meinungen dazu hatte ich nun ja genug! Aber wenn man sich mal vorstellt was da passiert – dann denkt man doch noch mal ausführlich darüber nach. Denn, auch wenn so was heutzutage ein Routine-Eingriff ist, ist es keine Kleinigkeit. Um so eine sogenannte Total-Endo-Prothese (kurz TEP) einzusetzen muss z.b. eine ganze Menge Knochenmaterial unwiederbringlich entfernt werden.

„Eine Knie-TEP ist dem natürlichen Kniegelenk nachempfunden. So ist sichergestellt, dass die totale Endoprothese des Kniegelenks alle Funktionen des natürlichen ausüben kann und wenn möglich sogar durch den erhaltenen Band- und Sehnenapparat gesichert wird. Gleichzeitig muss die Knie-TEP

große Kräfte tragen, die zum Beispiel beim Stehen oder Laufen auf sie wirken. Das komplexe Zusammenspiel der Beinmuskeln benötigt das Kniegelenk als Scharnier, um richtig funktionieren zu können. Dabei sind beide Enden der Knie-TEP jeweils mit den beteiligten Knochen verbunden. Richtung Oberkörper sitzt der obere Teil der Knie-TEP am Oberschenkelknochen, Richtung Unter-Schenkelknochen am Schienbein. Abhängig von der Art der Prothese wird die Knie-TEP durch Pressen auf der Oberfläche oder durch eine Art Keil in dem jeweiligen Knochen befestigt. Gesichert wird sie dabei durch Knochenzement. Beide Gelenkflächen bestehen bei der Knie-TEP aus einer Metalllegierung. Dazwischen befindet sich eine Art Kunststoff oder Keramik. Diese ermöglicht eine flüssige Bewegung der Knie-TEP".

Und weiter:

„Diese Operation findet unter Vollnarkose statt. Das betroffene Knie wird eröffnet und gesunde Strukturen wie die Muskulatur, möglicherweise auch Sehnen und Bänder, werden aufgeklappt, um sie zu erhalten. Der Chirurg hat jetzt freie Sicht auf das Kniegelenk und entscheidet aufgrund dessen und den vorliegenden Befunden, welche Art Knie-TEP er einsetzt. Bei einer Oberflächenprothese werden zwei künstliche Gelenkflächen aus einer Metalllegierung auf die Knochen aufgesetzt. Sowohl auf den Oberschenkel, als auch auf das Schienbein werden die Teile gepresst, um sie zu fixieren. Eine zusätzliche Verankerung durch kleine Keile, die in beide Knochen eingesetzt werden, ist auch möglich. Dafür müssen Oberschenkelknochen und Schienbein teilweise entkernt werden. Es wird ein Loch im Durchmesser des Keils benötigt, um die eine Seite der Prothese darin zu platzieren. Mit beiden Enden der Knie-TEP wird so verfahren, bevor sie mit Knochenzement fixiert wird".[20]

Aha. Na, klingt doch ansprechend, oder? Man findet im Web auch sehr ausführliche Fotos von entsprechenden OP's; hätt ich mir besser

---

[20] http://www.operation-endoprothetik.de/knie/knie-tep/ vom 8.5.2015

nicht anschauen sollen! Außerdem gibt es wie bei jeder Operation diverse Risiken, und bei dem wichtigsten Gelenk der Beine ist es schon ziemlich arg, wenn einem so etwas passiert: Als ich zum Vorgespräch bei der Krankenkasse war saß vor mir eine Dame, die darüber berichtete, dass ihr Mann auch ein neues Knie bekommen hatte – und sich eine Infektion mit MRSA-Keimen eingefangen hatte.

Die fälschlicherweise sogenannten Krankenhaus-Keime MRSA (Metacylin-Resistente-Staphilokokken-Aureus) kommen überall vor – auch auf der Haut gesunder Menschen; und sind also überhaupt nichts Krankenhaus-Spezifisches.

„Der multiresistente Keim Staphylokokkus aureus kann über Monate ohne Nahrung überleben und fühlt sich fast überall wohl. Er siedelt bevorzugt auf Wäsche, Lichtschaltern, Türklinken, auf dem Fußboden oder auf der Bettkante. Ebenso lebt der Erreger auf der menschlichen Haut oder in der Nase und verursacht dort beim Gesunden meist keine Beschwerden. Oft wissen die Betroffenen gar nichts davon. Der MRSA Keim ergreift seine Chance zur Ausbreitung, wenn das Immunsystem geschwächt ist und er den Weg in das Innere des Körpers findet. Die Infektionswege sind Operationen, Katheter, intravenöse Zugänge, Kniepunktionen und offene Wunden oder Brüche...."

Und: *„......der derzeitige Standard bei einem anhaltenden Gelenkinfekt und Knieprothese ist der zweizeitige Wechsel. Das bedeutet, die Knieprothese wird in einer ersten Operation entfernt und der Infekt behandelt. Erst nach Ausheilung des Kniegelenkinfekts und frühestens nach sechs Wochen ist eine erneute zweite Operation mit dem Einsatz einer neuen Knieprothese möglich.*

Vorher muss unbedingt eine Kniepunktion durchgeführt werden, um sicher zu sein, dass das Gelenk frei von Keimen ist".[21]

Dem Mann dieser Dame war genau so was passiert. Im Klartext: In der Zwischenzeit „läuft" man ohne Kniegelenk durch die Gegend - so was will ich mir aber nun wirklich nicht vorstellen!
Wie gesagt – keine OP ist ohne Risiken. Und wenn einem auch so was und anderes Grausiges passieren kann: Man muss sich fairer Weise mal klarmachen, wie relativ selten so etwas vorkommt, im Verhältnis zu den Zahlen der täglich durchgeführten Operationen in unseren Krankenhäusern. Wichtig ist, wie eigentlich immer bevor man sich für ein Krankenhaus entscheidet: Sich zu informieren wie dort gearbeitet wird – auch darüber, nach welchen Hygienestandards verfahren wird. Wir sind schließlich mündige Patienten, und sollten uns auch so verhalten.

So ein Eingriff ist also etwas nicht mehr Umkehrbares, und bevor ich mich denn zu so was entschloss, wollte ich alles nur Denkbare versuchen, was vielleicht noch Linderung und Verzögerung versprach. Ja, und dann war da natürlich noch diese Sache mit der Haltbarkeit einer solchen Prothese, die mich immer wieder verunsicherte: 10 bis 15 Jahre, dann eine Zweite; und dann? Also: Was konnte ich denn vorher noch versuchen ?

Wenn einem Bewegungen andauernd Schmerzen verursachen, dann ist es normal dass man ganz automatisch versucht, sich durch Einnehmen einer sogenannten Schonhaltung Entlastung zu verschaffen; in meinem Fall bedeutet das also, dass ich mein Gewicht mehr auf das

---

[21] *http://www.knie-marathon.de/mrsa-behandlung-therapie-fuer-infizierte-kniegelenk/ vom 8.5.2015*

linke Bein verlagerte. Wenn das auch die Schmerzen im rechten Knie zunächst etwas verringerte hatte das Zweierlei zur Folge, was gar nicht gut war: Erstens verringerte sich in relativ kurzer Zeit die Muskelmasse am rechten Bein – und durch die nun mangelnde Stütze durch die Muskeln wurde die Belastung am Knie wieder größer, und die Schmerzen nahmen wieder zu. Und zweitens: Mein linkes Knie musste mehr Arbeit verrichten, mehr Last tragen als zuvor; und da es ja ebenfalls schon lädiert ist, wurden dort die Schmerzen mehr.

Vielleicht, wenn ich es mit etwas fachlicher Unterstützung und durch kontrollierte, sportliche Bewegung schaffen könnte wieder etwas der durch Schonhaltung zurückgegangenen Muskelmasse aufzubauen? Dabei gleichzeitig noch was von meinem reichlichen Gewicht los würde, damit nicht mehr so viel Masse auf mein malträtiertes Knie drückte? Und: Meine Depression war ja auch weiterhin behandlungsbedürftig; nicht umsonst war ich weiter in ambulanter Therapie, und nahm seit einiger Zeit Lithium.

Die Reha 2006 hatte mir sehr gut getan, mich wirklich weitergebracht. In der Klinik, in der ich damals war, gab es auch eine orthopädische Abteilung; und so kam mir nun die Idee, ob ich nicht in einer weiteren Reha zeitgleich an meinen beiden Probleme arbeiten könnte. Orthopädiepsychiatrisch sozusagen.

Ich sprach darüber mit meinem Arzt und meinem Therapeuten; beide meinten dass es ja einen Versuch wert sei, und so suchte ich nach einer Klinik, die beides anbot: Eine Spezialisierung auf Gelenke und auf Psychosomatik. Ja, und wenn ich denn schon für ein paar Wochen wieder unterwegs sein sollte: Warum könnte ich nicht versuchen in eine Klinik zu kommen in einer Gegend, die ich so sehr mochte, wo ich mich immer wohl gefühlt hatte – am Meer ?

Ich wusste, dass es für die Rentenversicherung keine Rolle spielt, ob die Entfernung nach zu Hause kurz oder weit ist; und das es für psychosomatische Rehas sogar gern gesehen wurde, wenn man nicht mal eben an den Ort fahren konnte, wo im alltäglichen Leben die Belastungen ja schließlich dafür gesorgt hatten, dass es einem schlechter ging. Also ging ich auf die Suche nach etwas, das ich im Antrag vorschlagen konnte. Fündig wurde ich in der „Ostsee-Klinik" in Damp, in Schleswig-Holstein; allerdings kam ich nicht auf den Gedanken dort nachzufragen, ob mein Vorhaben bei ihnen auch umgesetzt werden könnte – ein Fehler, wie ich später feststellen musste.

Ich stellte also bei der Rentenversicherung einen Antrag, in dem ich meine besondere Situation und meinen Wunsch, auf beiden Gebieten eine Reha zu machen, ausführlich darstellte. Er wurde bewilligt, und so fuhr ich Anfang Januar 2010 an die Ostsee, in der Hoffnung zwei Fliegen mit einer Klappe zu erwischen. Hatte ich mir so überlegt. Tja – Pustekuchen, das hatte ich mir aber auch nur so gedacht!

Bei der Aufnahmeuntersuchung drehte und beugte mir der Arzt mein Knie erst mal so, dass ich fast von der Liege und ihm an den Hals gehüpft wäre; und sagte mir dass mein Knie aber so was von hin sei. Und, was ich denn eigentlich bei ihnen in der Reha wolle.

Nachdem ich ihm von meinem Vorhaben erzählt hatte meinte er, dass das nicht ginge: Zwei so schwere Baustellen von Körper und Seele gleichzeitig zu bearbeiten. Mein Gedanke sei zwar nachzuvollziehen, aber aus medizinischer Sicht nicht machbar. Und nicht nur bei ihnen nicht. Und dass da wohl jemand bei der Rentenversicherung nicht Bescheid gewusst habe. Und, dass das meine Ärzte zu Hause doch auch eigentlich wissen sollten.

Und, ob ich denn nicht vorher mal bei ihnen in der Klinik nachgefragt hätte! Ne, hatte ich natürlich nicht; warum eigentlich nicht?

Also, da saß ich jetzt an der eisigen Ostsee, konnte mich mit den Möwen, die mich ab und zu auf meinem Wind umbrausten Balkon im siebten Stock besuchten, unterhalten – und darüber nachdenken, was der Arzt noch mit mir besprochen hatte: Ich sollte mich wirklich erst mal auf Eines konzentrieren, und wenn das dann erfolgreich erledigt sei mich meinem zweiten Problem zuwenden. Er vermittelte mir noch einen Termin mit einem Psychologen im Haus, der mir aber das Gleiche sagte.

Na, das war ja eine schöne Überraschung. Und auch, wenn es mir einleuchtete was mir die Zwei da sagten – mein Plan war ein ganz anderer gewesen. Tja - Pläne!

„Willst du Gott zum Lachen bringen, erzähl ihm von deinen Plänen !".

Der Orthopäde fragte mich, was mich denn eigentlich so sehr zögern lies, mich operieren zu lassen? Ich könne noch einen LKW voll Schmerzmittel schlucken – das Knie würde nur noch schlechter werden (das konnte ich mir allerdings kaum vorstellen !), und die vielen Medikamente und ihre Nebenwirkungen trügen mit Sicherheit nicht zur Verbesserung meiner Gesundheit bei. Ich hätte nichts zu verlieren als ein Leben voller Schmerzen und der wachsenden Unfähigkeit mich einigermaßen im Leben zu bewegen – aber ein Leben ohne Schmerzen zu gewinnen.

Sein dann für mich ausschlaggebende Argument für eine OP war Folgendes: Was die Zukunft bringt können wir nicht wissen – deshalb ist es wichtig dass wir JETZT leben; und nicht, dass wir uns durch die

Sorgen um die Zukunft darum bringen unser Leben zu leben. Ja, so einfach und treffend ist das!

Er riet mir zuerst zu versuchen meine Depression weiter in den Griff zu bekommen, und dann das Knie machen zu lassen; auf ein paar Monate mehr oder weniger käme es ja nun auch nicht mehr an. Aber ich solle nicht weiter mein Leben versäumen! *Das* verstand ich.

Allerdings war mir sofort klar, dass mein Weg genau umgekehrt verlaufen musste: Die Schmerzen waren wirklich furchtbar, ich hatte davon echt die Nase gestrichen voll. Damit brauchte ich gar keinen Gedanken daran zu verschwenden nach einer neuen Arbeit zu suchen: So viele Tabletten konnte ich gar nicht nehmen, als dass ich acht Stunden und mehr damit einigermaßen überstehen konnte; außerdem wäre ich dann völlig stoned gewesen. Und das Thema „Eine Arbeit suchen und finden" war zu der Zeit zur Bewältigung meiner seelischen Tiefs für mich immer noch enorm wichtig: Ich habe damals überhaupt nicht daran gedacht, dass es vielleicht auch einen anderen Weg geben könnte – ich wollte unbedingt wieder einen Job, und zwar einen mit Verantwortung!

Also, dann zuerst das Knie, und dann ohne Schmerzen wieder gestärkt an meine anderen Probleme. Wenn ich schon mal da war, dann konnte ich die Zeit ja auch sinnvoll nutzen – und versuchen meinen Körper allgemein etwas fitter zu machen, die Einrichtungen der Klinik und die winterliche Meereslandschaft genießen und für meine Zwecke nutzen. Außerdem gab es hier viele Informationsveranstaltungen zum Thema, die ich besuchte: Ich wollte schon wissen, worauf ich mich da einlasse!

Es gibt zum Beispiel zwei wesentliche Punkte zu beachten bei dem Entschluss, sich eine Gelenkprothese einsetzen zu lassen, die ich in einem Vortrag zu diesem Thema vom Chefarzt der *Ostseeklinik* erfuhr.

1. Sich gründlichst über die Klinik, in der der Eingriff vorgenommen werden sollte zu informieren: Werden dort schwerpunktmäßig solche OP's gemacht, haben die Operateure entsprechende Routine (auf keinen Fall einfach ins nächste Kreiskrankenhaus gehen, wo so was „auch schon mal" gemacht worden ist!). Wie individuell werden die Prothesen ausgesucht und angepasst, und werden nur solche von renommierten Herstellern verwendet? Wie sind die Hygienestandards in der Klinik, und: Was steht über die Zufriedenheit der behandelten Patienten in den entsprechenden Patienten-Foren?

Und 2.: So merkwürdig es sich anhört – das neue Gelenk annehmen, es im Körper willkommen heißen als einen neuen, wichtigen und glücksverheißenden Bestandteils des eigenen Lebens!

Er erzählte von einer Patientin, die ein neues Knie bekommen hatte, und nach medizinischen Gesichtspunkten war alles perfekt und fachgerecht verlaufen; mit dem kleinen Problem, dass die Frau weiter Schmerzen hatte. Nun ist es so, dass man nach so einem Eingriff natürlich Wundschmerzen hat – kein Wunder bei einer etwa 15-20 cm langen und noch frischen Wunde: Die muss erst mal heilen. Und es kann auch bis zu einem Jahr dauern, bis alle Steifheit und Unbeweglichkeit wieder einigermaßen auf Normalniveau verschwunden sind. Aber, Gelenkschmerzen, wie vor der Operation – die darf es eigentlich nicht mehr geben: Weil nix mehr da ist was schmerzen kann! Genau darüber aber klagte die Patienten. Sie wurde natürlich untersucht, denn es kann immer mal einen Fehler geben; aber bei ihr war alles normal, Lehrbuchmäßig sozusagen. Es gab keine Erklärung für ihre

Schmerzen – die aber sehr real waren. Bis sich in einem Gespräch herausstellte, dass sie ihrem alten Knie nachtrauerte, mit ihrem Schicksal haderte, und das neue Gelenk eigentlich ablehnte, als einen Fremdkörper. Tja: Körper und Geist sind eine Einheit – Sie erinnern sich: *„Das Ganze ist mehr als die Summe seiner Teile".*[22]

Der Chefarzt riet ihr, das neue Knie in ihrem Körper willkommen zu heißen, es „anzunehmen" und nicht mehr abzulehnen. Ein Wochenende danach rief ihn die Patientin wieder an, teilte ihm mit, dass sie übers Wochenende das getan hatte was er ihr geraten hatte: Mit dem neue Knie gesprochen, es berührt, massiert und gestreichelt hatte, es in ihrem Körper willkommen geheißen hatte – und schließlich waren die Schmerzen verschwunden. Es scheint so, als dass es unter den normalen Schulmedizinern und Chirurgen auch ein paar geben muss, die vielleicht auch gute Psychologen abgegeben hätten. Und insofern war hier doch noch was Psychosomatisches für mich herausgesprungen!

In einem weiteren Vortrag erfuhr ich, dass wahrscheinlich ein kleiner Unfall in meiner Kindheit der Auslöser war, dass sich bei mir dieser enorme Verschleiß so relativ früh entwickeln konnte: Eine Arthrose, wenn sie nicht genetisch bedingt ist, entsteht meist aus der Kombination mehrerer Ursachen – zum Beispiel aus einer vorausgegangenen, auch schon lange Zeit zuvor geschehene Verletzung: Ich war mit etwa elf Jahren beim Spielen im Wald von einem Baum gerutscht, und dabei mit dem Knie auf einem spitzen Holzstumpf gelandet, der sich in mein Knie bohrte - ich seh heut noch, wie mein Knie auf diesem Holzstück steckte. Und wie tief es darin eingedrungen war erkannte ich, als ich unter Schreien und Schmerzen mit Hilfe eines erschreckten Freundes aufstand - und es in voller Länge und blutverschmiert zu se-

---

[22] *Verkürztes Zitat von Aristoteles, aus Metaphysik VII 17, 1041b*

hen war. Das war wahrscheinlich die Ursache, die den Grundstock legte für den in den Jahren stattfindenden und sich weiter vorarbeitendem Verschleiß. Dass ich schon immer zu schwer war tat das Übrige, um irgendwann in diesem Zustand zu münden.

Überhaupt, mein Gewicht: Ich hatte schon gehört, dass so eine OP bei stark Übergewichtigen nicht so gern gemacht würde – weil die Belastung der Materialien durch die vielen darauf lastenden Kilos noch mal vergrößert wäre, und die Haltbarkeit dadurch sehr verringert würde. Würde ich überhaupt jemand finden, der mich operieren würde? Noch an der Ostsee begann ich zu recherchieren, wo es in Oberbayern entsprechende Kliniken gab, die sich auf Gelenkersatz spezialisiert hatten. Meine Entscheidung fiel auf die Schön-Klinik in Bad Aibling: Was ich auf deren Seite las und was die Kommentare auf einer Ex-Patientenseite aussagten lies mich hoffen. Beim Info-Termin dort, zusammen mit meiner Frau, machte mir der Arzt Mut, in Bezug auf mein Knie: Sie hätten schon ganz andere Fälle gehabt – also mit noch wesentlich mehr Gewicht als ich! Und: Die Entwicklung in der Medizin gehe rasant weiter, ebenso in der Gelenk-Produkte-Technik; niemand könne sagen, was in der Zukunft alles noch möglich werde, im Vergleich zu heute. Und dann: Ob es denn nicht wichtiger sei heute zu leben – ohne Schmerzen. Darauf zu vertrauen, dass meine Zukunft schon das Richtige für mich bereithalten würde. Noch so einer, dachte ich.

Wenn ich eine depressive Phase habe – und manchmal passiert mir das auch heute noch - dann sehe ich nur das, was ich in der Vergangenheit nicht richtig gemacht habe. Was ich alles versäumt habe zu tun: Sowohl für mich als auch ganz besonders für andere. Meine Misserfolge. Mein immer wieder kehrendes Scheitern. Und mache aus den gewesenen Erlebnissen eine Ge-

wissheit für meine Zukunft – die dann alles Andere als rosig ist. Ich weiß heute, dass das ein typisches Denkmuster Depressiver ist – und zu meinem Glück weiß ich heute auch, dass das völliger Blödsinn ist!

Es war vielleicht so in der Vergangenheit; aber wir ändern uns unser ganzes Leben lang – wir lernen aus den Erfahrungen, wir können uns bewusst machen was und warum etwas geschehen ist. Und wir können beschließen, es in der Zukunft anders zu machen. Unsere Entscheidungen beeinflussen unsere Gegenwart, wir können entscheiden wie wir unser Leben leben wollen.

Wenn man depressiv ist sieht man diese Möglichkeit nicht mehr – aber man kann lernen es sich bewusst zu machen: Zum Beispiel in dem man sich Hilfe durch Freunde sucht, die informiert sind und einen in einer schlechten Phase wieder daran erinnern; man kann Zettel an allen möglichen Orten anbringen, die darauf hinweisen.

Man kann sich auch ein Bild ausdenken, das einem hilft eine andere Denk-Richtung einzuschlagen: Mein Bild ist das einer Schallplatte – die Nadel folgt der eingepressten Rille auf der „Depressions"-Platte, kann gar nicht anders als immer den selben Ton abzuspielen. Das Einzige was das ändern kann ist - eine andere Platte aufzulegen. Vielleicht gibt es ja auch irgendwann mal eine App die sich meldet, wenn man sich wieder mal zurückzieht und in Depression versinkt?

Am 18. März 2010 bekam ich mein neues Knie – und habe es seit dem nicht ein einziges Mal bereut! Die OP verlief verlief problemlos, die anschließende Reha war erfolgreich – und es dauerte tatsächlich fast ein Jahr, bis ich mein Knie wieder fast so weit beugen konnte wie vorher. Die Physiotherapeutin in der Klinik hatte mir gesagt, als ich sie auf die unglaubliche Steifheit meines Knies nach der OP ansprach:

„Ach, das kriegen wir schon wieder bis unter den Po – nur Geduld!". Heut ist es wieder so, mein Bein ist wieder voll beweglich, fast so wie früher; doch leider hat die Therapeutin gar kein Interesse sich mein Bein unter meinem Po anzusehen. Irgendwas hab ich da wohl falsch verstanden. In bestimmten Situationen spüre ich es; denn natürlich ist es nicht ganz genau so wie mein ursprüngliches, gesundes Knie. Manchmal knackt es ein wenig, was aber völlig normal ist. Und ab und zu verklemmt sich schon mal was; das schmerzt dann kurz, und ich muss eine andere Stellung einnehmen, bis es wieder verschwindet. Aber alles in allem ist es so was von gut – und: Es ist wirklich „mein" Knie geworden. Sicher, es gibt ein paar Einschränkungen: So soll man mit einem künstlichen Gelenk stoßartige Belastungen vermeiden. Zum Beispiel ist Fußball, Jogging oder Alpinski für mich seit dem tabu (gut, dass ich auch vorher nichts damit am Hut hatte.). Wenn ich auf die Knie gehe, drücken die harten Bestandteile so sehr auf die noch vorhandenen weichen Teile des Knies, dass man so was nicht gern macht; um so wichtiger ist also in bestimmten Situationen eine weiche und dicke Matratze! Ja, und wetterfühlig ist es auch ab und an – das ist dann schon lästig: Wenn es irgendwie zwickt und zwackt, oder auch schon mal so was wie ein „Restless-Legs-Syndrom" zeigt.

Das RLS verursacht in Zuständen der Ruhe bzw. Entspannung in den Beinen und/oder Füßen (seltener auch in den Armen und/oder Händen) ein Ziehen, Spannen, Kribbeln, Schmerzen, Wärmegefühl oder andere als unangenehm empfundene Gefühle. Diese Missempfindungen führen bei den Betroffenen zu dem unwiderstehlichen Drang, sich zu bewegen, die Muskeln anzuspannen oder zu dehnen. Die Beschwerden sind abends oder nachts schlimmer als während des Tages oder treten ausschließlich am Abend oder in der Nacht bei ruhigem Sitzen oder Liegen auf. Charakteristisch für das

RLS ist die sofortige Linderung durch Muskeltätigkeit, d.h. das Bewegen der betroffenen Gliedmaßen durch Umhergehen, Kniebeugen, Radfahren, periodisches Anspannen usw. Die Symptome kehren jedoch nach einer nur kurzfristigen Besserung für gewöhnlich bereits in der nächsten Ruhesituation unmittelbar wieder zurück[23].

Aber all das ist nichts im Vergleich zu den schrecklichen, unaufhörlichen Schmerzen zuvor!

Übrigens: Die Rückseite der Kniescheibe war auch schon so stark beschädigt, dass sie ebenfalls teilweise erneuert und durch Metall ersetzt werden musste. Wenn ich mein Bein jetzt ganz entspanne, kann ich mit einem Finger auf sie klopfen, und ihre Rückseite schlägt dann gegen mein Metallknie – mit einem hellen „Klack !". Oder ich kann sie auch rhythmisch klackern lassen, wenn ich will: „Klacklacklacklack!". Wenn ich das in Gesellschaft mache sorgt das dann für zunächst erstaunte, und dann entsetzte Gesichter: Da hab ich sie also, meine gruselige Aufmerksamkeit, die mich aus der Masse heraushebt – und sogar ganz ohne Stock mit Flammendekor! Aber, vielleicht wäre es mit einem ja doch noch mal… in bestimmten Situationen? Ich könnte mir doch auch eigentlich trotzdem so einen besorgen, und so tun als ob ich… und die Neugierde, und das Mitleid… nein, auf keinen Fall (pardon, es geht gerade mit mir durch). Ich wollte doch authentisch bleiben! Also dann: Jetzt konnte ich mein zweites Problem angehen, und endlich wieder nach Arbeit suchen.

Was gar nicht so einfach werden sollte.

✦

---

[23] *http://de.wikipedia.org/wiki/Restless-Legs-Syndrom*

Der Schatten über dem Wasser

„Vergiss eines nicht," gibt der Meister zur Antwort,
„man ertrinkt nicht, weil man unter Wasser taucht,
sondern weil man unter Wasser bleibt!".

(Aus: „Handbuch des Kriegers des Lichts" von Paulo Coelho)

Ach ja - meine andere Dauerbaustelle: Meine Depression. Sie war mein Hauptproblem, seit dem mir klar gemacht worden war an was ich litt: Das sie es war, die mich immer wieder aus der Bahn warf. Die mich nicht mehr leben ließ. Die mich unter Wasser drückte.

Seit 2002 versuchte ich wieder „normal" zu werden, seit den ersten Anfängen der Aufarbeitung hatte ich alles Mögliche versucht, um wieder zur Ruhe zu kommen. Ich versuchte endlich wieder dahin zu kommen damit aufhören zu können, dass sich meine Gedanken immer und immer so lange im Kreis drehten, bis sie schließlich in einer Abwärtsspirale mündeten: Die mich immer wieder weit runter in die Vergangenheit zog - um mir dort immer und immer wieder zu sagen, dass ich es falsch gemacht hatte. Dass ich nicht genüge.

Ein Therapeut hat mir mal von einer Aussage Paul Watzlawicks, eines weltbekanntem Kommunikationswissenschaftlers und Psychotherapeuten erzählt[24], dass ein gesunder Mensch etwa 60.000 Gedanken pro Tag denkt; davon sind bis zu 50.000 negativ. Wie gesagt, bei einem Gesunden. Bei einem depressivem Menschen erhöhen sich die Zahlen auf 120.000 Denkimpulse, wovon etwa 100.000 negativ sind!

---

[24] *http://www.paulwatzlawick.de/index.html*

Endlich wieder in das alte, einigermaßen normale Leben zurück zu finden, das ich bis dahin gelebt hatte, erschien mir mittlerweile als das einzig Erstrebenswerte.

Ich hatte in vielen Therapiesitzungen erkannt, dass ich vieles versäumt hatte um im Leben zu mir zu finden. Mir war klar geworden, dass ich vieles nur tat, weil mein anerzogenes „Über-Ich" es so wollte - und viel zu wenig auf mein „Es" Acht gegeben hatte, wenn es sich meldete. So weit waren meine Erkenntnisse wenigstens schon mal. Aber wirklich weiter gekommen war ich immer noch nicht – im Gegenteil: Manchmal hatte ich das Gefühl, dass alles nur schlimmer wurde, je weiter ich in meine Seele vordrang.

Natürlich war das nicht so. Würde ich nicht nach der oder den Ursachen für meine Depression suchen, *dann* würde es wirklich immer schlimmer und schlimmer werden, das war mir klar: Ich hatte gar keine andere Wahl! Nur, es war aber auch so verdammt anstrengend: Wochen, Monate und mittlerweile Jahre waren vergangen, ohne dass eine Aussicht auf ein wirkliches Ende greifbar wäre. Der erste Psychiater hatte mir damals nicht zu viel versprochen: Es konnte jahrelang dauern!

Dass ist das Blöde daran, wenn man sich auf so eine Geschichte wie Psychotherapie einlässt: Es gibt zwar Aussicht auf Genesung - aber keinerlei Aussage darüber, wann der Entlassungstermin sein wird.

Ich hatte eben erst einen kleinen Teil der Strecke bewältigt, auf dem Weg zu meinem Leben. Irgendwas fehlte noch, irgendwas wollte nicht heraus. Mein Ich wollte etwas nicht preisgeben, nicht loslassen – und mein ungebetener Gast Depression nicht wieder aufziehen. Nicht das heraus lassen aus dem eisernen Gefängnis, was mich eigentlich verrückt machte. Nur was ?

Während ich dies schreibe fällt mir auf, dass ich von meiner Depression wie von einem Lebewesen spreche. Und so ist es ja auch, manchmal empfinde ich sie genau so: Sie ist wie ein Schatten; nein – eher wie ein Schattenwesen, das manchmal, ohne jede Vorwarnung, aus seinem verstecktem Winkel herausspringt und einen Nebel aus Dunkelheit über den stillen See meiner Seele wirft.

Wenn ich mir ein Bild von ihm machen sollte sieht es so aus wie der Mothman[25], in dem Film *„Die Mothman-Prophezeiungen"* mit Richard Gere: Groß, dunkel und mit weit ausgebreiteten Flügeln – nur, das dieser ja angeblich vor Unglück warnt. Warnt?

Vielleicht macht mein Schatten ja genau das –
versucht mich davon abzuhalten immer wieder und wieder
in dieselben alten Fallen zu geraten?
Und ich - erkenne die Gefahren für mich, für meine Seele
einfach immer noch nicht?
Stolpere weiter über den Weg, den ich einmal eingeschlagen habe?
Was ist nur los mit mir?

Ich saß zu Hause, hatte in den vergangenen Monaten dafür gesorgt, dass ich körperlich wieder in die Lage kam eine Arbeit zu verrichten. Mein Knie war nun ein Neues, die Schmerzen, die mich vorher ans Haus fesselten waren weg, und ich hätte nun wieder all das machen können, was mir zuletzt nicht möglich war.

Also könnte ich doch eigentlich dafür sorgen wieder das zu bekommen, was mir so sehr fehlte! Aber – was eigentlich genau ?

---

[25]   *https://de.wikipedia.org/wiki/Mothman*

Ich ging noch weiter zu einer ambulanten Reha in einem Physio-
therapiezentrum, und hatte wieder Freude an Bewegung. Zwangsläu-
fig musste ich mich allmählich mit meiner beruflichen Situation beschäftigen, denn mein Krankengeld lief aus. Und: Ich wollte endlich
auch wieder arbeiten.

*Krankengeld erhält man von der Krankenkasse, wenn wegen einer länger
als 6 Wochen dauernden Arbeitsunfähigkeit die Lohnfortzahlungspflicht des
Arbeitgebers entfällt. Für längstens 78 Wochen innerhalb eines Drei-Jahres-
Zeitraumes erhält man ca. 70 % des letzten Nettogehalts.*

Nur, was ich jetzt machen sollte war mir nicht klar. Ich wusste nur,
dass ich nicht mehr direkte Betreuungsarbeit machen konnte – jedenfalls zu diesem Zeitpunkt. Ich musste etwas finden, was mehr Distanz
zu den Klienten zuließ, das hatte ich mit meinem Therapeuten in der
Zwischenzeit heraus gefunden: So einen Absturz wie in meiner letzten
Arbeit wollte ich nun wirklich nicht mehr riskieren. Vielleicht konnte
mir ja erneut das Arbeitsamt helfen?

Bei der Beratung in der Arbeitsagentur schlug man mir einen Test
vor, sowie eine sozialmedizinische Begutachtung durch einen Psychologen. Fein, warum nicht - man lernt nie aus. Heraus kam eine Emp-
fehlung für eine ergänzende Weiterbildung, um Leitungsaufgaben in
einer sozialen Einrichtung übernehmen zu können. Allerdings gab es
bei der Agentur so etwas nicht – da musste ich mich schon selbst
drum kümmern!

Also wieder mal ran ans Web, und gesucht...und gesucht...und gesucht. Und - fand eine Beschreibung des Fachwirts im Gesundheits-
und Sozialwesens:

„Die Weiterbildung zum Fachwirt im Gesundheits- und Sozialwesen vermittelt kaufmännische und betriebswirtschaftliche Kenntnisse. Diese ermöglichen Betriebsabläufe in Ihrer Gesamtheit sowie Zusammenhänge betriebswirtschaftlicher und rechtlicher Fragen zu erkennen, um diese zu beurteilen und umzusetzen, z.b.: Planen, Steuern und Organisieren betrieblicher Prozesse, Steuern von Qualitätsmanagementprozessen, Gestalten von Schnittstellen und Projekten, Steuern und Überwachen betriebswirtschaftlicher Prozesse und Ressourcen, Führen und Entwickeln von Personal, Planen und Durchführen von Marketing-Maßnahmen"[26]

In der Agentur wurde ich darin unterstützt, mich weiter dazu zu informieren; und, ich bekam den Tipp, dass so ein Lehrgang von der Rentenversicherung als Reha-Maßnahme finanziert werden könnte!

Also, in Berlin angerufen und die entsprechenden Anträge geordert. Mein Therapeut sagte mir damals voraus, dass mein Antrag erst einmal abgelehnt werden würde: So eine Maßnahme verursacht schließlich eine Menge Kosten, und so sei er sich sicher, dass man mir zunächst sagen werde dass die DRV der Meinung ist, dass ich in meiner bisherigen Arbeit weiter arbeiten könne - dass sei leider oft gängige Praxis der Leistungsträger, um Kosten zu vermeiden: Es ist ja kein Geheimnis mehr, dass unsere Sozialsysteme viel Geld kosten; und jede der sozialen Versicherungen würden es immer zuerst versuchen, und solche Anträge generell ablehnen, er erlebe das bei seinen Patienten immer wieder. Und: Ich solle mich dann davon keineswegs entmutigen lassen, sondern von meinem Recht Gebrauch machen zu widersprechen. Was soll ich sagen: Genau so kam es!

---

[26] *http//www.bfz.de/seminardatenbank/kempten/arbeitnehmer/weiterqualifizieren/570 v. 19.5.2015*

234

Ich formulierte einen Widerspruch, schickte genau die selben Unterlagen erneut nach Berlin – und bekam 4 Wochen später eine Zusage! Ist das nicht eigentlich unglaublich?

Ich wurde irgendwann nach Rosenheim, zur regionalen Niederlassung der Rentenversicherung eingeladen. Die dortige Sachbearbeiterin schlug mir zunächst vor, doch statt des Fachwirts einen Kurs zur Wieder-Eingliederung in einem BFZ, einem beruflichen Fortbildungszentrum zu machen. Aus heutiger Sicht wäre es vielleicht besser gewesen, aber wer weiß das vorher schon; damals jedoch blieb ich bei meinem Wunsch, die angestrebte Fortbildung zu machen.

Heute weiß ich, dass ich nach wie vor meinem alten, angelernten Verhaltensmuster folgte: Dass ich weiter kommen, eine bessere Position erreichen wollte, koste es was es wolle. So hatte ich es gelernt, so war es mir eingetrichtert worden. Ob ich überhaupt der Typ dafür sei Personal- und Leitungs-Verantwortung zu übernehmen stand für mich gar nicht zur Debatte. Bisher war es immer so gewesen: Wenn ich mich beruflich zu etwas entschieden hatte, dann hatte ich das auch erreicht - und dann auch gemacht. Also auch diesmal.

Dass mich aber dieses Verhalten in meinem Leben bisher nicht glücklich gemacht hatte - das übersah ich wieder einmal.

Ich erinnere mich gut daran, dass ich in den Jahren meines Berufslebens immer mal wieder an die Zeit als Trucker dachte: Das waren die einzigen Jahre in meinem Berufsleben, in der ich mich richtig wohl fühlte, in der ich wohl näher bei meinem „Es" war. Bis sich irgendwann wieder mein „Über-Ich" meldete: Ich weiß noch genau, wie ich mit einem Freund darüber sprach, dass ich spürte, dass meine Sprache „einfacher" würde, seit ich auf dem Bock saß. Dass ich mich intellektuell unterfordert sah. Ja, und dass ich eben mehr wolle. So war es immer gewesen, und nie hatte es mich wirklich gestört – so war es eben. So war ich eben.

Ich suchte also eine Schule heraus, die diesen Lehrgang anbot, forderte die Unterlagen an, die ich an meine Ansprechpartnerin bei der DRV schickte. Es dauerte endlos, bis irgendwann endlich dieser Lehrgang bewilligt war – wenn es schneller entschieden worden wäre, hätte ich einen Kurses ein halbes Jahr früher belegen können; so aber dauerte es alles in allem fast ein dreiviertel Jahr, bis es soweit war.

Der Lehrgang fand in München statt, würde gut 4 Monate dauern. Zu dieser Zeit wohnte ich noch in Bad Reichenhall; und es war klar, dass ich nicht jeden Tag pendeln wollte. Also suchte ich mir eine Wohnung auf Zeit, ein kleines Appartment, und würde nur an den Wochenenden nach Haus fahren. Auch im Hinblick darauf, dass ich die nun folgende Zeit meistens mit Lernen beschäftigt sein würde war es keine schlechte Lösung. Und: Ich hatte Abstand zu den Problemen in der Familie, konnte mich wieder mehr auf mich besinnen. Hatte Abstand zu meinem bisherigen Leben.

Was letztendlich weitreichendere Folgen hatte als ich, als wir es uns hätten vorstellen können.

✦

Die Erkenntnis

„...und dass dein blondes Haar einst einen flüchtigen
Frühling lang der selige Mantel meiner Liebe war,
und dass die Welt einst duftete und klang,
die jetzt so arg verdrossen liegt,
von keinem Liebessturm,
von keiner Torheit mehr gewiegt?"

(Aus: „Wiedersehen" von Hermann Hesse)

Wenn ich nach den Stunden in der Schule wieder zurück in meinem Apartment saß, telefonierte ich täglich mit meiner Frau: Wie ihr Tag gewesen war, was es Neues gab und so weiter.

Im Badezimmer gab es eine Badewanne; und da ich ein leidenschaftlicher Lang-Bader bin, nahm ich oft den Lernstoff vom Tag mit ins Bad, dazu etwas zu trinken, legte mich ins warme Entspannungsbad, und paukte. Danach legte ich die Unterlagen beiseite, und meine Gedanken gingen auf die Wanderschaft: Zu meinen Kindern, zu meinem Motorrad, zu meiner Frau und zu meinem Leben.

Ich hatte viel Zeit zum Nachdenken, in diesen vier Monaten; und mit dem Abstand zu meinem Leben, den ich mir ja oft so sehr gewünscht hatte. Mir wurde in dieser Zeit immer klarer, dass ich so wie bisher wirklich nicht weiterleben konnte: Von Außen betrachtet hatte ich keine Grund unglücklich zu sein, war es aber nach wie vor.

Die räumliche Distanz von vielen Kilometern zu meinem bisherigen Leben hatte noch nichts verändert; mehr Zeit für mich hatte ich jetzt, aber obwohl ich mir davon eine Verbesserung, eine weitere Klarheit erhofft hatte - das allein war es auch nicht! Vielleicht kennt das jemand, der in einer Familie oder Partnerschaft lebt: Dass man manchmal denkt es ginge einem besser, wenn man allein wäre. Endlich alles machen zu können wozu man gerade Lust hat; ohne Rücksicht auf die Bedürfnisse von Partnern oder Kindern. Für diese vier Monate hatte ich das jetzt. Aber – so richtig gut ging es mir dabei erstaunlicherweise nicht: An viel zu vielen Abenden war ich nicht allein, sondern einsam.

Ich hatte schon mal so was Ähnliches erlebt, als ich 2007, bevor meine Familie nachkam, die ersten drei Monate allein in Bayern war, und nur alle zehn Tage für ein verlängertes Wochenende nach Hause fuhr: Da war ich oft so einsam, dass es kaum zu ertragen war. Und wenn ich dann nach den Tagen zu Haus in Wuppertal wieder nach Bayern fahren musste, war es fast immer sehr, sehr schlimm für mich. Damals war es mehr oder weniger zwangsweise: Weil ich ja die Vorhut bei der Erkundung eines „fremden Landes" war, und das Alleinsein in Kauf nehmen musste.

Jetzt war es schon was Anderes, zu viel war seither geschehen; aber ich spürte nach wie vor, dass ich eigentlich nicht der Mensch bin, der gern allein ist; dass ich eben nicht jemand bin, der sich selbst genügt. Manchmal – klar, da war und ist es das Größte. Aber, eben auch nur manchmal! Ansonsten will ich mit einem Menschen zusammen sein, vielleicht wie die Meisten von uns. Jedenfalls: War ich diesmal an den Wochenenden zu Haus und fuhr Sonntags abends wieder zurück in meine Studierstube, war es jetzt oft so, dass ich froh war wieder für mich sein zu können. Das war der gravierende Unterschied zu damals - aber die Einsamkeit kam trotzdem.

Ich überdachte alles, was in den vergangenen Jahren mit mir und meiner Frau geschehen war. Was ich mit ihr gemeinsam alles Schöne erlebt hatte – und auch das, was ich in all den Jahren vermisst hatte. Was mit ihr und mir geschehen war, nachdem ich meine Affäre hatte, was sich seitdem geändert hatte, und was nicht. Stellte mir vor wie es wäre, wenn es so weiterginge, und in welchen Bahnen sich ihr und meine Leben weiter bewegen würde: Wie es wäre wenn ich nicht das aussprechen würde, was ich eigentlich schon so lange in mir spürte.

Die Menge an Lernstoff in der doch relativ kurzen Zeit zu bewältigen war ganz schön anstrengend: Ich war halt doch nicht mehr der Jüngste! Um so stolzer war ich, wenn meine Klausurnoten ohne weiteres mit wesentlich jüngeren Teilnehmern mithalten konnten. Na ja, fast. Schließlich, Ende Oktober 2010 waren unsere Prüfungen – und ich fiel in zwei Fächern durch: Steuerrecht und Marketing. Ausgerechnet Marketing – mein Lieblingsfach! Das bedeutete also Nachprüfung: Wie mir die IHK mitteilte war sie erst ein halbes Jahr später möglich.

Ich war erst mal fertig – bedeutete das doch, dass ich meine Bewerbungen noch weiter aufschieben musste; und meine Arbeitslosengeld lief bald aus: Dann müsste ich Arbeitslosengeld II, also das sogenannte Hartz IV beantragen. So ein Mist! Wie sollte ich nun weitermachen?

Die Auszeit war nun also beendet, es ging wieder nach Haus. Und ich wusste, ich würde das nicht mehr aufschieben können, was schon so lange fällig – und mir nun endgültig klar geworden war: Meiner Frau zu sagen, dass nicht nur sie mich nicht wirklich glücklich machen könne – sondern ich auch sie nicht. Dass ich nicht der richtige Mann für sie sei – weil sie wirklich jemanden verdient hat, der sie auf Händen trägt, und für den sie Ein und Alles ist.

Dass meine Liebe für sie als Mann schon lange nicht mehr so bestand, wie sie denn sein soll.

Ich musste ihr sagen, dass ich sie nach wie vor als meine beste Freundin liebte, als meine Vertraute und als Mutter meiner Kinder.

Aber dass dies mehr eine Liebe wie zu einer Schwester geworden war; und dass ich so nicht weiter machen könnte.

Dass ich nicht mehr darauf warten könne dass sich das verändert, dass nach all der vielen Zeit doch noch ein Wunder geschieht, und: Dass ich ohne sie leben wolle. Ich hatte mir vorgenommen es ihr zwei, drei Wochen nach meiner Rückkehr aus München zu sagen; aber als wir an dem ersten wieder gemeinsamen Wochenende spazieren gingen, ganz ungeplant, war es einfach soweit: Wir beide konnten nicht länger darauf warten, irgendwie ergab es sich. Wie es war will und kann ich hier nicht beschreiben, weil es zu schlimm für uns Beide war. Und doch war es richtig, war es richtig das zu sagen, was schon so lange heraus sollte: Ganz ehrlich die Wahrheit zu sagen wie es um meine und um ihre Gefühle stand.

Es war so furchtbar. Und doch war es das damals Richtige.

✦

972 Kilometer Abstand

„Damit das Mögliche entstehe,
muß immer wieder das Unmögliche versucht werden"

(Aus: „Brief an Wilhelm Gundert" von Hermann Hesse)

2011

Die folgenden Monate waren davon geprägt, die Situation in der gemeinsamen Wohnung erträglich zu halten. Wir redeten nach wie vor viel miteinander – auch über Vieles, dass wir uns zuvor nicht gesagt hatten, aber hätten sagen sollen.

Irgendwann sagte meine Frau mir, dass, wenn ich nicht den ersten Schritt getan hätte, wahrscheinlich sie schlussendlich in ein, zwei Jahren etwas unternommen hätte. Sie liebte mich noch immer, und hatte die Hoffnung nie ganz aufgegeben dass ich doch noch irgendwann wieder zu dem blonden Prinzen auf seinem Ross werden würde, der ich damals für sie war: Als ich sie im Schwesternwohnheim besuchte, und länger blieb als erlaubt war, heimlich nachts über Stacheldraht vom Balkon kletterte, über den Zaun des Geländes stieg und dann meinen alten Käfer vom Parkplatz schob, damit die Nachtschwester nur ja nichts hörte. Wenn ich mich recht erinnere sagte sie, dass es damals für sie tatsächlich so gewesen war: Dass ich der Mann war, der sie aus ihrem behütetem Leben entführte; und eine kurze Zeitlang war ich das wohl tatsächlich.

Bis, ja bis mein *Über-Ich* ihn, mich, mein Selbst in der Versenkung verschwinden ließ - und der blonde Prinz sich wieder in seinen Eisenofen zurückzog, weil die Prinzessin, die ihn hatte befreien wollen, nicht die richtige war.[27] Und ganz besonders schlimm wurde es, als ich unseren Töchtern davon erzählte.

Als meine Eltern sich trennten war ich sechs Jahre alt; es muss für mich sehr schlimm gewesen sein, denn ich habe bis heute keinerlei Erinnerung daran: Nicht wie und wann sie mir es gesagt haben, nicht an die erste Zeit danach. Nicht an die Gefühle, die ich damals gehabt haben muss. Nichts – obwohl es sich irgendwo in meine Gehirn gebrannt haben muss! Ich hoffe, dass es mir erspart bleibt: Dass sich diese bis heute verschlossene Schublade in meinen Erinnerungen doch noch öffnet.

Sicher haben meine Erfahrungen auch dazu beigetragen, dass ich in den vielen Jahren meiner Ehe nie daran dachte hatte mich zu trennen: Ich wollte alles dafür tun, um meinen Kindern das zu ersparen, was ich nach der Scheidung meiner Eltern durchmachen musste. Wollte für sie das haben und bewahren, was mir immer so sehr gefehlt hatte – und mir jetzt, heute, viele Jahre später, wieder so sehr fehlt: Eine Familie.

Ich hatte mir bisher noch keine Gedanken gemacht, wie es meine Kinder auffassen würden, und nun große Angst davor - schließlich bedeutete das auch für sie eine nicht erwartete und gravierende Änderung ihres Lebens: Ich nahm ihnen einen zentralen, sicheren Hafen in ihrem Leben. Ihre Reaktionen waren anders als ich es erwartet hatte: Sie hatten Verständnis für mein Handeln!

---

[27] *Was ich damit meine steht unter*
http://www.spektrum.de/ rezension/narzissmus/782685).

Ja, natürlich waren sie todtraurig. Natürlich haben sie geweint – und dies ist wieder so einen Stelle in meiner Geschichte, an der ich meine, nicht weiter schreiben zu können: Weil es so schwer für mich ist mich daran zu erinnern. Weil ich es war, der all das getan hat. Weil es so weh tut – auch nach so vielen Jahren.

Aber: Sie sagten mir auch, dass es gut sei, dass ich es jetzt ausgesprochen hatte; und das Einzige was sie mir vorwerfen könnten wäre, dass ich nicht schon eher ehrlich gewesen war: Zu mir – und zu meiner Frau. Und: Dass sie mich trotzdem liebten.

Jetzt musste es also weitergehen: Ich wollte irgendwann auf eigenen Füßen stehen: Ausziehen, eine eigene Wohnung einrichten, ein neues Leben anfangen – und dafür brauchte ich einen Job. Ich suchte weiterhin im sozialen Bereich, weiterhin in Behinderteneinrichtungen; allerdings diesmal nach leitenden Funktionen wie Bereichsleiter, Werkstattleiter oder Bereichsleiter. Ich suchte lange, ich schrieb viele Bewerbungen – und fand nichts. Keiner wollte mich, es gab noch nicht einmal ein einziges Bewerbungsgespräch: In ganz Bayern wollte man nichts von mir und meinen Kenntnissen und Fähigkeiten wissen; und irgendwie war das so wie damals, bevor wir aus NRW weggingen.

Schließlich machte ich es genauso wie damals: Ich dehnte meine Suche aus – und fand etwas in Schleswig-Holstein, in der Nähe von Bad Segeberg, fünfundzwanzig Kilometer von der Ostsee entfernt. Ja, richtig: Fast genau da, wo wir damals als Familie gemeinsam hin wollten, bot sich nun eine Stelle als Heimleiter an: Eine kleine Lebens- und Arbeitsgemeinschaft von Menschen mit und ohne Behinderung suchte nach jemand, der bereit war nicht nur dort zu arbeiten, sondern auch in der Einrichtung zu wohnen: So ähnlich wie in dem

Wohnheim, in dem ich 2003 zum ersten Mal in Kontakt mit Menschen mit Behinderung gekommen war.

So was Verrücktes, dachte ich damals, und heute eigentlich auch wieder: Alles so, wie ich es vor Jahren in der ersten Einrichtung kennen gelernt hatte! Mal ganz ehrlich: Hätten Sie da nicht auch an so was wie ein Zeichen geglaubt? Ich bewarb mich – und bekam einen Vorstellungstermin!

Als ich in den Norden fuhr war ich voller Energie, voller Hoffnung – aber auch mit einer gehörigen Portion Schiss: Wenn man mich dort nehmen würde – würde ich es auch können? Würden die lebenslangen Zweifel an dem was ich tue, dort irgendwann aufhören?

Nach 972 gefahrenen Kilometern fuhr ich auf das Gelände des ehemaligen Gutshofes, auf dem unter anderem die beiden Häuser und der alte Kornspeicher der Einrichtung standen. Das ehemalige Landgut lag sehr abgelegen, etwa 2 Kilometer von einem sehr kleinen Dorf entfernt - das auch schon nur aus einer Ansammlung von ein paar Häusern bestand. Drumherum nur Landschaft, wie sie für Schleswig-Holstein und die Gegend zwischen Lübeck und Kiel so typisch ist: Sanfte niedrige Hügel, die Felder und Wiesen von den sogenannten Knicks unterbrochen (ein Knick ist übrigens eine Art von Wall-Hecke aus Büschen und Sträuchern zwischen den einzelnen Parzellen, als Schutz gegen Wildverbiss, Wind und als lebender Grenzzaun). Es war sehr ruhig dort, und es gefiel mir gut.

Der Einrichtungsträger war ein eingetragener Verein, und ich war mit dem Vereinsvorstand im ehemaligen Waschhaus des früheren Gutes verabredet; und an einer Wegkreuzung stand tatsächlich ein sehr altes, rostiges, eisernes Schild: „Zum Waschhaus".

Der Weg dorthin führte durch eine kleine Allee aus Kastanien, und direkt vor dem Haus stand eine sehr große, sehr alte Eiche. Es lag etwas abgelegen, vor einem alten Mischwald: Ein altes, schönes Gebäude, umgeben von einem etwas ungepflegtem Garten, und einem sehr schönem, großen Balkon im oberen Stock – dort würde man bestimmt wunderbar sitzen und die Seele baumeln lassen können. Vor dem Haus, auf einer kleinen Terrasse, saßen ein paar Menschen, schauten mir erwartungsvoll entgegen. Mir war ganz schön mulmig, und ich war sehr aufgeregt – was würde mich erwarten?

Aber – diese Unsicherheit jetzt war nichts im Vergleich zu den Gefühlen, die mich ein paar Wochen später packen sollten: Als ich mich von meiner Frau, meinen Töchtern und meiner Enkelin verabschiedete, mich in den vollgepackten Transporter setzte, und losfuhr.

✦

Von Schweinen und Menschen

„Ich bin wie alle Menschen: Ich sehe die Welt so,
wie ich sie gerne hätte; und nicht so, wie sie tatsächlich ist".

(Aus: „Der Alchimist" von Paulo Coelho)

2012

Wenn ich diese Zeit und ihre Ereignisse aus der heutigen Sicht be-
trachte ist mir völlig unverständlich, dass ich damals annahm, es dort,
in Schleswig-Holstein, zu schaffen. Dass ich wirklich glaubte, es dort
allein zu packen – mein neues Leben. Damals allerdings war ich fest
davon überzeugt, dass es das sei was ich wollte: Nach der langen Zeit
zusammen mit meiner Frau (immerhin 25 Jahre) und der langen Verantwortung als Vater endlich wieder allein zu leben. Alles endlich genau so machen zu können, wie ich es will. Nur ich. Nur auf mich und
meine Wünsche und Bedürfnisse zu schauen - und dann wieder ins
Leben hinaus zu gehen. Frei zu sein. Ganz einfach. Und... ganz egoistisch. Wie man sehen wird, kam alles ganz anders.

Das Vorstellungsgespräch verlief überaus positiv, sehr angenehm –
bis auf die für mich etwas befremdende Tatsache, dass dabei nach
kürzester Zeit mit mir auch über zwei langjährige Mitarbeiter des
Teams gesprochen wurde, die zu „entlassen" eine meiner erste Aufgaben sein sollte: Die Einrichtung war, wie so viele andere ihrer Art
auch, vor über 20 Jahren als alternative Lebensform gegründet worden. Das ehemalige Landgut, auf dessen Grund dieses Vorhaben umgesetzt werden sollte, hatten die Töchter der früheren Besitzer geerbt;

und eine davon, von Beruf Sozialpädagogin, hatte zusammen mit ihrem Mann und einem befreundeten Paar die Idee dazu, wie sie ihr Leben leben wollten: Eine Lebens- und Arbeitsgemeinschaft von Menschen mit und ohne Behinderung. Eine Gemeinschaft gründen, in der sich die Starken wirklich für die Schwachen einsetzen. In der es keine Vorurteile gibt gegenüber Behinderungen gibt – und in der ganz individuell gelebt werden sollte. Alles geschah mit viel Enthusiasmus, viel Eigenleistung, und war viele Jahre gut gegangen.

Aber, Menschen verändern sich, entwickeln sich – auch in unterschiedliche Richtungen. Lebensentwürfe stellen sich als nicht richtig heraus, Partnerschaften zerbrechen, Schicksalsschläge fordern plötzliche Veränderungen der Lebensumstände. Wie gesagt:

Wenn Du Gott zum Lachen bringen willst, erzähl ihm von deinen Plänen!

Und so war es mit den Jahren gekommen, dass sich die ursprünglich besten Freunde auseinander lebten, jeder etwas Anderes wollte als ursprünglich vereinbart - und die Zerwürfnisse begangen.

Warum auch immer: Irgendwann war keine wirkliche Kommunikation mehr möglich, konnte kein echter Konsens mehr gefunden werden. Und so entstanden nach und nach zwei Lager, die unterschiedliche Vorstellungen hatten, und die den Fortbestand der Einrichtung immer mehr und mehr gefährdeten. Schließlich kam es so weit, dass sich die Heimaufsicht einschalten musste: Weil so eine Entwicklung, gerade bei einer so kleinen, persönlichen Gemeinschaft, schnell zu Lasten der Betreuten geht - den Schwächeren, um die es dabei letztendlich geht.

Der Vorstand wurde ausgewechselt, und es wurde nach einem neuen Heimleiter gesucht: Es fand sich einer, der blieb eine kurze Zeit und schmiss das Handtuch (das erfuhr ich allerdings erst viel später). Also wurde erneut gesucht – und ich sollte es nun werden. Alles sollte sich ändern. Was sich jedoch nicht verändert hatte, waren die alten, über viele Jahre gewachsenen Strukturen innerhalb der Gruppen und Mitarbeiter vor Ort; aber dass wusste ich natürlich noch nicht.

Wie so oft meldete sich mein Bauchgefühl: Eigentlich hatte ich ja schon lange gelernt, dass ich mich darauf verlassen kann, wenn sich mein lieber Bauch bei mir meldet: Wenn da dieses Gefühl aufsteigt gilt es sich schleunigst zu verabschieden.

Es war schon wirklich irgendwie seltsam, mit so was gleich zu Anfang konfrontiert zu werden. Aber, ich wollte jetzt unbedingt etwas machen, etwas verändern, etwas schaffen. Meine Ideen umsetzen. Nicht mehr warten, nicht mehr zweifeln. Ich hatte, seit ich damals als Hilfskraft anfing, so viel aufgegeben, hatte so viel gelernt, so viele Erfahrungen machen können – jetzt wollte ich endlich loslegen. Und endlich anfangen wieder zu leben!

Ja, und außerdem: Und wenn sich mein Bauch doch irrte? Wenn es nur die Unsicherheit der Depression war, die ich ja noch nicht so lange hinter mir hatte? Könnte doch sein, dass ich nur alles schwarz sah! Oder? Vielleicht hatte mich mein Schicksal wirklich hierhin gebracht, damit ich derjenige Held würde, der gerade hier hin gehörte – um es richtig zu machen? Und wenn die zwei Leute hier weg sollten, weil sie wirklich nur Unfrieden brachten und ich dafür sorgen sollte dass es damit aufhört: Das Leben ist halt hart! Well – so what?

So was Bescheuertes, denk ich gerade.

Die Dienstwohnung war ein Traum: Altbau, alter Dielenboden, große, schöne, alte Fenster, eine moderne Einbauküche, viel Platz – und der schon erwähnte Balkon, etwa 3x4 Meter groß; mit einem Blick in den Garten, durch die großen, alten Bäume, bis hin zu dem alten, großen Getreidespeicher. Vom Haus etwa 50 Meter weit weg war eine Wiese, umstanden von sieben riesigen, uralten Eichen – ein richtiger Kraftort. Wenn man vom Hof mit dem Rad etwa 10 Minuten fuhr war man an einem großen See der Trave: Ein Fluss, der durch Schleswig-Holstein fließt, und schließlich im bekannten Badeort Travemünde in der Ostsee mündet. Nach Lübeck war es ein Katzensprung, nach Dänemark etwa eine Stunde. So etwas hätten wir als Familie gerne gehabt – jetzt konnte ich es für mich allein haben. Es war einfach nicht zu glauben.

In diesem Haus lebten fünf Menschen mit Behinderungen – geistiger und seelischer Art – und mit diesen sollte ich gemeinsam dort wohnen. In dem anderen Haus der Einrichtung, der sogenannten „Villa" (das ehemalige Kutscherhaus) lebten noch drei weitere Menschen mit Handicap, zusammen mit dem dort ebenfalls wohnenden Betreuerpaar: Ich hatte sie vor dem Vorstellungsgespräch kurz kennengelernt, und wusste von ihnen außer ihren Namen bisher eben nur, dass der komplette Vereinsvorstand sie gerne so schnell wie möglich los sein wollte.

Keine Ahnung, warum das damals bei mir nicht alle Alarmglocken mit aller Macht läuten lies: Was war denn das für ein Einstand für einen neuen Heimleiter, wenn er als Erstes zwei langjährige Teammitglieder entließ?

Was für ein Eindruck sollte dadurch bei den betreuten Menschen entstehen – wenn ein Neuer kommt, und die Menschen, die nun jahrelang mit ihnen zusammen gewohnt hatten, rausschmeißt?

Wie sollte man so ein Vertrauen aufbauen – und als Neuer dort selbst eine Basis finden für ein gänzlich neues Leben, in einer Gemeinschaft ?

Und - wenn ich es auch für mich behielt, denn natürlich hatte ich im Vorstellungsgespräch nichts von meinen langjährigen Depressions-Erfahrungen erzählt, schließlich wollte ich ja einen Job bekommen: Was würde das mit meiner Seele veranstalten? Würde ich so was mit meinem Gewissen vereinbaren können? Würde ich das überhaupt WOLLEN? Wie blind kann man eigentlich noch sein!

Das dritte Gebäude der Einrichtung war der alte Kornspeicher, ein dreistöckiges, riesiges Backsteingebäude, in dem nur das Erdgeschoss noch genutzt wurde, der Rest stand leer – was es da für Möglichkeiten geben würde: Mir schossen direkt Ideen wie eine Fahrradwerkstatt, eine Holzwerkstatt und ein Café durch den Kopf.

Die eine Seite des Speichererdgeschoss war Garage für Schlepper und Werkstatt – und unglaublich unordentlich. Auf der anderen Seite waren drei Ställe: In einem waren eine altersschwache Ziege und ein riesiger, imposanter Ziegenbock untergebracht; der Boden war mit einem bestimmt acht Zentimeter dicken, festgetretenen Belag aus Stroh und Kot bedeckt, auf dem die Tiere standen. Ich war entsetzt!

OK, ich habe wirklich keinerlei Ahnung über Nutzviehhaltung – aber das es einem Tier nicht gefällt ständig in den eigenen Exkrementen zu laufen: Da bin ich mir sicher! Aber, mir wurde gesagt, dass das schon immer so gemacht worden war. Aha!

In den beiden anderen Ställen waren bis zum Herbst des Vorjahres ein paar Schweine gehalten worden, die mittlerweile den Gang allen Nutzviehs gegangen waren: Zum Schlachter und in die Tiefkühltruhen. Der Vorstand war sich ganz einig dass es zukünftig keine

Schweine mehr geben sollte – die Arbeit war von den Bewohnern nie gern gemacht worden. Statt dessen sollten andere Arbeitsbereiche gebildet werden, und das war ebenfalls meine zukünftige Aufgabe. Wenn ich damals nur schon hätte ahnen können, dass gerade dieses Thema den Ausschlag dafür geben würde alles in Frage zu stellen!

Meine Aufgaben würden neben der Heimleitung, die etwa 30 – 50 Prozent der Arbeitszeit einnehmen würde, die Begleitung und Betreuung der anvertrauten Menschen in ihrem Tagesablauf sein: Ich würde mit ihnen einfache Arbeiten in der Einrichtung machen wie Gartenpflege, kleinere Reparaturen mit ihnen durchführen und Freizeit gestalten. Wir würden gemeinsam einkaufen, kochen, putzen, fernsehen. Feiern und trauern, lachen und weinen. Ich wäre verantwortlich für das Mitarbeiterteam von sechs Arbeitskräften, die Einhaltung von Vorschriften, der Dienstplanung, der Wirtschaftlichkeit und und und.

Ich war sehr angetan vom Ganzen, sah für mich eine Menge an Möglichkeiten meine über die Jahre entstandenen Ideen, wie denn eine Einrichtung für Menschen mit Behinderung aussehen könnte, umzusetzen – und eine ganze Menge persönlicher Freiheiten!

Ideal. Wenn... ja wenn da nicht dieses komische Gefühl gewesen wäre - und diese geplanten Entlassungen.

Ich fuhr nach drei Tagen wieder nach Haus, voller Eindrücke und Hoffnungen. Aber auch sehr unsicher: Wenn ich zusagte bedeutete das, dass ich knapp tausend Km von meinen Kindern entfernt leben würde. Es bedeutete auch, dass ich ohne vertraute Menschen ganz neu anfangen müsste, in einer Gegend in der ich niemand kannte.

In unseren Urlauben in Schleswig-Holstein und in Dänemark hatten wir immer davon geträumt dort mal zu leben – das war ja auch

2007 der Grund gewesen dort nach Arbeit für mich zu suchen. Und jetzt?

Heute, wo ich Jahre später an meinem Schreibtisch sitze und darüber schreibe wie es damals war, ist das für mich kaum zu begreifen was ich da anstellte – aber ich sah darin in jener Zeit die einzige Möglichkeit, kurzfristig neu anzufangen. Ich wollte und musste aus der gemeinsamen Wohnung raus, ich erstickte dort. Und: ich musste endlich wieder Geld verdienen, denn ALG II drohte für den kommenden Monat!

Die Vorstellung so radikal neu anzufangen machte mir gehörig Angst – aber andererseits fühlte ich mich durch die Entscheidung mich von meiner Frau zu trennen wieder stärker, hatte wieder Energie; die Depression war völlig im Hintergrund verschwunden, ich dachte und hoffte damals auch dass sie ein für allemal bewältigt sei. Irgendwie fühlte ich mich nach vielen vielen Jahren zum ersten Mal wieder als Mann, der sein Leben in die Hand nimmt. War zuversichtlich, malte mir alles in den wärmsten Farben aus, streifte meine Bedenken mehr und mehr ab. Ich schwankte hin und her - und sagte nach ein paar Tagen zu.

Bis zu meinem Umzug waren es noch etwa drei Wochen – Zeit genug um einen Transporter zu organisieren, zu überlegen, was ich vom gemeinsamen Hausstand mitnehmen würde, Umzugskartons zu besorgen und so weiter. Zeit genug, um immer mehr zu fühlen was da jetzt passierte: Die Auflösung meiner Familie – voran getrieben durch mich. Je näher der Termin kam, um so schlechter ging es mir: Es fing mit ein wenig Druck in der Brust an, der sich immer mehr steigerte – bis ich schließlich kaum noch atmen konnte. Die Angst davor nun tatsächlich das zu tun was ich mir überlegt hatte wurde ungeheuerlich – nie hätte ich mir so etwas vorstellen können!

Schließlich war alles verpackt und eingeladen, das Motorrad fest verzurrt, und ich stand im strömenden Regen vor dem Transporter, zusammen mit meiner jüngsten Tochter, von meiner ältesten hatte ich mich schon einen Tag zuvor verabschiedet.

Oben, am Fenster stand die Frau, mit der ich über 25 Jahre lang zusammen gelebt hatte. Sie hatte meine Enkelin auf dem Arm – und winkte. Es war so ungeheuer schlimm – ich dachte wirklich dass ich es nicht ertragen und zusammenbrechen würde.

Vielleicht hätte ich es besser getan – zusammenbrechen, aufgeben, annehmen was ist. Und Schluss. Nein: Ganz sicher wäre es besser gewesen! Aber ich tat es nicht; und darum bin ich heute der Mensch, der durch all die nun folgenden Ereignisse bewusster geworden ist. Sich selbst bewusster.

Als ich endlich losfuhr weinte ich wie schon sehr sehr lange nicht mehr – der Abschiedsschmerz war geradezu unerträglich.

Aber ich wollte und musste jetzt das tun, was ich angefangen hatte, es gab damals keine andere Möglichkeit für mich, so elend ich mich auch fühlte.

Die Fahrt in den Norden verlief ohne Probleme, und als ich vor dem Waschhaus vorfuhr, wurde ich freudig von den Bewohnern empfangen. Der Transporter war mit ihrer Hilfe schnell entladen – ich hatte nicht sehr viel aus dem gemeinsamen Hausstand mitgenommen: Zum Einen wollte ich ja neu anfangen, und dazu gehörten auch neue Möbel und so weiter, dachte ich. Und es war mir trotz allem Egoismus wichtig, dass ich meiner Frau und meinen Kindern das vertraute Zuhause nicht zerstörte, sie noch mehr ins Chaos stürzte, als ich es eh schon getan hatte – so weit war ich also doch noch in der Lage die Auswirkungen meines Tuns zu bedenken.

Abends saß ich dann im Kreis meiner neuen Kollegen und meiner Mitbewohner am Abendbrottisch, wurde willkommen geheißen – und so allmählich breitete sich in mir etwas wie Ruhe aus. Es fühlte sich gut an.

Und am nächsten Morgen – begann mein neues Leben.

✦

Und schon wieder auf der Suche!

Da war ich also: Der neue Heimleiter - voller Elan, voller Ideen, voller Zuversicht und voller Überzeugung, dass er es nun richtig machen würde.

Meine Tage begannen morgens mit einem gemeinsamen Frühstück mit den Bewohnern, die meistens von allein aufstanden. Es war ein schönes Frühjahr, und wir saßen sehr oft draußen auf der kleinen Terrasse: Fast alle in der Einrichtung rauchten, sowohl die Bewohner als auch die Betreuer. In den Häusern war das Rauchen verboten, und so war ein Frühstück draußen immer willkommen – denn dann konnte dabei geraucht werden! Ich als Nichtraucher war froh, dass der ganze Qualm nicht ins Haus kam. Wir tranken draußen Kaffee, aßen, redeten und schauten in die Natur, von der es rundherum reichlich gab.

Damals, und auch in der Rückschau faszinieren mich nach wie vor besonders die vielen großen Eichen, die überall auf dem Gelände standen, zum Teil in Gruppen, zum Teil einzeln – so wie auch das besonders stattliche Exemplar direkt vor dem Waschhaus. Sie war bestimmt zehn bis zwölf Meter hoch, der Stamm hatte sicher einen Durchmesser von 120 cm, wenn nicht sogar mehr. In etwa drei Meter

Höhe hatte er sich in zwei Hauptstämme aufgeteilt, und von dort aus eine hohe, dichte und weite Krone gebildet, die an den noch folgenden heißen Sommertagen einen schönen, kühlen Schatten warf.

Der Schatten von Bäumen ist dadurch kühler als ein künstlicher Schatten, weil über die Blätter Feuchtigkeit abgegeben wird, die im Sonnenlicht verdunstet; dafür ist Wärme nötig, die der Umgebung entzogen wird, die Luft wird kälter. Und da kalte Luft schwerer ist als warme und nach unten sinkt, ist es darunter kühler - wo wir uns dann wunderbar erholen können. Herrliche Einrichtung der Natur, nicht?

Es war für mich schon immer etwas Besonderes, diese zum Teil Jahrhunderte alten Lebewesen zu berühren, zu ertasten, zu fühlen. Mir vorzustellen, was sich im Laufe ihres Lebens so alles an diesem einen Ort, an dem sie stehen, zugetragen hat. Was gekommen, was gegangen war, in all der Zeit. Nach wie vor ist der Wald der Ort, an dem ich mich besonders mit der Ewigkeit verbunden fühle – wo ich mit dem, was andere vielleicht Gott nennen, am besten reden kann.

Das Frühstück dauerte immer bis etwa 9 Uhr, dann kamen die externen Arbeitstherapeuten, die mit den Menschen die Arbeitsstunden strukturierten: Jetzt, im Frühjahr, war besonders oft Gartenarbeit angesagt. Bei Regen wurden in der Filzwerkstatt schöne Bilder, Taschen und Sitzkissen hergestellt, die in einem Laden in der Nähe verkauft wurden. Einer der Bewohner hatte immer Mittagsdienst, und bereitete mit Unterstützung das Mittagessen zu; die Ziegen mussten versorgt werden, und im Haus wurde geputzt. Na ja – so was Ähnliches wie Putzen! Ich kam erst wieder zur Mittagspause hinzu, bis dahin hatte ich mit Verwaltungs- und Organisationsaufgaben gut zu tun. Zum

Mittag kamen die Bewohner in ihren Häusern wieder zusammen – jedes Haus kochte für sich, nur am Samstag gab es für alle ein gemeinsames Essen in einem der Häuser. Es folgte eine ausgedehnte Mittagspause, und am Nachmittag wurde dann wieder weiter gearbeitet. Zwischendurch gab es immer wieder auswärtige Dinge zu erledigen – Arztbesuche, Therapiestunden, Einkäufe und dergleichen. Außerdem, da ja wirklich alle auf dem Gut lebenden Menschen rauchten, gab es immer wieder Rauchpausen: Ausnahmen, die feste Gewohnheit geworden waren – also, echte und irgendwie produktive Arbeitszeit war ziemlich selten. Auch das war mir vom Vorstand als Aufgabe aufgegeben worden: Mehr echte Struktur hinein zu bringen, mehr „echtes" Leben inklusive realem Arbeitsleben zu schaffen. So, wie es bisher lief, war das ganze mehr Freizeitgestaltung als wirkliche Arbeit. Abends kam man dann wieder zum Abendbrot zusammen, klönschnackte[28] noch ein bisschen, dann erfolgte noch etwas Hausarbeit und - dann Freizeit.

Alles war ganz neu, und doch war auch vieles sehr vertraut – so ähnlich läuft es in ja vielen Einrichtungen für Menschen ab, auch dort, wo ich zuvor gearbeitet hatte. Hier war ich jedoch auch nach Feierabend noch mittendrin im Geschehen – und das war eigentlich recht schön: So lernte ich die Menschen, die ich beruflich betreute, auch privat ganz nah kennen.

Es war für mich immer wieder besonders schön den Senior der Gruppe abends, so gegen 22 Uhr, noch mal auf meiner Gute-Nacht-Runde durchs Haus zu besuchen: Ein Mann im Rentenalter, der schon stark gehbehindert war, und nur noch als „Beobachter" am Arbeitsle-

---

[28] *Klönschnack ist ein im Norddeutschen gebräuchliches Wort für eine gemütliche Konversation, ein Plaudern, ein Schwätzchen.*

ben teilnahm. Er schaute leidenschaftlich gern TV, und ich setzte mich immer ein Weilchen zu ihm. Wir redeten dann über die Nachrichten, über Fußball und übers Fernsehprogramm im allgemeinen. Besonders freute er sich immer auf „Inspektor Barnikel", wie er die englische Serie *Inspektor Barnaby* nannte; dann hatte er auch gar keine Zeit mehr für mich. Freitags schauten wir oft zusammen die „*Heute-Show*" - und obwohl ich mir sicher bin, dass er die meisten satirischen Seitenhiebe der Kabarettisten nicht verstehen konnte, amüsierte er sich königlich darüber. Und wir - hatten gemeinsam viel Spaß. Dann musste ich noch seine Beine und seinen Rücken einreiben, ihm die Decken etwas richten, wünschte ihm noch eine gute Nacht, und er und ich waren es zufrieden.

Als die Einrichtung später aufgelöst wurde ist er in ein Seniorenheim gekommen, auch, weil er doch schon immer pflegebedürftiger geworden war. Ich wünsche ihm, dass er noch recht lange seine Fernsehabende genießen kann.

Dann war da der junge Mann Anfang dreißig aus der früheren DDR, der keine geistige, sondern eine psychische Behinderung hatte: Er litt unter einer extremen Angststörung und unter einer paranoiden Schizophrenie. Ein Kerl von einem Mann, ein richtiger Brocken – groß, schwer, breit, stattlich. Die langen Haare meist zu einem Pferdeschwanz zusammen gebunden. Ein sehr netter Kerl, ein guter Kumpel – und mit dem größten Wunsch irgend wann einmal wieder in einer eigenen Wohnung zu leben, zusammen mit einem Freund. Er lebte schon lange in der Gegend von Hamburg, hatte seinen sächsischen Akzent völlig gegen den norddeutschen Zungenschlag getauscht; wenn man nicht wusste wo er her stammte hätte man nicht geglaubt, dass er andere Wurzeln als die im Norden hatte. Sein Traumwagen war ein auf neudeutsch sogenannter SUV, also ein Geländewagen, den man auch im Alltag benutzen konnte. Und witzigerweise war es das gleiche Auto diesen Typus, das ich mir auch gern irgendwann mal zulegen möchte: Nein, keinen Porsche Cayenne (*wussten Sie, das es in diesem Mords Trum von Auto, je nach Ausstattung 150 bis 160 elektrische Stellmotoren für alle möglichen Funktionen gibt? Und dass er bis zu 2,4 Tonnen – 2.400 Kg! - wiegt?*), keinen Mercedes G oder M-Typ, und auch keinen Chevrolet TrailBlazer von 1999 – sondern einen Lada Niva (*der übrigens seit 2013 Lada Taiga heißt, und gerade mal die Hälfte des Porsches wiegt*). Sein rustikaler Charme, seine einfache Technik, seine Robustheit und seine gute Geländegängigkeit sind etwas ganz anderes als diese Luxuskarossen mit Möchtegern-Status: Einfach nur ein richtiges Auto. Mehr nicht, und nicht weniger.

Seine Angststörung war so extrem, dass es ihm nur unter Aufbietung aller Kräfte gelang, das Gelände der Einrichtung zu verlassen: Ein Besuch beim Arzt in der Stadt war eine nahezu unmöglich zu bewerkstelligende Aufgabe. Wenn überhaupt nur so, dass er begleitet wurde, das Auto so dicht wie irgend möglich an der Praxis parkte, und er nicht in das Wartezimmer musste, zusammen mit anderen Patienten. Und trotzdem mussten immer wieder Termine abgesagt werden – weil er es einfach nicht schaffte. Zu seiner Therapie gehörte unter anderem, in kleinen Schritten immer mehr zu erfahren, dass es keine reale, nur für ihn persönliche Bedrohung in der Außenwelt gab.

Er war – natürlich! - starker Raucher, und irgendwie musste er ja an Tabak kommen. Manchmal gelang es ihm einen anderen Bewohner zu überreden, ihm von einem Einkauf welchen mitzubringen, denn: Einkaufen in der Stadt, im Supermarkt war für ihn damals unmöglich. Aber, wie schon woanders gesagt, die Hauptaufgabe des Sozialgesetzbuches IX ist die Rehabilitation, die Wiedereingliederung von Menschen mit Behinderung. Und so sind auch die Einrichtungen für sie gehalten, Therapien zu ermöglichen, zu gestalten und durchzuführen.

In der Nähe, etwa 2 Kilometer durch den Wald, über eine Nebenstraße erreichbar war das nächste Dorf – und dort gab es einen Nahversorger-Laden. Wenn es ihm einigermaßen gut ging wurde er dorthin gebracht – in den Laden musste er aber allein, und zurück musste er laufen. Wie man sich vielleicht vorstellen kann gab es immer wieder „Kämpfe" zwischen uns Betreuern und ihm, ob seine Tagesform auch wirklich dazu ausreichte!

Wenn er dann, wirklich völlig erschöpft von der Anspannung, zurück kam, musste er sich erst einmal auf die Terrasse setzen, am besten mit einem heißen Kaffee – und dann eine rauchen.

Überhaupt das Rauchen: Es nahm leider einen hohen Stellenwert bei den Bewohnern ein; nur der Senior rauchte nicht.

Als ich damit anfing die Zeiten der Arbeitstherapie auszuweiten gab es erbitterten Widerstand – weil ich vorschlug die Rauchpausen festzuschreiben und einzugrenzen: Der Heimbeirat wurde einberufen, und der Vorsitzende trat damit an den Vereinsvorstand heran (*übrigens, der Vorsitzende des Rates war der eben geschilderte jung Mann....*). Dann trat der Vorstand in Form des stellvertretenden Vereins-Vorstandsvorsitzenden, in Gesellschaft des Heimbeiratsvorsitzenden an mich heran, um meine Forderungen zu besprechen: Ob es denn nötig sei, schließlich sei es doch egal wann und wieviel, und überhaupt!

Eigentlich ist es sicher unnötig zu sagen, dass natürlich auch der Vereinsvorstandsvorsitzende, ein Ruheständler mit vom Zigaretten-Rauch gelb verfärbten Fingern, gerne auf der Terrasse saß; mit einem Becher Kaffee oder einem mitgebrachten Bierchen. Tja, die lieben Angewohnheiten, in den alten, festgefügten Strukturen.

„Durch das Heimgesetz (HeimG) wird älteren Menschen sowie pflegebe-dürftigen oder behinderten volljährigen Mitbürgern und MitbürgerInnen, die in einem Heim leben, ein Mitwirkungsrecht in Angelegenheiten des Heimbetriebs garantiert. Der Heimbeirat ist das zentrale Mitwirkungsgremi-um und Interessenvertretung für die BewohnerInnen im Heim. Durch ihn wirken die BewohnerInnen von Heimen in Angelegenheiten des Heimbe-triebs wie Aufenthalts-Bedingungen, Heimordnung, Verpflegung und Frei-zeitgestaltung mit. Das Mitwirkungsrecht betrifft aber auch Maßnahmen, die der Sicherung der Qualität der Leistungen des Heimträgers dienen, sowie die Vereinbarungen, die der Heimträger mit den Pflegekassen und den Sozi-alhilfeträgern über die einzelnen Leistungen des Heims, deren Qualität und Preis trifft. Die gesetzlichen Grundlagen finden sich im Heimgesetz_(HeimG) sowie in der Verordnung über die Mitwirkung der Heimbewohner in Angele-genheiten des Heimbetriebs (HeimMitwirkungsV)". [29]

Ach ja, die Realsatire! Nichts ist doch erheiternder als das wahre, das echte Leben.

Das Rauchen bekam dann tragischerweise noch eine ganz andere Be-deutung für unser Gemeinschaftsleben: In der Einrichtung lebte eben-falls eine sehr lebendige, fröhliche, junge Frau Mitte dreißig. Wie die meisten der Bewohner hatte sie einen gesetzlichen Betreuer, der sie in vielen wichtigen sie betreffenden Entscheidungen beriet, und im Zweifelsfall auch für sie entschied.

Eine Betreuung wird von einem Betreuungsgericht angeordnet, wenn der Betroffene infolge einer körperlichen, seelischen oder geistigen Erkran-kung nicht in der Lage ist, seine Angelegenheiten selbst zu besorgen. Typi-

---

[29] *http://www.heimbeirat.de*

sche Krankheiten, die einer Betreuung zugrunde liegen, sind Altersdemenzen (z.B. Alzheimersche Demenz), Psychosen (Schizophrenie, Manie, Depressionen..), Suchtkrankheiten (insbesondere Alkoholismus) und geistige Behinderungen. Die Anregung einer Betreuung (z.b. 85-jähriger Mann lebt allein in Wohnung und verwahrlost zunehmend) erfolgt bei der Betreuungsbehörde oder direkt beim Betreuungsgericht. Die Betreuungsbehörde erstellt in der Regel für das Betreuungsgericht einen Sozialbericht. Der Betreuungsrichter holt dann ein medizinisches Sachverständigengutachten ein, in dem zur Erforderlichkeit und zum Umfang der Betreuung Stellung genommen wird. Nach der Anhörung des Betroffenen durch das Betreuungsgericht wird die Betreuung angeordnet und ein geeigneter Betreuer bestellt. Bei der Anordnung der gesetzlichen Betreuung werden die einzelnen Aufgabenkreise angeordnet. Der Betreuer darf nur innerhalb dieser angeordneten Aufgabenkreise tätig werden. Die typischen Aufgabenkreise sind: Vermögenssorge, Aufenthalts-Bestimmung, Wohnungsangelegenheiten, freiheitsentziehende Maßnahmen (Unterbringungen, Anbringung von Bettgittern..), Anhalten und Öffnen der Post. Die Betreuung wird vom Betreuungsgericht für einen bestimmten Zeitraum angeordnet. Spätestens nach sieben Jahren müssen die Voraussetzungen erneut überprüft werden. Stellt sich heraus, dass die Betreuung nicht mehr erforderlich ist, wird sie aufgehoben. Spätestens mit dem Tod des Betreuten endet die Betreuung".[30]

Bei der Auswahl des für sie passenden Betreuers haben die Betroffenen übrigens ein Mitspracherecht: Sie können sich jederzeit einen Anderen suchen – wenn z.b. das Vertrauensverhältnis gestört ist.

Sie war leicht geistig behindert, hatte eine flotte, blondgefärbte Strähnchen-Kurzhaarfrisur, erzählte gerne und viel, trank am liebsten

---

[30] *http://www.weinsberger-forum.de/berufsbilder/berufsbetreuer/was-ist-eine-gesetzli che-betreuung.html, vom 11.7.2015*

literweise Kaffee – und war verliebt über beide Ohren: Sie hatte einen ebenfalls nur leicht behinderten, ein paar Jahre älteren Mann zum Partner, der selbstständig in einer eigenen Wohnung lebte, Motorroller fuhr, bei einem örtlichen Industriebetrieb arbeitete – und es am liebsten gesehen hätte, wenn sein geliebtes Mädchen so bald als möglich bei ihm eingezogen wäre. Sie war bislang nur jedes zweite Wochenende bei ihm, auch über Nacht; und wenn sie sich nicht sehen konnten, schrieb er ihr süße SMS. Manche las sie uns dann vor – manche aber auch nicht

Einmal, als ich sie nach einem Wochenende bei ihm abholte, war ich noch auf einen Kaffee bei ihnen eingeladen. Sie zeigten mir voller Stolz seine Wohnung, in der auch schon einige Sachen von ihr waren: Alles war sehr aufgeräumt, sehr sauber – und so völlig überladen mit allen möglichen Möbeln und Dingen, dass ich es nicht für möglich gehalten hätte, wäre es mir erzählt worden. Ganz besonders stolz war er auf die große Sammlung von Modell-Autos, und: Dass er einen modernen Körper-Rasierer hatte!

Sie grinste, als er mir davon erzählte und gleich darauf loslief, um mir das moderne Elektro-Gerät zeigte, mit dem man sowohl trocken als auch nass rasieren konnte; dass sie ihm bei ihren Besuchen den Rücken damit rasierte wurde mir ebenfalls mitgeteilt.

Sie grinste dabei wieder, halb verlegen, teils fröhlich-glücklich – und ich bin sicher, auch ein wenig stolz auf ihren Kerl. Und dann – schob er sein T-shirt hoch, um mir stolz seine glatte, haarlose Brust zu zeigen!

Sie hatte einige Jahre zuvor eine Krebserkrankung, die aber gut behandelt werden konnte. In Abständen wurden immer wieder Kontrolluntersuchungen durchgeführt, und bei einer stellten die Ärzte nun Schatten in ihre Lunge fest. Schnell stellte sich heraus, dass der Lungenkrebs schon weit fortgeschritten war. Zu weit: Ein paar Monate noch, hieß es, vielleicht ein Jahr; aber eher weniger. Alle, wirklich alle waren unglaublich betroffen, dass es ausgerechnet sie erwischt hatte. Mit ihrem gesetzlichem Betreuer wurde vereinbart, dass sie über die finale Diagnose nicht informiert werden sollte; was für uns als täglich mit ihr Zusammenlebenden wirklich nicht einfach auszuhalten war.

Die junge Frau hatte die Nachricht von ihrer Erkrankung bestimmt gefasster aufgenommen, als es wir anderen getan hätten, wäre sie uns gestellt worden – sie war eben ein überaus lebensfroher, optimistischer Mensch. Ihr Arzt sagte, dass es für sie gut sei mit dem Rauchen aufzuhören: Es würde ihr das Leben erleichtern, wenn ihr Körper nicht auch noch gegen die Gifte im Zigarettenrauch ankämpfen müsste, er hätte mit dem Krebs schon genug zu tun.

Der Sommerurlaub stand vor der Tür, es sollte in eine Ferienwohnung gehen, im Lauenburger Land.

Ich hab am Anfang meiner Geschichte darüber geschrieben wie schwer es mir gefallen war, mit der elenden Qualmerei aufzuhören; und ich kenne eine Menge Menschen, die es ihr Leben lang versuchten, und es nie geschafft haben.

Als ich nun von ihr hörte, dass sie im Urlaub damit aufhören wolle, war ich skeptisch: Wie sollte sie das schaffen – zumal alle anderen um sie herum weiter rauchten, darüber gab es gar keine Zweifel. Ich setzte mich mit den anderen Bewohnern und dem Team zusammen, ich bat alle inständig auf sie Rücksicht zu nehmen, und wenn irgend möglich nicht in ihrer Gegenwart zu rauchen. Ich denke, verstanden haben es alle; aber ich weiß leider auch wie stark die Sucht nach Nikotin ist.

Nach drei Wochen kam das Grüppchen wieder zurück, hatten den Umständen entsprechend einen schönen Urlaub gehabt. Die junge Frau war im Urlaub von ihrem Liebsten mit dem Roller besucht worden *(mit einem Mofa-Roller! Mit einer Höchstgeschwindigkeit von 25 km/h! Hut ab – ich denke er wird etwa 5-6 Stunden gebraucht haben, bis er da war; unter Motorradfahrern nennt man so einen respektvoll schon fast einen „Iron Butt" - einen Eisenarsch).* Sie hatten überlegt, dass sie nun bald zusammen ziehen wollten, ihre Leben gemeinsam verbringen. Und: Sie hatte es tatsächlich geschafft mit dem Rauchen aufzuhören! Sie platzte fast vor Stolz, als sie mir das sagte - mit Recht. Und ich - war völlig baff.

Der Vereinsvorstandsvorsitzende mit den nikotingelben Fingern hatte übrigens ebenfalls versucht aufzuhören: Ein Verwandter von ihm war gerade erst an Lungenkrebs gestorben; und so etwas erschüttert einen doch ganz ordentlich, wenn man ebenfalls starker Raucher ist. Aber, er schaffte es nicht: Nach ein paar Tagen versuchte er zuerst seine Sucht mit Paffen aus seiner Tabakspfeife in den Griff zu bekommen. Aber schon bald sah man ihn wieder mit den Sargnägeln durch die Gegend laufen: Es ist halt sehr, sehr schwer. Wie schon erwähnt weiß ich heute, dass der Entzug der Nikotinsucht ähnlich schlimm ist wie bei einer Heroinsucht.

Ein paar Monate, nachdem ich die Einrichtung wieder verlassen hatte, bekam ich eine Mail: Sie war nicht mehr zu ihrem Liebsten gezogen, sondern bis zum Schluss in der ihr seit 15 Jahren vertrauten Umgebung geblieben, an dem Ort der ihr Zuhause geworden war;

und von dem Paar, das ich eigentlich entlassen sollte, war sie bis zuletzt gepflegt worden. So kann's gehen.

Es war schon eine intensive und auch schöne Zeit dort oben - im Norden, wo ich immer hin wollte. Ich machte, tat, regelte, ruderte vor und wieder zurück. Stritt mich mit den Menschen und vertrug mich wieder, erledigte Arbeiten, die schon Jahre zuvor hätten geregelt werden sollen, versuchte Änderungen herbeizuführen, scheiterte mal und gewann mal. Ganz normal.

Ich versuchte eine Lösung zu finden, wie denn das Betreuerpaar und die Einrichtung irgendwie einen Konsens finden konnten, kam aber nicht wirklich weiter – und irgendwie hatte das auch wieder mit alten Seilschaften innerhalb des Vereins zu tun; denn, wie ich nun allmählich heraus bekam, war sich der Vorstand in Wirklichkeit gar nicht so einig, wie es denn am Anfang den Anschein gehabt hatte: Derjenige im Vorstand, der zeitlich und räumlich am meisten mit den Bewohnern und Mitarbeitern zu tun hatte, war zwar offiziell auch der Meinung dass ein anderes Betreuerpaar besser wäre – aber eben nur offiziell; hintenherum wurde Stimmung dagegen gemacht, sogar bei den Bewohnern. Es war von Anfang an so eine verfahrene, verlogene Kiste - und ich mittendrin. Es war gar nicht meins.

Zu meiner Familie in Bayern hatte ich fast täglich Telefon-Kontakt, insbesondere zu meinen Kindern, aber auch meine Noch-Frau und ich telefonierten viel: Wir hatten uns schon immer viel zu sagen gehabt, und das hatte sich noch nicht geändert. Wir brauchten nach wie vor unsere gemeinsamen Gespräche, denn: Ich war jetzt alleine, ebenso wie sie. Mit wem sollten wir also jetzt reden?

Ich war fast tausend Kilometer von meiner Enkelin und meinen Töchtern entfernt, ich war hier nach wie vor fremd, und ich hatte feststellen müssen, dass meine Leidenschaft für das Meer und den Norden mich jetzt nicht so glücklich machte, wie ich es mir gedacht hatte. Statt dessen war da nun die Sehnsucht nach den Bergen, das Fehlen der Motorradfahrten in der weichen Voralpenlandschaft, das wärmere Klima, und - die offeneren Menschen. Das Gefühl von Einsamkeit und Fremdsein hatte mich ja schon mein Leben lang begleitet; jetzt wurde es ganz real. Und, ich wollte meine Enkelin wiedersehen!

Im Urlaub fuhr ich ein paar Tage zu meiner Ältesten nach Salzburg, traf meine Jüngste und ihre Tochter. Es war einfach unglaublich schön – und mir wurde immer klarer, dass ich einen schweren Fehler begangen hatte..

Wieder zurück geschah etwas, das mich endgültig davon überzeugte, dass ich wieder einmal in einer beruflichen Sackgasse gelandet war: In einem Gespräch mit einem Betreuten erfuhr ich so ganz zufällig und nebenbei, dass ein Vorstandsmitglied (sie können sich sicher denken, wer) ihm gesagt hatte, dass etwas in der Einrichtung geändert würde: Es sollten wieder Schweine gehalten werden – ohne, dass vorher mit mir darüber gesprochen wurde. Ich war empört: Es wird was Wesentliches geändert, das ganz anders mit mir besprochen worden war – und ich als Heimleiter erfahre davon nichts? Ich stellte das Mitglied und den Vorstand zur Rede, und tatsächlich war es so: Man hatte es schlichtweg nicht für nötig gehalten, mich darüber zu informieren. Wie mir kurz danach vom ehemaligen Heimleiter bestätigt wurde, den ich nach diesem Ereignis anrief um Klarheit zu erhalten, war es vorher schon so gewesen - und wohl auch bereits schon vor ihm: All das was, man mit mir besprochen hatte, war auch mit ihm ausgemacht. Alles sollte anders, sollte besser werden – aber als es dann so weit war, kniffen alle Verantwortlichen den Schwanz ein.

„Wasch mich, aber mach mich nicht nass" hieß die Devise: Sobald es unbequem wurde und man hätte Farbe bekennen müssen – wurde der Kahn mit voller Kraft zurück gerudert. Ihm, meinem Vorgänger war seine Lebenszeit zu kostbar geworden, als er das begriff: Sich für etwas engagieren und aufreiben, und das völlig umsonst? Nehe!

Ich traf mich mit einer der Besitzerinnen, denen das Gut gehörte, und die ebenfalls im Vorstand saß; und sie bestätigte mir mehr oder weniger kleinlaut all das, was sich nun herausstellte. Sagte mir, dass der Verein schon kurz vor der Auflösung gestanden hatte, weil die Heimaufsicht auf längst fällige Änderungen bestand, die aber aufgrund der bestehenden Seilschaften nicht durchgesetzt worden konnten. Und: Dass ich nochmal ein Versuch gewesen war, es trotzdem zu schaffen.

Alles war so gekommen, wie mir eine externe Mitarbeiterin der Einrichtung zu Anfang, nachdem wir uns etwas angefreundet hatten, erzählte, und das ich in meiner Verbohrtheit nicht glauben wollte - weil, nun war ja ich da: Hier war schon seit Jahren nichts mehr zu machen, weil es eigentlich auch keiner wirklich wollte. Jeder wollte weiter ein angenehmes Leben auf Kosten des Sozialwesens haben, wie schon all die Jahre zuvor - und bloß nix Neues! Dass sich die Zeiten geändert hatten, es zum Glück der betreuten Menschen höhere Qualitäts- und Qualifizierungsanforderungen gab, wollte hier so keiner recht haben. Wie hatte sie damals gesagt: „An deiner Stelle würde ich die Hacken in den Teer stemmen und verschwinden!".

Das war's. Ich rief den Vorstand an und sagte, dass ich meinen Vertrag kündigen würde.

Die Heimaufsicht wurde von mir über meine Kündigung informiert - worauf sie wenige Tage später in einem Treffen mit dem Vorstand, zu dem ich auch eingeladen worden war, den Beschluss mitteilte, dass sie die Zulassung für die Einrichtung nicht mehr verlängern würden. Dass die Bewohner auf andere Einrichtungen verteilt würden - diesmal war es genug. Aus.

Ich weiß noch genau, wie die erwähnte Besitzerin, die, die damals vor langer Zeit die Gemeinschaft mitgründete, und die mir im letzten Gespräch offen sagte, dass sie schon lange nicht mehr an einen Weiterbestand geglaubt hatte; wie sie, als der Schließungsbeschluß dem Vorstand und den Mitarbeitern bekannt gegeben wurde, erleichtert aufatmete. Und die Anspannung in ihrem Gesicht verschwand.

So begann meine Suche nach Arbeit und neuem Lebensort aufs Neue - nur diesmal in dem Wissen, dass ich näher bei meinen Kindern sein wollte. Und: Wieder in Bayern. Dass ich dabei auf eine Frau treffen sollte, in die ich mich trotz allem besseren Wissen verliebte, bei der von Anfang an mein Bauch sich meldete – und ich wieder nicht auf ihn hörte – hätte ich echt nicht gedacht.

Aber, wie schon zweimal gesagt: Willst Du Gott zum Lachen bringen, erzähl ihm von deinen Plänen!

✦

Rider on the Storm

„Höre nie auf zu zweifeln.
Wenn du keine Zweifel mehr hast,
dann nur, weil du auf deinem Weg stehengeblieben bist.
Aber achte auf eines:
Lass nie zu, dass Zweifel dein Handeln lähmen.
Treffe auch dann immer die notwendigen Entscheidungen,
wenn du nicht sicher bist, ob deine Entscheidung richtig ist"

(Aus: „Brida" von Paulo Coelho)

Dass meine erste Stelle nach der langen Arbeitslosigkeit so ein Reinfall war, wäre zu anderen Zeiten natürlich ein Festessen für meine Depression gewesen! Jetzt aber konnte mich noch nicht einmal der kapitale Motorschaden meines ersten eigenen Autos seit 2007 umwerfen: Ich hatte mir einen alten Citroen ZX gekauft, so was in der Golf-Klasse. Für kleines Geld, bei einer sehr merkwürdigen Hinterhof-Verkäuferin in Neumünster; aber so wie ich dachte war das Auto eigentlich gut in Schuss, und für meine Zwecke ausreichend.

Die Verkäuferin war eine ältere Frau ohne Schneidezähne, in einer riesigen Wohnung voller ungeheurer Mengen von Zeugs – und viel, viel Staub! In ihrem Wohnzimmer hatte sie sich eine Art Badewanne gebaut, mit vielfarbigem Kleinstein-Mosaik ausgekleidet, sehr nett eigentlich; wenn auch etwas sehr ungewöhnlich. Überall standen volle Aschenbecher herum, und der Garten war eine Mischung aus Chaos, Gerümpel und vielen bunten Blumen. Warum, zum Teufel, musste ich nach langer Zeit ausgerechnet hier mein erstes Auto kaufen? Klar: Weil es originell war, irgendwie anders, außerhalb des Normalen; kein Wunder also dass ich mich da wohl fühlte - schließlich mag ich so was ja besonders.

Da ich ja nun nach neuer Arbeit suchte, war ich in fast jedem Frei unterwegs in Bayern, mit *meinem* Auto – von der Oberpfalz über Oberbayern bis nach München, von Straubing bis zum Schliersee. Arbeitete Probe, stellte mich vor - und wieder fand ich nicht das Richtige. Bei meiner Suche im Internet nach offenen Stellen durchforstete ich auch die Online-Präsenzen der Zeitungen – und da ich ja nun entschieden hatte wieder näher bei meinen Kindern zu sein, kam also auch das grenznahe Oberösterreich und das Salzburger Land in Frage. So kam es, dass ich auch im „Salzburger Fenster" nachschaute, einem Ableger der Salzburger Nachrichten mit kostenlosen Kleinanzeigen.

Wenn man so ganz alleine im hohen Norden sitzt und durch die Kleinanzeigen streift, kann es geschehen dass man auch auf die Kontaktanzeigen trifft. Ich glaube wirklich, dass ich nicht bewusst danach gesucht habe – aber, wer weiß wie mich mein Unterbewusstes gesteuert hat! Jedenfalls stand da plötzlich was von „*...blonder Engel, weiblich, 50 +, mit wilder Mähne, sucht Freundschaft, vielleicht auch mehr...*" – oder so ähnlich, dazu eine Mailadresse. Naja dachte ich: Warum eigentlich nicht? Schreiben konnt ich ja schon immer, und was hatte ich schon zu verlieren – dafür aber vielleicht alles zu gewinnen. Und so überlegte ich mir etwas, was meine Assoziationen zum Text der Anzeige wiedergab.

Es dauerte nicht lange, da bekam ich einen Antwort auf meine Mail. Sehr nett geschrieben, offen und frei; und wie ich fand, stand da zwischen den Zeilen eine gewisse Neugierde auf mehr von mir.

So ging's los – und ein reger Schriftverkehr zwischen mir in Schleswig-Holstein und ihr im Salzburger Land begann. Was soll ich lange herum reden: Irgendwann hatten wir Lust uns zu treffen, taten es – und es war schön! Und so begann etwas, von dem ich bis heute nicht ganz sicher bin, was es eigentlich war.

Sie war schon eine Weile allein, sich ebenfalls nach über zwanzig Jahren von ihrem Mann getrennt. Hatte ganz neu für sich angefangen, sich durchgebissen, ihren Sohn allein groß gezogen, zwei und mehr Jobs gleichzeitig gehabt, damit sie sich und ihm etwas bieten konnte. War zuerst erschöpft und dann seelisch krank geworden, hatte auch schon eine Reha-Erfahrung. Und war schließlich des Alleinseins müde. Und - dann kam ich.

Sie war völlig anders als meine Frau – in wirklich jeder Beziehung. Erotisch knisterte es ganz gewaltig: Sie hatte etwas, was ich damals immer vermisst hatte; und ich war der Typ von Mann, den sie schon immer wollte, und auch nie gefunden hatte.

Ihre Art zu leben unterschied sich in vielen Belangen von meinem - aber schließlich wollten wir ja nur unsere Liebe erleben, nicht das Leben des Anderen teilen; und eigentlich sollte es so auch bleiben. Vielleicht war es ja genau das was ich brauchte, dachte ich: So wirklich kannte ich ja nur das „Modell Ehefrau".

Irgendwann fand ich eine Stelle in einer großen Suchthilfe-Einrichtung: In Murnau, im Werdenfelser Land – das ist etwa 160 Kilometer von Salzburg und Bad Reichenhall entfernt. Mit dem Mopped eineinhalb Stunden bis zu meinen Kindern, dass war schon viel besser als die Tausend Kilometer von Schleswig-Holstein aus.

Dort wurde ein Leiter für die Arbeitstherapie gesucht, für ein Team von fünf Arbeitstherapeuten aus Handwerkern, Arbeitserziehern und Ergotherapeuten. Die Einrichtung war eine Langzeiteinrichtung, die nur Menschen aufnahm die schon clean waren, also nicht mehr auf Entzug. Hier sollten sie nun wieder ein strukturiertes Leben lernen, ihre Fähigkeiten wieder entdecken, und neue Fertigkeiten erlernen - und dann im besten Fall in ein neues Leben gehen können. Manche Klienten hatten noch nie in ihrem Leben eine geregelte Arbeit gehabt, kannten nur die Drogenszene, von Kindheit an. Kannten auch kein Zusammenleben mit Anderen, keine echten sozialen Kontakte – keinen Halt durch die Familie. Viele kamen von der Straße, oder hatten die Langzeittherapie als letzte Möglichkeit bekommen, den Knast zu umgehen.

Ich bin sicher, die Meisten waren wirklich freiwillig da, weil sie endlich heraus wollten aus dem Dreck der Drogenszene, aus der Abhängigkeit, der Aussichtslosigkeit. Aber um dass zu schaffen mussten sie erst mal alles von sich aufgeben, was sie bisher an Freiheit hatten, denn das Konzept der Einrichtung war Kontrolle: Immer wieder, zu jeder Tageszeit. Viel, viel Druck – bis irgendwann der Klient von selbst wieder anfing zu agieren, damit anfangen konnte sein Leben zu strukturieren.

Ich begriff das Konzept, verstand dass das Verfahren nötig war; aber es war nun gar nicht so richtig meins – ich bin mehr der Typ, der am liebsten jeden an die Hand nehmen und ihn durch den ganzen Mist herausführen würde. Und dem Freiheit über alles geht. Auch die des Anderen.

Wieder war da die Warnung durch mein Bauchgefühl, aber auch noch etwas mehr: Die Ermahnung eines meiner Therapeuten, noch aus der Zeit bevor ich in den Norden ging, während meiner damaligen Arbeitssuche. Als ich damals schon eine ähnliche Stelle in Aussicht hatte und mit ihm darüber sprach sagte er mir sehr deutlich, dass ich seiner Meinung nicht der Typ dafür wäre – eben weil ich so bin wie ich bin; und es der Umgang mit Suchtkranken leider mit sich bringt, immer wieder enttäuscht, angelogen und ausgenutzt zu werden: Aber nicht, weil jeder Süchtige ein schlechter Mensch ist – nein: Wenn man durch die Bewältigung, den Umgang mit seiner Sucht und den Erfordernissen, die daraus erwachsen so sehr daran gewöhnt ist nur überleben zu können, wenn man betrügt, lügt und unehrlich ist, weil man nur so im Milieu durchkommen kann -- dann wird es einem Menschen zur zweiten Natur. Und schließlich ist es ganz selbstverständlich, sich SO zu verhalten – als persönliche Überlebensregel.

Nun ja. Mein Bauchgefühl. Jetzt habe ich schon so oft erzählt, dass ich schon sooo lange weiß dass es besser ist, darauf zu hören. Hab oft die Erfahrung gemacht dass es auch wirklich genau so ist – auch gerade jetzt und sehr deutlich in der Zeit im Norden.

Vielleicht war ich einfach noch zu blöd dazu, mich auch endlich konsequent daran zu halten. Vielleicht brauchte ich noch ein paar seelische Tiefschläge, um wirklich aufzuwachen, wirklich anzunehmen. Und vielleicht – hatte ich so sehr gelernt meine Depression im Zaum zu halten, dass ich die Warnungen meines Schattens nicht mehr wahrnahm.

Außerdem: Ich wollte unbedingt wieder nach Bayern. Ich wollte auch unbedingt wieder eine Arbeit – noch dazu ein gut bezahlte. Ja, und wieder dachte ich, ich würde es können. Ich wollte es können! Und so tat ich wieder etwas, das nicht gut für mich war.

Etwas, was mir die gerade eben verstorbene Freundin, eine Heilpraktikerin, mir vor noch gar nicht so langer Zeit ungefähr so reflektierte: *„Wie lange willst du dich eigentlich noch selbst vergewaltigen? Du siehst immer wieder, dass es nicht das Richtige für dich ist - was ja nichts Schlimmes ist! Du hast damals entschieden, es zu versuchen, hast eigentlich schnell erkannt, dass du dafür nicht der Richtige bist – aber es dir und vor allem den*

Anderen nicht eingestehen wollen. Nicht eingestehen können. Siehst du das nicht? Seit 12 Jahren machst du etwas, was nicht deins ist! Du hast dein Revier verloren, in jeder Beziehung – und besonders in der Arbeit. Wenn du das nicht änderst – wirst du nie gesund werden!".

Das war deutlich – und genau so war es! Und diese Klarheit war nur dadurch möglich geworden, weil ich in den Stunden unseres Gesprächs zum ersten Mal mir und jemand anderen hatte sagen können, was ich schon vor vielen Jahren erkannt, gespürt hatte – und doch nie eingestehen konnte; mir nicht, und erst recht niemand sonst: Es war einfach nicht meins! Heute seh ich zum Glück klarer, auch eben dank dem, was sie mir so klar gemacht hat, und für das ich ihr ewig dankbar bin.

Damals aber drängte ich die Erfahrungen der Vergangenheit beiseite, vergaß den Ratschlag des Therapeuten: Wäre ja gelacht, wenn ich nicht doch der Kerl sein könnte, der ich sein wollte!

Natürlich konnte ich im Bewerbungsgespräch und in der Probearbeit wieder überzeugen - und bekam die Stelle. Ich zog ins Werdenfelser Land: In einen kleinen Ort namens Uffing am Staffelsee, in eine kleine Zwei-Zimmerwohnung *(dort, beim See-Restaurant Alpenblick gibt es übrigens einen besonders herrlichen Biergarten direkt am See, unter großen, alten Bäume, der wirklich einen Besuch wert ist. Mit einem unglaublichen Panoramablick. Hinfahren lohnt. Echt!).*

Zuvor allerdings verließ mich mein Auto wieder: Bei meiner letzten Fahrt vom Bewerbungsgespräch, zurück nach Schleswig-Holstein - und als nun klar war welchen Schritt ich als nächsten tun würde - wollte ich einen Abstecher über Dortmund machen: Ich hatte bei Ebay eine günstige, bessere Windschutzscheibe für meine Motorrad-Verkleidung ersteigert, und wollte sie auf der Heimfahrt abholen – wo ich doch eh grad unterwegs war. Also fuhr ich über die A 45, die Sauerlandlinie, gen Norden; und kam nur bis Herborn.

Das Auto lief die ganzen Fahrten über ganz prima, und so auch diesmal – bis mein Blick auf die Kühlwassertemperatur-Anzeige fiel: Voll im roten Bereich ! Zum Glück war ich gerade an der Abfahrt, bog ab und rollte den Berg nach Herborn herunter – der Ort, der vor vielen Jahren durch einen schrecklichen Unfall mit einem Tanklastwagen traurige Berühmtheit erlangte.[31]

Zum Glück befindet sich dort kurz nach der Ausfahrt eine Tankstelle, auf die ich nun mit stotterndem und qualmenden Motor fuhr, der nun auch sofort ausging. Motorhaube auf, und da sah ich die Bescherung: Ein Kühlwasserschlauch war geplatzt, der Kühler war praktisch leer. Der Motor sprang nun auch nicht mehr an. Und ich war beim Fahren so in Gedanken gewesen, dass ich die Warnanzeige so lange übersehen hatte, bis es nun zu spät war.

„Tscha," sagte der freundliche Pannenhelfer vom ADAC, der wenig später den Motor wieder problemlos startete, „wahrscheinlich ist der Zylinderkopf durch die Überhitzung gerissen. Jetzt, wo er wieder abgekühlt ist, zieht sich das Metall wieder zusammen, der Riss schließt sich, und alles funktioniert wieder; deshalb ist er auch jetzt wieder angesprungen. Das geht so lange gut, bis er wieder warm wird: Dann dehnt sich das Metall wieder aus, der Riss geht wieder auf, und Wasser dringt in den Brennraum des Motors. Und dann bleiben sie wieder stehen. Sie können es versuchen – so lange er auf Touren läuft, die Drehzahl hoch genug ist müsste es klappen. Nur, wenn es zu langsam geht, kann der Motor das eingedrungene Wasser nicht schnell genug loswerden – und dann wieder : Aus".

---

[31] https://de.wikipedia.org/wiki/Gro%C3%9Fbrand_von_Herborn

Tolle Neuigkeiten!

Aber, irgendwas musste ich ja nun machen; kurz überlegt – Versuch macht klug! Also, ordentlich Wasser aufgefüllt, dem Pannendienst gedankt, und los auf die Bahn. Und tatsächlich – er lief! Lief zwar manchmal etwas ruppig, aber: Er lief. Bis – ja, bis Lüdenscheid. Da war nun ein Stau, und als ich langsamer werden musste, die Motordrehzahl runter ging, kam das, was er mir prognostiziert hatte: Stotter, Spuck, Sprotz, Würg. Ich konnte gerade noch die Abfahrt Lüdenscheid-Süd erwischen, und runter von der Autobahn – dampfend, holpernd, und schwitzend. Irgend jemand da oben hatte wohl ein Einsehen mit mir: Kurz nach der Abfahrt war eine Werkstatt mit ADAC-Anschluss, und - ein AVIS-Mietwagenverleih! Mit buchstäblich dem letzten Schwung rollte ich auf das Gelände des Pannendienstes – und atmete heftig aus.

Der Rest der Episode ist schnell erzählt: Mein Auto wurde mit einem Sammeltransport zu einer Werkstatt in Bad Segeberg gebracht, ich bekam vom ADAC einen Mietwagen und fuhr damit nach Haus. Das alles für mich kostenlos, zum Glück habe ich die Plus-Mitgliedschaft. Die Reparatur stellte sich dann als zu teuer heraus – das war's gewesen! Der etwas deutsch sprechende Autoverwerter drückte mir, nach dem ich ihn angerufen hatte, 30 Euro in die Hand, lud mein armes Auto auf seinen ollen Transporter – und somit war meine Autobesitzerzeit ganz schnell wieder beendet. Aber: Der kleine, alte Citroen hatte so lange gehalten, wie es für mein Weiterkommen unbedingt nötig gewesen war - so lange, wie ich ihn wirklich brauchte. Na denn: War's ja wieder mal gut gewesen. Danke, an euch da oben!

Den Umzug ins Werdenfelser Land machte ich wieder alleine: Ich konnte den Transporter der Einrichtung leihen, fuhr an einem Tag nach Bayern und lud aus, am nächsten Tag zurück. Feierte Abschied mit den Leuten aus der Einrichtung, um dann am dritten Tag endgültig mit dem Motorrad die Reise in den nächsten Abschnitt meines Lebens zu fahren.

Der Abschied dort oben war wieder reichlich emotional – hatte ich doch in der Zeit die Menschen dort gut kennen gelernt, und mochte sie sehr. Und, es war auch traurig zu wissen, dass sie nun alle bald aus ihrem Zuhause wegziehen mussten, in eine noch ungewisse Zukunft. Aber, ich wusste nun auch, dass ich es nicht hätte verhindern können. Noch einmal frühstückten wir gemeinsam, noch einmal saßen wir draußen beim Kaffee. Es war frisch draußen, grauer Himmel mit schnell dahinziehenden Wolken. Windig. Der Kaffee in unseren Bechern dampfte, der Rauch ihrer Zigaretten wurde zusammen mit der Asche vom Wind immer wieder weggeblasen. Das Wetter war wirklich nicht so toll zum Moppedfahren: Es war Regen und stürmischer Wind angesagt; für meine lange Motorradreise hatte ich mir eigentlich Sonne gewünscht.

Schließlich war der letzte Kaffee ausgetrunken, alles besprochen und erzählt. Und so verabschiedete ich mich bei allen; ein Bewohner rannte noch schnell nach oben um sein Handy zu holen – er wollte noch ein Foto machen. Irgendwann waren alle umarmt, alle Hände geschüttelt, alles gesagt. Ich setzte meinen Helm auf, zog die Handschuhe über, setzte mich auf meine XJ und startete den Motor: Er sprang sofort an, lief schnell rund und ruhig. Den Scheinwerfer eingeschaltet, den Tankrucksack mit den Regenklamotten darin und der Karte mit meiner Route in der Kartentasche darauf noch mal gerade gerückt. Ich zog die Kupplung, legte den ersten Gang ein. Noch mal gewunken, noch mal in die Gesichter geschaut – und dann los: Die kleine Kastanienallee entlang bis zur Wegkreuzung, an der das Hinweisschild „Zum Waschhaus" stand – war ich nicht gerade erst zum ersten Mal daran vorbei gefahren, zum Haus hin und den Menschen, die da auf mich warteten; voller Neugier, Erwartung und Unsicherheit vor dem Unbekannten? Als wäre es gerade erst gestern gewesen – und doch war seit dem so viel geschehen.

Vorbei am alten Getreide-Speicher, der nun doch kein neues Leben erfahren würde – jedenfalls nicht so wie mal gedacht. Vorbei an der Filzwerkstatt, vorbei an der riesigen alten Scheune, in der schon so viele Jahre uralte Strohballen lagerten. Vorbei an dem Platz mit den sieben Eichen, den Weg entlang, an der Schulbushaltestelle vorbei, bis zur Straßeneinmündung.

Dort, direkt neben der Pferdekoppel und dem alten, großen Feldstein, auf dem der Name des Gutes in eisernen Buchstaben stand, blieb ich nochmal stehen, legte den Leerlauf ein, lies den Motor aber laufen. Noch einmal einen Blick zurück auf den Ort, der mir geholfen hatte meine ersten Schritte in ein neues Leben zu machen.

Kurz dachte ich noch mal an die Menschen, die nun hier blieben, in deren Leben ich für eine kurze Zeit einen Einblick haben durfte – und die genau so wenig wie ich wussten, wie sich ihr Leben nun entwickeln würde. Hier hatte ich wieder etwas gelernt. Hatte wieder eine Ahnung davon bekommen, wie Leben auch sein kann. Worauf es eigentlich ankommt.

Der Himmel war grau, die Wolken hingen tief, aber es regnete noch nicht. Mein Motorrad fühlte sich gut an: Ich sollte nun einen langen Tag unterwegs sein - es lagen ziemlich genau 930 Kilometer vor mir. Ich würde trotz des Wetters die Fahrt genießen, öfter Pause machen, inne halten. Spüren, wie die Maschine und ich im Laufe der Stunden immer mehr Eins würden, wie sich Raum und Zeit veränderten. Lange Motorradstrecken haben für mich etwas Kontemplatives, fast schon Meditatives: Die Gedanken werden weniger, kommen zur Ruhe, treten in den Hintergrund. Die Empfindungen und die Aufmerksamkeit verändern sich, nehmen mehr Raum ein – ich werde mir und meiner Umgebung dabei bewusster.

Ich schaute noch einmal über das Land, von dem ich gehofft hatte dort heimisch zu werden: Es war erst mal anders gekommen. Und nun war ich froh darüber, dass ich diese Zeit trotz allem einigermaßen gemeistert und gut abgeschlossen hatte.

Jetzt begann ich wieder neu – aber diesmal fiel mir die Trennung nicht mehr schwer: Ich freute mich, dass ich nun meine Kinder öfter sehen konnte. Ich ahnte schon, dass sich in meinem Leben dadurch wieder vieles verändern würde. Ich würde jetzt auch die Frau öfter wiedersehen, in die ich verliebt war: Wenn es anders gekommen wäre, hätte sie Salzburg vielleicht hinter sich gelassen, und wir hätten hier einen Versuch gestartet, zusammen neu anzufangen. Aber, es war sicher besser so – wer konnte schon wissen wie es nun weiter gehen würde? Life is a long song!

Der Regen setzte nun doch ein, und es kam mehr Wind auf. Vielleicht würde ich dem angekündigten Sturm noch vorneweg fahren können – ich schickte einen entsprechenden Wunsch nach oben. Das Helmvisier lies ich noch offen, um so lange wie möglich die frische, klare Luft zu spüren, zu riechen.

Ich legte wieder den ersten Gang ein, schaute ob die Straße frei sei, gab etwas Gas, lies die Kupplung kommen und fuhr los. Und lies Altes zurück.

✦

Zwei Türen

„When I think more than I want to think;
do things I never should do.
I drink much more that I ought to drink -
because it brings me back you".

(Aus: „Lilac wine" von James Shelton)

Die Gegend rund um den Staffelsee und das Werdenfelser Land wird spätestens seit dem „Blauen Reiter" auch gern als das „Blaue Land" bezeichnet: *„Im Licht der Wintersonne und ohne geschlossene Schnee-Decke, die die Farben aus der Landschaft tilgen würde, beginnt die Natur zu leuchten. Allem voran die Seen, deren strahlendes Blau dem Land seinen Namen gegeben hat."*[32]

Der blaue Reiter war ein von Wassily Kandinsky und Franz Marc Anfang des zwanzigsten Jahrhunderts gegründeter Künstlerverein, benannt nach einem Bild von Kandinsky. Er lebte eine Zeitlang in Murnau, Franz Marc hatte seinen Lebensmittelpunkt in Kochel am See, beides berühmte Orte im blauen Land. Dorthin also hatte es mich gezogen – nein, das stimmt ja so nicht: Ich war eher von den Wellen meines unruhigen Lebensmeeres an dieses Ufer gespült worden – warum auch immer. Die Gegend ist wirklich sehr schön, sehr seenreich, und mit viel Moorlandschaft zwischen den Bergen. Die Zugspitze, Deutschlands höchster Berg, ist ganz in der Nähe, und gut zu sehen. Garmisch-Partenkirchen ist nicht weit, wenn man mal etwas mehr shoppen will, als in den kleinen Städten im blauen Land.

---

[32] *http://www.stuttgarter-nachrichten.de/inhalt.deutschland-das-blaue-land-der-expressionisten.30910add-3731-4601-8da3-289459ccce7c.html*

Am 16. November trat ich meine neue Stelle an, neugierig, motiviert, voller Zuversicht; und sofort wurde ich dazu aufgefordert etwas zu tun, was nicht meins war. Schon wieder! Und wieder war ich nicht ich selbst, wieder lies ich mich, gleich nach meiner ersten Arbeitswoche, von jemand Anderem zu etwas bringen, was ich selbst anders gemacht hätte. Und noch schlimmer daran war: Ich brachte wieder nicht den Mut auf es sofort deutlich zu sagen.

Vielleicht, denke ich heute, bin ich wirklich nicht der Mensch, der sich als Führungskraft eignet. Vielleicht bin ich ja auch wirklich zu sehr Querdenker, zu sehr humanistisch geprägt – ich glaube immer erst mal an das Gute im Menschen. Immer.

Jeder Arbeitstag in der Suchthilfeklinik begann um 8.15 Uhr mit einer Frühkonferenz der Abteilungsleiter, zusammen mit der Chefin und ihrem Stellvertreter. Dort wurde der kommende Tag besprochen, welche Aufgaben umzusetzen waren, welche Veränderungen es in der Belegung gab, ob es Rückfälle gegeben hatte und dergleichen mehr. Daran anschließend kamen gegen 9.00 Uhr die Therapeuten dazu, lasen das Protokoll und gingen an ihre Arbeit; trafen sich in ihren Abteilungen mit den Klienten, und besprachen dort ihrerseits den Tagesablauf. Montags schloss sich vor Therapiebeginn an die Abteilungsleiter-Konferenz erst noch eine Teambesprechung in den einzelnen Abteilungen an: Dort wurde dann die anstehende Woche besprochen, es gab Zeit um Team-Angelegenheiten zu besprechen, sich auszutauschen.

Ich hatte meine erste Woche gut hinter mich gebracht, und es war wieder Montag. Gleich nach der Frühkonferenz, bevor ich zu meinem Team konnte, nahm mich meine Chefin beiseite: Sie fände es nicht gut dass meine Vorgängerin für die Teambesprechung am Wochenanfang ein dabei stattfindendes Frühstück eingeführt hatte. Sie fand, dass Essen und Trinken von der Konzentration ablenkte, und überhaupt würden sich die Mitglieder des Arbeitstherapie-Teams zu viel herausnehmen. Und sie wolle, dass das beendet wird. Von mir.

Man kann dass ja sehen wie man will: Ich bin jedenfalls der festen Überzeugung, dass es sich in einer gelockerten Umgebung besser miteinander kommunizieren lässt, als in einer nüchternen. So eine kleine Frühstücksrunde zu Beginn der Woche ist ein guter Einstieg, und ist zudem eine ganz einfache teambildende Maßnahme, die nichts außer ein wenig Vertrauen kostet – zumal die Teamer sich die dafür nötigen Sachen selbst mitbrachten. Ich bin von der Wirksamkeit eines kooperativen Führungsstiles überzeugt – in dem die Mitarbeiter grundsätzlich erst einmal in die Entscheidungsprozesse mit einbezogen werden, ihnen Vertrauen entgegen gebracht wird. Wo Verantwortung delegiert und Fremd-Kontrolle so weit wie möglich durch eine Eigenkontrolle und Eigenverantwortung ersetzt wird.

Anders meine Chefin, wie ich nun im Laufe der Zeit feststellen musste: Sie war wohl grundsätzlich eher misstrauisch ihren Mitarbeitern gegenüber eingestellt; vielleicht eine Folge der langen Jahre in der Suchthilfe, und dem Umgang mit den kranken Menschen, die sich so verhielten wie zuvor schon mal erläutert.

Ja, genau, sie haben vollkommen Recht: Ich hätte jetzt die Möglichkeit gehabt so zu argumentieren wie es meiner Überzeugung entsprach, anstatt mir meine noch nicht bestehende Vertrauensbildung im Team schwerer zu machen als nötig. Und sollte sie, die Chefin eben darauf bestehen, dann wäre es halt ihre Aufgabe gewesen, das anzuordnen. Heut hätte ich den Schneid, frei heraus zu sagen was ist; echt zu bleiben, bei mir zu sein – damals jedoch nicht.

Ich habe also mehr schlecht als recht meinem Team die Nachricht überbracht, versucht Argumente zu finden, die nicht meine waren – anstatt meinen Standpunkt zu vertreten. Meine Mitarbeiter nahmen das Ganze erstaunlich ruhig auf; sie hatten so was wohl schon öfter erlebt, wie ich im Laufe der Zeit in Gesprächen mit ihnen immer mehr heraus fand: Sie kannten so was schon. Aber, sie wollten halt ihren Job nicht gefährden, und verhielten sich ruhig. Nahmen es einfach an, dass es so war. Ja, und so fand ich im Laufe der Zeit heraus, dass diese Art des Denkens ständig auftauchte – auch bei meinen Abteilungsleiter-Kollegen. Jedenfalls – war das ein denkbar schlechter Einstieg für mich.

Und so zog sich diese von mir geforderte erste Aufgabe, die so gar nicht meiner Auffassung von Führung entsprach, wie ein roter Faden durch meine Arbeit in dieser Einrichtung: Alles, was ich anfing, führte zu nichts Gutem.

Die Arbeit mit den suchtkranken Menschen war manchmal wirklich sehr schwer – und zwar aus den Gründen, die mir mein besagter Therapeut schon genannt hatte: Mit gesundem Menschenverstand war vielen von ihnen einfach nicht beizukommen, weil sie eben aufgrund ihrer Vorgeschichten sich nicht oder nur sehr schwer öffnen konnten.

Ich erinnere da einen Vorfall, als in der Einrichtung wieder einmal, dieses Mal bei einer Bewohnerin, Drogenkonsum festgestellt worden war: Die Betreffende weigerte sich beharrlich bekannt zu geben, wie und vom wem sie sie erhalten hatte; sie selbst hatte zu diesem Zeitpunkt noch keinen Ausgang, war in dem Teil der Einrichtung untergebracht, der geschlossen war – den man nur in Begleitung eines Mitarbeiters verlassen durfte. Sie konnte sie sich nicht verschafft haben, es musste jemand anders gewesen sein.

Das normale Prozedere war in so einem Fall, dass sofort eine Gesamtkonferenz von Leitung, Teamern und allen Klienten einberufen wurde, um zu versuchen herauszufinden von wem die Drogen stammten; während zur selben Zeit das Zimmer mit allem darin befindlichem „gefilzt" wurde - ob es noch mehr gab, oder ob sich Hinweise finden ließen. Allein schon dieses Durchwühlen der privatesten Sachen der Klienten war mir so zuwider, dass ich mich fragte in was ich da um Himmels Willen hinein geraten war! Sicher, es war notwendig in diesem Kontext – aber mir, dem persönliche Freiheit über alles geht, fiel es ungeheuer schwer so etwas zu tun. Hätte ich das nicht eigentlich schon vorher wissen können?

Jedenfalls: Irgendwann war in der Konferenz klar geworden, dass das Zeugs von jemand hinein gebracht worden war, der bis vor kurzem ebenfalls in der gleichen Abteilung gewohnt hatte – die erwischte Bewohnerin hatte das unter dem Druck der Leitung und auch ihrer Mitpatienten zugegeben: Die meisten von ihnen wollten nämlich auch, dass es keine Drogen in der Klinik gab: Es war schon schwer genug mit ihrer Sucht ohne Versuchungen klar zu kommen. Von wem, dass sagte sie nicht - man verpfeift sich eben nicht untereinander.

Durch Indizien und Aussagen von anderen Klienten war dann aber bald klar, dass es nur einer gewesen sein konnte: Er war ein ganz junger Mann, der gerade erst seine Privilegien des freien Ausgangs erworben hatte, groß und stattlich, sehr kräftig; mit unsäglichen Tätowierungen auf Armen, Händen und Hals. Einem ganz weichem, kindlichen Gesicht, das so gar nicht zu seinem Auftreten passte. Und dieser Bär von einem Mann, dieser Kerl saß da, mit versteinertem Gesicht – und gab gar nichts zu, stritt alles ab.

Seine Kollegen redeten auf ihn ein es doch einzugestehen, die Leitung machte ihm klar, dass er, wenn es sich herausstellte dass er es doch gewesen war und es bis dahin nicht zugegeben hatte, aus der Einrichtung ausgeschlossen würde. Sie verlassen müsste. Sofort.

In seinem Fall bedeutete das, dass er wahrscheinlich wieder zurück in die Haft musste: Die hatte er nur unter der Auflage verlassen können eine Langzeittherapie zu machen; und wenn er von dieser nun aufgrund seines Verhalten abgemeldet wurde, dann würde die Staatsanwaltschaft informiert werden müssen, und er – wieder in den Knast einfahren. Würde er seine Verfehlung zugeben, müsste er zwar wieder von vorn anfangen, sich innerhalb der Einrichtung Bewegungsfreiheit und Privilegien in der persönlichen Freiheit neu erarbeiten; aber, er würde da bleiben können. Mit Aussicht auf ein neues Leben.

Es war nichts zu machen: Es war ihm einfach nicht möglich zuzugeben was er getan hatte – einzugestehen, dass er einen Fehler gemacht hatte, weil ihn seine Stärke, seine Widerstandskraft gegen die Sucht für eine kurze Zeit verlassen hatte. Dass er ein Mensch ist, dem Fehler passieren. Dem Fehler passieren dürfen – wie uns allen.

So ein Rückfall kommt oft vor. Sucht, egal welcher Art, ist so schwer dauerhaft zu überwinden, dass es einfach dazu gehört wieder und wieder einzuknicken: Auf dem Weg dahin irgendwann mal wirklich clean zu werden - weil die Sucht stärker ist. Meine persönliche Erfahrung zur Sucht ist meine Nikotinsucht – am Anfang des Buches habe ich darüber geschrieben. Ich weiß durch die Arbeit, die ich damals dort machte, dass man seine Sucht niemals wieder los wird – man kann nur lernen damit umzugehen: Die Verbindungen im Gehirn zur Sucht sind im Laufe der Jahre so fest geworden, dass sie immer bestehen bleiben - man wird sie nicht mehr los. Kurz: Wenn man einmal richtig süchtig war, dann bleibt man es lebenslang!

Ich bin mir sehr sicher, dass ich niemals wieder rauchen werde; aber die Sucht, der sogenannte Suchtdruck, kommt auch heute, nach über 25 Jahren Nichtrauchen immer noch mal hoch. Zwar nur noch ganz selten, und ich kann damit locker umgehen; aber, ich bin immer wieder überrascht: Dass ich in bestimmten Situationen immer noch „Lungenschmacht" bekomme – und mir am liebsten sofort eine Zigarette drehen würde!

Dieser junge Mann also – er hatte jetzt zwei Türen zur Wahl: Wenn er durch die eine ging, erwartete ihn Zwang, Druck, Aufgabe der Freiheit, Unterordnung, Mühe – durch Andere, die über ihn bestimmten. Klar, mit der Aussicht auf mögliche Befreiung von der Sucht; aber ebenso auf mögliche, ja sogar wahrscheinliche Rückfälle, auf Scheitern, auf immer wieder neu anfangen zu müssen. Und, dass er vielleicht trotz aller Mühen letztendlich doch nicht davon los käme. Niemand konnte ihm eine Gewissheit geben, etwas versprechen. Aber, es war eine Hoffnung – und ein langer, dorniger Weg dorthin.

Wenn er die andere Türe wählte, war er wieder zurück in seinem alten Leben: Auch voller Zwang, Druck, Aufgabe der Freiheit, Unterordnung, Mühe – durch seine Sucht. Aber, da war eben auch die sofortige persönliche Freiheit, außerhalb der Sucht wieder das tun zu können was er wollte. Auch ohne Gewissheit, auch ohne Versprechen. Auch keine Sicherheit – aber eben: Frei sein.

Ich kann ihn irgendwo schon verstehen, dass er die zweite Türe wählte – wenn es wahrscheinlich auch letztendlich die Falsche war. Und so - verließ er ein paar Tage später die Einrichtung, in eine ungewisse Zukunft: Weil er nicht aus seiner Haut heraus konnte.

Die Arbeit belastete mich schwer; und, ich wurde einfach nicht eins mit dem Team: Der ständige Druck auf die Patienten, immer wieder Kontrollen, Misstrauen. Immer wieder Miterleben von menschlichen Katastrophen, immer wieder Hoffnung, Verzweiflung, Scheitern. Es war alles nicht meins – trotz aller Empathie, trotz allen Mitgefühls für die Nöte der Menschen, mit denen ich tagtäglich zu tun hatte. Und, trotz allem gehörigen Respekts vor ihnen: Weil sie all das auf sich nahmen, es aushielten. Ich habe ganz große Zweifel, ob ich so etwas durchgehalten hätte: Diese ständige Fremdbestimmung – Tag für Tag.

Eine Patientin werde ich nie vergessen; sie hatte schon viele Therapien hinter sich, war auch immer wieder gescheitert – hatte aber auch nie aufgegeben, und war jetzt freiwillig hier. Irgendwann hatte sie sich den Status erarbeitet, dass sie über's Wochenende nach Hause fahren konnte: Endlich ihre Kinder wiedersehen, die sie sehr vermisst hatte. Und, sie hatte seit einiger Zeit Kontakt zu einem Mann: Ich weiß nicht mehr woher und wie lange. Mit ihm traf sie sich auch an diesen Tagen - und kam glücklich und voller Hoffnung zurück: Auf ein neues, ein anderes Leben. Alle Therapeuten waren sich einig: Aus ihren Unterlagen ging hervor, dass sie Ähnliches schon früher ein paar Mal erlebt hatte – und jedes Mal war sie enttäuscht worden, jedes Mal war sie wieder gescheitert. Sie wollte so schnell wie möglich die Klinik verlassen – alle rieten ihr davon ab. Zeigten ihr auf, wie es mit ihr in der Vergangenheit gelaufen war; was es für mögliche Konsequenzen für sie hätte, wenn sie wieder scheitern würde, auch für ihre Kinder. Sie ließ sich nicht davon abbringen, sagte, dass, nur weil es in der Vergangenheit so gewesen war, es ja jetzt nicht wieder so laufen musste!

Eigentlich muss ich ihr da Recht geben: Wenn man aus den Erfahrungen der Vergangenheit gelernt hatte, sein Leben überdacht und reflektierte – warum also soll es denn bitte schön immer so weiter gehen wie zuvor? Wir Menschen sind so angelegt, dass wir uns entwickeln wollen - die Vergangenheit ist vorbei, und die Zukunft kann völlig anders ablaufen; wenn, ja wenn man wirklich seine Vergangenheit annimmt. Deshalb ist es auch für meinen Umgang mit der Depression ganz wichtig immer wieder zu reflektieren: Was war früher, was hat sich verändert? Was habe ich gelernt um nicht in der Depression zu bleiben – wie habe ich mich seit der ersten Diagnose entwickelt? Um mich dann auf eine gute Zukunft zu freuen, die anders sein wird - und die andere Türe wähle.

Also zog diese glückliche, verliebte Frau und Mutter aus, verabschiedete sich von ihren Mitpatienten und uns Teamern, voller Zuversicht und Glauben an ihr Leben. Es war schön zu sehen, dass sie wieder so fröhlich war, so lebendig. Ich umarmte sie wirklich ganz besonders herzlich beim Abschied – ich konnte sie so gut verstehen.

Auch ihr standen zwei Türen zur Auswahl – und sie entschied sich für die Falsche: Als wir dass nächste Mal, einige Monate später, von ihr hörten, hatte sie sich aus einem oberen Stockwerk eines Krankenhauses, in das sie wegen Drogenmissbrauchs eingeliefert worden war, zu Tode gestürzt.

Es war wirklich verdammt schwer.

✦

Die scharlachrote Gefährtin des Schatten

„Von allen Dingen, auf die der Mensch gekommen ist,
um sich selbst weh zu tun, ist das schlimmste die Liebe.
Wir leiden ständig, weil jemand uns nicht liebt,
weil jemand uns verlassen hat,
weil jemand nicht von uns läßt"

(Aus: „Auf dem Jakobsweg" von Paulo Coelho)

2013

Habe ich eigentlich schon erwähnt, dass ich damals mit der Frau aus dem „Salzburger Fenster", der Salzburgerin aus „Blonder Engel, 50+, mit wilder Mähne" zusammen zog? Manchmal geschehen Sachen im Leben, man sollte es nicht für möglich halten! Sogar wenn man schon Mitte Fünfzig ist, schon ganz viel über sich und sein Leben nachgedacht hat, jede Menge gute und weniger gute Erfahrungen gemacht hat – und eigentlich Bescheid wissen könnte: Un-fass-bar, was man alles so anstellt! Dieses Jahr war so voller Ereignisse und Katastrophen, dass es für mehr als einen gereicht hätte.

Aber der Reihe nach: Ich war also im Werdenfelser Land gelandet, und es gefiel mir dort sehr gut: Kleine, schöne Städte und Dörfer, viel schöne Landschaft zum Rad- und Motorradfahren, und ein paar wunderbare Seen. Und dort hatte es mir Murnau besonders angetan: Die Menschen sind für meine Begriffe recht offen, in der sehr schönen Altstadt-Fußgängerzone ist immer was los, es wird viel gelacht, erzählt, gelebt. Dort steht jeden Tag, bei Wind und Wetter, Richard Weber, der Spenden für ein durch ein private Initiative gegründetes Hospital in

Afghanistan sammelt. Es ist wirklich erstaunlich – wenn ich mir vorstelle was meine Knie und mein Rücken dazu sagen würden, wenn ich das machen sollte, was Richard da macht: Jeden Tag, stundenlang, steht er da mit seinem umgebundenen Plakat und einer Sammelbüchse, immer freundlich, immer zu einem kleinen Ratsch aufgelegt; er ist dort sicher der bekannteste Mensch Murnaus.[33]Kulturell wird einiges geboten, Kunst ist ein überall gegenwärtiges Thema. Hier machte ich nun etwas, was ich schon mein ganzes Leben lang immer gern getan hätte, aber immer wieder verschob: Ich begann zu singen!

Im Auto sang ich schon immer, wenn ich lange allein unterwegs war. Unter der Dusche sowieso, oder wenn ich die Musikanlage besonders laut einstelle: Bei Songs, deren Texte und Melodien fester Bestandteil meines Leben sind. Oft hatte ich mir vorgestellt wie es wäre, das Ganze mal so richtig, im Chor oder so zu machen; zumal mir auch schon einige Male gesagt , dass ich so eine gute Stimme hätte. Aber, wie so oft: Immer war was Anderes wichtiger. Das war so meine Standard-Ausrede, wenn ich etwas, dass eigentlich gut für mich gewesen wäre, nicht tat. Wohl auch, um nicht wieder über mein Leben nachzudenken.

Eines Tages las ich, dass es in der Murnauer VHS einen "Chor der Menschen, die nicht singen können" gäbe – für alle, die immer schon mal wollten, aber sich noch nie getraut hatten. Tja, so kann's gehen: Da muss man erst so alt werden, alles Gewohnte hinschmeißen und hinter sich lassen, durch die halbe Republik ziehen – um mal was zu etwas finden, das für einen bestimmt ist!

Im ersten Treffen des „Chores" waren 8 oder 10 Frauen, und mit mir nur 3 Männer! Wie ich im Laufe der Zeit erfuhr, ist genau das ein Riesenproblem von vielen Chören: Zu wenig Männerstimmen. War-

---

[33] *http://www.murnauermarktlauf.de/de/marktlauf-chak-hospital.html.*

um auch immer, es gibt einfach nicht genug Männer, die sich trauen. Deshalb an dieser Stelle der Hinweis an alle Kerle: Es gibt da draußen jede Menge Bedarf an euren Stimmen.

Die Chorleiterin war sehr nett, konnte sehr gut erläutern, und war darauf eingestellt dass erst mal nicht so viel passierte. Ha – da hatte sie sich aber getäuscht: Wir alle konnten nämlich singen, alle hatten ähnliche Geschichten wie ich – und nun legten wir los. Es war klasse – und bald schon sang ich mit einer solchen Leidenschaft, dass es fast an das Moppedfahren heranreichte.

An den Wochenenden traf ich mich oft mit meiner Freundin – mal kam sie zu mir, mal fuhr ich nach Salzburg. Es war sehr schön mit uns zwei, wenn ich auch manchmal sehr verunsichert war. Denn – wie gesagt, ich kannte bisher nur das Modell Ehefrau, und das über 25 Jahre hin; das prägt!

Ich war deshalb unsicher, weil ich schnell merkte, dass ihre Art zu leben eine Andere war als die, wie mein Leben bisher verlaufen war. Wir waren ziemlich unterschiedlich in unseren Ansichten, unserem Geschmack, unseren Interessen. Aber, ich wollte ja nun ein anderes Leben anfangen – und vielleicht gehörte ja auch dazu, dass sich nicht nur mein Inneres, sondern auch mein äußeres Leben veränderte. Vielleicht war ja ihre Art die für mich Richtige? Ich war wirklich *sehr* unsicher – und hielt mich ganz viel zurück. Zu viel, wie ich und wir viel später herausfinden sollten. Und: Wieder mal zu spät.

Jetzt aber genossen wir unser Zusammensein – und von Depression war nicht mehr die Rede. Es war schon sehr schön, nach so langer Zeit wieder frisch verliebt zu sein; und unsere Unterschiedlichkeiten erschienen mir auch gar nicht mehr sooo groß.

Weiterhin war ich auf der Suche nach mir und meinem Leben: Die Depression war von Anfang an das Symptom, das Signal dafür, dass ich mich immer tiefer in die Abwärtsspirale der Unterdrückung meiner Lebens-Bedürfnisse begeben hatte. Wenn ich nicht endlich damit aufhörte MICH zu unterdrücken, und nicht damit anfing ICH zu sein – würde es da endete, wohin es in einer Abwärtsspirale nun mal hin geht: Ganz nach unten, ins abgrundtief Dunkle. Ins Nichts.

Dass ich da jetzt eine Frau gefunden hatte, die mich aufing, bei der ich mich fallen lassen konnte, und die mir erst einmal etwas gab, was ich mit den Jahren immer mehr ersehnte, war zu diesem Zeitpunkt genau das Richtige. Und, ich bin auch davon überzeugt dass ich damals für sie das war, was sie wieder lebendig werden ließ; was ihr wieder Lebensmut gab.

Irgendwann geschah dann das, was als kleines Missverständnis begann; und damit endete das wir uns nach zwei Jahren trennten: Wir saßen in Salzburg in einem Café, und redeten über uns und unsere Leben. Ich war in einer sehr emotionalen Stimmung, und sagte ihr so nebenbei, dass ich jetzt einfach nur mit ihr zusammen sein wollte. Ich habe es vielleicht falsch ausgedrückt, falsch betont – oder sie hat es einfach nur falsch interpretiert. Jedenfalls kam es bei ihr so an, als hätte ich gesagt dass ich mit ihr zusammen ziehen wolle. Dass wir nun doch unsere Leben und nicht nur unsere Liebe teilen sollten.

Ehrlich, ich war ganz baff: Was hatte ich denn da wieder angerichtet? Ich hatte es in diesem Moment wirklich nicht so gemeint, sondern nur auf das als Paar zusammen sein bezogen. Wirklich, ich habe keine Ahnung warum ich es nicht direkt gerade rückte. Genau so wenig, warum ich im Laufe unseres nun folgenden Zusammenseins immer wieder den gleichen Fehler wie in meiner Ehe, und wie ich es in meinem Leben viel zu oft machte: Nicht zu sagen was wirklich ist - und was nicht.

Wieder nahm ich mich zurück, immer wieder. Wieder sagte ich nicht was ich wollte und was nicht, sondern passte mich an. Hielt mich mit meinen wirklichen Bedürfnissen zurück (und damit meine ich jetzt nicht den Sex). Und irgendwie erschien es mir richtig es mit ihrer Art zu leben zu versuchen: In der Hoffnung, dass es auch meine werden könnte.

Natürlich weiß ich heute warum ich so handelte, und auch, dass es ganz falsch war; aber davon im nächsten Kapitel. Und - eigentlich fühlte es sich damals ja auch gar nicht so falsch an. Kurzum: Wir beschlossen irgendwann zusammen zu ziehen.

Zu dieser Zeit hatte ich, nach langer Funkstille, wieder mehr Kontakt zu meiner Mutter aufgenommen, die in Wuppertal allein lebte – und langsam aber unaufhörlich auf die Notwendigkeit der vom SGB XII gewährten Grundsicherung zusteuerte: Das Kapital, dass sie gemeinsam mit ihrem Mann, von dem sie schon lange getrennt lebte, angespart hatte, war bald aufgebraucht. Im Herbst 2012 besuchte ich sie nach langer Zeit mal wieder. Wir hatten schon seit vielen Jahren kein gutes Verhältnis mehr, telefonierten nur selten miteinander; und wenn, dann endete es meistens damit, dass sie mir Vorwürfe machte, ich immer aufgebrachter wurde, und schließlich wütend den Hörer auf's Telefon schmiss.

Sie war bestimmt die egozentrischste Person die ich kenne – was sie mir, meiner Familie und noch vielen anderen Menschen im Laufe der Jahre immer wieder mit ihren Worten angetan hat ist nahezu unglaublich. Das eigentlich Schlimme daran ist, dass sie nie verstanden hat, was sie mit dem, womit sie verbal um sich schmiss, bei anderen

Menschen anrichtete. Sowohl meine Ex als auch meine beiden Töchter hatten den Kontakt zu ihr schon lange, auch schon vor der Trennung abgebrochen oder doch sehr reduziert: Irgendwann ist es halt genug !

Und trotzdem habe ich mein Leben lang immer wieder versucht, ihr zu helfen: Zum Einen, weil sie halt eine einsame alte Frau war, die mit sich und ihrem Schicksal haderte; ohne zu erkennen, dass sie es immer selbst war, die mit ihren Entscheidungen dafür sorgte, dass sie nun da angekommen war: In der Einsamkeit. Zum Anderen, weil es bei mir nun mal so gewesen ist, wie es sicher viele Trennungskinder meiner Generation mit ihren Eltern halten: Sie suchen nach der Bestätigung beider Eltern für ihr Leben, suchen und brauchen ihrer Liebe. Auch dann noch, wenn sie schon längst erwachsen sind.

Jetzt, mit fast Achtzig, saß sie allein in ihrer Wohnung in Oberbayern, und ab und zu rief ich sie an.

Fast so wie früher – bevor ich noch einmal einen Versuch startete ihre Liebe zu gewinnen: Bei meinem Besuch damals musste ich feststellen, dass es ihr gesundheitlich nicht gut ging: Sie war an einer Niereninsuffizienz erkrankt, sollte schon lange an die Dialyse. Mit ihrem Arzt hatte sie darüber gesprochen was geschehen würde, wenn sie sich nicht behandeln ließ; und erfuhr, dass sie dann im Laufe der Zeit immer schwächer und schließlich und dadurch sterben würde. Sie sah damals keinen Grund ihr Leben zu verlängern – sie war allein, die Enkel hatten sich von ihr abgewendet, von ihrem Mann lebte sie getrennt. Sie hatte kaum soziale Kontakte, Verwandte starben nach und nach alle weg, oder hatten ebenfalls keinen Kontakt mehr mit ihr. Sie hatte keinen Lebenssinn mehr – und, wie sie mir damals sagte, auch damit abgeschlossen. Ihre Wohnung war zwar noch nicht zugemüllt – aber in der Unordnung erkannte ich, dass sie schon längst den Überblick verloren hatte, es ihr zuviel war. Dass ihr ihr Leben entglitt. Ich erschrak sehr – damit hatte ich nicht gerechnet.

Wir unterhielten uns gute zwei Stunden lang – in einer Art und Weise, wie wir es schon sehr lange nicht mehr getan hatten: Offen und ruhig. Wir besprachen vieles, was uns in der Vergangenheit entzweit hatte; und ich glaubte damals wirklich, dass ein Miteinander wieder möglich sei. Nach diesem Besuch war ich sehr nachdenklich.

Bisher war es so, dass ich mir sicher war, mich irgendwann darum kümmern zu müssen, dass sie versorgt wäre: Dass ich meiner Mutter bei der Beantragung von sozialen Hilfen half, einen Pflegedienst organisieren müsste – und mich irgendwann mal mit ihr nach einem Platz in einem Seniorenheim umsah. Ich hatte mir nie viele Gedanken darum gemacht – wie gesagt, unser Verhältnis war wirklich nicht gut. Irgendwann würde ich mich kümmern müssen, mehr nicht.

Jetzt, als ich ihre Realität sah, kam ich ins Nachdenken: So, wie sie lebte wollte ich später mal nicht enden. Ich hoffe, dass meine Kinder und ich immer so weit gut miteinander umgehen werden, dass sie mir an meinem Lebensende noch nah genug sind. Dass sie sich etwas um mich kümmern. Dass ich nicht allein sein werde.

Mir kam der Gedanke: Wie soll ich erwarten können, dass es mir mal so geht – wenn ich nicht mal den Versuch mache, etwas Ähnliches für meine Mutter, meine Eltern zu tun? Mein Vater war versorgt – er hatte seine Familie, seinen zweiten Sohn, zu dem er ein nahes Verhältnis hat; wenn es bei ihm mal so weit sein würde wäre er sicher nicht allein, anders als meine Mutter. Langsam begann ich umzudenken – mein Ego trat in den Hintergrund.

Meine Freundin und ich hatten schon mal darüber nachgedacht, wie und wo wir leben wollten: Sie würde Salzburg verlassen, dort hielt sie nichts wirklich – also würden wir nach etwas Gemeinsamen in der Gegend suchen, in der ich nun gelandet war. Sie musste nicht mehr arbeiten – in Österreich gibt es für Frauen eines bestimmten Jahrgangs die Möglichkeit schon sehr früh in Rente zu gehen; das wollte sie nun machen, sie hatte schon lange darüber nachgedacht und nur auf so etwas wie ein Zeichen gewartet es zu tun. Jetzt schien es ihr der richtige Zeitpunkt zu sein – und wir hätten dann sehr viel Zeit für uns.

Irgendwann tauchte in mir bei der Suche nach einer Wohnung für uns ein schon vor Jahrzehnten abgelegter Gedanke auf, aus den Anfangsjahren meiner eigenen Familie: Damals hatten wir mal eine kurze Zeit darüber nachgedacht mit meiner Mutter und ihrem Mann zusammen zu ziehen; es ist zum Glück nie dazu gekommen. Jetzt war ich mit einer anderen Frau zusammen, wollte ein neues Leben starten. Und zum gleichen Zeitpunkt erkannte ich, dass nun der Zeitpunkt gekommen war, dass ich mich um meine Mutter kümmern musste.

Wie gesagt, ich war nach diesem Besuch wirklich davon überzeugt, dass sie sich geändert hatte. So sprach ich dieses Thema mit meiner Partnerin an: Ob es nicht eine Idee wäre, meine Mutter in unsere Wohnungssuche mit einzubeziehen. Etwas zu suchen, wo sie und wir eine eigene Wohnung hätten, uns aber um sie kümmern könnten. Wo sie allein sein könnte, wenn sie es braucht – aber nicht einsam sein müsste. Wo sie vielleicht irgendwann auch wieder Kontakt zu meinen Kindern, ihren Enkeln finden könnte.

Meine Freundin brauchte nicht lange um sich zu entscheiden: Sie hat als Kind schon früh ihre Mutter verloren, hatte unter dem Verlust immer sehr gelitten. Nun sah sie die Chance doch noch so etwas wie ein spätes Familienleben zu bekommen – und das an Liebe und Aufmerksamkeit meiner Mutter zu geben, was sie ihrer Mutter nicht mehr hatte geben können.

Als wir meiner Mutter davon erzählten, war sie sofort einverstanden. Und so begann eine über ein Jahr dauernde Zeit, die mich über meine Grenzen hinaus fordern würde.

Wir fanden ein Haus, in dem wir eine kleine Wohnung für uns und ein kleines Apartment für Muttern mieteten. Meine Freundin fuhr für eine Woche nach Wuppertal und bereitete mit ihr den Umzug vor, während ich die Wohnungen weiter renovierte. Wir hatten zuvor schon im Apartment einiges gemeinsam vorbereitet, eingebaut. Alles nach Feierabend und an den Wochenenden; ich war manchmal ganz schön geschlaucht – denn schließlich hatte ich einen anspruchsvollen Fulltimejob, in dem sehr Vieles ganz neu für mich war; der mich sehr forderte. Viel Zeit für unsere Zweisamkeit blieb da nicht!

So fing es an, unser neues gemeinsames Leben – und so fing es auch an, dass unsere gemeinsame Liebe Sprünge bekam: Alles war ja noch neu, noch nicht richtig gefestigt; und wurde jetzt viel zu früh über Gebühr beansprucht. Sie, meine Freundin war voller Eifer, voller Bemühen, voller Liebe für meine Mutter – und damit beschäftigt, Unaufgeräumtes aus meinem Leben zu ihrem zu machen.

Was hatte sie zu Anfang zu mir gesagt: „Ich will Deine Liebe, nicht Dein Leben."? Wir machten es vollkommen falsch - und sahen es nicht.

Wir wohnten oben, meine Mutter unten. Wir kümmerten uns um sie: Meine Partnerin versorgte sie wirklich rührend mit allem, was zum Leben nötig war – rundum. Ich kümmerte mich um alles Rechtliche; regelte die Grundsicherung, kümmerte mich um Ärzte, um Krankenkasse und Pflegestufe, fuhr sie zu Terminen, zum einkaufen und was man noch so alles macht. Bald war sie soweit dass sie zur Dialyse ging – es war allerhöchste Zeit.

Sie war noch aus einem anderen Grund sehr krank: Durch ihren jahrzehntelangen leichtfertigen Umgang mit Schlafmitteln und Beruhigungs-Medikamenten war sie suchtkrank, und ihre frühere Einsamkeit hatte sie allzu oft mit Alkohol gedämpft – und diese Kombination aus den beiden Süchten bereitete uns viel Sorge: Immer wieder hatte sie Ausfälle, stürzte oder war so benommen, dass sie buchstäblich nicht mehr bei Sinnen war. Ich wusste früher schon davon, hatte auch mal versucht mit ihr darüber zu reden; aber das wahre Ausmaß war mir nicht klar. Wie auch, ich hatte sie ja jahrelang nicht gesehen, außer am Telefon nicht erlebt.

Es war nicht nur uns sondern auch ihren behandelnden Ärzten klar, dass da auch im Hinblick auf ihre Nierenerkrankung unbedingt etwas geschehen sollte – weil ihr ein Entzug und eine daran anschließende Therapie ein sehr großes Plus an Energie und Selbstständigkeit geben würde, wenn die körperliche Belastung durch die Schlaf- und Beruhigungsmittel entfalle. Allerdings war dazu ein längerer Krankenhausaufenthalt notwendig – und den scheute meine Mutter wie der Teufel das Weihwasser: Da konnte ihr gut zureden wer wollte – nichts zu machen.

Die Situation belastete uns wohl mehr als sie: Alle erkannten das Notwendige, verzweifelten schier über ihren Starrsinn. Sicher spielte dabei auch eine Rolle, dass sie so lange allein gelebt hatte, immer selbst entscheiden konnte über sich; und nun waren da auf einmal eine Menge Menschen, die sie dazu bringen wollten etwas zu tun, was ihre Freiheit beschnitt – wenn auch nur zu ihrem Besten. Wie schon so viele Male zuvor in ihrem Leben sah sie nur sich. Und bald war das

Verhältnis zwischen ihr und uns wieder an dem wohlbekannten Punkt, den ich nur zu gut von ihr kannte: Sie beleidigte, beschimpfte und verletzte – auf's Gröbste. Auch meine Partnerin.

Meine Freundin war zutiefst verletzt - so etwas hatte sie in ihrem ganzen Leben noch nicht mitmachen müssen. Ich hatte ihr wohl früher davon erzählt, wie unerträglich meine Mutter gewesen war. Aber, weil sie von mir auch von meinem Gespräch und dem scheinbaren Wandel wusste hatte sie sich fest darauf verlassen, dass wir es gemeinsam mit Mutter schaffen würden – und so hatte sie alles an Liebe gegeben, zu dem sie fähig war.

Jetzt sah es so aus, dass alles nur Schein gewesen war – und dass ich mir und uns wohl etwas vorgemacht hatt. Ich bin mir sicher: Auch, weil ich die Liebe meiner Mutter doch noch mal wieder gewinnen wollte. Weil der kleine Junge in mir sich nach wie vor wünschte dass es doch noch schön würde.

Sie zog sich von meiner Mutter fast völlig zurück, konnte überhaupt nicht damit umgehen, schaltete alle Gefühle zu ihr ab – und ich stand da, emotional wieder mal zwischen zwei Stühlen: Ich hatte ja die Verantwortung für Mutter übernommen, einfach mich nicht mehr kümmern ging nicht – da waren die Fahrten zu den Ärzten, zum Einkaufen und wenigstens eine grobe Reinigung ihrer Wohnung.

Meine Mutter verstand gar nicht, warum meine Freundin sich zurückzog, dass sie mit ihren Verletzungen und Beleidigungen diesen Zustand herbeigeführt hatte; und wie schon Dutzende Male zuvor gab sie eben anderen die Schuld für diese Situation: Mir und meiner Freundin; die sich für sie den Arsch aufgerissen hatten, die alles nur irgendwie Machbare für sie getan hatten, damit sie wieder eine Perspektive bekam – ein Leben. Es war eine solche Ernüchterung!

Ich organisierte schließlich einen Pflegedienst. Pflegestufe 2 hatten wir für sie schon bekommen; und von dem Pflegegeld wurde sie nun zweimal in der Woche besucht, ihre Wohnung gemacht, und Einkäufe erledigt. Irgendwann fanden wir sie nahezu bewusstlos und blutend in ihrer Wohnung, im Sturz hatte sie sich den Kopf aufgeschlagen - ihre Missachtung ihrer Suchterkrankung hatte dazu geführt, dass sie nun im wahrsten Sinne des Wortes am Boden lag. Und das war nun der Punkt an dem ich ihr klarmachte, dass wir die Verantwortung für sie nicht weiter tragen konnten. Dass sie nun entweder in die Behandlung einwilligte – oder auch ich mich von ihr ganz zurück ziehen musste, ihre Angelegenheit dann ganz an den Pflegedienst weiter geben würde.

Als Pflegender, auch wenn man ganz besonders eng mit dem zu Pflegendem verbunden ist, hat man auch die Aufgabe auf sich selbst zu schauen, achtsam mit sich zu sein; und wenn es zu viel wird – zuerst auf's eigene Leben zu achten!

Sie willigte schließlich ein etwas zu tun. Ihr Arzt hatte bald einen Platz in einem Krankenhaus in der Nähe gefunden, und wir brachten sie hin; mit dem Versprechen, sie so oft es eben geht zu besuchen.

So. Nun hätte für uns eigentlich erst mal Ruhe einkehren können, für Zeit füreinander. Wenn – ja wenn sich nicht zu diesem Zeitpunkt meine Tochter, meine Jüngste gemeldet hätte: Sie und ihre Tochter (hab ich eigentlich schon mal erwähnt, dass ich die süßeste Enkelin der Welt habe ?) lebte seit ein paar Monaten mit einem Mann zusammen – und das war gründlich fehlgeschlagen. So sehr sogar, dass sie mich anrief und um Hilfe bat, sie und meine Enkelin dort aus der Wohnung zu holen; irgendwohin; vielleicht zu mir. So geht's halt im Leben: Unverhofft kommt oft!

Wir fuhren gemeinsam dorthin, in die Nähe vom Chiemsee. Trafen uns in einem Café: Meine Enkelin war schon so groß geworden, seit ich sie das letzte Mal gesehen hatte. Und beide waren blass, sahen schlecht und gestresst aus – es war überhaupt keine Frage, dass ich etwas unternehmen musste!

Zu Hause rief ich als erstes unsere Vermieterin an: Sie hatte beim Einzug in Aussicht gestellt, dass im Haus noch eine Wohnung in absehbarer Zeit frei würde: Ich sah mich schon in einer kleinen Familie wieder, in einem Mehrgenerationenhaus. Leider war es noch nicht soweit, ich musste nach einer anderen Lösung suchen. Meine Tochter brachte für eine vorübergehende Lösung das Thema Frauenhaus in unserer Stadt ins Spiel; und so kam es, dass die beiden für's Erste dort Unterschlupf fanden. Ich mietete einen Transporter, fuhr zu den Beiden, lud sie und ihren Hausstand ein, und dann nichts wie ab!

Ein paar Wochen später fand ich eine hübsche, kleine Zweizimmer-Wohnung für die beiden, in einem Dorf in der Nähe. Wieder also ein Umzug, wieder keine Zeit für uns Zwei. Zwischendurch, auf dem Weg von der Arbeit nach Haus, fuhr ich immer mal wieder ins Krankenhaus, schaute bei meiner Mutter vorbei. Sie machte gute gesundheitliche Fortschritte, war so klar wie schon lange nicht mehr: Sie war ein völlig anderer Mensch. Sie genoss den Kontakt zu ihren Mitpatienten, schaute so gut wie überhaupt nicht mehr fern (was sie zuvor exzessiv tat). Sie war voller Vorsätze, hatte sich mit einer Frau aus Murnau angefreundet - und war sehr froh, ihre körperliche Abhängigkeit schon fast überwunden zu haben. Sie sah sich schon bald entlassen: Ihre Ärzte sahen das anders, sagten mir dass es für sie gut wäre, wenn sie noch ein paar Wochen dort bliebe.

Eines Abends überraschten wir sie, als wir mit meiner Tochter und meiner Enkelin bei ihr auftauchten: Ich hatte ihr noch nichts davon erzählt, dass die beiden in ihrer Abwesenheit nun in unsere Nähe gezogen waren, jetzt also auch hier lebten: Ich wollte erst mit dem Arzt abklären, ob sie diese Neuigkeit auch schon verarbeiten konnte. Sie hatte ihre Urenkelin noch nie gesehen, und meine Tochter auch schon sehr lange nicht mehr – ich wollte alles vermeiden, was ihre Gesundung gefährden könnte. Aber der Arzt hatte nichts dagegen, im Gegenteil. Sie freute sich unbändig, als wir in der Klinik auftauchten - und war einfach wieder lebendig. Alles war gut.

Meine Tochter und meine Enkelin lebten sich schnell ein. Ich war mit ihnen unterwegs, um Behördengänge zu begleiten, Finanzielles zu regeln, einzukaufen und – Babysitter bei meiner Enkelin zu sein: Meine Jüngste hat, genau wie ich, einen starke Affinität zur Motorradszene. Ganz in der Nähe ihrer Wohnung war das Clubhaus eines MC, eines Motorrad-Clubs, zu dem sie schnell Anschluss fand – und an den Wochenenden wollte sie natürlich auch mal auf Partys, die dort statt fanden. So war meine Enkelin schon mal am Wochenende bei uns, oder ich kam zu ihnen, um da zu sein. Herrlich !
Wie war das gewesen: „Ich will Deine Liebe, nicht Dein Leben"! Jetzt hatten wir das volle Programm an meinem Leben.

Sicher, bei allem was geschah hatte meine Freundin zugestimmt, und wie ich dachte auch gern. Ich bekam ja auch schon was von ihrem Leben mit: Ihr Sohn war ein paar Tage bei uns: Wir verstanden uns, konnten uns sehr gut miteinander unterhalten. Und ihre Tochter war mit ihrer Enkelin auch schon mal eine Woche zu Besuch. Aber, das waren eben nur kurze Episoden – meine Tochter und meine Mutter waren jetzt dauernder Bestandteil unseres Lebens geworden; das war schon was ganz Anderes.

Heute denke ich, dass sie vielleicht Vieles doch gemacht hatte, weil sie mir etwas Gutes tun wollte: Sie wusste ja, wie mein Leben verlaufen war.

In der Arbeit lief es nicht so gut: Ich merkte immer mehr, dass ich in diese Art von Aufgabe nicht passte. Wie schon beschrieben gehörte zum Konzept der Einrichtung ständige Kontrolle, viel Druck und zumindest am Anfang Einschränkung der persönlichen Freiheit. Ich kann nicht wirklich beurteilen, ob dieser Weg der Richtige ist beim Erlernen eines neuen, sichtfreien Lebens – die Anzahl der Menschen, die nach einer solchen Langzeittherapie wirklich drogenfrei leben, ist statistisch gesehen eher gering.

Sicher gibt es Menschen, die ohne Druck und Kontrolle nicht mit ihrem Leben klarkommen; aber ich bin nicht Derjenige, der dies als seinen Weg sieht. Ich bin der, der Vertrauen entgegen bringt – immer. Vielleicht ist das etwas lebensfremd, aber ich bin halt so; auch trotz vieler Enttäuschungen, die ich dadurch oft erfahren hab.

Den Menschen, die in der Suchthilfe arbeiten gilt mein voller Respekt: Die Aufgabe ist nicht leicht, Rückschläge sind an der Tagesordnung, und wirkliche Erfolge selten – das zehrt an der Lebensenergie. Auch an meiner. Als ich das merkte wurde mir klar, dass ich etwas unternehmen musste. Zuvor jedoch wurde ich erst einmal krank. Aber diesmal so richtig!

Es ist im Rückblick schon wirklich erstaunlich, was in meinem Leben in dieser Zeit so alles geschah – eine Veränderung und eine Katastrophe nach der anderen!

Das mit dem Krankwerden geschah so: Wenige Tage vor diesem nun in meinem Leben wirklich einschneidendem Ereignis war ich Freitags nachmittags bei meinem Hausarzt, weil ich ganz plötzlich innerhalb weniger Stunden sehr hohes Fieber bekommen hatte. Alles deutete auf einen Virus-Infekt hin, ich wurde ins Bett geschickt, ein paar Tage krank geschrieben und sagte in der Arbeit Bescheid. Dort war man nicht so begeistert – war ich doch im Sommer bereits ein paar Tage ausgefallen, als bei mir extrem hoher Blutdruck festgestellt wurde.

~

Ich hatte damals den Arzt aufgesucht, weil ich immer wieder unerklärliche Erinnerungslücken hatte, die mich sehr beunruhigten. Das Erste, was er vermutete, war zu hoher Blutdruck – und das war er tatsächlich: So hoch, dass ohne sofortige Maßnahmen dagegen die Organe geschädigt würden; auch das Gehirn – wenn es nicht schon sogar schon geschehen sei. Niemand könne ja sagen wie lang ich schon in diesem Zustand war. Und: Dass es sehr wahrscheinlich sei, dass die Gedächtnislücken dadurch verursacht worden seien.

Um mal deutlich zu machen wie mein Zustand da war: Normal ist ein Blutdruck zwischen etwa 110 – 130 systolisch und 60 – 80 diastolisch.

„Der Blutdruck ist nicht nur eine Zahl, die man mit der Blutdruckwerte-Tabelle vergleicht. Er gibt an, mit welchem Druck das Blut aus dem Herzen

*gepumpt wird, das wie ein Blasebalg arbeitet. Der systolische Druck gibt an,
mit welchem maximalen Druck das Herz das Blut in die Arterien pumpt. Die
darauf folgende Erschlaffung, die Diastole, ist die Zeit, in der die Herzkam-
mern wieder mit Blut gefüllt werden. Der Blutdruck sinkt ab - der niedrigste
Druckwert wird als diastolischer Druck bezeichnet".*[34]

Ich hatte bei einer 24-Stunden-Messung einen Blutdruck von 220
zu 110, zeitweise sogar 240 zu 140 – und sogar Nachts fiel er fast gar
nicht ab. Das ist schon die sogenannte *Hypertonie III: Sehr hoher Blutdruck.* Es war allerhöchste Zeit etwas dagegen zu unternehmen!

Ich musste sofort auf starke blutdrucksenkende Mittel eingestellt
werden. Während sich mein Körper daran gewöhnte musste ich langsamer treten: Bei den kleinsten Anstrengungen wurde mir schwinde-
lig, beim Aufstehen sowohl aus dem Liegen als auch aus dem Sitzen
musste ich mich festhalten, um nicht umzukippen, bücken oder in die
Knie gehen ging gar nicht, und dergleichen an Nettigkeiten mehr. Fast
zwei Wochen dauerte es, bis ich wieder so einigermaßen normal funktionierte - und in der Arbeit ausfiel.

~

Zwei Tagen später war das Fieber immer noch nicht wesentlich gesun-
ken; aber darüber machte ich mir keine Gedanken, schließlich war es
ja nicht das erste Mal, dass ich eine Virusgrippe hatte.

Bis – ja, bis zu dem Zeitpunkt, als ich von Jetzt auf Gleich plötzlich
einen unglaublich starken Druckschmerz im Oberbauch und kurz
darauf auch in der Brust spürte, der mir den Atem raubte: Ich musste
mich sofort hinlegen, sonst wäre ich umgefallen. Der Schmerz war ge-

---

[34]   *https://blutdrucksteigernde/blutdruckwerte-tabelle.html vom 15.8.2015*

waltig, war plötzlich überall, im ganzen Brustraum. Ich bekam kaum Luft, es war wirklich schlimm – ich hatte echt Todesangst.

So was Ähnliches hatte ich früher schon mal gespürt, etwa 15 Jahre zuvor: Als ich Koliken durch Gallensteine hatte – und zwar nicht zu knapp. Bei der Ersten dachte ich echt, dass mein letztes Stündlein schlug - DAS waren vielleicht Schmerzen! Die Gallenblase war allerdings schon fünf Jahre zuvor entfernt worden; dass konnte es jetzt nicht mehr sein.

Meine Freundin rief den Notarzt, und vielleicht zehn Minuten später riss sie unsere Haustür auf: Das ist schon ein irres, wenn auch beängstigendes Erlebnis, wenn da auf einmal vier fremde Mensch mit Taschen und Koffern ins Wohnzimmer gestürmt kommen, mit einem die wildesten Sachen machen – und dazu noch die Partnerin dazwischen, die vor Angst um einen fast vergeht: Sie hatte so was schon einmal erlebt, und einen Mann durch einen Infarkt verloren.

Alle Symptome deuteten auf einen Myokardinfarkt hin, eine Herzinfarkt: Also ab auf die Liege, rein ins Auto und mit Lichtorgel und voller Beschallung notfallmäßig ins Krankenhaus!

Gar nicht so bequem, so ein Rettungstransporter – alles rappelte, wackelte, schepperte und holperte - besonders als wir durch die Baustelle fuhren, in die unsere Straße seit ein paar Monaten verwandelt worden war, und auf der auf etwa 300 Meter Länge der Belag entfernt war: Wegen mir waren die Arbeiten unterbrochen worden, wie ich später erfuhr; die Arbeiter mussten Pause machen, damit der Rettungswagen durch konnte, denn wir wohnten in einer Sackgasse. Na, wenigstens einmal so richtig Aufmerksamkeit erregt

In der Klinik lief dann das volle Programm ab; und nach vielen Untersuchungen und Laborergebnissen kam raus: Kein Infarkt – sondern eine Gallengang-Kolik! So was Hinterhältiges: Obwohl die Gallenblase weg ist, können sich Gallensteine bilden, die sich in den Gallengängen in der Leber festsetzen können und Koliken auslösen – und das wieder mit tierischen Schmerzen. Also wieder einmal Glück gehabt – die Pumpe war nicht in Gefahr!

Doch dann stellte sich heraus, dass es sogar noch weit mehr als nur Glück gewesen war, dass ich jetzt in der Klinik landete: Durch die Labor-Untersuchungen wurde festgestellt, dass ich eine lebensbedrohliche Blutinfektion durch E-Coli-Bakterien hatte, die kurz vor einer Blutvergiftung, einer Sepsis stand! Das, was mein Arzt und ich als Virusinfekt angesehen hatten war der Anfang von etwas, was mich glatt hätte umbringen können: Wenn ich nicht durch den Infarkt verdacht ins Krankenhaus gekommen wäre, hätte ich unweigerlich eine Blutvergiftung bekommen; und die führt unerkannt schnell zu Organversagen - und schließlich zum Tod. So was dauert gar nicht so lange, wenn es nicht rechtzeitig erkannt wird. Was sagt man dazu!

Was glaubst Du, lieber Leser: Ist all das Deiner Meinung nach wohl einfach nur Zufall gewesen – oder vielleicht ist da doch noch was anderes?

Ich kam für eine Woche auf Station, und wurde dreimal am Tag intravenös mit einem Antibiotikum vollgepumpt, um die Infektion zu beenden. Die ganze Zeit hatte ich weiter hohes Fieber, war sehr schwach und elend. Immer wieder wurde ich auf alle möglichen Arten untersucht, aber - die Ursache für die Infektion fand sich nicht. Schließlich wurde es mir zu bunt: Ich entließ mich auf eigenes Risiko, und ging zu meinem Hausarzt. Der las den Arztbrief, schaute mich an, und schickte mich zum Zahnarzt.

Der schaute mir in meine Runensammlung, wackelte dran herum, machte ein Röntgenfoto – und siehe da: Ein riesiger Infektionsherd war hinter einem schon seit langer Zeit losem Schneidezahn im Unterkiefer (ich bin halt so ein Zahnarztschisser, wenn's nicht sein muss geh ich auch nicht hin). Er meinte, nachdem der Übeltäter gezogen war, dass mein Körper jetzt Freudensprünge machen würde. Und tatsächlich: Schon am nächsten Tag fühlte ich mich viel besser, das Fieber war weg.

Also, wieder mal Glück gehabt! Und wieder den richtigen Arzt gehabt - der aus seiner Erfahrung die richtige Diagnose stellte; die, auf die in der Unfall-Klinik, für die Murnau bekannt ist, niemand kam!

In der Arbeit war man natürlich nicht so begeistert, dass ich für insgesamt gut zwei Wochen ausgefallen war – mein eigentlicher Stellvertreter hatte Urlaub; und so musste unser stellvertretender Chef zum Teil meine Aufgaben mit übernehmen.

Ich hatte also wieder einmal zwangsweise genügend Zeit gehabt um über mich nachzudenken; über meine Arbeit, über mich – und meine Lebenszeit. Mir war klar, dass ich diese Arbeit auf Dauer nicht zu meiner und auch nicht zur Zufriedenheit anderer wirklich gut machen könnte – ich musste was unternehmen.

Manchmal treffen andere Entscheidungen für uns, wenn wir uns noch nicht sicher sind, was wir tun sollen.

Diesmal dauerte es keine Woche, bis sich etwas passierte: Ich war aus der Klinik entlassen, und wieder in der Arbeit. Meine Chefin schaute mich während der nächsten Morgenbesprechung sehr seltsam an; fragte auch nicht, wie es mir gehen würde oder was der Grund für meine Erkrankung gewesen war – und drei Tage später teilte sie mir mit, dass sie sich entschieden hätten meinen Vertrag nicht zu verlängern. So schnell kann's gehen!

Ob der wirkliche Grund nicht doch meine erneute Erkrankung war, und man befürchtete, sich ein faules Ei ins Nest gelegt zu haben; ob die Leitung ihr Budget verkürzen musste (als meine Stelle neu ausgeschrieben wurde suchte man nur noch nach einer 35 Stunden-Kraft); oder ob sie genau so wie ich gemerkt hatte, dass ich einfach nicht der Richtige an diesem Platz, für diese Art mit den Menschen umzugehen war: Keine Ahnung – die Gründe, die mir jedenfalls für meine Entlassung genannt wurden waren für mich alle nicht stichhaltig. Aber, wie gesagt: Die Entscheidungen werden einem oftmals abgenommen – und so war es auch gut.

Als ob das alles für ein Jahr an Belastungen noch nicht genug sei kam kurz danach eines Tages ein Brief vom Amtsgericht: Meine Frau hatte die Scheidung eingereicht. Na, das also auch noch!

War's das jetzt endlich? Ha – natürlich nicht!

Meine Mutter hatte sich in der Zwischenzeit tatsächlich auf eigene Verantwortung entlassen. Alle hatten ihr davon angeraten: Der Stationsarzt, das Pflegepersonal, ihr Hausarzt. Ich hatte ihr klargemacht, dass wir uns gerade in dieser Woche, in der sie nun nach Hause kommen wollte, um den Umzug und die Wohnungsrenovierung meiner Tochter kümmern müssten. Nichts zu machen, sie blieb stur, war fest davon überzeugt dass sie sich wieder so weit im Griff hatte, dass sie alleine zu Hause klar käme. Selbstüberschätzung scheint bei uns in der Familie zu liegen!

Wenn ich heute darüber nachdenke kann ich es kaum glauben, was nun passierte: Kaum wieder zu Hause war es, als ob jemand bei ihr einen Schalter umgelegt hätte: Innerhalb kürzester Zeit ging das alte Theater wieder von vorn los. Nur, dass sie jetzt klar war, nicht mehr unter Medikamenteneinfluss stand. Und natürlich wollte sie nun nichts mehr davon wissen, dass wir wie angekündigt tatsächlich eine Woche lang für sie keine Zeit hatten: Ihrer Ansicht nach war das eine herzlose Ungerechtigkeit, dass wir uns nicht um sie, die alte, schwache Mutter kümmerten, sondern um das Kind; dass sollte doch allein sehen wie es klar käme. Wir hätten alles stehen und liegen zu lassen, wenn sie nun wieder da ist! Sie beschimpfte uns, versuchte mir meine Freundin madig zu machen, wollte nichts mehr von ihr wissen; außer natürlich, dass sie ihr weiterhin die Wohnung machen sollte, selbstverständlich.

Ich verstehe bis heute nicht, was mit ihr geschehen ist: Dass sie in der Klinik so anders war, so lebensbejahend – und dann jetzt das. Innerhalb von noch nicht einmal zwei Wochen war von ihr, der Frau der wir einfach nur helfen wollten, unser Verhältnis zu ihr zerstört worden. Und: Unseres hatte dadurch einen ordentlichen Knacks erhalten.

Ich verabschiedete mich endgültig von meinem Traum, mit meiner Mutter doch noch ein gutes, ein halbwegs normales Verhältnis zu bekommen - und meine Freundin von ihrem Traum eine Ersatzmutter gefunden zu haben. Wir waren wohl ziemlich blauäugig gewesen, in unseren Wünschen etwas zurück zu bekommen, das schon ganz lange für immer verschwunden war. So lernt man.

~

Ich hatte noch etwa 6 Wochen bis zum Vertragsende zu arbeiten, begann wieder zu suchen. Diesmal wollte ich nicht wieder umziehen, sondern in der Nähe etwas finden: Ich wollte wenigstens diesen Ort als etwas behalten, zu dem ich gehörte. Wenigstens dieses kleine Bisschen an Zugehörigkeitsgefühl, das Etwas an Heimat sollte meins bleiben. Ich wollte nur nicht wieder in eine völlige Haltlosigkeit fallen, nicht noch mehr verlieren. Ob die Belastung der vergangenen Monate einfach zu viel waren, ob die Anstrengungen und Misserfolge der vergangenen zwei Jahre nach meiner Trennung meine damals frisch gewonnene Energie jetzt aufgezehrt hatten – es war wieder soweit, meine Depression machte sich wieder auf den Weg, kroch langsam aber stetig aus ihrem Versteck in meinem Seelenkeller wieder nach oben. Ich hatte schon einige Wochen zuvor gemerkt, dass es wieder einmal so weit war, und wieder mit dem Lithium begonnen – um gar nicht erst wieder ganz abzustürzen. Diesmal war es jedoch anders als die Male zuvor: Diesmal hatte sich das graue Schattenwesen eine feuerrote, flammende und sehr zerstörerische Verstärkung mitgebracht. Es ist eben nicht so, dass sich alles, was einmal gewesen ist, beim nächsten Mal genau so ereignet wie beim letzten Mal: Jeder Moment im Leben ist immer einzigartig – auch bei einer seelischen Erkrankung.

Wie schon erwähnt, liefen die morgendlichen Besprechungen in der Suchthilfeeinrichtung immer nach dem selben Muster ab: Die Abteilungsleiter trafen sich zur Frühbesprechung; dann, nach einer Dreiviertelstunde kamen die Therapeuten dazu um das Protokoll und die letzten neuen Informationen zu lesen, und dann startete man in den Tag. Auch an diesem Montag war es wieder so: Die Besprechung war zu Ende, die Tür ging auf, und die Kollegen kamen herein. Alles genau wie immer.

Mit einem Mal springt mich etwas so unvermittelt an, so ohne jeden erkennbaren Anlass und das mit solcher Macht, dass es mich fast umhaut: Angst - heiße, flammende, brennende und den Atem raubende Angst! Keine Ahnung woher, warum, wodurch, und vor allem – wovor:

Ich bekomme fast keine Luft, weiß überhaupt nicht
wie mir geschieht!
Meine Gedanken kreisen wie wild, suchen eine Erklärung,
ich versuche mich zu beruhigen – zwecklos:
Ich muss sofort den Raum verlassen, und raus aus dem Haus!
Ich lasse alles stehen und liegen, stürme wie ein Verrückter
an meinen verdutzt schauenden Kollegen Richtung Ausgang,
mein Blick auf die Tür geheftet.
Den Flur hinunter, mit zittrigen Fingern betätige ich
das Zahlenschloss, dass den Ausgang versperrt.
Als ich nach einer scheinbaren Ewigkeit vor der Tür stehe,
bekomme ich wieder etwas Luft,
der Druck in meiner Brust geht wieder zurück.

Ich war vollkommen verwirrt, ganz durcheinander: Was war denn *das*?

Nach einer Weile beruhigte ich mich, und überlegte was zu tun sei. Ich entschloss mich wieder hinein zu gehen, um zu sehen was passieren würde.

Kaum bin ich wieder im Haus und sehe meine Kollegen,
ist sofort diese panikartige Angst wieder da:
Sie steigt innerhalb weniger Augenblicke vom Unterbauch
ausgehend nach oben, füllt meinen Brustraum aus, kriecht
blitzschnell den Hals hinauf, lodert in meinem Kopf hell auf
wie ein sich explosionsartig ausbreitendes Feuer –
und nimmt mir erneut die Luft !

Für den, der an sich selbst so eine Panikattacke noch nie erlebt hat, hört sich das ganz verrückt an. Und ich kann ihnen sagen: Wenn sie dann vorbei ist und man sich fragt, was das denn war, fühlt man sich selbst auch genau so: Völlig verrückt.

Es ging einfach wirklich nicht: Der Gedanke daran, dass ich auch nur ein paar weitere Stunden dort bleiben sollte war unerträglich, machte mir so eine, mich völlig gefangen nehmende Angst, dass ich weg musste. Natürlich wusste ich dass das ganz irrational war - es gab überhaupt keinen Grund dazu! Um so schlimmer war das Gefühl der völligen Hilfslosigkeit, der Furcht, und des Versagens - des grund-losen Scheiterns. Ich meldete mich bei der Leitung ab, und fuhr auf dem schnellsten Weg zum Arzt.

Von nun an hatte ich gegen zwei Feinde anzukämpfen.

✦

Von neuen Freunden und alten Motorrädern

2014

Ich hatte schon immer mit undefinierbaren Angstgefühlen zu tun: Als Kind ging es schon los mit einem Gefühl von Unsicherheit, dass sich in allen möglichen Situationen einstellte, und mich lebenslang begleitete. Eine Depression an sich ist schon eine beschissene Angelegenheit, das ist mittlerweile jedem wohl klar geworden: Sie nimmt einem die Energie sein Leben zu leben, kostet eine Menge Lebenszeit, und macht einen einsam – egal, wie viele Menschen um einen herum sind. Mit viel Zeit, viel Mühe und viel Hilfe von Außen hatte ich gelernt, einigermaßen damit umzugehen. War mit der Analyse woher sie kam schon ein ganzes Stück weiter gekommen. Aber *warum* ich überhaupt depressiv geworden war: Keine Ahnung. Und als ob es damit nicht genug wäre, jetzt auch noch das!

Mein Arzt nahm mich sofort aus dem Verkehr, schrieb mich arbeitsunfähig: Er vermutete eine heftige, generalisierte Angststörung, entstanden aus der seelischen Überlastung der letzten Jahre.

„Etwa 15 Prozent der Deutschen leiden irgendwann in ihrem Leben einmal an einer Form von Angststörung. Das ist relativ viel – trotzdem glauben viele Betroffene immer noch, dass sie mit ihren Ängsten ganz alleine sind. Das stimmt aber nicht, denn sie sind weder die einzigen mit den Symptomen

für Panikattacken und Angst, die sehr verschieden sein können, noch ist es bei ihnen unmöglich, die Angst wieder loszuwerden. Wichtig ist es allerdings, die Form der Angst genauer zu bestimmen und herauszufinden, woher sie kommt und wie sich das Verhalten im Alltag so verändern lässt, dass die Angst keine Chance mehr hat.

Und was ist eine generalisierte Angststörung?

Eine generalisierte Angststörung, kurz GAS oder auch Zukunftsangst genannt, äußert sich dadurch, dass die Angst nicht spezifisch ist – die Betroffenen haben also nicht vor bestimmten Situationen, Tieren, Dingen oder Umständen Angst, sondern eine unbegründete, generelle Angst. Angst vor theoretisch möglichen Erkrankungen, Unglücken, dem Jobverlust oder dem Tod sind hier typisch. Die Angst ist hier typischerweise unbegründet, unrealistisch und übertrieben – obwohl beispielsweise das eigene Kind kerngesund und gutgelaunt wohlbehütet in der Schule sitzt, hat der oder die Betroffene unheimliche Angst, es könnte ihm etwas zustoßen. Häufig begleitend sind psychische und körperliche Symptome.

Wie äußert sich die generalisierte Angststörung?

*Die Angst ist dadurch gekennzeichnet, dass diese sehr lange andauert – mindestens ein halbes Jahr. Sie wird dann diagnostiziert, wenn sich die Angst an den meisten Tagen äußert und nicht zu kontrollieren ist. Der Betroffene kann die Angst nicht kontrollieren – weder wann sie auftritt, wie häufig sie auftritt und wie lange sie anhält. Normalerweise bezieht sich die Angst auf viele verschiedene Dinge. Der Patient fühlt sich durch die Angst sehr stark belastet und beeinträchtigt und hat auch körperliche Symptome. Mindestens drei müssen es sein, bevor die Diagnose gestellt wird. Wichtig zu wissen ist allerdings, dass die GAS keine körperliche Krankheit, sondern eine **psychische Störung** ist. Trotzdem gibt es verschiedene körperliche Symptome".*[35]

---

[35] *http://psychiatrische/ vom 7.9.2015*

Er schickte mich zur Neurologin: Dort wurde mir zusätzlich zum Lithium ein Angst lösendes Medikament verschrieben – und eine Therapie empfohlen. Und dann: Saß ich da, mit meiner Angst und meiner Depression. Jetzt war erst mal Abwarten gefragt, ob das Medikament Abhilfe schaffen würde; und wenn möglich, schnell wieder einen Psychotherapieplatz ergattern!

Wie schon erwähnt ist es in Deutschland meistens nahezu unmöglich dann einen Therapieplatz zu bekommen, wenn es am Nötigsten wäre – nämlich im akuten Fall: Monatelange Wartezeiten sind ganz normale Realität. Und dabei mangelt es nicht an Therapeuten: Nur an mit über die Krankenkassen abrechenbaren Plätzen – es werden einfach nicht genug zugelassen! Sicher, wenn es einem ganz schlecht geht steht einem immer der Gang in eine Psychiatrie offen. Nur: Dort sind nicht nur ebenfalls die Plätze rar, dort gibt es auch nicht genug Therapeuten, die schnell mit einem arbeiten können. Statt dessen ist es dort oft so, dass man dort zunächst versucht die Medikation zu optimieren – und die Patienten physisch gut zu versorgen. Man ist dort zwar in einer geschützten Umgebung – was manchmal durchaus schon einen positiven Effekt hat; aber eine Therapie ist dort nicht wirklich möglich. Und so sitzt man halt die meiste Zeit dort herum - kann mit dem Pflegepersonal reden, mit dem Arzt, mit den Mitpatienten. Und wenn man ganz viel Glück hat, bekommt man vielleicht auch mal ein Gespräch mit einem Therapeuten. Mehr nicht.

Also, wie gesagt: Wenn es einem ganz schlecht geht, wenn starke Suizidgedanken auftauchen, oder man keine andere Möglichkeit hat, sich irgendwie in eine stabile Umgebung zu begeben – dann ab in die Psychiatrie, für eine kurze Zeit.

So schlecht ging es mir zum Glück nicht. Und zu meinem großen Glück sorgte meine Freundin dafür, dass so viel wie möglich an Belastung von mir fernblieb – sie hat selbst schon Ähnliches erlebt. Natürlich reicht so etwas nicht wirklich; aber es hilft schon sehr, wenn man sozusagen den Rücken freigehalten bekommt.

Dass sich eine seelische Erkrankung auch innerhalb kurzer Zeit verändern und wesentlich verschlimmern kann erlebte ich nun drastisch: Nach ein paar Tagen war es schon so, dass jede Arbeitssituation, die ich irgendwo und egal von wem ausgeführt wahrnahm, dazu führte, dass ich mich blitzartig in die Lage desjenigen versetzte, seine Verantwortung spürte – und die Angst davor sprang mich an! Völlig verrückt; aber genau so war es.

Damit nicht genug: Sie breitete sich weiter aus. Bald machten mir auch einfachste private Aufgaben Angst, und es kostete mich jede Menge Energie, trotzdem irgendwie zu funktionieren. Aber irgendwann ging auch das nicht mehr.

Es begann damit, dass ich es eines Abends nicht mehr schaffte zu meinem geliebten Singen zu gehen. Obwohl nicht der geringste Anlass dazu bestand, fühlte ich im Chor einen solchen Druck, dass es nicht mehr ging dorthin zu gehen. Dabei war ich schon auf dem Sprung gewesen, eine Stufe weiter zu steigen, und in einem „richtigen" Chor mitzusingen: Eine wirklich gute Freundin - den einzigen Menschen, den ich in meiner Zeit dort näher kennen gelernt und zu der ich wirkliches Vertrauen gefunden hatte - singt in der Münchner Philharmonie; und dort werden ebenfalls immer gute Männerstimmen gesucht. Es gab sogar schon einen Termin, an dem ich mitgehen sollte; hatte angefangen endlich etwas Notenlesen zu erlernen, weil ich dafür unbedingt „vom Blatt" singen können musste.

Ich habe eine gute Stimme, das war mir in diesem vergangenem Jahr immer wieder bestätigt worden - und dass ich gut singen könne. Meine Lage ist irgendwo zwischen einem tiefen Tenor und einem hohen Bariton; und je lauter ich singe, je mehr Energie ich hineinlege, um so höher und tiefer komme ich. Und dann: Singt meine Seele mit.

Niemand dort verstand, dass ich mein Talent immer wieder runter spielte, immer klein redete. Ich muss wohl wirklich gar nicht so schlecht sein!

Wie gesagt - es gab keinen Grund für Ängste, keinen Grund nicht angenommen zu werden, im Gegenteil; aber mein Gefühl sagte mir, wie schon mein ganzes Leben lang, etwas ganz anderes: Dass ich das, was ich als neue Leidenschaft erfahren hatte, nun nicht mehr fertig brachte; dass mir schon bei der Vorstellung dorthin zu müssen der Schweiß ausbrach, und dass ich auf der Fahrt dorthin wieder umdrehen musste, weil ich es einfach nicht konnte.

Das war der Anfang von dem, was sich nun immer weiter fortsetzte. Bald war ich soweit, dass mich die einfachsten Aufgaben überforderten – und sogar nur der *Gedanke*, dass meine Freundin oder jemand anderes etwas von mir erwarten könnte, verursachte sofort in mir einen schnell aufsteigenden, unglaublichen Druck in der Brust; und das Gefühl, sofort weggehen zu müssen.

Ich war nun wieder sehr oft depressiv. Ich erklärte mir das mit der Angst vor Verantwortung, vor Aufgaben, die ich nicht erfüllen konnte - die mich so sehr lahm legte. Das Lithium wirkte noch nicht, der Angstlöser auch nicht wirklich. Lithium braucht, bis es eine Wirkung zeigt schon mal ein paar Monate, das wusste ich ja. Und ob es jetzt in der nun geänderten Situation, in meinem jetzigen Zustand helfen würde, war ganz ungewiss.

Eigentlich wollte ich auch gar keine Psychopharmaka mehr nehmen: Ich war mir ziemlich sicher, dass ich in der Beziehung ziemlich „therapieresistent" war, denn nichts hatte bisher wirklich geholfen. Und: Ich hatte immer noch keine Ahnung, woher denn meine Ängste und die Depression herrührten. Mir ging es wirklich nicht gut.

Meine Tochter und meine Enkelin wohnten nun seit einem knappen halben Jahr in meiner Nähe; und es war sehr schön, mit ihnen zusammen Zeit zu verbringen. Natürlich lief nicht immer alles glatt; und ich war auch oft gefordert, bei irgendwelchen Schwierigkeiten mit Rat und Tat beizustehen. Das war schon ganz o.k. – hatte ich mir doch vorgenommen, wieder mehr für meine Kinder da zu sein, wenn sie Hilfe benötigten. Ich war lange genug so arg mit mir beschäftigt gewesen, dass ich meine Rolle als Vater vernachlässigt hatte; auch wenn Beide schon erwachsen waren. Das sollte sich nun wirklich ändern – ich war wieder da, wenn sie mich brauchten. Dazu gehörte aber auch dass ich es wirklich akzeptierte, dass meine Töchter das Recht haben ihre eigenen Leben zu führen – mit allen positiven und negativen Konsequenzen. Genau so wie wir alle uns irgendwann vom Elternhaus gelöst haben, um endlich das zu tun was wir wollten; und es hassten, wenn sich die Eltern immer wieder einmischten!

Jetzt war es an der Zeit das zu erkennen, dass sich meine Rolle grundlegend geändert hatte: Ich bin zwar mein Leben lang Vater und Großvater; aber meine Aufgabe ist nun die derjenige zu sein, der Rat gibt, der hinweist und eventuell warnt. Aber ich kann nicht erwarten, dass das was ich tun würde das ist, was meine Kinder dann tatsächlich tun! Und dass es so auch genau gut und richtig ist.

Jedenfalls: Meine Jüngste beschloss, sich nun noch mehr auf die eigenen Beine zu stellen. Sie war in Bayern nie ganz heimisch geworden, und immer mal wieder davon gesprochen zurück nach Wuppertal zu gehen. Jetzt war es soweit: Sie hatte in den vergangenen sechs Monaten wieder Energie gesammelt, darüber nachgedacht was sie mit ihrem Leben anfangen wollte - und sich überlegt, dass sie wieder nach Wuppertal zurück wolle.

Auch wenn man als Vater natürlich immer mit so was rechnen muss: Es war doch eine ordentliche Enttäuschung; denn es war einfach schön gewesen, dass wir wieder zusammen waren. Es war auch ein Halt für mich gewesen, so ein bisschen Familie wie früher; eingefügt in mein neues Leben, das ich mir so schön vorgestellt hatte. Und das nun offensichtlich schon wieder zu zerbröckeln begann: Denn, wie schon gesagt, hatte meine Beziehung zu meiner Freundin durch den ganzen Mist mit meiner Mutter einen ordentlichen Knacks bekommen – viel zu früh zu viel Leben und viel zu wenig Liebe, nach zu kurzer Zeit. Meine Tochter hatte das ebenso zu spüren bekommen: Meine Mutter lehnte sie und meine Enkelin – ihre Urenkelin! - einfach ab, wollte auch zu ihnen keinen Kontakt. Das war für die Beiden eine herbe Enttäuschung gewesen.

Also, nachdem sie dort oben eine Wohnung gefunden hatte wurde alles wieder verpackt, ich besorgte einen Lkw, und brachte die beiden wieder in die alte Heimat. Es war wirklich nicht einfach – als ich zwei Tage später wieder zurück fuhr war ich wieder einmal sehr traurig: Ein weiteres Stück meines neuen Lebens, dass ich versucht hatte mir zusammen zu kleben, war abgebrochen, und lies eine leere Stelle in meiner Seele zurück.

~

Eigentlich hatte ich ja gedacht, dass mit der Trennung von meiner Frau und dem Entschluss nun ein ganz neues Leben anzufangen, meine Depression endgültig der Vergangenheit angehörte. Jetzt war sie wieder da, zusätzlich zu dieser Angststörung mit ihren Panikattacken, die mich lahmlegten; für mich war es klar, dass das und der ganze Mist der vergangenen Monate der Grund für meine neuerliche Depression war. Was sollte ich tun? Ich wollte nicht nur so schnell es ging wieder gesund werden -natürlich wollte ich auch endlich wieder arbeiten! Ich schaute immer mal wieder nach Stellen, die für mich eventuell in Frage kommen könnten. Aber, wenn ich ganz ehrlich bin geschah das eher halbherzig; denn mir war klar: Bevor ich auch nur daran denken konnte wieder Verantwortung zu übernehmen, musste ich meine Angst in den Griff bekommen! Alles andere wäre nur Augenwischerei gewesen, Betrug an Anderen und Betrug an mir selbst – ein weiteres Scheitern wäre vorprogrammiert.

Ich erinnerte mich an die erste Reha 2006, die mir damals sehr viel gebracht hatte; vielleicht könnte mir ja in einer entsprechenden Klinik auch jetzt noch mal geholfen werden? Ich sprach mit meinem Arzt und der Neurologin; aus ihrer Sicht gab es nichts dagegen einzuwenden. Aber beide sagten mir auch dass mir niemand sagen könnte, ob ich damit auch Erfolg haben würde. Aber einen Versuch wäre es wert!

OK - ich wusste ja noch vom letzten Mal wie man so einen Antrag stellt; allerdings hatte es damals recht lange gedauert, bis mein Antrag bearbeitet und bewilligt worden war, etwa zwei Monate alles in allem. Damals war ich in Arbeit und nicht arbeitsunfähig – ich hatte so lange durchgehalten wie es nur ging. Diesmal allerdings war ich krank geschrieben, und bezog Krankengeld. Ich kenne aus meiner Ausbildung zum Fachwirt im Sozial- und Gesundheitswesen die Vorgehensweisen der Sozialversicherungs-Träger: Wenn es eine Möglichkeit gibt Kosten zu sparen, z.b. in dem eine der anderen Versicherungen für einen Maßnahme zuständig ist – dann wird Dampf gemacht, und es wird beschleunigt gearbeitet; und wenn denn wie in meinem Beispiel die Krankenkasse dahinter steht, ist das ganz was anderes, als wenn man nur allein seinen Antrag stellt. Also besorgte ich mir auf der Homepage der Deutschen Rentenversicherung die Anträge aus dem Internet, ging zu meinen Ärzten und lies ihn mir ausfüllen. Besorgte mir dafür eine schöne, ordentliche Mappe, und ging damit zu meiner Krankenkasse. Dort wurde der entsprechende Teil ebenfalls ausgefüllt, gestempelt und unterschrieben – und wurde als Eilsache direkt aus der Geschäftsstelle nach Berlin geschickt.

Damals, zu meiner ersten Reha, dauerte es 2 Monate bis zum positiven Bescheid. Diesmal dauerte es keine vier Wochen, und es ging los: Ich wurde in die *MediClin-Klinik* in Donaueschingen im Schwarzwald geschickt.Den Schwarzwald kannte ich bisher nur beruflich, als Ladenplaner von diversen Kunden. Gesehen hatte ich davon noch nicht wirklich was; aber immer mal wieder davon gehört, dass man dort schöne Motorradtour en machen könne. Also, gedacht, getan: Ich fuhr mit dem Motorrad dorthin.

Es war eine gute Fahrt – wenn auch mit viel Regen und, kurz vor dem Ankommen, einer kleinen Panne. Ein gutes Stück davon fuhr ich am Bodensee entlang. Auch dort war ich zuvor nur ein paar mal beruflich gewesen, immer nur schnell hin, gearbeitet und schnell wieder weg. Schöne Gegend da – nur dass Wetter war diesmal scheußlich; und deshalb hielt ich mich auch nicht lange dort auf. Ich musste ja auch einigermaßen pünktlich anreisen!

Dort, in der Klinik, war alles so ähnlich wie 2006, so wie bei meinem ersten Versuch mit meiner Depression schneller fertig zu werden: Einzel- und Gruppengespräche, Sport, Yoga und – Kunsttherapie! Das kannte ich noch nicht. Ich machte da etwas, das ich auch schon seit langem machen wollte: Schon seit Jahren hatte ich ein Motiv im Kopf, wollte es immer mal auf eine Leinwand bringen; und es wie so vieles, was ich schon mal machen wollte, immer wieder verschoben. Nun sollte ich es sogar machen, und die Materialien waren auch schon da. Also ran an die Acrylfarben – und es war klasse, wie die Energie beim Malen nur so durch mich floss, und mein Motiv Gestalt annahm! Ich habe es im Laufe der Therapiewochen immer wieder verändert – und jetzt hängt es in meinem Arbeitszimmer. Ich schau schon eine ganze Weile darauf; ich glaub, ich werd es noch mal ergänzen.

Ich lernte wieder nette Menschen kennen mit den unterschiedlichsten Schicksale, und hörte vieles aus ihren Leben. Wir waren eine Gruppe von Acht, und wir hatten während der Mahlzeiten so viel Freude miteinander an unserem Tisch, dass wir im Speisesaal bald schon fast unangenehm auffielen – mit unseren manchmal fast übermütigen Späßen, Albernheiten und Gelächter.

Dass ist wohl so etwas, das man sich als Außenstehender in einer Klinik nicht vorstellen kann, in der es um seelische Erkrankungen geht (und davon zu einem großen Teil um Depressionen und Burnout): Wie viel dort gelacht wird.

Die Erklärung ist natürlich eine ganze einfache: Zunächst einmal ist man räumlich ein ganzes Stück weit weg von der Ursache seiner Erkrankung. Man ist in einer geschützten Umgebung, in der man sich um nichts anderes kümmern muss als zu versuchen wieder gesund zu werden. Man

trifft auf Menschen, die sofort wissen wovon man redet, wenn man von sei-
ner Krankheit spricht.

Und wenn man dann noch ein wenig Glück hat lernt man dabei Leute
kennen, mit denen man einfach gut zusammen passt. So wie bei uns.

Mit Zwei an unserem Tisch verstand ich mich wirklich besonders
gut: Da war zum ersten Jaques: Ein französischstämmiger Südameri-
kaner, der in Spanien aufgewachsen war, und nun in der Nähe von
Frankfurt lebte. Er war Mitte Fünfzig, arbeitete am Frankfurter Flug-
hafen, und war wegen eines Burnout dort. Er hatte einen ausgeprägten französischen Akzent – was ihm bei den vielen Witzen, die er bestens erzählen konnte, etwas unglaublich Sympathisches gab. Wenn ich
da nur an seine Vorstellung denke über die Prostituierte mit der ka-
putten Hüfte!

Er war auch Motorradfahrer: Damals hatte er gerade eine mopped-
freie Zeit, mittlerweile fährt er eine alte BMW der K-Reihe, und so
hatten wir uns auch daher schon eine Menge zu erzählen. Wir hatten
wirklich eine schöne, freundschaftliche Zeit. Ab und zu schreiben wir
uns mal eine E-Mail oder telefonieren. Mal schaun, wann sich einer
von uns endlich mal auf's Mopped schwingt und den anderen besucht.

Zum zweiten war da diese Frau mit den komisch gefärbten, strubbeligen Haaren: Sie war offenbar so ungefähr in meinem Alter, etwa 165
cm groß, nicht zu schlank, und attraktiv. Sie trug eine flotte Brille,
flottes MakeUp, flotte Kleidung – und hatte einen ausgeprägten flotten
schwäbischen Dialekt (Moment mal – war da nicht schon mal früher
in meiner Geschichte eine Frau mit einem Dialekt und strubbeligen

Haaren aufgetaucht? Und: Was hab ich eigentlich immer mit diesem Adjektiv „flott"!?!).

Sie hatte in ihren kurz und flott geschnittenen, gestylten Haaren jede Menge Strähnen, in mindesten 10 Farben. Nein, in Wirklichkeit waren es damals nur sieben, und heute sind es nur fünf; aber es wirkte eben so. Sie erinnerte mich vom Aussehen an die Frau aus diesem Koch-Duo, in der Sendung „Kochen für Freunde - mit Martina und Moritz" - und vom Typ her auch ein wenig an die Traudel aus dem Saarland, die ich in meiner ersten Reha kennen gelernt hatte. Eigentlich war sie Buchhalterin, hatte sich aber schon seit vielen Jahren mit Ayurveda, Massage und Fußreflexzonen-Therapie beschäftigt, war darin ausgebildet und hatte auch früher praktiziert. Und sie war etwas, von dem ich zuvor noch nicht gehört hatte: Sie ist eine ausgebildete Gemmologin – ein Edelsteinkundige, und hatte sich auf die Heilwirkung der verschiedenen Mineralien spezialisiert. Sie war wie ich geschieden, hatte ebenfalls zwei erwachsene Kinder, war bereits Großmutter - und lebte schon eine ganze Reihe von Jahren allein, in einer Stadt im Nördlinger Ries. Auch sie war wegen Burnout und Depressionen dort; und genau so wie der spanisch-südamerikanische „Frosch" aus Frankfurt und ich schon eine ganze Weile damit beschäftigt, irgendwie wieder ins Leben zurück zu finden. Und – das war das Beste überhaupt - sie fuhr auch Motorrad: Einen kleinen, alten Chopper von Yamaha.

Sie hieß Helga, und wir redeten viel und oft miteinander; auch außerhalb unserer Tischgemeinschaft: Manchmal saßen wir so lange zusammen und erzählten uns unsere Leben, bis uns die Nachtwache das Licht abdrehte. Wir unternahmen gemeinsam Ausflüge, mal mit den Anderen, mal zu zweit. In meinem Leben hat es das erst ein paar mal gegeben: Man lernt einen völlig fremden Menschen kennen – und versteht sich auf Anhieb. Und ganz wenige Male ist dann daraus so etwas wie Seelen-Verwandtschaft geworden: Mit diesen Beiden war das so.

Die Wochen in Donaueschingen flogen nur so dahin, die Wochentage waren ausgefüllt mit Therapien aller möglichen Art. Abends gingen wir alle zusammen aus, oder verbrachten die Zeit mit Spielen, Erzählen und fröhlich sein. An den Wochenenden passierte es mir meistens, dass ich wieder in meine depressive Verfassung zurückfiel, und mich in mein Zimmer zurück zog: Trotz der Menge an Freude, die mir die Gesellschaft der Anderen machte, und die ich so vermisst hatte – mein Schattenwesen holte mich immer wieder ein. Es war aber auch so ein Scheiß!

Um es kurz zu machen: Die Therapien in der Rehaklinik brachten bei mir nicht den erwünschten Erfolg, ich wurde nach knapp sieben Wochen als nicht arbeitsfähig entlassen. Allerdings wurde mir zuvor in einem ausführlichem Gespräch mit dem Chefarzt klar, dass meine akute Depression nicht aus der Angst entstand – sondern dass es genau umgekehrt gewesen war: Durch die vielen Ereignisse und Belastungen der vergangenen Jahre, den vielen Misserfolgen bei nahezu allem, was ich seit meiner Trennung versucht hatte; zusätzlich zu der in mir immer noch ungeklärten grundsätzlichen Ursache für meine Depressionen, war ich langsam und von mir unbemerkt, aber immer weiter und stetig abwärts geglitten – bis ich wieder im Schattenreich angekommen war.

Ich hatte damals, nachdem ich mich nicht nur von meiner Frau trennte, versucht mich von allem zu lösen, was mich doch scheinbar so sehr belastete. Mich dann aufgemacht und gedacht, ich hätte einen Pfad eingeschlagen, der mich in die richtige Richtung zu meinem

Traumland führte. Und nicht erkannt, dass ich mir dabei wieder zu viel Ballast auflud - bis ich schließlich mein Gleichgewicht verlor, und erneut abstürzte, wie die Male zuvor.

Diesmal allerdings war es endgültig zu viel – das sagte mir auch die Therapeutin dort: Weil ich es mir immer noch nicht hatte eingestehen wollen dass ich wieder auf meinem alten, falschen Weg unterwegs war, hatte mich dann die Angststörung so richtig umgehauen. Die Seele ist schon ein seltsam Ding – warum lernen wir eigentlich nicht schon in der Schule, mit uns achtsam umzugehen?

Der Entlassungstag war für uns alle sehr emotional, sehr tränenreich – so wie es sich auch gehört, nach so einer gemeinsam und intensiv verbrachten Lebenszeit. Wir umarmten uns, versprachen uns zu melden, und jeder machte sich wieder allein auf seinen Weg. Übrigens: Beim Gespräch mit dem Chefarzt fiel mir seine Art zu reden auf; kein Wunder, denn er war gebürtig aus – Wuppertal!

Ich fuhr wieder mit meiner Yamaha nach Haus, diesmal bei schönem Wetter, und ohne Panne. In Meersburg machte ich einen kleinen Abstecher zum Bodensee, setzte mich für eine kleine Weile ans Wasser, und sah dem Treiben der Touristen zu, die die Cafés bevölkerten, oder zu der Fähre strömten.

Es ging mir etwas besser als vor der Reha, dass fühlte ich schon. Aber mir war klar: Das würde wahrscheinlich nur von kurzer Dauer sein. Ich wusste, irgend etwas musste jetzt geschehen. Ich konnte jetzt nicht wieder aufhören, mit der Suche nach der Ursache meiner depressiven Seite. Wenn ich jetzt wieder aufgab und meine Suche nach dem Warum abbrach – dann würde ich vielleicht nach noch kürzerer Zeit als zuvor wieder zusammenklappen.

Ich konnte jetzt nicht aufhören, ich wollte und musste jetzt weiter machen - egal um welchen Preis.

✦

Der Blick in den Abgrund

Zu Hause empfing mich meine Freundin – froh, dass das Alleinsein nun ein Ende hatte. Sie hatte in der Zwischenzeit den kleinen asiatisch anmutenden Garten vor dem Haus fertig gemacht, und war ganz stolz darauf. Und hoffte, dass sie mir damit eine Freude machte.

Ein paar Wochen vor der Reha hatte ich überlegt, dass mir ein wenig Gartenarbeit ganz gut tun würde. Und das kleine Stück Vorgarten wartete schon lange darauf, dass sich mal endlich wieder jemand damit beschäftigte. Mitten drin stand ein kleiner, japanischer Fächerahorn, wie ein etwas größerer Bonsai; und ein etwa einen Meter hoher Naturstein, der wie ein Felsen in Miniatur ausschaute. Mein Gedanke war so was wie einen kleinen Zen-Garten daraus zu machen. Ich machte mir einen kleinen Plan, überlegte welche Pflanzen gut hinein passen würden, und dann damit begonnen. Ich hatte noch nie einen Garten allein für mich gehabt, bisher immer nur zugearbeitet; auch in meiner Ehe war ich der, der das „Grobe" machte, Löcher grub, Wege anlegte oder Terrassenplatten verlegte. Jetzt hatte ich Lust, einmal selbst was zu gestalten. Durch die Reha musste ich die Arbeit daran unterbrechen - und jetzt stand ich vor vollendeten Tatsachen: Das

Gärtchen war fertig – und es war nicht wirklich so, wie ich es mir gedacht hatte.

Ja natürlich weiß ich, dass sie es nur gut meinte! Aber, es war eben wieder nicht meins, wie so oft in den vergangenen Jahren. Wären Sie an meiner Stelle gewesen: Hätten sie ihr nun gesagt, dass sie es sich anders vorstellten?

Eigentlich wäre das ja nicht so schlimm: Man kann so was ja auch so anbringen, dass der Andere nicht verletzt ist. Konstruktiv sozusagen. Nicht so ich: Wie unzählige Male in meinem Leben in ähnlichen Situationen sagte ich nicht das, was ich wirklich empfand - sondern das, was sie von mir erwartete. Oder richtiger: Was ich glaubte, was sie erwartete!

Ach ja. So war das eben mit mir: Ich konnte immer noch nicht einfach nur ehrlich sein – nicht zu anderen, und leider auch erst recht noch nicht zu mir.

Ich war immer noch krank geschrieben, die Angststörung war nach wie vor noch da: Zwar kamen die Anfälle etwas seltener, aber immer noch in großer Intensität. Und, ich fiel immer wieder in mein depressives Loch.

Zu Beginn der Reha beschloss ich, endgültig keine Antidepressiva mehr zu nehmen. Über die Jahre habe ich vieles ausprobiert - geholfen hatten sie mir immer nur eine Zeitlang: Wie die schon beschriebene Krücke, wenn man ein Bein gebrochen hat. Danach wieder laufen lernen muss man allein. Ich besprach das mit den Ärzten ausführlich, und sie hatten mich darin bestärkt es so zu machen. Aber sie wiesen auch darauf hin, dass ich mit Hilfe eines Therapeuten unbedingt weiter meine seelischen Probleme aufarbeiten sollte – um irgendwann wieder zu mir zu kommen. Und: Damit es nicht noch schlimmer käme!

Zu meiner Mutter, die nach wie vor mit im Haus wohnte, hielt ich nur noch den nötigsten Kontakt: Sie hatte sich während meiner Zeit in der Klinik so selbstsüchtig und schäbig gegenüber meiner Freundin gezeigt, dass es nun völlig ausgeschlossen war, dass sich der von ihr aufgerissene Graben zwischen den Beiden irgendwann mal wieder schließen lassen würde – meine Freundin hatte endgültig die Nase von ihr voll: Für sie war es so, dass sie in ihrem ganzen Leben noch keinen selbstsüchtigeren und undankbareren Menschen erlebte.

Ich beschloss nun wirklich nur noch in Notfällen mit ihr zu reden: Natürlich blieb sie weiterhin meine Mutter, und ich war für sie da, wenn sie wirklich Hilfe brauchte. Aber mehr eben auch nicht: Irgend-wann ist es halt mal soweit, dass man einsehen muss, dass es einfach keinen Zweck hat immer wieder an eine Türe zu klopfen – und sie ei-nem wieder und wieder vor der Nase zugeschlagen wird. Das allein war schon eine ziemlich bescheidene und belastenden Situation.

Meine Jüngste und meine Enkelin waren weit weg in Wuppertal, meine Älteste in Salzburg – und die Beziehung zu meiner Partnerin seit damals einen ordentlichen Knacks bekommen; dass hatte ich mir in der Reha eingestehen müssen. Da war es wohl ganz „normal", dass mich das Gefühl von Einsamkeit und Alleinsein, dass mich mein gan-zes Leben lang begleitet hatte, immer wieder überkam. Immer öfter saß ich allein am Esstisch, stierte auf die Wand, und dachte an ein al-tes Lied von Hermann van Veen: *„Der Mann, der so gerne nicht mehr le-ben wollte"*: Über einen depressiven Mann, der immer wieder daran denkt sein Leben zu beenden; und es nur deshalb nicht tut, weil er den Menschen, die ihm nah sind, nicht weh tun will. Und – der noch nicht mal einen ganz besonderen Grund dazu hat: Es ist ihm halt einfach so mitgegeben worden, als er in sein Leben kam. Ich hatte diese Sehnsucht nicht. Aber: Ich hatte null Ahnung, wie es mit meinem Leben weiter gehen sollte.

Dann kam der 11. August 2014. Ich saß wieder am Esstisch, und hörte im Radio die Meldung, dass sich der Schauspieler Robin Williams das Leben genommen hatte; und dass er an einer klinischen Depression und an Angststörungen erkrankt war.

Ich bin – oder sagt man dann eigentlich war? - ein großer Fan von ihm: Am allerbesten hat er mir als Psychologe in *„Good Will Hunting"* und als Parry in *„König der Fischer"* gefallen.

Ich war wirklich erschüttert: *Der* hatte sich sich umgebracht – weil er depressiv gewesen war? Welche Dämonen haben solch einem Menschen so zugesetzt, dass er sich tatsächlich aufhängt? Einem Menschen, der so viel Schönes in die Welt gebracht hat, dass man seine eigenen Probleme und Ängste für die Dauer eines Films völlig vergisst – und auch danach noch lange davon zehren kann. Auch wenn man weiß, dass alles nur Schauspielkunst ist: Ich verfalle immer wieder der Vorstellung, dass dieser Mensch auch privat etwas davon haben muss: Dass in Robin Williams tatsächlich etwas von *„Mork vom Ork"* war!

Klar: Was weiß man schon wirklich vom Leben eines Menschen, von dem man nur etwas über die Medien erfährt? Nichts. Genau so wenig, wie die meisten Menschen, die mich kennen gelernt haben, wissen, dass ich depressiv bin - und was es mit mir so anstellt. Um so mehr nahm mich sein Selbstmord mit, und machte mich sehr nachdenklich. Jetzt weiß er vielleicht, wie es *„Hinter dem Horizont"* weitergeht: Der Film, in dem er seine Frau aus der Hölle für die Selbstmörder holt. Ob er jetzt selbst dort ist ?

Ich war noch nie in meinem Leben so weit, mir selbst das Leben nehmen zu wollen. Niemals – wirklich nicht. Aber ich weiß genau was es heißt, im wahrsten Sinne des Wortes lebens-müde geworden zu sein: Dass man von seinem Leben einfach unendlich müde geworden ist. Dass es Tage gibt, an denen die Zweifel, ob man es wirklich durchhalten kann, sehr, sehr groß werden. Überlebensgroß.

Es ist so unfassbar anstrengend Jahr um Jahr immer und immer wieder gegen die selben „Feinde" anzurennen! Immer und immer wieder das Gefühl zu haben gegen Windmühlenflügel zu kämpfen, immer wieder scheinbar eine Sisyphus-Arbeit zu leisten – weil es immer wieder und wieder geschieht, dass der Fels, den man da vor sich her rollt, immer wieder von der Spitze des Hügels herabrollt - und man wieder von neuem anfängt zu kämpfen. Um nicht ganz ins Zwielicht abzustürzen. Trotz- oder eigentlich wegen aller Anstrengungen im Kampf dagegen liegt man danach ohne Energie am Boden: Alles – und ich meine damit wirklich ALLES – ist dann zuviel. Nicht ist mehr da, was einem Kraft gibt in solchen Zeiten. Am liebsten will man einfach nur liegenbleiben, und endlich aufgeben.

Ich weiß genau, dass man sich das als noch nie depressiv Gewesener einfach nicht vorstellen kann: Wie viel Energie es jedes mal kostet; die einem einfach fehlt, wenn man dann die ganz alltäglichen Probleme eines Lebens zu bewältigen hat. Und manchmal ist es halt auch so, dass man *es* einfach nicht mehr will. Dass man ganz, ganz kurz vor dem Aufgeben ist. Aber, ich war und bin immer Optimist geblieben: Irgendwann wird es wieder besser, ganz sicher!

Damals allerdings hatte ich schon vor der Nachricht über Williams Selbsttötung gemerkt, dass die Abstände zwischen meinen Zeiten voll Depression und Angst immer kürzer geworden waren: Immer öfter fiel ich in schwarze Löcher. Immer schneller kam mein Schattenwesen zurück aus seinem Versteck, und zog mich hinab in meine Schlucht der dunklen Wolken – und meine Kraft zum Wiederaufstehen wurde immer weniger.

Wenn denn, zumindest von außen betrachtet, schon so ein im Leben erfolgreicher Mensch wie Williams sich dazu entschließt seinem Dasein ein Ende zu machen – was, wenn es bei mir wirklich immer so weiter ginge? Wenn sich die Abwärtsspirale immer schneller und schneller drehen würde: Bis es zu spät wäre, um abzuspringen? Was, wenn meine Kraft doch irgendwann einmal nicht mehr dazu ausreichte noch einmal wieder aufzustehen - und ich auch aufgab?

Irgendwas musste ich tun – so konnte und wollte ich nicht weiter machen.

Meine erste Idee war eine Selbsthilfegruppe für Menschen mit Depressionen aufzusuchen: Der Austausch mit von der gleichen Erkrankung Betroffenen ist oft sehr heilsam – und kann sogar manchmal den Therapeuten ersetzen. Ich fand eine in Garmisch-Partenkirchen, die sogar von einem Psychologen begleitet wurde. Also fuhr ich dahin, stellte mich vor und erzählte erst mal etwas von mir, und: Warum ich da war. Es waren zwei Frauen mit Depressionen dort, die beide schon Erfahrungen dazu hatten: Eine von Ihnen hatte bereits einen Versuch hinter sich sich selbst das Leben zu nehmen, der zum Glück daneben ging. Die Zweite hatte kurz davor gestanden, obwohl sie schon vorher in der Gruppe gewesen war, und war von der Ersten noch rechtzeitig davon abgehalten worden. Beide waren darüber sehr froh; aber beide sagten mir, dass sie in den Momenten, als sie den Entschluss gefasst hatten ihr nicht enden wollendes Leiden zu beenden überhaupt nicht mehr daran denken konnten, dass nach der dunklen Zeit auch wieder eine Helle folgen würde. In ihren schlimmsten Augenblicken dachten sie nur noch daran, dass sie es nicht mehr ertragen wollten - sondern nur noch daran, endlich zur Ruhe kommen zu wollen. Dass endlich Schluss sein sollte mit der ewigen Anstrengung des dagegen Ankämpfens. Nicht mehr diese immer wieder kehrende, unendliche Müdigkeit spüren, und: Es nicht mehr den mitleidenden Angehörigen zuzumuten einen zu ertragen.

Bis dahin hatte ich immer gedacht, dass mir so etwas nie passieren könnte: Ich wusste ja, dass es immer wieder schön wird – wenn man nur lang genug durchhält. Ich würde mich bestimmt nie umbringen: Ich wollte ja schließlich irgendwann wieder ein normales Leben führen! Dann würde ich es eben durchhalten, verdammt noch mal!

Jetzt allerdings hatte ich erfahren, dass es auch ganz anders kommen könnte. Und: Ja, ich hatte Angst, dass meine Kraft irgendwann auch nicht mehr ausreichen würde, ohne dass ich es früh genug erkennen könnte. Sogar große Angst.

Also – ich musste einfach mehr tun, musste unbedingt dranbleiben: Soweit wollte ich es unter keinen Umständen kommen lassen. Wegen meiner Kinder, wegen meiner Eltern – und vor allem und ganz besonders: Wegen mir!

In der Rehaklinik hatte ich schon mal darüber nachgedacht, ob ich vielleicht in einer Tagesklinik mehr erreichen würde als bei einer wöchentlichen Therapie, bei der man 50 Minuten beim Therapeuten sitzt, gar nicht schnell genug über alles reden kann, was einen beschäftigt – um dann wieder ein bis zwei Wochen zu warten. In einer täglichen

Therapie könnte ich tagsüber an meiner Erkrankung arbeiten, und abends und nachts weiter zu Hause sein; und nicht wieder wochenlang woanders zu sein. Wobei genau das auch wieder ein Problem ist: Dass man zwar Tagsüber in einer sogenannten beschützenden Umgebung ist, wo es um nichts anderes geht als ums gesund werden. Andererseits wird man tagtäglich und an den Wochenenden wieder mit seiner gewohnten Umgebung und den darin sich abspielenden Problemen konfrontiert. Keine Ahnung was richtig wäre – und wieder einmal konnte mir niemand sagen was ich tun sollte. Natürlich nicht: Ich selbst musste herausfinden, was für mich das Richtige war.

Also, was macht man, wenn einem niemand weiterhelfen kann? Genau, man setzt sich auf die Hinterbeine und fängt an zu suchen – wozu gibt es schließlich das Internet! Irgendwann hielt ich es wirklich nicht mehr aus, und begann intensivst zu suchen: Ob es nicht in der Umgebung Kliniken gäbe, wo ich meine Therapie weiter fortführen und vielleicht sogar endlich abschließen könne. Mein Hausarzt und auch meine Neurologin waren mir keine wirkliche Hilfe: Sie konnten nur auf die Tagesklinik in der Psychiatrie im Klinikzentrum in Garmisch verweisen, was anderes war ihnen nicht bekannt. Also vereinbarte ich dort einen Besuchstermin, und fuhr dorthin.

Sie erinnern sich, was ich an anderer Stelle über Psychiatrien geschrieben habe; und genau so war es dort: Es gab ein wöchentliches Gespräch mit einem Arzt, wenn man wollte auch jederzeit Gesprächsmöglichkeit mit dem Pflegepersonal – und mit Glück auch mal ein Gespräch mit einem Therapeuten; so etwa alle zwei Wochen vielleicht, aber manchmal auch noch weniger. Ansonsten wurde dort ergotherapiert, Gespräche der Patienten untereinander – und das war's. Ich wusste sofort: Das war bestimmt nicht das, was ich machen würde. Ich wollte jetzt endlich dranbleiben, endlich an den Kern heran; endlich die Ursache heraus finden!

Dazu kam noch, dass ich die Räume dort als sehr eng und bedrückend empfand – und auch die riesige Klinik drumherum sorgte bei mir nicht für ein Gefühl, dass ich dort meinen Kampf gegen meine beiden ungeliebten Besucher weiterführen wollte. Mir war sofort klar, dass das nicht das war, was mir langfristig und nachhaltig weiterhelfen würde.

Ich war nun fast 12 Jahre auf der Suche nach dem Grund, der Ursache für meine Verzweiflung am Leben – und war dabei trotz einiger Fortschritte anschließend nur immer tiefer im Schatten gelandet. Es musste doch irgend etwas oder irgend jemand geben, der mir helfen konnte endlich die letzten Türen zu öffnen!

Ich hatte ja nun Zeit – arbeiten musste ich noch nicht wieder; also konnte ich ausgiebig suchen. Es dauerte gar nicht so lange wie befürchtet, da wurde ich fündig: Gar nicht weit von mir, in Bad Tölz, fand ich die *Dr. Schlemmer Klinik, Zentrum für psychosomatische Medizin.*[36] Und was ich da auf der Website las lies mich aufhorchen: Alles dreht sich dort um Psychotherapie, mit mindestens zwei Einzeltherapiesitzungen pro Woche, dazu jede Menge Gruppensitzungen (ich hatte dort pro Woche sechs; wenn man die Kunsttherapie noch dazu nimmt sogar acht!). Das Ganze in Form eines Akut-Krankenhauses, d.h. wenn der Hausarzt eine Einweisung schreibt und die Indikationen stimmen, dann wird man dort aufgenommen, sobald ein Bett frei ist. Ich fuhr dorthin, lies mir alles zeigen, hatte einen sehr positiven Eindruck, und führte ein ausführliches Gespräch mit einer Ärztin be-

---

[36] *https://www.klinik-schlemmer.de/*

338

züglich meiner Probleme; und sie sagte mir dass ich aufgrund meiner Indikationen aufgenommen werden könne.

Ich hatte ein gutes Gefühl, als ich die Klinik verließ; ich schaute mich noch ein wenig in der Umgebung um: Das ehemalige Kurgebiet von Bad Tölz, wo das Haus steht, ist wirklich sehr schön. Zu Fuß oder mit dem Rad ist man schnell im Stadtinnern - entweder an der Isar entlang, oder durch den Kurpark und an netten, kleinen Läden vorbei. Alles einfach, schön, ruhig, aber nicht verschlafen. Mir gefällt es nach wie vor dort. Auf meinem Nachhauseweg war mir eigentlich schon klar, dass ich es dort versuchen würde – so schnell wie möglich.

Interessanter Weise hatten meine beiden Ärzte noch nie von der Klinik gehört – dabei ist Bad Tölz gerade mal 35 Km von Murnau entfernt. Und die Klinik ist nun wirklich keine Klein-Klein-Lösung, die nur irgendwelchen Freaks bekannt sein könnte. So was hab ich im Laufe meiner „Krankheitskarriere" immer wieder erlebt: Obwohl man doch eigentlich meinen sollte, dass die Fachleute unseres Gesundheitssystems sehr daran interessiert und dazu in der Lage sein sollten, über den Tellerrand zu schauen; sich zu informieren, was in ihrer näheren Umgebung so alles stattfindet – um ihre Patienten so gut und individuell wie möglich behandeln zu lassen. Manche machen das zum Glück – aber andere sind so auf ihr kleines akademisches Wissen und ihr Praxisumfeld beschränkt, dass man immer nur wieder sagen kann: Zum Glück können und sollen wir heutzutage mündige Patienten sein, und haben eine Menge früher ungeahnte Möglichkeiten, uns im Internet und vor Ort umfassend zu informieren. Und das sollte man auch wirklich tun!

Ich kann nur jedem, der etwas für ihn Wichtiges für seine Gesundheit tun will und sich dafür in ärztliche Behandlung geben muss, dringend ans Herz legen: Holen Sie sich vorher unbedingt Informationen, hören Sie andere Meinungen, lassen Sie sich nicht abschrecken oder einwickeln! Schauen sie auch ruhig mal in ein Patienten-Internetforum, und machen Sie sich ein Bild darüber was für Erfahrungen Andere gemacht haben. Und dann: Lassen Sie ihr Bauchgefühl entscheiden.

So, wie ich es damals bei meinem Knie gemacht hatte, machte ich es jetzt auch wieder: Mein Bauch sagte ja; und so begab ich mich mit einem guten Gefühl in die Schlemmer-Klinik. Und dann - ging es endlich richtig los!

Ich bekam eine Therapeutin (Natürlich! Wieder eine Frau!). Gebürtig aus der Gegend um Düsseldorf, also aus meiner alten Heimat NRW. Sie war in meinem Alter, und witzigerweise hatte sie fast den gleichen Nachnamen wie ich – nur ein Vokal war anders. Sachen gibt's!

Bei so einer Therapie ist es ganz wichtig, dass man zu seinem Gegenüber so etwas wie ein Vertrauensverhältnis aufbauen kann – und dafür muss erst einmal die Chemie stimmen. Ich hatte das ganz am Anfang meiner Therapiereise schon gelernt, und zweimal auch nach ersten Gesprächen nicht weitergemacht, sondern war zu jemand anderem gewechselt. Diesmal passte es auf Anhieb – und das lag sicher auch daran, dass es in ihrem Leben Parallelen gab zu dem was ich erlebt hatte: Man kann z.B. mit jemand, der ebenfalls eine Scheidung hinter sich gebracht hatte und dabei die treibende Kraft gewesen war, ganz anders reden, als wenn jemand überhaupt keine eigene Erfahrung zu so einem Thema hat. Mit jemand, der noch nie in seinem Leben einen wirklichen Bruch erlebt hat und bei dem alles immer nur geradlinig verlaufen ist, kann man weniger gut darüber sprechen, welche Zweifel einen immer wieder zu zerreißen drohen, wenn man nicht weiß wie man entscheiden soll. Mit ihr konnte ich das, und das war sehr gut. Wirklich gut.

Es dauerte eine Weile, bis alle Probleme angesprochen waren, eine weitere bis zu der Erkenntnis, dass das Wichtigste jetzt war, endlich an den Kern meiner Probleme zu gelangen. Wir vereinbarten, dass ich mich so weit wie es mir möglich sei zurückzuziehen. Keine Energie dafür aufwendete mich mit den Problemen der Mitpatienten zu beschäftigen, wie ich es noch in der Reha gemacht hatte. Diesmal sollte es nur für mich sein – und so machte ich es dann auch: Ich beschäftigte mich elf Wochen lang nur mit mir, meiner Vergangenheit und meiner Gegenwart. Ich sah kein TV, las viel, und machte lange Spaziergänge. Fuhr auch nur jedes zweite Wochenende und dann auch nur für eine Nacht nach Haus – und selbst das war manchmal noch zu viel.

Irgendwann war es dann so weit: Meine Therapeutin schaffte das, was ihre Kollegen und Kolleginnen zuvor nicht geschafft hatten: Sie knackte die eisernen Bänder, die meine Seele umschlossen hielten – und was gewesen war, konnte endlich heraus.

Es hätte wirklich nicht viel gefehlt, und ich hätte wie ein sabberndes, heulendes Kleinkind auf dem Boden gelegen: Ich bin 1,81 cm groß, wiege meistens um die 100 Kg, bin breit, kräftig – ein Mannsbild halt. Meine stark geschwungenen Augenbrauen zeigen von Willensstärke und Durchsetzungskraft, und meistens lauf ich in meiner Mopped-Kutte mit den Motorradinsignien herum. Bestimmt halten mich die meisten vom Sehen her für einen echten Kerl, den nichts umhaut. Ha! Wenn die wüssten.

Jetzt also saß ich da, vom Weinen und Schluchzen geschüttelt; und heulte so, wie ich seit meiner Kindheit bestimmt nie mehr geweint hatte. Alles, was ich an Verzweiflung in mir hatte, alle Einsamkeit, aller Verlust, alle Verletzungen meines Lebens und alle aufgestauten, nie ausgesprochenen schlimmen Erlebnisse strömten aus mir heraus – in einem schier nicht enden wollenden Strom von Tränen und Rotz.

Sie, die Therapeutin, saß neben mir, nahm mich ab und zu in den Arm und ließ mich spüren, dass sie meine Verzweiflung verstand; und jetzt in diesem Moment ganz und gar nur an meiner Seite war.

Noch einmal, zwei Tage später trat sie förmlich eine weitere, bis dahin fest verschlossene Türe meiner Seele auf; und wieder brach ich völlig zusammen. Und dann - war es gut: Alles war gesagt. Nichts war mehr unausgesprochen geblieben. Sie zeigte mir auf, dass alles, was in meiner Kindheit geschehen war, in meiner Erinnerung oft mit völlig verdrehter Bewertung verankert war - weil ich nach wie vor meiner alten, als Kind gelernten Überlebensregel folgte. Dass meine Wahrnehmung der Realität – meiner Realität! - nicht der Wirklichkeit entsprach, und dass ich in Wirklichkeit gar nicht einsam war. Niemals.

Dass ich jetzt laut und deutlich sagen konnte: „Ich will diese Einsamkeit nie wieder fühlen!".

✦

Vom Ablegen der Scheuklappen

„Dabei hätte ich euch gerne nur geliebt –
und hätte alles dafür gegeben um einfach nur zu fühlen,
dass ihr mich auch liebt.
Aber, so einfach war es eben nicht: Durch euer Verhalten in
den frühen Tagen meiner Kindheit habt ihr mir mein
Zurechtkommen mit dem Leben und mit euch
wirklich sehr, sehr schwer gemacht"

(Von mir, an meine Eltern)

In den folgenden Kapiteln geht es um meine Eltern und mich. Ich weiß, dass weder meine Mutter noch mein Vater sich so etwas hätten vorstellen können, was ich hier über mein Erleben meiner Kindheit beschreibe. Auch bin ich mir ganz sicher, dass sie so etwas niemals gewollt hätten: Sie haben eben das gemacht, von dem sie dachten, dass es das Richtige sei – so, wie wir alle es jeden Tag in unseren Leben tun. Wir alle wollen es eigentlich nur richtig machen. Immer. Deshalb ist dies auch wirklich in keiner Weise so was wie ein Vorwurf oder gar eine Abrechnung. Im Gegenteil: Es ist nur ein Versuch zu beschreiben, was war, was gewesen ist. Es geht um die Zeit, in der das in mir angelegt wurde, was mich mein Leben lang so sehr prägte, dass ich immer wieder in meiner unerträglichen, inneren Einsamkeit landete - die langsam, aber unaufhörlich, an meiner Seele fraß.

Meine Eltern trennten sich, als ich etwa 6 Jahre alt war. Ich habe an dieses Ereignis keinerlei Erinnerung: Ich weiß noch viel aus der Zeit davor; auch schon, als ich noch höchstens 2-3 Jahre alt sein konnte. Und auch aus der Zeit danach, als meine Mutter und ich eine Zeitlang alleine lebten, gibt es eine ganze Reihe von Geschehnissen, an die ich mich gut erinnern kann: An schöne Momente, und an solche, die einfach nur schlimm für mich waren; und, aus meiner heutiger Sicht, völlig verantwortungslos mir gegenüber. Aber Erinnerungen an die Zeit, als mir meine Eltern von ihrer Trennung erzählt haben müssen: Nichts. Alles verdrängt. Weg. Dabei sollte doch gerade ein so einschneidendes Ereignis meines Lebens seinen Platz in meiner Erinnerung haben. Aber: Ich weiß bis heute nicht, was damals passiert ist, wie sie es gemacht haben, was ich dabei gefühlt oder gedacht habe. Es muss für mich wohl wirklich sehr schlimm gewesen sein. Ich habe mit therapeutischer Hilfe versucht, diese Erinnerungen wieder hervor zu holen – vergeblich. Heute bin ich überzeugt: Es ist auch besser so.

Als ich beide vor einiger Zeit mal nach den Gründen ihrer Trennung fragte hatten beide ganz unterschiedliche Erinnerungen: Meine Mutter meinte, mein Vater hätte sie in während einer Kur betrogen, und deshalb habe sie ihn verlassen. Und mein Vater sagte, dass es niemals so gewesen sei, aber: Sie habe mit ihrem späteren zweiten Mann während eines Urlaubes etwas angefangen.

Daran gibt es bei mir dann doch wieder eine Erinnerung: Ich muss so etwa knapp sechs Jahre alt gewesen sein. Der ganze Familien- und Freundesclan war übers Wochenende nach Holland, nach Zeeland gefahren, und wir hatten eine tolle Zeit am Strand, mit viel Wasser, Sand Sonne, Nivea und friet speciaal, den holländischen Pommes mit Mayo, Ketchup und gehackten Zwiebeln. Mein Vater musste nach drei Tagen wieder nach Hause, weil er Dienst bei der Feuerwehr hatte.

Ich erinnere mich genau daran, dass meine Mutter mich
vor seiner Abfahrt zu ihm schickt um zu fragen,
ob sie mit mir und ihrem späteren zweiten Mann
nicht noch was länger bleiben kann.
Mein Vater schaut mich zuerst ganz erstaunt an;
dann wird seine Miene starr, böse, wütend.

*Ich weiß nicht was es ist was ihn so verärgert hat –
aber ich muss wohl was ganz Schlimmes gemacht haben!
Ich bekomme Angst, will nicht, dass er böse mit mir ist.
Er lässt mich stehen und geht weg.*

Ob das nun der oder einer der Gründe war, oder ob es schon nach dem Bruch zwischen den beiden geschah: Auf jeden Fall war das für mich die erste Erinnerung daran, dass ich zu meinem Vater etwas gesagt hatte, was ihn auf meine Mutter wütend machte – so, wie es in der Folge noch oft sein sollte: Ich hatte etwas gesagt, was scheinbar besser nicht gesagt worden wäre.

Aber wenn ich auch sonst von den damaligen Ereignissen nichts mehr weiß, es muss für mich alles sehr schlimm gewesen sein, was da passiert ist. So schlimm, dass ich damals, also mit 6 Jahren, wieder anfing nachts ins Bett zu pinkeln – ich wurde ein Bettnässer; und das hörte erst wieder mit Einsetzen der Pubertät auf, also so etwa mit 12.

Und, ich erinnere mich, dass ich damals über viele Jahre hinweg einen immer wieder kehrenden, unwirklichen Alptraum hatte, aus dem ich jedes Mal schreiend aufwachte.

*Ich kann nie sagen, was da in diesem Traum geschieht:
Es gibt da ein Boot, in dem ich fahre.
Jemand ist da, der mit mir im Boot sitzt.
Das Ganze geschieht in einer grau-rosa scheinenden,
unwirklichen, bedrohlich wirkenden Umgebung –
wie im Innern von etwas, einer riesigen Höhle vielleicht.
Irgend etwas passiert, dass mich vor Angst laut aufschreien lässt.*

Ich konnte es nie beschreiben; aber ich wusste danach immer, welche schlimmen Gefühle, welche Angst ich in diesen Träumen hatte. Auch so etwas, das am besten vergessen gehört.

Woran ich mich jedoch ganz genau erinnere ist, dass meine beiden Elternteile nach ihrer Trennung nicht mehr zivilisiert miteinander umgehen konnten. Am schlimmsten für mich war, dass jeder von seiner Seite emotional an mir herumzog: Beide sagten nur noch Schlechtes über den Anderen zu mir - meine Mutter über meinen Vater, mein Vater über meine Mutter. Und, sie hatten viel Negatives über den anderen zu berichten - das sie mir immer dann unbedingt mitteilen mussten, wenn das Gespräch auf den Ex-Partner kam. Jeder von ihnen wollte mich auf seine Seite ziehen.

Ey, hallo? Geht's noch?
Ich war damals erst sechs Jahre alt! Ich war ein Kind!
Euer Kind, dass euch beide einfach nur lieben
und bei sich haben wollte!
Habt ihr euch wirklich niemals gefragt,
was ihr da eigentlich mit mir macht?
Ich bekam alles von eurem Beziehungsscheiss ungefragt aufgeladen,
und konnte sehen wie ich damit klar kam.

Und ich saß mitten zwischen ihnen: Ein Kind zwischen zwei Erwachsenen, die nicht gelernt hatten miteinander die Verantwortung für mich zu übernehmen. Die damals wichtigsten Menschen in meinem Leben waren zwei Egoisten, die sich keinen Kopf darüber machten, was sie da mit mir veranstalteten: Ich musste als Bühne herhalten für ihre Egos. Für die Versuche, für sich eine Rechtfertigung zu finden für das Scheitern ihrer Beziehung; und der Schuld, die sie beim Anderen sahen. Dabei waren doch *Beide* mir das Wichtigste!

Und doch musste ich mir immer wieder anhören, was der andere Teil meiner Eltern doch für ein schlechter, verantwortungsloser Mensch sei.

Wie es zu der Zeit üblich war hatte meine Mutter das Sorgerecht für mich bekommen. Mein Vater durfte mich ein- oder zweimal im Monat für ein Wochenende sehen, das war es dann aber auch. Wenn denn so ein Wochenende kam, spürte ich deutlich, dass meine Mutter dagegen war – besonders, nachdem mein Vater nach einer Weile eine andere Frau gefunden hatte. Sie ist übrigens die Frau seines Lebens geworden – 2016 hatten sie goldene Hochzeit. Und sind, wie sie sagen, glücklich. Glaub ich ihnen – und freue mich sehr für sie.

Das ist etwas, was meine Mutter nicht behaupten konnte: Die Ehe mit ihrem zweiten Mann ist nach einigen Jahren überwiegend unglücklich verlaufen. Aber weil ihr die materielle Versorgung immer das Wichtigste war, blieb sie mit ihm zusammen – aber beklagte sich 25 Jahre lang bei allen die es hören und nicht hören wollten, wie unglücklich sie sei; und wie sehr sie die Arme sei, die unter ihrem Mann zu leiden hatte. Seit etwa 2010 lebten beide getrennt voneinander; und ich bin sicher: Sie bereute bis zum Schluss, dass sie sich damals von meinem Vater getrennt hat. Aber: Das hätte sie niemals zugeben.

Dass also meine Mutter etwas gegen meinen Vater hatte bekam ich oft genug zu spüren und zu hören. Aber, als Kind liebt man beide Eltern, will auch von beiden geliebt werden. Und natürlich wünscht sich so ein Scheidungskind nichts sehnlicher, als dass sich beide Teile doch wieder vertragen sollten, und die Eltern wieder zusammen für einen da sind. Klar – ich auch.

Aber da war etwas, dass mir niemand beigebracht hatte, das ich allein erkannte, auch mit sechs Jahren schon: Würde ich meinem Vater davon berichten, was meine Mutter in den Wochen, in denen ich bei ihr war, über ihn sagte: Das hätte ein Mordstheater zwischen den beiden gegeben! Dann wäre alles ja nur noch schlimmer geworden! Das ging ja gar nicht.

Also filterte ich alles das, was so schlimm an Äußerungen war, heraus aus dem, was ich meinem Vater erzählte – denn er fragte mich natürlich über meine Mutter aus. Ich veränderte die Wahrheit so, wie es denn damals nach meiner Meinung besser war: Ein kleines Kind versuchte die Verantwortung für seine Eltern zu übernehmen – weil sie unfähig dazu waren.

Ich konnte ihm doch nicht erzählen, was Mutter da über ihn erzählte: Dann hätte es nicht nur wieder einen zusätzlichen Streit gegeben – dann wäre ja auch das Bild meiner Mutter, dass mein Vater von ihr hatte, noch schlechter geworden! Das wollte ich unbedingt vermeiden.

Und wenn ich denn danach wieder bei meiner Mutter war, passierte Dasselbe, nur in umgekehrter Reihenfolge. Für meine Mutter war mein Vater ein Mistkerl, der sie betrogen hatte, weswegen sie ihn verlassen musste; und für meinen Vater war sie wohl eine miese Mutter, die sich nicht richtig um mich kümmerte. Der ganze Mist, den die beiden da kübelweise über sich ausschütteten blieb bei mir – und füllte meine Seele mit Traurigkeit und Selbstzweifel.

Und: Mit niemand konnte ich darüber reden. Ich war ein Kind, das nur seine Eltern nicht verlieren wollte, nicht wusste was es tun sollte; und niemand dazu um Rat fragen konnte.

Weil ich beide liebte und mir wünschte, dass dieses Chaos der Gefühle irgendwie endete, versuchte ich halt etwas, was niemals klappen konnte: Sie wieder einander dadurch näher zu bringen, in dem ich ihnen nichts von dem erzählte, was meinem Empfinden nach jede Möglichkeit dazu zunichte machen würde.

Natürlich funktionierte es nicht. Und weil es nicht funktionierte, sah ich mich zum ersten Mal in meinem Leben als Versager: Ich war nicht nur schuld daran, dass sie sich getrennt hatten - ich hatte es auch nicht geschafft, sie wieder zusammen zu bringen. Niemand war da, der es sah, warum ich mich immer mehr zurück zog. Nicht mal meine über viele Jahre heiß geliebte Großtante.

Einen Großteil meiner Kindheit verbrachte ich bei ihr, der Schwester meiner Großmutter mütterlicherseits. Sie hatte eine Tankstelle und eine Autowerkstatt, in einem Hinterhof in Wichlinghausen, einem Stadtteil von Wuppertal. Es gab dort eine Tiefgarage, in der ich mich im Halbdunkeln vor dem großen schwarzen Kompressor fürchten konnte - der dort immer ratterte, wenn oben in der Werkstatt Druck- luft gebraucht wurde. Eine schräge Auffahrt führte zur Werkstatt hin- auf, von der aus ich mit meinem Dreirad oder meinem Kettcar herun- ter auf den Hof sausen konnte. Oft landete ich dabei in einem Schlag- loch im Kopfsteinpflaster; danach musste ich dann in die Werkstatt „abgeschleppt" werden: Das machte dann immer der Monteur meiner Tante, Herr Gerwens; mit einem richtigen, dicken Abschleppseil, mit Haken und allem drum und dran. Auf dem Hof gab es eine Schrotte- cke, aus der ich mir die abenteuerlichsten Dinge zum Spielen heraus- holen konnte; und es gab eine große Kastanie, auf die ich klettern konnte, um von dort aus auf die Mauer des Nachbargrundstücks zu steigen. Dort konnte man wunderbar sitzen, und in die Welt hinaus sehen.

Da war die Werkstatt, wo ich alles ausprobieren konnte was ich wollte – na ja, fast alles: An die Drehbänke und an die Fräsen durfte ich natürlich nicht. Und vor dem großen Glasbehälter mit der Batterie- säure hatte ich mächtig Schiss: Irgendwo hatte ich mal was über Säuren gelesen – da war dann ausnahmsweise auch damals schon meine Vernunft größer als meine Neugier geblieben. Aber dass ich mit meinem Dreirad zwischen den geparkten Autos herumfuhr störte niemand: Ich durfte das - ich hatte das Vertrauen der Erwachsenen dort. Und hab niemals einen Kratzer gemacht; soweit ich weiß. In einer Ecke der Halle standen zwei alte *Mercedes 170 V*, die meiner Tante gehörten: Herrliche Autos! Dieser Wagentyp wurde zwischen 1936 und 1952 gebaut, auch optisch noch so richtige Oldtimer, mit freistehenden, riesigen Scheinwerfern auf den vorderen, weit geschwungenen Kotflügeln. Einer der Wagen war schwarz, einer beige, und am Sonntag fuhren wir damit Richtung Hattingen an der Ruhr, ins Felderbachtal: Zum Spazierengehen und anschließendem Kaffeetrinken, ins Haus Oberste Porbeck oder ins Haus Bärwinkel (beide gibt es noch heute). Die Vordertüren der Autos gingen nach hinten auf, und anstelle von Blinkern hatten sie noch Winker: Jeweils links und rechts einen orangefarbenen, von innen beleuchteten Hebel, der aus den Seiten-Holmen der B-Säulen herausklappte und anzeigte, wohin man abbiegen wollte. Für die allgemeinen Erledigungen in der Woche gab es einen Pkw namens „Charly": Einen *DKW F 94*. Mit einem Dreizylinder Zweitaktmotor – so was wie einen Vorläufer des DDR-Wartburg. Aber viel schöner: Mit einer kleinen Vase am Armaturenbrett!

Dann war da das Büro mit einer großen, alten, schwarzen mechanischen Adler-Schreibmaschine, auf der ich herumtippen konnte. Und, mit einem hölzerner Drehstuhl: Der wurde nicht über eine Gasfeder in der Höhe verstellt, sondern über ein großes, massives Gewinde, die Säule war einfach wie ein große Schraube: Man drehte die Sitzfläche solang um sich selbst nach links oder nach rechts, nach oben oder nach unten, bis man die richtige Höhe gefunden hatte; und wenn man dann die Füße anhob, dann schraubte sich das Gewinde wieder von allein nach unten: Ein herrliches Karussell! Und, es gab einen großen Waschplatz, wo ich meine Fahrzeuge putzen durfte: Mit einem schwarz-gelben Wasserschlauch, vielen Eimern, Bürsten und Schwämmen; und einer Walzenpresse, um die nassen Fensterleder auszuwringen.

Die Autowerkstatt war im Erdgeschoss eines kleineren, dreigeschossigen Fabrikgebäudes, aus rotem Backstein. In der obersten Etage war eine Bandwirkerei, die den Eltern von Uwe, eines Schul-Kameraden gehörte; mit ihm fuhr ich manchmal gemeinsam nach der Schule dorthin. Dort, in der Weberei, ratterten den ganzen Tag die Bandstühle. Wenn es heiß war standen die Fenster weit auf, und die Geräusche der alten, über Transmissionswellen und –Riemen angetriebenen, rein mechanischen Webstühle drangen laut heraus. Ich glaube, wenn ich dieses Geräusch, dieses vielfache, schnelle „ritsch-ratsch, ritsch-ratsch" irgendwo noch mal höre erkenne ich es sofort: Dort ist eine Bandweberei.

Im Stockwerk darunter war eine Schreinerei: Man hörte oft die kreischenden Geräusche der Kreissäge, spürte die dröhnenden Vibrationen der Hobelmaschine, oder das langsam und dann immer schneller ansteigende Heulen der Tischfräse. Keine Ahnung, wie die oft schweren Materialien durch das doch ziemlich enge Treppenhaus dort hinauf kamen, und irgendwann als fertige Möbel wieder herunter getragen wurden. Es gab zwar einen Aufzug – aber der war recht klein. Aber, damals war noch Vieles denk- und machbar, was sich heute niemand mehr vorstellen kann zu tun.

Das Wohnhaus meiner Tante war direkt nebenan. Es war auch aus rotem Backstein, dreigeschossig, und von ganz unten bis zum Dach mit wildem Wein bewachsen, der im Herbst die herrlichsten, roten Farbtöne annahm. Das Schlafzimmer war unter dem Dach, mit einem kleinen, zweiflügeligem Erkerfenster, zum Hof hinaus. Wenn ich an den Wochenenden oder in den Ferien morgens aufwachte, dann war meine Tante meist schon aufgestanden und unten in der Werkstatt. Das Fenster hatte sie dann weit geöffnet, und der wilde Wein rahmte meinen Blick vom Bett aus nach draußen ein: Über den Hof, weiter über die Mauer zum Nachbarn und von da aus über die Dächer Wichlinghausens - bis zum Eisenbahnviadukt, über das damals noch Dampfloks qualmend und dampfend mitten durch die Stadt fuhren. Insekten schwirrten im Gewirr der Weinblätter herum, Spinnen bauten ihre Netze; und manchmal waren Vögel zu sehen und zu hören, wie sie dort herum raschelten, und die Insekten fingen. Wenn ich mich ans Fenster stellte, konnte ich oft einem Schwarm Tauben dabei zusehen, wie sie über den Dächern der Stadt flogen und kreisten: Immer irgendwie eilig, immer irgendwie hektisch – und irgendwie frei. Die Geräusche der lebenden Stadt drangen gedämpft herein, Autos, Menschen, Arbeitsgeräusche. Ich konnte stundenlang dort oben sein, und schauen, hören und wahrnehmen. Wie der Mongole, der ich früher einmal vielleicht war, wie ich es in einer Rückführung in vergangene Leben, die ich einmal mitmachte, erlebte: Seine, meine Aufgabe war es, auf einer unendlich scheinenden Grassteppe zu stehen, und zu beobachten.

Bis heute mag ich solche alten Häuser aus Backstein sehr; und bis heute habe ich keins gefunden, in dem ich hätte leben können. Aber, wer weiß, was noch kommt.

Das Alles war für mich der schönste Spielplatz der Welt. Bei meiner Tante durfte ich so ziemlich alles an Blödsinn machen, was ich wollte – dort durfte ich so sein wie ich war. Und wenn ich mal mit irgendwelchem Mist übertrieben hatte, gab's auch mal eine saftige Strafe; aber nur, wenn ich den Bogen wirklich überspannt hatte. Ich glaube nicht, dass ich das alles durch die weichzeichnende Brille der Erinnerung beschreibe: Ich bin sicher, es war wirklich so. Es war für mich ganz schlimm, als sie 1982, mit 79, ganz überraschend nach einem Schlaganfall starb.

Und erst als Erwachsener, in der Therapie, 32 Jahre nach ihrem Tod, wird mir die Bedeutung einer Erinnerung klar gemacht, die bis dahin nur einfach ein sich ein paar Mal wiederholendes Erlebnis aus meiner Kindheit war, dem ich nichts Besonderes beimaß.

Es haut mich fast von den Beinen: Dass mir nie auch nur im Entferntesten der Gedanke gekommen ist, was da möglicherweise wirklich passiert ist.

Meine Tante und ich tollen ganz ausgelassen im Bett herum, wie so
oft. Ich genieße diesen Spaß, diese Kissenschlachten:
Dieses wilde Toben, dieses schrankenlose Aus-sich-Herausgehen.
Und sie schiebt, im Spiel, wie zufällig
und unter unserem gemeinsamen Gekicher,
ihre Hand ins Hosenbein meines Schlafanzuges,
und krabbelt mit ihren Fingern immer weiter nach oben.
Nach ganz oben.

Dort also war ich oft, an Wochenenden und in Ferienzeiten. Zeiten, in denen meine Mutter mit ihrem zweiten Mann allein sein wollte, der nach der Scheidung und einer relativ kurzer Zweisamkeit von ihr und mir bei uns einzog.

Klar, sie wollte auch leben, mal nicht nur Mutter sein müssen; ich war da schon irgendwie im Weg. Und ich war eigentlich immer froh, wenn ich nicht zu Hause sein musste, denn zu dem neuen Mann an ihrer Seite konnte ich nie wirklich Vertrauen fassen – mir fehlte halt mein Vater.

Sie fuhren ohne mich in Urlaub, dafür zusammen mit Freunden. Bei meinem Vater konnte ich auch nicht sein, wie gesagt: Er hatte ja eine neue Familie, dass Sorgerecht lag bei meiner Mutter – mehr als die monatlichen Wochenenden waren da wohl nicht drin. So verbrachte ich meine Ferienwochen meistens bei meiner Tante. Für sie war ich sicher auch so was wie ein Kinderersatz: Ihr Mann war im Krieg gefallen, so war mir gesagt worden, bevor sie eine richtige Familie gründen konnten. Er war nicht der Einzige in der Familie, der nicht aus dem Krieg zurück kam: Seltsamerweise erfuhr ich nie viel über ihn, es gab nur ein kleines Foto, auf dem er neben meiner Tante stand, die meine Mutter als kleines Mädchen auf dem Arm hielt. Sie hatte dann die Werkstatt übernommen, sich durchgebissen, gekämpft und behauptet – für die damalige Zeit ein ganz ungewöhnlicher Weg und Beruf für eine Frau. Viel später erfuhr ich, dass es auch danach Männer in ihrem Leben gab, auch wenn ich in meiner Kindheit nichts davon mitbekam; aber nie band sie sich wieder an einen, gab nie ihre Selbstständigkeit auf; vielleicht war aber auch einfach nicht der Richtige dabei. Wohl deshalb hat sie nie eigene Kinder gehabt; mich hatte sie wenigstens zeitweise.

Zeitweise - dass war dann das, was mein Leben prägte. Ich war überall immer nur zeitweise: Zeitweise bei meiner Mutter, zeitweise bei meinem Vater, zeitweise bei meiner Tante. Nirgendwo wirklich ganz und gar, und immer blieb ein Teil von mir woanders.

Ich war ein Zufallstreffer: Meine Eltern hatten sich im Schwimmverein kennen gelernt, sich verliebt, 'ne Nummer geschoben und waren zu blöd zu verhüten. Ganz einfach. OK, sie wussten vielleicht einfach nicht genug über das, was da geschehen konnte. Obwohl: Wissen können hätten sie schon müssen dürfen sollen!

Jedenfalls: Ich war überhaupt nicht geplant. Beide waren zu jung oder zu unreif, und ich hab sie bestimmt ganz schön belastet; und in ihrer noch nicht ausgelebten Freiheit eines gerade erst beginnenden Lebens eingeschränkt. Als das zu viel wurde trennten sie sich; ich war aber immer noch da. Ich will ihnen nicht Unrecht tun: Ich glaube wirklich nicht, dass sie sich bewusst so verhalten haben, wie sie es ab diesem Ereignis taten. Sie machten halt das, was sie konnten.

Nur, mir half das nichts – von da an hatte ich meine ganze Kindheit hindurch immer das Gefühl, dass ich störte. Und leider - auch darüber hinaus.

Besonders störte ich wohl in den Sommerferien. Vielleicht war es meiner Tante irgendwann mal zu viel, vielleicht hatte es Streit mit meiner Mutter gegeben - oder vielleicht hatte sie gerade zu der Zeit auch was mit einem Mann: Warum auch immer wurde ich mit neun, mit zehn und mit elf in Ferienlager geschickt, und war nicht bei meiner Tante. Ich hatte mir das nicht ausgesucht: Meine Mutter hatte es vorgeschlagen.

Ich wollte überhaupt nicht in so ein Lager, aus gutem Grund - aber ich sagte nichts davon: Ich fühlte genau, dass meine Mutter es gern wollte, dass ich mal für drei Wochen weg war. Dass sie trotzdem Freizeit hatte, obwohl ich nicht zu meiner Tante konnte. Und so ging es irgendwann, im Sommer 1967, mit dem Zug in ein Ferienlager der Arbeiterwohlfahrt: Auf die holländische Insel Vlieland.

Erinnern Sie sich noch, was ich oben geschrieben hab? Ich war von sechs bis etwa zwölf Jahren Bettnässer. Vielleicht können Sie sich ja ein wenig davon vorstellen, wie es dann dort in den Ferienlagern für mich werden sollte, in die ich nun an drei Jahren hintereinander geschickt wurde: Es war schrecklich demütigend. Meine Mutter konnte es sich damals wohl nicht vorstellen – oder, es war ihr einfach nicht so wichtig: Egoistisch und egozentrisch, wie sie wohl damals schon war.

Eine Zeitlang konnte ich es vor den Anderen und den Betreuern geheim halten. Während dieser Tage schlief ich in meinem nassen Bett, denn: Mich jemand anvertrauen konnte ich nicht - zu groß war die Scham.

Manchmal, ausgelöst durch irgend einen Trigger, überfällt mich auch heute noch das Gefühl von damals: Als ich in der ersten Freizeit, mit neun Jahren, während des Frühstücks von einem der jungen begleitenden Männer, die als Betreuer mit auf die Freizeit gefahren waren, aufgerufen wurde; und zu ihm, vor die versammelte Mannschaft musste. Ich war ganz ahnungslos, was da vielleicht auf mich zukommen könnte.

Es ist so, als ob es erst gestern gewesen ist,
dass er mich mit kräftiger Stimme fragt wie alt ich sei.
Und nach meiner Antwort meine Worte „Neun Jahre" wiederholt.
Dann seinen Blick von mir weg zu der aufmerksam wartenden Menge
der anderen Kinder und Betreuer wendet,
und mit lauter Stimme ruft: „Der hat ins Bett gepinkelt!".
Das Gelächter und Gejohle ist groß, meine verzweifelten Schluch-
zer und Tränen kümmern diesen „Betreuer" nicht im geringsten.
Für die restlichen Wochen bin ich für die anderen Kinder
von da ab der „Bettpisser".
Und: Sehr allein.

Nach der Freizeit, wieder zu Hause, hätte ich gern davon erzählt, von meiner Qual und der erlittenen Ungerechtigkeit berichtet – aber ich brachte es nicht fertig, denn, wie schon gesagt: Alles, was für meine Eltern belastend gewesen wäre, hätte sich vielleicht auf mich auswirken können. Hätte die Chancen darauf, wieder ein behütetes Leben zu führen, verringert - davon war ich ja überzeugt: Wenn ich meinem Vater davon erzählt hätte, würde er meiner Mutter Vorwürfe machen, dass sie mich unter diesen Bedingungen allein gelassen hatte - und dann hätte meine Mutter einen weiteren Grund gehabt, auf mich böse zu sein, hätte wieder damit begonnen mich spüren zu lassen, was für eine Last ich doch war; und mein Leben wäre noch trauriger geworden. Und so lies mich meine Überlebensregel eine weitere, tiefe Verletzung in meiner Seele einschließen - und die sie sich weiter und weiter in sich zurückziehen lies.

Zum Verhältnis meines Vaters zu mir gibt es eine andere kleine Geschichte: Ich bin mir nicht so ganz sicher mit der Erinnerung daran - ob sie tatsächlich stattgefunden hat, oder ob ich es als Kind dann doch nicht gewagt habe sie in die Tat umzusetzen. Ich hätte immer gern bei ihm gelebt, wäre gern wirklich sein Sohn gewesen – auch im Alltag. Er wohnte mit seiner zweiten Frau und seinem zweiten Sohn in einem Haus etwas außerhalb von Wuppertal.

Zu der Zeit ein hatte ich ein kleines Lieblingsbuch: *„Martin - Geschichten aus einer glücklichen Welt"*, von Manfred Hausmann. Eigentlich kein Kinderbuch; aber ich hatte nach der Trennung meiner Eltern angefangen alles zu lesen, was mir unter die Finger kam: Ich wollte wenigstens in meiner Phantasie raus aus dieser Welt, in der ich nur störte. Woher dieses Büchlein kam – keine Ahnung; irgendwie hat es seinen Weg zu mir gefunden. Die kurzen, oft heiteren, aber auch nachdenklichen Geschichten drehten sich um eine Künstlerfamilie in Worpswede, und sie wurden meine Traumwelt: So hätte ich gern gelebt! Und so übertrug meine Phantasie die Handlungen daraus auf das Haus und den Garten meines Vaters, wo ich an wenigen Wochenenden oder an manchen Feiertagen sein konnte. Wo ich gern gelebt hätte. An diesen Tagen war es dann fast so, als ob meine Welt wieder in Ordnung wäre. Aber wenn diese begrenzten Stunden abgelaufen waren – musste ich da wieder weg.

Als ich wieder einmal in seinem Zuhause bin frage ich ihn,
ob ich nicht bei ihm leben könnte.
Und er antwortet, dass das doch nicht ginge,
„...das weißt Du doch!".

Wie gesagt, obwohl ich mir ziemlich sicher bin dass es so stattgefunden hat: Vielleicht trügt mich meine Erinnerung - ich hätte gern gefragt, aber mich nicht getraut; ich weiß es wirklich nicht genau.

Aber, falls nicht - ich bin mir ziemlich sicher: Hätte ich diese Frage gestellt, hätte ich wohl genau diese Antwort bekommen.

Unsere Kindheit ist die Zeit, die uns am meisten für unser ganzes Leben prägt. Es ist die Zeit in der festgelegt wird, wie wir unser Leben verbringen werden - weil dort unsere Anlagen gefördert werden; oder auch eben nicht.

Dort soll sich, darf sich das, was wir alles mitbekommen auf diese Welt, entfalten können. Muss sich entfalten können!

Und wenn das nicht geschehen darf – dann ist das für das künftige Leben schlicht und ergreifend eine Katastrophe.

Nicht bei allen: Manchen Menschen macht all so etwas nichts aus; sie leben ihr Leben, und fertig. Sie sind von ihrer Veranlagung her wie Kaltblüter, die stoisch ihre Bahn ziehen. Nichts kann sie umwerfen.

Es gibt aber eben auch die Überempfindlichen, Hypersensiblen – wie Araberhengste, die die kleinste Veränderung verunsichert. Die einfach aus der Bahn geworfen werden, aus dem Tritt kommen, und ohne fremde Hilfe nicht mehr zurückfinden. Ich bin so ein emotionaler Araberhengst - optisch leider nicht, wirklich nicht! Aber: Von meinem Wesen her schon.

Man kann sich das nicht aussuchen: Es gehört zu den Anlagen unseres Wesens, mit denen wir auf diese Welt geschickt werden. Warum auch immer.

Bei mir hatte das Gefühl des Nirgends wirklich dazu zu gehören und das ständige Herausfiltern müssen der Bosheiten zwischen meinen Eltern dazu geführt, dass ich mich zurückzog, wo es nur eben ging. Nichts davon sagte, was ich wirklich wollte oder dachte. Nicht mehr sagen konnte.

Meine Seele versuchte so viel wie möglich von ihren Problemen, mit ihren Leben klar zu kommen, auszuschließen - deshalb mein Rückzug in meine Wunsch- und Traumwelt. Wie es Kinder in solchen Situationen wie der, in der ich mich jahrelang befand schnell tun, beziehen sie alles auf sich, empfinden sich als die Ursache der Probleme. Besonders, wenn sie irgendwie mitbekommen, dass sie ja tatsächlich ein Teil des Problems sind. Und das bekommen sie immer mit – mehr, als sich mancher gefühlsdumme und angeblich erwachsene Mensch vorstellt: Wäre ich nicht gewesen, hätte es die Schwierigkeiten meiner Eltern nicht gegeben. War zwar alles nicht meine Schuld – aber, es fühlte sich **ganz** anders an. Am besten wäre gewesen, wenn ich einfach verschwunden wäre.

Für ein Kind, zumal für so einen empathischen, übersensiblen Menschen wie mich, ist eine solche Umgebung unerträglich, ja geradezu tödlich. So etwas kann man eigentlich nicht ertragen, ohne daran zugrunde zu gehen: Nicht geliebt zu werden ist als Erwachsener schon furchtbar. Für ein Kind ist es so, als ob es ertrinkt.

Aber, ich war ja nun mal da – und ich wollte leben. Unsere Seele hat da zum Glück einen 1A-Schutzmechanismus eingebaut: Damit sie in einer solchen tatsächlich lebensbedrohlichen Welt trotzdem überlebt, schafft sie sich eine ganz persönliche Über-Lebensregel. So etwas geschieht nicht bewusst.

„Eine Überlebensregel wird als affektiv-kognitives Schema beschrieben, das sich zur Bewältigung kindlicher Erfahrungen herausgebildet hat und im Normalfall nicht bewusst ist".[37]

Meine Regel als Kind sah wohl in etwa so aus:

„Ich genüge nicht den Ansprüchen der Eltern, und ich bin schuld an ihren Problemen – deshalb schicken sie mich immer wieder weg.

Ich kann niemand sagen was für mich wirklich wichtig ist und was ich tatsächlich brauche; weil sonst die Gefahr besteht dass ich jemand verletze, und noch unerwünschter werde. Statt dessen muss ich es so umschreiben, dass ich niemand weh tue – oder noch besser einfach still sein.

Darum passe ich mich überall so weit wie möglich an – um so größer ist die Chance wenigstens da bleiben zu können, wo ich gerade bin; egal, ob ich dort nun gern sein will oder nicht".

---

[37] *https://de.wikipedia.org/wiki/Strategisch-Behaviorale_Therapie*

So oder so ähnlich muss meine Seele es wohl versucht haben, mich vor größerem Schaden zu bewahren. Und, es hat mich auch tatsächlich die vielen seelischen Verletzungen irgendwie überleben lassen. So weit, so gut.

Jetzt ist das mit den Überlebensregeln so, dass sie eigentlich immer nur für eine bestimmte Zeit gut sind. Ein Beispiel: Stellen sie sich z.B. vor, sie sind an einem heißen Sonntag in Nordfriesland hinterm Deich mit dem Fahrrad unterwegs (so wie ich damals bei Westerhever; der Leuchtturm „Westerhever Sand" mit seinem rot-weißen Leuchtturm und den links und rechts von ihm stehenden Häusern ist sicher eines der am besten bekannten Sehnsuchts-Leuchtturm-Motive der Nordsee). Sie wissen, sie müssen noch etwa 20-30 Kilometer fahren – und es ist *sehr* heiß. Da, wo sie her fahren, ist weit und breit keine Kneipe zu finden, die Dorf-Tankstellen sind Sonntags geschlossen – und sie haben nur noch einen knappen viertel Liter Wasser in ihrer Trinkflasche. Was machen sie? Sie stellen eine „Überlebensregel" auf: Sie teilen sich das Wasser gut ein – wenn sie alles auf einmal trinken wird der Durst sie später vielleicht so schwächen, dass sie die letzten Kilometer nicht mehr aus eigener Kraft schaffen.

Also: Diese Überlebensregel hat ihnen für dieses Ereignis, diese Zeit geholfen. Sie lernen daraus, und packen beim nächsten Mal mehr zu trinken ein. Oder fahren an einem Tag, an dem mehr Läden geöffnet haben. Oder fahren nie mehr mit dem Fahrrad. Und – brauchen dann ihre alte Regel nicht mehr, und vergessen sie: Sie macht dann keinen Sinn mehr.

So macht man das normalerweise mit diesen Regeln: Wenn sie ausgedient haben, wirft man sie weg.

Eigentlich ist das mit den *seelischen Überlegensregeln* genau so: Wenn sie ausgedient haben, wenn die Bedrohung für die Seele nicht mehr existent ist, braucht man sie nicht mehr. Wenn – ja wenn man sich dessen bewusst wird.

Was aber, wenn man sich gar nicht bewusst macht, dass man sich damals, als es nicht anders möglich war zu überleben, so eine Regel aufgestellt hat? Und immer so weiter macht – weil man es nicht anders kennt?

Wenn man, statt es jetzt endlich so zu machen wie man selbst es will, braucht und darf, es immer wieder und wieder so macht, wie es früher scheinbar richtig war: Das, was man als die allein gültige, richtige und wahrhaftige Realität ansieht?

Wenn man unbewusst aus dem einst *funktionalem Schema*[38] (die Bedrohung durch die Umwelt war ja aus der Sicht als Kind real, also war es richtig sich zurück zu nehmen) ein sogenanntes *dysfunktionales Schemata* entwickelt hat, von dem das Unterbewusste immer noch annimmt, dass die Bedrohung weiter existiert – weil *es*, weil *man* ja schon immer so war? Wenn man einfach nicht erkennt, dass es jetzt anders ist?

Wenn man sich einfach nicht vorstellen kann, dass man gar nicht so ist wie man annimmt – sondern einfach nur den alten, von Anderen aufgestellten Bildern folgt; obwohl die Realität eine ganz andere ist - die man nicht sieht? Nicht sehen *kann*?

Dann macht man immer so weiter; so, wie man es gelernt hat. Ein Leben lang.

Ich habe beruflich vieles versucht – und eigentlich alles, was ich begann ist mir im Großen und Ganzen gelungen; das habe ich hier

---

[38] *https://de.wikipedia.org/wiki/Schematherapie*

schon mal geschrieben, glaub ich. Ich habe Berufe erlernt, Weiterbildungen gemacht, und die Prüfungen dazu geschafft. Alle.

Wenn ich eine Arbeitsstelle haben wollte, dann bekam ich sie auch meistens. Nie war da ein wirklicher Rückschlag, ein wirkliches Versagen - sondern eigentlich immer Anerkennung.

Aber ich – ich habe es nie so gesehen, nie so gefühlt: Statt dessen habe ich stets nur das gesehen, was ich hätte besser machen müssen, wo ich meiner Meinung nach versagt hatte. Oder ich redete mir ein, dass ich, wenn ich eine neue Stelle bekommen hatte nur deshalb genommen wurde, weil es keinen anderen gab - und man deshalb auf mich zurückgreifen musste. Ich habe nie so etwas wie eine tiefe, anhaltende Befriedigung gefühlt, wenn ich wieder etwas schaffte, das ich mir vorgenommen hatte. Davon auszugehen, dass man sich für mich entschied, weil ich zu diesem Zeitpunkt einfach der Beste war – undenkbar. Nein, anders: *Un-fühlbar.*

Und natürlich kam nach einer Weile immer wieder das Gefühl, dass ich nicht am richtigen Platz bin. Dass ich nicht dazu gehöre – egal, um welche Art von Gemeinschaft es sich handelte. Dass ich so anders bin, dass ich wieder weiter muss. Nicht nur im Beruf war das so – auch im Privaten: Ob es sich um Freunde handelte, ob ich in irgendwelche Interessengruppen kam, oder auch bei Familienangehörigen: Mein Gefühl sagte mir klipp und klar, dass ich ein Fremdkörper bin.

Die Ursache war meine unbewusste, nun für mich als Erwachsener geltende *dysfunktionale Überlebensregel*[39], die ich aus den unreflektierten Erfahrungen der Vergangenheit gebildet hatte:

---

[39] *https://de.wikipedia.org/wiki/Strategisch-Behaviorale_Therapie*

„Ich gehöre nirgends wirklich hin, ich passe zu keinem: Weil ich nicht genüge. Weil das, was ich mache nie gut genug ist.

Deshalb kann ich nie da bleiben wo ich gern wäre, sondern muss weiter gehen - bevor ich wieder weg geschickt werde: Wenn man von selbst geht tut es nicht so weh.

Ich kann nie bei den Menschen bleiben, die ich kenne – weil ich nicht gut für sie bin. Weil ich nichts richtig mache".

Dysfunktional (also einer Wirkung abträglich, unzweckmäßig) deshalb, weil solch eine Regel nicht mehr den realen Gegebenheiten entspricht; und dadurch einem gesunden, normalen Empfinden im Weg steht.

Ja, wenn es nur nach meinem Wissen gegangen wäre!

Ich **wusste** ja, dass mich die Menschen, auf die ich traf, mich mochten.

Ich **wusste**, dass ich meine Arbeit richtig machte.

Ich **wusste** auch, dass niemand verstand, warum ich immer alles, was ich so tat und konnte, so herunterspielen musste. Alles war doch offensichtlich richtig, alles war gut. Und, vor allem: Keiner wollte mich loswerden!

Nur - ich **fühlte** das genaue Gegenteil: Das, was ich da wusste, konnte einfach nicht stimmen. Was nicht sein darf, das kann auch nicht sein.

In der Rückschau ist das besonders Verrückte daran, dass mir das alles auch schon früher irgendwie halbwegs bewusst war: Alle anderen nahmen das was ich tat als richtig war – nur ich nicht; das erkannte ich schon.

Aber es konnte doch unmöglich sein, dass sich mein Gefühl so sehr täuschte? Hatte es mir doch schon seit meiner Kindheit immer dabei geholfen, das mich am besten Schützende zu tun. Wissen ist eben das Eine – fühlen aber etwas ganz Anderes.

Das also war mein Kernproblem: Ich war schon immer ganz anders gewesen als ich es fühlte. Meine gefühlte Realität hatte nichts mit der realen Wirklichkeit meines Lebens zu tun. Mehr eigentlich nicht – und doch so unendlich viel.

In dieser Klinik, die ich am Ende meiner langen Suche nach dem Warum letztendlich nur durch meine Beharrlichkeit, meine Weigerung aufzugeben und, wie ich überzeugt bin, durch viel, viel Beistand von meinen Schutzengeln gefunden hatte, waren zu meinem großen Glück endlich die Menschen, mit deren Hilfe ich verstand, was da in meinem ganzen Leben abgelaufen war. Sie zeigten mir auf, dass das, was damals mit mir geschehen war, die Ursache, der Anfang von meinem lebenslangem Suchen war – und der Grund, warum ich niemals da angekommen war, wo ich unbewusst immer hin wollte: Bei mir selbst. *Das*, wonach ich all die Jahre gesucht hatte, war schon lange da: In mir. Nur konnte ich es nicht erkennen - weil die Erfahrungen meiner Kindheit mir die Wahrnehmung der Realität unmöglich machten. Jetzt konnte ich endlich damit beginnen Ich zu sein!

Verdammt noch mal - hätte ich denn nicht schon zu Anfang meiner Suche in diese Klinik kommen können? Was wäre mir da alles erspart geblieben!

Natürlich macht es überhaupt keinen Sinn so zu denken. Ich brauchte all diese Erfahrungen, um endlich irgendwann in die Lage zu kommen diese Erkenntnis nicht nur zu erlangen, sondern auch um sie annehmen zu können. Hätte mir meine erste Therapeutin damals 2002 gesagt, dass mein Gefühl die Wirklichkeit meines Lebens verzerrt? Ob ich ihr da schon geglaubt hätte?

Wäre ich da schon in der Lage gewesen die Handlungen meiner Eltern nicht weiterhin zu entschuldigen (so wie ich es mein Leben lang getan hab) - sondern als das, was sie tatsächlich waren zu erkennen: Egoistisches und unüberlegtes Verhalten gegenüber dem Kind, das durch ihre Dummheit und völlig unschuldig an ihrer Situation auf die Welt gekommen ist?

Und: Würde ich dann überhaupt die Frau die ich nun liebe, und die mir und meinem Wesen so sehr nahekommt, kennen gelernt haben? Die ich endlich, nach so vielen Jahren des Umherirrens und verzweifeltem Suchen, durch die Umwege meiner Depression finde – und die mich einfach so sein lässt wie ich tatsächlich bin? Die Frau an meiner Seite, die mir das Gefühl gibt, dass sie genau das liebt: Dass ich endlich so bin - wie ich bin?

Was also wäre, wenn?

Es ist wichtig aus der Vergangenheit zu lernen – und erkannte Fehler nicht zu wiederholen. Es gibt da einen wirklich netten Film mit Nicolas Cage, *„Family man"* von Bret Ratner. Ein modernes Märchen, wo es genau darum geht: Das es nie zu spät ist aus den Fehlern der Vergangenheit zu lernen, und sein Leben zu ändern. Als ich ihn damals mit meiner Ältesten im Kino sah, saß ich - als mir aufging, was da mit dem Protagonisten geschah - mit Tränen in den Augen im Kinosessel; zum Glück ganz hinten, so dass mich nicht viele so sehen konnten.

Er, Cage, fasste in der Vergangenheit einen Entschluss, der sein ganzes Leben beeinflusst hatte - und er war dadurch so geworden, wie er in den jungen Jahren seines Lebens niemals hätte werden wollen: Weil er an diesem einen Punkt auf der Straße seines Lebens die falsche Ausfahrt nahm. Und - weil er den falschen Mustern gefolgt war. An einem Weihnachtstag ist er besonders einsam, und zweifelt. Dann, als er am verzweifeltsten ist, wird ihm ein Blick geschenkt: Darauf, was auch hätte gewesen sein können – wenn er anders entschieden hätte.

Es bringt gar nichts, wenn man sich darüber grämt, was in der Vergangenheit gewesen ist - sie ist vorbei, und nur das Jetzt zählt wirklich. Aber, die Erfahrungen daraus machen uns zu dem Menschen, der wir jetzt sind. Dass wir aus unseren Erfahrungen lernen, gemachte Fehler nicht wiederholen – und uns nicht scheuen es zu zugeben, wenn getroffene Entscheidungen die falschen waren: Das ist es, was an der Vergangenheit wichtig ist. Das wirkliche Leben aber findet heute statt!

✦

Das Leben beginnt dort, wo die Furcht endet

„Desperado, oh, you ain't gettin' no younger,
your pain and your hunger, they're drivin' you home.
And freedom, oh freedom well,
that's just some people talkin'.
Your prison is walking through this world all alone"

(Aus „Desperado" von The Eagles)

Am 11. November, kurz nach meinem 57. Geburtstag, verließ ich die Klinik – mit dem Wissen und dem Entschluss, ab jetzt nie wieder etwas zu verschweigen. Nie wieder darauf zu hoffen, darauf zu warten, dass Andere erkennen was ich will, und was nicht. Ab jetzt würde ich immer echt sein.

Was ich in den langen Wochen meines Aufenthalts in der Klinik herausgefunden hatte – was mir erst von einem anderen Menschen klar gemacht werden musste, damit ich auch die Tiefe und Wichtigkeit erkenne um es auch mit Leben zu erfüllen - war im Grunde so einfach, dass es mir im Nachhinein unfassbar erscheint es nicht selbst erkannt zu haben: Dass ich nur dann die Chance habe irgendwann glücklich zu sein, zu mir zu finden und bei mir wirklich anzukommen - wenn ich wirklich immer, jederzeit und überall so bin wie ich tatsächlich bin.

Wenn ich es nicht mehr versäume, in Zukunft immer klar und deutlich zu sagen, was ich von mir und anderen will, brauche oder erwarte.

Wenn ich mir und anderen jederzeit die absolute, ungeschminkte, detaillierte Wahrheit über mich und anderen hinsichtlich meiner Wünsche, Bedürfnisse und Erwartungen in jeder Beziehung, in jedem Zusammenhang sage.

Wenn ich immer verlange was ich will – und nicht mehr einfach akzeptiere was mir angeboten wird; während es mir vollkommen bewusst ist, dass es nicht im Entferntesten das ist, was mir vorschwebt.

Und wenn ich, ungeachtet meiner Angstgefühle, nicht mehr an einer wie auch immer gearteten Beziehung festhalte – egal, ob in der Liebe, in der Freundschaft oder in der Arbeit.

Das liest sich jetzt so unglaublich einfach, dass ich es überhaupt nicht begreifen kann wie lange ich gebraucht habe zu erkennen, dass es nur so geht. Fast ein ganzes Leben lang!

Ich bekam nun auch bald zu spüren, dass die Umsetzung davon in mein Leben gar nicht so einfach werden sollte. Es begann Ende Oktober, etwa zwei Wochen vor meiner Entlassung aus der Klinik, mit einer Bemerkung meiner Freundin: Dass es doch schön wäre, wenn ihre und meine Kinder zu Weihnachten für ein paar Tage bei uns sein würden. Nun ist es nicht so, dass ich mir so ein Mega-Weihnachts-Fest nicht auch schön vorstellen kann – ungeachtet dessen, dass so etwas auch gehörig in die Hose gehen kann: Zu viele verschiedene Charaktere aus zwei verschiedenen Familien aus zwei verschiedenen Ländern, die sich praktisch kaum kennen - und alle mit den unterschiedlichsten Erwartungen an diese Zeit. Aber: Kann ja trotzdem sehr schön werden; wenn es zu der richtigen Zeit geschieht. Zu jenem Zeitpunkt allerdings befand ich mich noch mitten in meiner Therapie, war noch ziemlich wackelig in meinen neuen, echten Gefühlen; und die Vorstellung von dieser Weihnachtsvision verursachte in mir eine enorme Überforderung. Ich hatte da bereits begriffen, dass ich meine echten, wirklichen Gefühle ausdrücken muss, soll und darf – und so tat ich das auch sofort: Ich sagte ihr, dass mir das zu diesem Zeitpunkt zu viel sei. Dass ich das nicht wolle.

Früher hätte ich dass nicht gekonnt: Ich war immer gut darin zu spüren was Andere von mir erwarteten – und noch besser darin meine Wünsche zurück zu halten. Früher hätte ich mich zurück genommen, meine wirklichen Bedürfnisse hinter die Erwartungen anderer gestellt. Doch das musste nun vorbei sein, wollte ich endlich einigermaßen gesund werden, und endlich Ich werden. So war es nun einfach heraus – ich wollte ganz spontan nicht das, was sie wollte.

Sie war sehr erstaunt – für einen kurzen Moment. Ihr Mund schloss sich, und sie sah mich an, als ob sie mich nicht recht verstanden hätte. Dann reagierte sie – ihre Körperhaltung veränderte sich, sie lehnte sich zurück und sagte mir in etwa Folgendes: Dass wir es auch lassen könnten - und dann ja so machen, dass jeder allein mit seinen Kindern feiern könne. Sie würde dann eben von Weihnachten bis Neujahr nach Salzburg fahren, und ich könnte dann mit meinen Kindern allein sein - wenn ich das lieber *so* wolle. Zack - Bumm - Krach - Aus. Kein Wort darüber, dass wir doch mal gemeinsam überlegen könnten, ob wir eine schöne Weihnachts-Lösung fänden für uns zwei – und dann darüber nachdachten was wir mit den Kindern machen könnten.

In diesem Moment war es irgendwie genau so, wie ich es in der Kindheit erlernt hatte - und danach in meinem bisherigen Leben immer wieder erlebte: Wenn meine Gefühle, meine Wünsche nicht mit denen der Anderen übereinstimmten – dann wurde mit Liebesentzug reagiert. Als wenn einem gesagt wird: „Wenn Du nicht so willst wie ich – dann hab ich Dich auch nicht mehr lieb!".

Jedenfalls fühlte es sich jetzt genau so an: Wie eine saftige Ohrfeige, wenn man wieder mal nicht so funktioniert hat, wie es von einem erwartet wird.

Ich hab im vorigen Kapitel beschrieben, wie ich zusammen mit meiner Therapeutin herausfand, was der Ursprung meiner Depressionen war: Dass ich nie den adäquaten Umgang mit meinen tiefen Gefühlen gelernt hatte, und es aus irgendwelchen Gründen auch als Erwachsener nicht aufarbeiten konnte: Meine Überlebensregel war das Stillsein, das Zurücknehmen, das Selbst-nicht-so-wichtig-sein. Dass daraus dann die Angst zu versagen und nicht zu genügen entstand, und nach und nach immer mehr Raum einnahm – den ich ihr aber eigentlich nicht geben wollte. Die Angst, die ich immer wieder nicht beachten wollte, nicht wahrhaben konnte, und immer wieder unterdrückte - bis dann einfach kein Platz mehr in meiner Seele war, und sie überquoll vor lauter Mist.

In der neuen Partnerschaft nach meiner Ehe hatte ich wieder genau nach dieser alten Regel gelebt (eigentlich so wie zuvor; so was Beklopptes). Mehr als fünfundzwanzig lange Jahre war ich in meiner Ehe zu meiner Frau nicht wirklich aufrichtig gewesen; hatte emotional immer wieder fürchterlich Schiffbruch erlitten, hatte auch dadurch einen Riesenhaufen zerschlagenes Porzellan angerichtet – und hatte nun Dasselbe wieder getan!

Damals, als ich meine Freundin kennen lernte und nachdem wir beschlossen zusammen zu leben, wusste ich nicht wie ich es angehen sollte: Ob die Art zu leben meiner Freundin vielleicht auch für mich richtig wäre. Hatte mich wieder zurück genommen, hatte bei vielen Gelegenheiten nicht gesagt, wenn ich etwas anderes dachte, oder wenn ich etwas eigentlich anders machen wollte. Wir waren eben doch sehr verschieden – nur im Sinnlichen eben nicht. Dass das auf die Dauer und in einer wirklichen Partnerschaft nicht ausreicht ist ja ganz klar; aber andererseits hatte ich überhaupt keine Ahnung wie es für mich richtig wäre - und ich kannte ja nur das Modell meiner Ehe. Kurz: Ich war wieder ganz oft nicht authentisch gewesen!

Obwohl ich genau so oft gefühlt hatte, dass das so nicht gut werden kann, wusste ich mir keinen anderen Rat als irgendwie weiter zu machen - so, wie schon so oft in meinem Leben. Und zum zweiten Mal also machte ich einer Frau, die mich in der Überzeugung liebte, dass ich so, wie sie mit mir lebt, zufrieden bin, etwas vor. Wirklich, ich hatte das nie vorgehabt - ich wollte nie jemand etwas vormachen. Aber trotzdem tat ich es immer und immer wieder - und nahm mich in meinem Innersten wieder und wieder zurück. War einfach nicht authentisch, war wieder jemand ein Anderer.

Jetzt jedoch war mir klar, dass ich damit einen schweren Fehler gemacht hatte: Ich hatte sie im Grunde genommen angelogen, indem ich ihr nicht sagte was ich anders wollte; wenn auch nicht bewusst, und schon gar nicht absichtlich. Der Grund dafür war nun klar: Meine bisherige Überlebensregel sagte dass ich nicht geliebt würde, wenn ich anders wäre als gewünscht; also musste ich mich anpassen. Damit sollte, damit musste nun Schluss sein – ein für alle Mal !

Der Anfang vom nun folgenden Ende begann damit, dass ich endlich in vollem Umfang selbst für mein Leben die Verantwortung übernehmen wollte – egal wie. Dass ich in allem was ich in Zukunft tun würde authentisch sein müsste. Und dass ich ganz ehrlich darin sein würde das, was ich in der Vergangenheit zurück hielt, offen auszusprechen.

Als ich aus der Klinik entlassen war versuchte ich meiner Freundin das zu erklären – und erlebte eine völlige Abfuhr. Sie hatte sich ja in mich verliebt, weil ich so war wie sie mich kennen lernte. Ist ja verständlich, dass sie jetzt den neuen, den echten Kerl nicht so einfach haben mochte, der auf einmal so vieles in Frage stellte. Wir redeten viel, sehr viel und wohl zum ersten Mal auch so wirklich richtig offen; und ich versuchte zu erklären was mit mir geschehen war - und warum es für mich jetzt so wichtig war genau das, was ich gerade erst über mich erfahren hatte, in die Tat umzusetzen. Ich war auch der Überzeugung, dass es sich lohnte einen neuen, einen echten Anfang in einer wirklichen Beziehung zu starten, voller Aufrichtigkeit und ohne jedes Verstellen. Aber - das wollte sie nicht.

Irgendwann, nach vielen Gesprächen, sagte sie mir, dass sie die ganze Zeit immer gespürt habe, dass sie mir nicht genüge – weil meine Ansprüche an eine Partnerschaft doch zu verschieden waren zu dem, was ihre Vorstellung dazu war. Und: Sie wolle jetzt nicht noch mehr ihrer Lebenszeit in einen weiteren Versuch geben. Für sie war es ganz klar, dass unsere Beziehung zu Ende war.

Wenn wir zu Beginn unserer Beziehung so weiter gemacht hätten, wie sie es zu Anfang formuliert hatte - „Ich will deine Liebe, nicht dein Leben" - wäre es vielleicht besser gelaufen; wenn wir nur länger zu bestimmten Zeiten zusammen gekommen wären, und einfach nur eine freie Beziehung geführt hätten. Und - die Probleme, die in erster Linie meine waren, ganz heraus gehalten hätten. Aber, und das hatte

ich jetzt in der Zeit der Therapie und dieser sich unmittelbar daran an-
schließenden Zeit der Trennung festgestellt: Genau das will ich ja gerade nicht! Eine Partnerschaft lebt und wächst meiner Überzeugung
nach davon, dass man sich aneinander reibt – weil da ja doch letztendlich zwei verschiedene Menschen mit zwei unterschiedlichen Leben
sind, die sich im besten Fall irgendwie zueinander entwickeln. Und
daraus wird mit der Zeit eine immer schönere, bessere Liebesbeziehung; etwas ganz Anderes als nur eine Liebelei. Etwas ganz und gar
Tiefes; und hoffentlich Etwas, das Beide dabei genau so sein lässt wie
sie sind.

Von Anfang unserer Beziehung an war da auch etwas, was sie völlig ablehnte: Streitkultur. Sie wollte nur noch Harmonie für ihr Leben,
niemals mehr Streit oder Disharmonie erleben - oder auch nur energi-
schere Streitgespräche: Oft genug hatte sie mir das gesagt; und oft genug musste ich es erleben, dass sie so etwas einfach nicht aushielt,
und lieber das Zimmer verließ, als etwas zu Ende zu diskutieren. Ich
hatte versucht ebenso zu leben – aber, auch das war letztendlich völlig
gegen mein Naturell und meine Überzeugung.

So nahm unsere Liebe dadurch ein Ende dass ich erkannte, dass
mein einziger Weg zu Leben die absolute Authentizität ist – jederzeit
und zu jedermann. Für unsere Beziehung kam das zu spät. Oder aber
vielleicht auch: Genau zum richtigen Zeitpunkt.

~

Die Zeit der Trennung war sehr schmerzhaft, und warf mich ein ganzes Stück zurück. Meine beiden verhassten Besucher Depression und
Angst witterten Morgenluft, zogen mich hinunter ins Zwielicht: Es gelang ihnen erneut mich so zu lähmen, dass ich wieder in meiner inne-

ren Einsamkeit landete. Wären da nicht meine Töchter gewesen, bei denen ich in solchen Momenten Zuflucht fand: Es wäre sicher ganz arg geworden. Und das werde ich Euch niemals vergessen, hört ihr?

Mein Therapeut, den ich nach der stationären Behandlung fand, sagte mir später, nachdem ich wieder ein Ziel gefunden hatte, dass er sich in dieser Zeit große Sorgen um mich machte: Er sah ganz klar eine starke Suizidalität in mir, die durch meine damalige Unfähigkeit eine Entscheidung zu treffen wie ich weiterleben könnte, gewachsen war; und das er heilfroh sei, dass ich diese Zeit heil überstanden hatte.

Meine Freundin aus der Münchner Philharmonie war ebenfalls für mich da, wenn ich meine Einsamkeit nicht aushielt; wir gingen dann mit ihrem Hund lange spazieren, redeten, hielten uns an der Hand, und sie war für mich da. Einfach so.

Und, noch eine Zuflucht fand ich: Meine Motorradfahrende Mitpatientin aus der Reha stellte sich als wirkliche Freundin heraus, die mir einfach zuhörte, wenn wir lange Telefonate führten. Ich besuchte sie öfter, fuhr mit dem Zug durch die trübe Winterzeit zu ihr. Verbrachte Zeit mit ihr, und es war einfach nur gut dass da jemand war, mit dem ich reden konnte. Es ist schon hunderte Male gesagt und geschrieben worden, aber es ist tatsächlich genau so: Erst wenn du wirklich in Not bist zeigt es sich, wer wirklich dein Freund ist.

Eine Zeitlang überlegte ich mir, ob es für mich nicht doch besser sei allein zu leben; so weit wie möglich frei von einer Verantwortung für einen anderen Menschen. So, wie ich es damals beim Verlassen meiner Familie eine Weile gedacht hatte: Erst mal zu mir zu kommen, und Ruhe in der Einsamkeit finden.

Aber irgendwann wurde mir klar, dass ich das in meinem tiefsten Inneren überhaupt nicht wollte: Ich wollte aber so was von auf gar keinen Fall der einsame Desperado sein, der alleine durchs Leben reitet, sein inneres Gefängnis weiter mit sich herumträgt, und sich immer und immer wieder nach dem sehnt, was er nicht bekommen kann. Was ich statt dessen unbedingt erleben wollte war, endlich in einer Beziehung zu hundert Prozent authentisch sein zu können: Immer und jederzeit ich zu sein – ohne Wenn und Aber. Und, ohne Furcht davor nicht zu genügen - weil ich nun mal so bin wie ich bin.

So, wie ich es nun gelernt hatte, und was nach meiner Überzeugung auch der einzige Weg ist, ein erfüllendes, zufriedenes Leben zu leben: Ich wollte endlich nicht nur empathisch auf Andere eingehen, sondern es auch zulassen können, dass jemand sich ganz und gar auf mich einlässt. Eigentlich sollte das doch gar nicht so schwer sein!

Es wäre einfach unglaublich schön, wenn es da draußen in der Welt einen Menschen gäbe, bei dem ich es auch *fühle,* dass ich mich nicht mehr verstellen muss.

Bei dem ich tatsächlich so sein kann, wie ich WIRKLICH bin.

✦

Eins werden

„One love, one blood,
One life, you got to do what you should.
One life, with each other,
Sisters, Brothers.
One life, but we´re not the same.
We get to carry each other, carry each other.
One.“

(„Aus „One" von U2)

2016

Es ist schon fast Frühling und ich sitze an unserem Küchentisch. In unserer Wohnung in dem kleinen Dorf am Chiemsee, wohin wir zum Jahreswechsel gezogen sind. Hier soll es endlich auch der Ort werden, wo ich hin gehöre - zusammen mit der Frau, die sich als ganz die herausgestellt hat, mit der ich so sein kann wie ich bin.

Wir, das sind Helga und ich. Ja, ganz richtig: Die schöne Schwäbin mit den wild gefärbten Haaren, aus meiner Reha im Schwarzwald. Sie war nach der Zeit dort zunächst ins Allgäu gezogen, um ihren Traum von sinnerfüllter Arbeit zu leben; und um nur noch das zu machen, was sie vor vielen Jahren nebenberuflich als ihre Leidenschaft gefunden hatte. Denn auch sie ist in ihrer Entwicklung endlich so weit, dass sie ganz ehrlich zu sich sein kann - und keine Lebenszeit mehr mit etwas vergeudet, was sie nicht wirklich will.

Ich wusste damals, im Winter 2014 und nach der Trennung von meiner Salzburgerin, noch nicht wirklich, wie und wo ich mein Leben weiterführen wollte - und war auch nach wie vor auf der Suche nach mir. Helga und ich hatten uns immer wieder getroffen; und bei unserer miteinander verbrachten Zeit stellten wir fest, dass uns viel mehr verbindet als nur die Suche nach dem Sinn unserer Leben. Irgendwann beschlossen wir zusammen zu ziehen; es zu wagen.

So ist es eben: Wenn man erst mal wirklich so weit gekommen ist, dass man bereit dafür ist alles Gewesene loszulassen und sich für etwas Neues zu öffnen - dann ergeben sich wie von selbst neue Möglichkeiten. Eine Türe schließt sich, und eine andere geht dafür auf.

Im September 2015 verbrachten wir gemeinsam ein freies Wochenende auf der Fraueninsel im Chiemsee. Helga traf dort eine gute Bekannte, eine der Nonnen des Klosters Frauenwörth, und im Gespräch mit ihr ergaben sich ganz unerwartet neue Aufgaben, die scheinbar nur darauf gewartet hatten, dass sie ausgerechnet jetzt dort auftauchte, und die sie eigentlich nur ergreifen musste. Wir konnten es zunächst nicht glauben: Dass genau zu diesem Zeitpunkt, an dem wir uns entschlossen auch wirklich unsere Leben gemeinsam zu verbringen und einen Anfang zu wagen, „zufällig" etwas in unser Leben trat, das uns hierher bringen sollte (mittlerweile wissen Sie es ja auch: Es gibt keine Zufälle – nichts geschieht ohne einen Sinn).

Als wir uns von der ersten Überraschung erholt hatten, das Für- und Wider hin und her diskutiert, und uns dann schließlich wirklich dazu entschieden diese Chance auch nutzen zu wollen, fanden wir bald auch einen Ort für dieses neue, gemeinsame Leben: In einem kleinen Dorf an der Alz, dem Fluss, der dem Chiemsee entspringt. Wenig später fand auch ich einen neuen Job; und diesmal etwas, was mich nun wirklich nicht überforderte: Ich wurde Busfahrer bei den Maltesern.

Gerade bin ich von einem Spaziergang zurückgekommen, und die Sonne strahlt auf die Berge und das Wasser, dass es nur so eine Pracht ist. Die Menschen sind zwar noch winterlich warm angezogen, mit Mützen, Schals und Handschuhen bewehrt, um vom frischen, kalten Ostwind nicht zu sehr ausgekühlt zu werden. Aber ihre Gesichter strahlen schon das aus, was sicher uns allen am liebsten ist, nach einem Winter, der scheinbar einfach nicht enden will. Auf das wir uns Jahr für Jahr aufs Neue freuen, und jedes Mal immer wieder kaum erwarten können: Die Rückkehr des Lebens, und die Freude auf die Gefühle vom Frühling.

Noch vor ein paar Monaten, Ende November, war es ganz anders: Kurz vor unserem Umzug bekam ich die Nachricht, dass meine Mutter einen Unfall hatte, und im Krankenhaus sei. Eigentlich war es nichts wirklich Schlimmes: Sie war auf dem Rückweg vom Arzt gestürzt, und hatte sich einen Oberschenkelhals gebrochen; aber, es war doch der Anfang vom Ende. Was nun folgte waren eine Reihe von Operationen, künstliches Koma, dann eine kurze Phase der Besserung und der Hoffnung sie würde es noch einmal wieder ins Leben zurück schaffen. Sogar die Zunge konnte sie mir bei einem meiner Besuche im Krankenhaus herausstrecken, obwohl sie noch über einen Luftröhrenschnitt beatmet wurde. Doch es traten Komplikationen auf, es ging ihr rapide schlechter – und dann, am Silvesterabend 2015, war es schließlich vorbei: Wenige Stunden zuvor hatte ich einen Anruf bekommen, in dem mir der sie behandelnde Arzt ganz feinfühlig und sanft, aber auch ganz offen und direkt sagte, dass er sich sicher sei, dass es mit ihr zu Ende ginge: Er rechne damit, dass es innerhalb der nächsten zwei, drei Tage soweit sei dass sie ginge. Und, dass ich mich auf den Weg zu ihr machen solle.

Wir schmissen ein paar Sachen in eine Tasche, setzten uns ins Auto und fuhren los. Ich musste noch Tanken, und als ich an der Tankstelle neben dem Auto stand kam es mir erst so recht zu Bewusstsein, auf welcher Fahrt ich mich nun befand: Meiner allerletzten Reise zu meiner Mutter.

Nach einer scheinbar nicht enden wollenden Fahrt kamen wir endlich an, und der Arzt empfing uns am schon Eingang der Station: Ihr Zustand hatte sich noch mal verschlechtert, sagte er uns, und dass es wohl schon viel schneller gehen würde. Wir gingen zu ihr ans Bett: Ihre Augen waren halb geschlossen, blickten irgendwohin ins Leere und nahmen uns schon nicht mehr war. Aber als wir uns setzten, ich ihre Hand nahm und sie ansprach, schnellte ihr Puls sofort in die Höhe – ein Zeichen, dass sie mich, dass sie uns doch noch wahrnahm. Und, dass sie nun wusste, dass sie nicht allein war.

In den nun folgenden letzten Stunden mit ihr erzählte ich von den schönen Zeiten, von den Dingen und Erlebnissen, die wir teilten. Suchte mich zu erinnern an Zeiten, als sie besonders glücklich gewesen war: Ganz plötzlich, zum ersten Mal nach vielen Jahren, war da die Erinnerung an die Zeit mit ihrem Pferd Trixi, und ihrer Liebe zu Paul, dem „Päulchen"; der wohl in ihrem Leben der einzig Richtige gewesen war - und zu dem sie sich doch nie so ganz bekennen konnte.

An Abende im Winter im halbdunklen, kleinen Pferdestall, wo es nach Heu roch, und in dem der Atem der Pferde dampfte.

An heiße Sommertage und Feiern vorm Stall, auf der Weide: Unbeschwerte Zeiten mit Grillwurst und Kartoffelsalat, Steaks und der von ihr so sehr geliebten Knoblauchmayonaise: mit Kaffee und Kuchen, und mit den unsäglichen, furchtbar süßen Cremehütchen, von denen sie nie lassen wollte.

Von Zeiten an der Tankstelle in Wuppertal, wo sie „die Chefin" war, wo sich ein Großteil ihres Lebens abspielte, und von den vielen Menschen, die sie dort kennen gelernt hatte - und mit denen sie eine Zeitlang etwas verband.

Von der Zeit, als sie Großmutter wurde, und meine Kinder ihr Leben aufwirbelten. Und, so wie ich schon als Kind bei meiner Großtante, nun ihre Enkelinnen bei ihrer Oma auf der Küchenfensterbank bei der Arbeitsfläche saßen, und „beim Kochen halfen".

Mir fielen Ereignisse aus meiner Kindheit ein, an die ich Jahrzehnte nicht mehr gedacht hatte. Und obwohl ich in den letzten Jahren fast immer nur im Streit mit ihr gewesen war, waren es nun wirklich nur die schönen Sachen, an die ich mich und sie erinnerte.

Ich sagte ihr, dass Alles, was uns in der Vergangenheit immer und immer wieder hatte aneinandergeraten lassen, in Wirklichkeit keine Rolle spielte. Ich bat sie um Verzeihung für das, was ich ihr im Laufe ihres Lebens immer wieder vorgeworfen hatte – und sagte ihr, dass ebenso alles, womit sie mich und meine Lieben immer wieder gekränkt und verletzte, nun vergeben und vergessen war.

Ganz zum Schluss, als ihr Puls immer unregelmäßiger wurde sagte ich ihr, dass ich von all dem Schönen, an dass ich mich mit ihr nun erinnert hatte, meinen Töchtern erzählen würde. Und, dass ich Leonie, ihrer Urenkelin – meiner Enkeltochter, die sie durch ihren Egoismus und ihren in den letzten zwei Jahren immer ärger werdenden Altersstarrsinn nie richtig kennen gelernt hatte - dass ich ihr irgendwann, wenn sie alt genug ist, von ihrer Uroma erzählen werde.

Und dann – nach einem Leben von 79 Jahren, in denen auch sie immer wieder neue Versuche unternahm es irgendwie richtig zu machen; nach ich weiß nicht wie vielen Jahren, in denen sie und ich immer wieder miteinander kämpften, verzweifelt und wütend aufeinander, weil jeder den anderen einfach nicht so akzeptieren konnte oder wollte wie er denn nun mal war; nach 58 Jahren, in denen ich letztendlich immer wieder einfach nur versucht habe ihre Liebe wirklich zu bekommen - starb meine Mutter in meinen Armen.

✦

Schatten der Vergangenheit

„Ich glaube, dass der Kern jeder Traumatisierung
in extremer Einsamkeit besteht.
Im äußersten Verlassensein.
Damit ist sie häufig auch eine Traumatisierung
der Beziehungen und der Beziehungsfähigkeit.
Eine liebevolle Beziehung, die in manche Hinsicht
einfach „sicher" ist, wird unerlässlich sein,
um überhaupt von einem Trauma genesen zu können."

(Zitat von Onno van der Hart, Professor für Psychopathologie)

2017

Mein Leben hatte wieder Fahrt aufgenommen: Nach vielen Jahren der Suche, des Auf-der-Stelle-Tretens, des Nicht-Weiter-Wissens, und der tiefen, immer wiederkehrenden Verzweiflung. Der neue Job war vom Umfang und der Verantwortung her für meine allgemeine Verfassung gerade passend, die kurzen, aber oft intensiven und manchmal herrlich fröhlichen Begegnungen mit den Kindern und ihren Behinderungen nicht zu viel, meine neuen Kollegen überwiegend ziemlich nett und: Wohltuend normal. Helga traf in ihrer Aufgabe auf der Fraueninsel die angenehmsten Menschen ihres Arbeitslebens an. Und ich machte in meiner freien Zeit das, was ich schon mein ganzes Leben lang gern getan hätte: Ich schrieb an meinem ersten Roman, einen Krimi. Das Leben im Dorf war unaufgeregt ruhig, die Natur begann praktisch bei uns vor der Haustür, und so langsam lebten wir uns ein. Alles war gut. Fast Alles.

Alles - bis auf etwas in mir, das nach wie vor keine Ruhe gab, und wieder und wieder in mir zu arbeiten begann; obwohl ich gedacht hatte, dass eigentlich alles geklärt wäre: Mein Gefühl von Einsamkeit und Fremdheit kam wieder. Ließ einfach nicht ab von mir, und machte mich immer wieder zum einsamsten Menschen auf der Welt. Obwohl – eigentlich wäre richtig: Zum einsamsten Menschen in meiner inneren Welt. Sicher, ich konnte jetzt einigermaßen damit umgehen, aber mehr auch nicht. Meine depressiven Schübe kamen nach wie vor: Immer wieder stürzte ich abrupt in tiefste Einsamkeiten – oft aus den nichtigsten Anlässen.

Unsere Freundin, die Heilpraktikerin - die, die mir vor einiger Zeit klarmachte wie falsch der Weg für mich war, auf dem ich mich befand; die mich gefragt hatte wie lange ich eigentlich noch so weiter machen wollte, mich weiter selbst zu vergewaltigen mit etwas, das einfach nicht meins war (den Vergleich fand ich besonders treffend), und was noch geschehen müsse bis ich endlich selbst erkennen würde, was für alle anderen so offensichtlich war - erzählte eines Tages über ein Seminar für Familienaufstellung, an dem sie in ein paar Wochen in München teilnehmen würde. Ich hatte irgendwann schon mal von so was gehört, und auch über die manchmal überraschendsten Wirkungen, die dabei erzielt wurden; aber noch nie darüber nachgedacht, ob ich so was mal versuchen sollte. Sie schlug vor, dass ich sie dabei begleite: Um dort mein Thema vorzustellen.

Ich war mir nicht so ganz sicher. Aber andererseits: Was hätte ich schon zu verlieren, außer ein paar Stunden Zeit? Und wenn es doch funktionieren würde – nur was zu gewinnen! Ich sagte also zu.

Ich hab schon mehrmals davon geschrieben, dass etwas Wichtiges, etwas das Leben Veränderndes immer dann zu einem kommt, wenn es die richtige Zeit dafür ist. Dass Dinge plötzlich zusammenkommen - und manchmal wirklich so verblüffend selbstverständlich, dass es fast schon unglaubwürdig klingt. So, als ob man sich immer darauf verlassen könnte. Klingt für zivilisierte mitteleuropäische Ohren ziemlich unwahrscheinlich, oder? Aber genau so ist es.

Eine Woche nach diesem Vorschlag hatte ich wieder einen Termin bei meinem Therapeuten. Ich berichtete ihm von meiner so tief gefühlten, wiederkehrenden Verlorenheit, für die es doch einfach keine Erklärung mehr gab - jetzt, wo doch alles besprochen und aufgeklärt war. Na ja: Fast alles. Was wir noch nie thematisiert hatten war, dass ich schon seit frühester Kindheit immer ein Einzelgänger bin, der gern allein ist: Warum war es für mich eher „normal" für mich zu sein, als mit anderen Menschen zusammen – von meinem Beziehungen zum weiblichen Geschlecht mal abgesehen? Warum fiel es mir so besonders schwer, mich in Männerfreundschaften wohl zu fühlen, außer mit meinen Freunden aus der Adoleszenz? Wieso verstand ich mich mit Frauen fast immer besser? Wo kam das alles her? Und: Warum ließ es mich immer noch nicht los?

Er dachte eine Weile nach und sprach dann etwas an, über das ich noch nie nachgedacht und vor ihm auch kein anderer meiner Therapeuten angesprochen hatte. Er fragte, ob es mögliche Traumata aus einer anderen Vergangenheit als meiner persönlichen gab: Etwa aus der Vergangenheit meiner Eltern oder Großeltern. Tief ihre Seelen verletzende Erlebnisse, die sie erleben hatten - und die auf mich übertragen worden waren. Ich war völlig verdutzt: Von so etwas Seltsamen hatte ich ja noch nie gehört! Wie bitteschön sollte denn so was möglich sein: Trauma-Übertragung!? Wie sollte denn so was gehen – etwa mit der Muttermilch die entsprechenden Gene aufgesogen oder was?[40] Ich muss wohl sehr zweifelnd und ungläubig geschaut haben.

---

[40] https://chrismon.evangelisch.de/artikel/2019/44690/uebertragen-sich-traumata-der-etlern-auf-kinder-und-enkel-gespraech-mit-einer-therapeutin

Er lächelte nur und sagte: „Ich glaube, Sie sind jetzt wirklich soweit, um an einer Familienaufstellung teilzunehmen". Und ob ich schon mal an so was gedacht hätte.

Mein Erstaunen hätte nicht größer und mein Grinsen nicht breiter sein können, wenn in diesem Moment die Tür aufgesprungen wäre, Groucho Marx ins Zimmer gestürmt und mit seiner Zigarre auf mich zeigend „*Er sieht vielleicht aus wie ein Idiot und redet wie ein Idiot, aber lassen sie sich nicht täuschen. Er ist wirklich ein Idiot!*" gerufen hätte.[41]

Nachdem ich ihm von meinem bereits bestehenden Aufstellungs-termin in München berichtete war aber auch er – also, nicht Groucho, sondern… ach so, das hatten Sie sich schon gedacht. Gut. Natürlich. Also, auch er, mein Therapeut, war über dieses unerwartete Zusam-mentreffen von Ereignissen doch einigermaßen verblüfft; aber, eben doch lange nicht so wie ich. Er meinte nur, ja, so was gäbe es eben gar nicht so selten: Dass oft alles zur rechten Zeit zusammen käme. Sieh da, dachte ich, er also auch. Und wir grinsten uns beide eins.

Die Aufstellung[42] fand an einem Samstag in München, in der Praxis ei-nes für dieses Spezialgebiet bekannten und renomierten Heilprakti-kerpaares statt. Sie veranstalteten dieses Seminar, an dem etwa zwan-zig Heilpraktikerinnen und Heilpraktiker teilnahmen.

Im praktischen Teil wurden zunächst Themen der Teilnehmer be-handelt, und ich war schon erstaunt, was da passierte: Der Klient (also die Person, die das Thema behandelt haben wollte) wurde vom Thera-peuten dazu befragt, ließ sich die Personen, die familiären Zusam-menhänge und Erlebnisse erklären, und entwickelte daraus eine Aus-gangs-Situation, aus der das Trauma möglicherweise entstanden war.

---

[41] *https://de.wikipedia.org/wiki/Groucho_Marx*
[42] *https://de.wikipedia.org/wiki/Familienaufstellung*

Dann wurden vom Klienten aus den Anwesenden Stellvertreter für die Personen intuitiv herausgesucht, die in seinem Erlebten die Rollen spielten - die nun wiederum, unter Anleitung des Leiters, mittels ihrer Intuition und Empathie versuchen sollten nachzuspüren, was die wirklichen Personen damals in der geschilderten Problemsituation wohl fühlten; was es mit ihnen machte. Ich weiß, wie merkwürdig sich das vielleicht anhört. Aber man muss es wirklich selbst erlebt haben, was da nun alles geschah – und was bei dieser Art Rollenspiel mit den Menschen passierte: Ganz irre. Aber auch irre gut!

Als ich an die Reihe kam, war ich durch die vorangegangenen Erlebnisse schon ordentlich aufgewühlt und neugierig; aber ich hatte keine Ahnung, wie ich es denn nun angehen sollte, mein Thema. Und, ob mit mir so was Ähnliches geschehen würde wie mit den Anderen. Ich setzte mich zum Therapeuten, der mich bat mich und mein Leben kurz vorzustellen, und dann nach meinem Thema fragte.

„Meine gefühlte Einsamkeit und mein Fremdsein – immer wieder, von der Erinnerung schon seit ich Kind bin. Ich weiß vom Verstand her, dass es real nie so gewesen ist wie ich es fühle, jedenfalls meistens nicht – aber es hört einfach nicht auf", antwortete ich. Erzählte in der großen Runde, ihm und den aufmerksam lauschenden mir völlig fremden Menschen, von meinen vielen Jahren voller Depression und Angst; und das eben jetzt, obwohl alles doch wieder gut und klar geworden sei, die Angst, die Einsamkeit und das Fremdsein immer noch wieder kämen. Er fragte ein paar Details nach, fragte nach Namen meiner Eltern, und - zu meinem Erstaunen nach meinen Großeltern; und dabei besonders: Nach meinen Großvätern.

Von meinen Großeltern habe ich nur meine Oma väterlicherseits wirklich kennen gelernt: Sie war für mich eine herzensgute Frau, die für mich immer nur Verständnis und Liebe hatte. Sie starb 1996, mit Neunundachtzig; ausgerechnet, während ich mich in Dänemark auf einer winzigen Insel ohne Telefon aufhielt.

Mein Großvater, der Vater meines Vaters, war meistens nicht da, wenn ich mal zu Besuch bei ihnen war, warum auch immer. Meine Mutter erzählte, dass er mal in Haft gewesen sein soll; aber das habe ich nie nachgefragt. Als ich 7 Jahre alt war verstarb er, ohne dass ich einen Bezug zu ihm fand. Das Einzige, was ich von ihm erinnere ist, dass er Zigarren rauchte. Sein alter Aschenbecher steht auf meinem Schreibtisch, mit Büroklammern und anderem Zeugs darin.

Als meine Mutter noch ein Kind war starb ihre Mutter an Krebs, also lange vor meiner Geburt; großgezogen wurden sie und ihre Schwester durch ihre Tante, meine Großtante. Von ihrem Vater, meinem Großvater mütterlicherseits, wusste ich durch wenige, knappe Berichte nur, dass er sie, ihre kleine Schwester und seine Frau während der Kriegszeit verlassen hatte – sie allein gelassen habe. Das er ein Schuft gewesen sei, ein Mistkerl. Mehr wusste ich nicht über ihn. Auch ihn habe ich nie kennengelernt, ja: Nicht mal ein Foto gab es mehr von ihm.

Also: Ich hatte praktisch keinen Großvater in meinem Leben erlebt, und auch keinen Großonkel - denn der war ja auch nicht zurück gekehrt. Kein weiser alter Mann war da, der mir was über das Leben erzählt. Kein nachsichtiger, lebenserfahrener älterer Kerl, der mit einem Unfug macht. Keine Respektsperson, die die graue Eminenz in der Familie ist. Ja, und einen Vater? Wann hatte ich einen Vater gehabt? Meine Eltern trennten sich, bevor ich ihn richtig erleben konnte. Und danach: So richtig hatte ich in meiner Kindheit, in den prägenden, ersten sieben Jahren, ja auch keinen ausdauernden Kontakt zu ihm, Sie erinnern sich.

Der Therapeut, ein Mann schon weit in den Siebzigern, dachte eine Weile nach. Dann erzählte er, dass es in den Kriegszeiten nicht selten geschah, dass Männer einfach verschwanden, aus den unterschiedlichsten Gründen: Sie waren als Soldat gefallen, und die Nachricht davon kam nicht an, hatten sich an den Orten, wo sie eingesetzt wurden, in andere Frauen verliebt und waren nach Kriegsende einfach nicht mehr nach Hause zurück, oder begannen warum auch immer irgendwo ein neues Leben. Aber es kam auch vor dass sie verschwanden, weil sie im Widerstand waren oder Juden halfen: Um ihre Familie zu schützen hatten sie nichts von ihrer Tätigkeit erzählt, sie davon ferngehalten - die Wahrheit hätte alle gefährdet; auch oder gerade in einem kleinen Dorf wie Niederstüter, wo meine Mutter aufwuchs. Und, wenn sie davor standen aufzufliegen, untertauchen mussten - ohne Angabe von Gründen, ohne Nachricht. Und manche kamen eben auch später nicht wieder. Was tatsächlich geschehen ist werde ich nie erfahren, denn alle Menschen, die eventuell etwas darüber wissen konnten sind schon lange tot. Vielleicht war er, der Vater und mein Großvater, einfach nur ein Arsch, der sich aus der Verantwortung stahl; vielleicht aber auch nicht, und er war ein Kriegsheld - oder hat sich einfach nur ein schönes, unbeschwertes Leben gemacht. Vielleicht war die Geschichte ihres Verlassenwerdens auch nur von meiner Großmutter, aus wer weiß welchen Gründen, erfunden worden, und sie war die eigentlich Schuldige an dem, was ihn von ihr getrieben hat. Oder es war etwas geschehen, mit dem sie ihre Töchter und ihre Schwester meinte nicht belasten zu können - meine Mutter brachte jedenfalls aus ihrer Kindheit die Version des Schweins mit in ihre eigene Familie. Die Wahrscheinlichkeit sei groß, meinte der Therapeut, dass mir von ihr, so wie ihr von ihrer Mutter, das Gefühl des Verlassenseins von heute auf morgen mitgegeben wurde: Der Verlorenheit in einer Zeit des Krieges und des Terrors, die so schrecklich gewesen sein muss, dass wir es uns heute gar nicht mehr vorstellen können.

Und diese Gefühle stellten wir jetzt in der Familienaufstellung nach.

In der nun vom Therapeuten gesteuerten Szene war ich in erster Linie Beobachter. Aus den Anwesenden suchte ich mir die Stellvertreter aus: Meinen Großvater und seine Frau, meine Mutter und ihre kleine Schwester, meine Großtante und meinen nie erlebten Großonkel, ihren Mann - und, auf Anregung des Therapeuten, einen für das Gefühl der Gefahr durch die Einsamkeit.

Zu erleben, wie sich die Szene nach und nach immer weiter verselbstständigte, wie die Stellvertreter in ihren Rollen aufgingen und Gefühle entwickelten; wie Tränen flossen, als der Vater-Stellvertreter und der Onkel völlig überraschend aus der Familie verschwanden - und plötzlich die Einsamkeit, die bis dahin durch den Zusammenhalt aus dem Kreis herausgehalten werden konnte, nun mitten in die Gruppe trat: Das hatte etwas Unheimliches und Faszinierendes an sich. Alle zerbrachen daran, wurden wütend, verzweifelt, traurig - und schauten mich an.

Mir wurde schlagartig klar, dass diese Frauen, meine Mutter und meine Großtante, die Menschen, mit denen ich die meiste Zeit meiner Kindheit verbrachte und die meine Erziehung prägten, mit großer Wahrscheinlichkeit dieses Trauma des Verlassenwerdens aus dieser

Zeit mit in ihre Leben brachten: Die tiefsitzende Verletzung ihrer Seelen, und die Zweifel an der Glaubwürdigkeit der Männer. Die Überzeugung, dass man Männern nie wirklich vertrauen kann: Weil sie einen immer wieder alleine zurücklassen. Dass sie einem weggenommen werden. Und dass es vielleicht doch besser ist, ohne sie klarzukommen.

Auch, wenn sie mit mir nicht darüber sprachen, auch, wenn sie so etwas bestimmt nicht wollten: Sie gaben es mir auf irgend eine Art und Weise mit, ihr eigenes, persönliches Trauma - und ich übernahm es, als feste Überlebensregel für mein Leben, als unverrückbare Wahrheit. Ohne es zu merken, und ohne zu wissen, woher es kam.

Und das Verhalten meines Vaters, der meine Mutter und mich ebenfalls allein zurück gelassen hatte, war für den kleinen Jungen, der ich damals war, die Bestätigung.

✦

Ankunft – und Aufbruch

> „Auch wenn ich all das durchgemacht habe, was ich durchge-
> macht habe, so bereue ich die Schwierigkeiten nicht,
> in die ich mich begeben habe - weil sie es waren, die mich dort-
> hin brachten, wohin ich zu gelangen wünschte".
>
> *(Zitat von John Bunyan, aus: „Handbuch des Kriegers des Lichts"*
> *von Paulo Coelho)*

2019

Warum gibt es eigentlich beim Eintritt ins Leben keine Gebrauchsanleitung, die einen auf das, was als Nächstes folgt, vorbereitet?

Der Psychiater mit der Westernkrawatte - was hatte er bei seiner
ersten Diagnose 2001 nochmal zu mir gesagt: Dass ich mit allem rechnen solle? Mann, der hat damit aber so was von Recht gehabt, so viel
ist mal sicher! Wenn ich all das vorher gewusst hätte, was in den Jahren nach dem ersten Besuch bei ihm mit mir und meinen mir lieben
Menschen durch die Suche nach dem Warum geschehen würde – ich
glaub, ich hätte alles versucht, es beim Alten zu belassen. Manchmal,
wenn ich an Tagen, an denen es mir nicht so gut geht, zurückblicke -
und das sind meistens Tage, an denen meine Gedanken sich zu viel
mit der Vergangenheit beschäftigen - dann denke ich, dass ich bei
meinen Bemühungen, mein Leben wieder in den Griff zu bekommen
und in die richtige Bahn zu bringen, wirklich nichts ausgelassen habe,
was irgendwie schief gehen konnte. Das alles ist Vergangenheit – es ist
geschehen, und nun ist es vorbei. Schlussendlich bin ich doch da angekommen, wo ich mein ganzes Leben lang hin wollte: Bei mir. Und
das fühlt sich zunächst einmal verdammt gut an: Der seit meiner

Kindheit immer gegenwärtige, oft fast unerträgliche Druck; dieses nahezu ständige Unbehaglichsein; die ständige Erwartung, dass Anderen das nicht genügt was ich tue, so dass ich oft das Bedürfnis hatte mich irgendwie zurückzuziehen - nur um nicht mit Anderen in Kontakt kommen zu müssen: Das ist oft so gut wie weg. Dafür ist da nun das Wissen über eine zwar noch sehr umfangreiche, aber doch zu bewältigende Aufgabe - zu der ich mir jede nur denkbare Hilfe suchen kann: Mein echtes Sein leben zu lassen. Eine Aufgabe, mit der ich mich auch nicht mehr verkriechen muss. Eine Aufgabe, die ich schaffen kann: Wenn ich nur nicht aufgebe daran zu arbeiten.

Also, warum denn nun eigentlich keine Gebrauchsanleitung? Wäre doch ´ne super Idee, oder? Vielleicht steht die Antwort dazu im Gedicht „Stufen", von Hermann Hesse:

> *Wie jede Blüte welkt und jede Jugend*
> *Dem Alter weicht, blüht jede Lebensstufe,*
> *Blüht jede Weisheit auch und jede Tugend*
> *Zu ihrer Zeit und darf nicht ewig dauern.*
> *Es muß das Herz bei jedem Lebensrufe*
> *Bereit zum Abschied sein und Neubeginne,*
> *Um sich in Tapferkeit und ohne Trauern*
> *In andre, neue Bindungen zu geben.*
> *Und jedem Anfang wohnt ein Zauber inne,*
> *Der uns beschützt und der uns hilft, zu leben.*
>
> *Wir sollen heiter Raum um Raum durchschreiten,*
> *An keinem wie an einer Heimat hängen,*
> *Der Weltgeist will nicht fesseln uns und engen,*
> *Er will uns Stuf´ um Stufe heben, weiten.*

Kaum sind wir heimisch einem Lebenskreise
Und traulich eingewohnt, so droht Erschlaffen;
Nur wer bereit zu Aufbruch ist und Reise,
Mag lähmender Gewöhnung sich entraffen.
Es wird vielleicht auch noch die Todesstunde
Uns neuen Räumen jung entgegen senden,
Des Lebens Ruf an uns wird niemals enden,
Wohlan denn, Herz, nimm Abschied und gesunde!

Ja, so könnte es wohl sein: Der Sinn des Lebens. So ist es gedacht, mit dem Streben des Menschen nach Entwicklung. Bei dem einen weniger und seltener, und bei anderen mehr und öfter. Ich bin da wohl mehr so ein „Anderer".

Wenn es nur nicht immer so verdammt schwer wäre: Es kostet jedesmal so viel Kraft! Da kann ich gut verstehen, dass viele diesen steten Wandel gar nicht erst versuchen, und lieber bei dem bleiben, was sie haben und kennen.

~

Ich will noch ein paar Sätze zu dem schreiben, was damals, 2014, nach der Entlassung aus der psychosomatischen Klinik geschah: Ich fand über die Rufnummer der zentralen Therapieplatzvermittlung[43] gerade zur richtigen Zeit einen Therapeuten in einem Dorf in der Nähe, der freie Kapazitäten hatte, und mit dessen Hilfe ich jetzt eine Verhaltenstherapie begann: Das, was mich in den vorausgegangenen Therapien immer wieder hatte zurückfallen lassen – das Nicht-Wissen *warum* ich so war – war nun geklärt. Jetzt endlich konnte ich mich wirklich dar-

---

[43] *https://www.kvb.de/service/patienten/koordinationsstelle-psychotherapie/*

auf konzentrieren mein Verhalten zu verändern: Meine eingebildete und die echte Realität in Einklang zu bringen.

Dieser Therapeut war ein Mann, der meine Suche nach dem richtigen Ort, nach dem richtigen Sinn kannte: Er war gebürtig aus Südamerika, in Oberbayern aufgewachsen, und hatte selbst schon einige Versuche und Schiffsbrüche erlebt. War auch viele Male umgezogen, auf der Suche danach, es für SEIN Leben richtig zu machen - sogar zweimal wieder zurück in seine Heimat - bis er schließlich witzigerweise mit seiner Familie in der Nähe des Ortes in Bayern landete, wo er als Kind und Jugendlicher lebte. Wo er damals von seinen Lehrern arg unterdrückt wurde - und eigentlich nie wieder hin wollte. Wie schon gesagt, ich glaube, dass so ein paar Parallelen im Leben für das Verständnis des Therapeuten für den Klienten und dem einzuschlagenden Weg der Therapie wichtig ist: Der Andere kann einen halt verstehen.

Er gab mir schließlich den für mich wichtigsten Rat, der sich so einfach anhört - aber für mich wirklich und letztendlich entscheidend war. Er sagte:

„Nehmen Sie es an – heißen sie es willkommen. Es ist Teil von Ihnen, es ist Teil Ihrer Existenz. Umarmen Sie es – und hören Sie auf sich dagegen aufzulehnen".

Dass das der beste Weg für mich sei damit klarzukommen - um endlich wieder mit meinem Leben anzufangen. Irgendwann hatte ich doch schon mal so was Ähnliches gehört? Ja, genau: Vom Chefarzt der Ostseeklinik, der dies so oder doch so ähnlich seiner von Schmerzen geplagten Patientin mit dem neuen Knie geraten hatte: Nehmen Sie es an!

Und das tat ich dann auch: Ich hatte mich jetzt lange genug dagegen aufgelehnt. Hatte meine Depression und meine Angst verflucht und zum Teufel zu schicken versucht. War fast daran zerbrochen, hatte meine Ehe ruiniert, Hoffnungen enttäuscht und Freundschaften zerstört, und: Meine Töchter zum Weinen gebracht.

Ich wollte sie wirklich nicht bei mir haben, diese fürchterlichen Begleiter, konnte sie aber auch nicht ganz loswerden. Jetzt akzeptierte ich sie: Als einen Teil meines Lebens.

~

Auch, weil ich ja nun weiß was die Ursache von Allem ist, kann ich sie nun als das sehen, was meine unerfreulichen Besucher aus der Vergangenheit sind: Ein Teil von mir, aus meiner Familie – aber, eben nur ein Teil. Welchen Raum ich ihnen, dem Schatten und der roten Fratze gebe, liegt allein bei mir.

Ich weiß mittlerweile auch, dass ich sie möglicherweise nie mehr so ganz loswerde; zu sehr sind sie Bestandteil meines Lebens geworden. Mein Arzt spricht da von einer chronifizierten Depression und generalisierten Angststörung. Muss ich also damit leben, wenn sie wieder einmal, und nach wie vor meistens unangemeldet, zu Besuch kommen. Wie andere gelernt haben mit ihren Handicaps zu leben, weiß ich ja jetzt auch, wie ich mit meinen umzugehen habe: Einerseits so, als wenn man alte, lästige Verwandte empfängt - wenn die einen besuchen, muss man sich auch wohl oder übel eine angemessene Zeit mit ihnen beschäftigen; weil sie nun mal zum Leben dazu gehören, ein fester Bestandteil sind. Ob man sie nun braucht oder nicht, sie sind halt ab und zu da.

Aber dann, wenn es an der Zeit ist, schickt man sie wieder fort - zur Not auch mit mehr als deutlichen Worten. Das könnte ich dann auch mit meinen beiden lästigen Begleitern machen: Ab mit Euch! Raus! Tschüss! Und: Hoffentlich nicht so bald bis zum nächsten Mal!

Andererseits: Aus einem anderen Winkel betrachtet erfüllte meine Depression aber auch einen für mich wichtigen Zweck - sie hatte nämlich durchaus ihre Aufgabe: Sie war meine Notbremse, um mich auf dem falschen Weg anzuhalten, als meine Seele keine Beachtung fand. Wer weiß, wo ich heute ohne sie wäre: Gäbe es mich dann noch? Oder: Hätte es mich dann jemals *überhaupt* gegeben - so, wie ich *wirklich* bin?

Auch die Angst war wohl nötig, um mich zu stoppen: Das Schattenwesen allein hatte schon nicht mehr genug Macht, mich doch endlich zur Besinnung zu bringen. Da war es doch eigentlich gut, dass es sich Verstärkung holte - um meinen Karren, den ich weiter und weiter in Richtung Abgrund schob, zu stoppen. Aber, es war schon eine verdammt heftige Vollbremsung, also wirklich! Wär es nicht auch ein wenig sanfter gegangen?

So gesehen bin ich den Beiden dankbar: Sie haben, so seltsam es vielleicht auch klingt, mir geholfen dahin zu kommen, wo ich heute bin. Durch sie wurde ich dazu gezwungen meinen eigenen Weg zu suchen: Ohne sie würde ich mich vielleicht immer noch auf breiten, bequemen, von anderen angelegten Straßen bewegen, und käme trotzdem nicht richtig vor und nicht richtig zurück. Würde weiter auf der Stelle treten, und wie gebannt auf das verschwommene Bild eines Zieles in der Ferne schauen, das nicht meines ist - und es nie erreichen.

Nein, ich glaube, es ist jetzt *wirklich* an der Zeit meine Einstellung zu den Beiden zu ändern: Auch ungeliebte Verwandte haben ja ihre guten Seiten. Sollten sie also in der Zukunft auf einem meiner Wege tatsächlich wieder mal auftauchen, dann winke ich ihnen schon von weitem zu: Sollen sie halt kommen! Ich weiß nun, dass sie mir nur zeigen wollen, dass ich mehr auf mich aufpassen muss - weil ich erneut unaufmerksam war, und in einer falschen Richtung unterwegs bin.

Ich dreh mich dann um, und gehe mit ihnen gemeinsam wieder bis zur Wegkreuzung zurück, an der ich falsch abgebogen bin. Achte darauf was mein Herz, mein Bauchgefühl mir sagt, sage meinen Begleitern Danke und Adieu, bis zum nächsten Mal –

und wähle meinen Weg neu.

✦

Epilog

„Du glaubst also, dass du den Unterschied von Himmel und Hölle
erklären kannst, von strahlend blauen Höhen
und abgrundtiefem Schmerz?
Kannst du auch den Unterschied zwischen einer grünen Wiese
und einem stählernem Schienenstrang beschreiben,
zwischen einem offenem Lächeln
und einem Blick durch den Schleier?
Du traust dir das wirklich zu?

Haben sie dich nicht dazu gebracht
deine Helden gegen Gespenster einzutauschen -
heiße Asche für blühende Bäume, stickige Luft für frischen Wind,
bräsige Bequemlichkeit für Mut zu Veränderungen?
Hast du nicht deine Statistenrolle im täglichen Überlebenskampf
gegen eine Hauptrolle im goldenen Käfig vertauscht?

Wie sehr ich mir wünsche dass du hier wärst!

Wir sind doch beide verlorene Seelen,
die Jahr um Jahr im Goldfischglas herumschwimmen,
auf dem selben Stückchen Erde herumlaufen.
Und was haben wir dabei gefunden?
Immer die selben alten Ängste.
Ich wünschte Du wärst hier".

(Nach „Wish you were here" von Pink Floyd)

Dass der Tod meiner Mutter, meine Arbeiten an diesem Buch, die letzten Erinnerungen an meine Geschichte und die Erkenntnis und Akzeptanz aus der Quintessenz meines Lebens mit Depression und Angst zeitlich so nah beieinander lagen - wie gesagt: Manchmal kommt alles so zusammen, dass es sich fügt.

Aber, es ist für mich auch ein weiteres Zeichen dafür, dass all das, was mich mein bisheriges Leben lang begleitet, geprägt und immer wieder hat verzweifeln lassen, nun tatsächlich vorbei ist. Dass ich nun endlich damit anfangen kann das zu tun, was ich schon immer wollte: *Mein Leben leben.*

So wie jetzt, mit dem Wohnmobil, in dem Helga und ich mittlerweile wieder unterwegs sind: Um neue Straßen, neue Wege zu finden. Eine Nachtigall hab ich in der Zwischenzeit noch nicht wieder gehört, dafür aber immer wieder meinen ganz persönlichen Sommervogel, die Goldammer: Auch sie gab es nicht in meiner Heimat Wuppertal, zumindest nicht da, wo ich lebte.

Aber in jedem Urlaub in Dänemark, im Ferienhaus auf der Insel Als, bei meinen kleinen Fluchten mit dem Rad auf Kegnæs: Ich konnte mich fest darauf verlassen dass sie schon da war, wenn ich nach langer Autofahrt endlich ankam. Und wenn ich mich dann in den Sattel schwang und losfuhr, an einem der Knicks entlang - der großen Hecken, die die Felder unterteilen - und sie zum ersten Mal hörte: Dann war Sommer, und dann war Freiheit. Dann war ich da, wo ich sein wollte: In der Nähe der See, und ganz bei mir. Dann - war Leben.

Und dahin sind wir jetzt zu zweit unterwegs: Auf der Suche nach unserem Lebensort.

Vielleicht finden wir ja gemeinsam eine neue Türe, die sich öffnet - und das ist so viel besser als allein hindurch zu gehen!

✦

Nachwort - vielleicht aber auch zu Anfang zu lesen

Ich wünsche Ihnen, dass das Thema meiner Geschichte für Sie nur etwas war, das Sie interessierte, und über das Sie sich informieren wollten. Und dass Sie niemals an einer Depression erkranken – denn es macht echt, aber so was von, gar keinen Spaß eine zu haben!

Sollte es aber doch mal dazu kommen, oder Sie sind bereits erkrankt, und die Depression lässt Sie kaum atmen: Nagelt Sie förmlich an den Stuhl, ans Bett. Macht aus jeder kleinen Anforderung an Sie eine unlösbare und nicht zu bewältigende Aufgabe. Lässt Sie sich fühlen als der totale Versager, der es noch nicht mal schafft sich wenigstens ein Bisschen zusammen zu reißen; und Sie haben das Gefühl, dass Sie ihr Leben nie mehr in den Griff bekommen - dann möchte ich Ihnen Mut machen!

Auch, wenn es sich für Sie in einer depressiven Phase nicht so anfühlt, als dass sich Ihre Situation jemals wieder verbessern könnte: Ihr durch die Depression verzerrtes Gefühl lässt Sie dies alles fühlen, sie macht Ihnen nur vor, dass es niemals enden wird – es ist **nicht** so!

Sie sind nach wie vor Sie selbst, Sie sind nicht die Depression: Sie haben eine Erkrankung, die behandelbar ist, wie die meisten Erkrankungen - das ist ganz wichtig!

Und genau so wenig Sie die Depression sind und nicht immer in diesem Zustand bleiben müssen, ist auch dieses Gefühl nur vorübergehend ein Teil von Ihnen. Es wird Ihnen wieder besser gehen:

Vertrauen Sie - sich!

Eine Depression ist eine schwere, ernst zunehmende Erkrankung, die gut behandelt werden kann. Und die in Ihrem Interesse – *und zwar unbedingt hauptsächlich in Ihrem!* - bald behandelt werden sollte. Es kann sein, dass Ihre Depression oder Ihr Burnout nur ein kurzes Gastspiel in Ihrem Leben gibt. Dass Sie gut therapiert werden - von dem für Sie passenden Arzt oder Ärztin – und in ein paar Wochen oder Monaten ist alles vorbei. Das ist gar nicht so selten. Wenn es aber nicht so ist - dann ist mein Rat:

Nehmen Sie es an!

Akzeptieren Sie, dass Sie jetzt in einer Phase Ihres Lebens sind, in der es an der Zeit ist über Ihre bisherige Existenz auf Erden nachzudenken: Was Sie mitgebracht haben. Was Sie daraus gemacht haben. Was davon eigentlich von Anderen gekommen ist. Was Sie nur übernommen haben. Und was davon wirklich *Ihres* ist!

Dass es an der Zeit ist, alles aus einer neuen Position zu betrachten, und: *Das* endlich wahrzunehmen, was Sie bisher versäumt haben anzuschauen.

Akzeptieren Sie es, alles andere hat erst mal gar keinen Sinn: Es ist ab jetzt Ihr Ding, Ihr neuer Begleiter – ob Sie ihn wollen oder nicht! Egal, wie unbequem es jetzt ist. Wie unpassend auch immer, gerade *jetzt*. Und: Dass Ihnen *niemand* sagen kann, wie lange es bei Ihnen dauert.

Was es vielleicht auch für Sie so unfassbar macht ist, dass es scheinbar ganz *ohne Grund gekommen ist,* und *ohne jeden erkennbaren Anlass.* Wie aus heiterem Himmel. Aber: ***Das stimmt nicht!*** Es *gibt* einen Grund, einen Anlass - seien Sie sicher.

Aus Gründen, die nur Ihre Seele kennt, haben Sie diesen Anlass bisher gut versteckt, gut unterdrückt. Denn nichts anderes bedeutet es, eine Depression zu haben – *etwas zu unterdrücken.*

Das mussten Sie bisher - damit Sie die vergangene Zeit *überleben* konnten. Diese Zeit, in der Sie nicht *Sie* sein durften, Ihre Seele nicht ganz und gar frei war. Bisher hat das mal mehr, mal weniger gut geklappt - oder?

Jetzt aber, zu einer ganz bestimmten Zeit Ihres Lebens, ist es zu viel geworden: Es will und muss heraus aus seinem Versteck!

Sie haben zum Schluss einfach nicht mehr die Kraft gehabt, es weiter zu verstecken. Zu unterdrücken. Zusätzlich zu all dem, was Ihr Leben eh schon an Last, an Verpflichtung, an Verantwortung von Ihnen abverlangt, haben Sie bisher die ungeheure Energie aufbringen müssen auch noch das zu unterdrücken, was einen entscheidenden Anteil an ihrem Selbst haben will, haben muss. Haben darf! Aber, eben bisher noch keinen Raum in Ihrem Leben hat einnehmen können: Weil Sie ihm keine Möglichkeit dazu gegeben haben. Geben konnten. Es gab einen Grund, warum Sie das gemacht haben, warum Sie es unbewusst unterdrückt haben: Weil Sie nicht anders überleben konnten. Es war Ihre Überlebensstrategie. Jetzt geht das nicht mehr!

Nehmen Sie es an - und Ihr Leben wird ein Anderes werden.

Die Wahrscheinlichkeit ist sehr groß, dass Sie im Laufe Ihrer nun beginnenden Reise zu dem Menschen werden, der Sie eigentlich schon immer waren. Eigentlich schon immer hätten sein können:

Sie selbst!

Es ist weiter sehr wahrscheinlich, dass der Prozess, in dem Sie hoffentlich bald mit einem guten, zu Ihnen passenden Therapeuten eintreten werden, Ihnen ganz oft furchtbar weh tun wird.

Deshalb gewöhnen Sie sich schon mal an den Gedanken, dass Sie möglicherweise bald vor einem Ihnen einigermaßen fremden Menschen sitzen – und weinen werden. Keine Angst: Das gehört dazu.

Es darf endlich sein!

Es sind die Tränen aus Ihrer Vergangenheit, die Sie bisher noch nicht haben weinen können. Lassen Sie ihnen freien Lauf – es tut wirklich gut! (Spätestens dann werden Sie erkennen, wozu die Packung Papier-Taschentücher eigentlich ist, die immer auf dem Tischchen vor Ihnen steht: Sie war nämlich nicht für den Schnupfen ihres Therapeuten bestimmt!)

Sie werden in Ihrer Therapie vielleicht Zusammenhänge in Ihrer Vergangenheit erkennen, die Sie nie zuvor auch nur erahnen konnten. Es wird Ihnen manchmal vorkommen, als ob Ihnen jemand Scheuklappen abnimmt, die ihnen Ihren Blick auf die Wahrheit, auf *Ihre* Wahrheit verstellt haben. Ich bin mir sicher: Sie werden es manchmal nicht fassen können: Dass Sie *das* nicht schon früher erkannt haben! Machen Sie sich darüber keine Gedanken, keine Selbstvorwürfe – Sie konnten bisher nicht anders.

Mit einem kleinen bisschen Glück werden Sie irgendwann den Moment erleben, in dem es in Ihrem Kopf leise „*Klick*" macht. Oder ein lautes „*Krach!*" Sie in Ihren Grundfesten erzittern lässt: Weil die eisernen Bänder, die Sie zum Schutz um Ihr Herz gebunden hatten, zerspringen.

Und die ab jetzt nie mehr gebraucht werden!

Sie werden auf Ihrer Reise Menschen neu kennen lernen. Manche kennen Sie schon von früher, manche werden neu in Ihr Leben treten. Dabei sind solche, die Ihnen gut tun - leider aber auch ganz bestimmt welche, die ganz und gar nicht gut für Sie sind. Die keinerlei Verständnis haben für das, was Sie durchmachen, und dass Sie nun ein Anderer werden - den sie so nicht haben wollen. Auch das gehört dazu, und es ist gut so. Schließen Sie die, die Ihnen nicht gut tun, aus Ihrem Leben aus; und öffnen Sie sich für die, die Ihnen zuhören. Die Ihnen beistehen, wenn wieder mal alles grau für Sie ist. Die einfach nur für Sie da sind, die keine Anforderungen an Sie haben oder irgendwelche Gegenleistungen erwarten. Denen es wichtig ist, dass Sie sich endlich befreien, und SIE werden. Die anderen saugen nur die Lebensenergie aus Ihnen; und die brauchen Sie ab jetzt ganz für sich selbst, für IHR Leben. Also, weg mit denen - je eher desto besser.

Ich wünsche Ihnen, dass bei Ihnen alles leichter, weniger schmerzhaft und viel schneller geht als bei mir. Von ganzem Herzen. Aber, falls nicht: Verstehen Sie, dass es sich lohnt, dass es um Sie geht – es geht um IHR LEBEN! Seien Sie offen für Alles, was ab nun in Ihr Leben tritt. Nehmen Sie es an! Und fühlen Sie, was es bedeutet: *Ihr* Leben zu leben.

Haben Sie Geduld: Sie haben Ihr Leben lang, vielleicht über Jahrzehnte, etwas Wichtiges in sich unterdrückt; so was prägt sich tief ein, das kann man nicht so mal eben und in ein paar Tagen oder Wochen ändern - und schon gar nicht, in dem man ein einfach nur paar Pillen schluckt! Jetzt etwas für Sie bisher so Elementares zu ändern braucht seine Zeit: Erst müssen Sie erkennen, was gewesen ist.

Dann kommt die Zeit sich für einen neuen Weg zu entscheiden – und ihn schließlich ohne Bangen zu beschreiten. Geben Sie sich alle Zeit der Welt, die *Sie* dazu brauchen! Nehmen Sie sie sich, egal wie sehr die Umstände, die sogenannten Sachzwänge auch dagegen sprechen - es ist elementar!

Spüren Sie, wie mit der Zeit Ihr Urvertrauen langsam wieder zu Ihnen zurück kommt: Das Vertrauen darin, dass alles gut wird, dass Sie im Hier und Jetzt leben können, ohne sich ständig über die Zukunft zu sorgen oder die Vergangenheit zu betrauern. Das tiefe und unerschütterliche Vertrauen, das Sie schon einmal hatten. Das wir alle mal hatten – nämlich, als wir auf diese Welt kamen.

Erfahren Sie wie es ist: Das Sie es endlich, endlich, endlich wieder fühlen – dass Sie jederzeit so sein dürfen: So, wie *Sie* tatsächlich sind.

So, wie Sie von Anfang an für diese Welt vorgesehen wurden, sind Sie richtig. Sie sind ganz einfach:

Goldrichtig - so, wie Sie sind!

✦

Noch was zum Schluss, für auf den Weg

Was ich **Dir** unbedingt noch sagen will ist, dass Du Folgendes niemals vergisst:

Das Universum braucht Dich um zu sein!

Lies Dir diesen Satz mal laut vor: Mehrmals, und mit unterschiedlicher Betonung- mal auf die ersten beiden, dann auf das dritte und vierte, schließlich auf die letzten drei Worte - oder wie Du es willst. Achte darauf, was Du dabei empfindest: Findest Du die Aussage richtig - oder ist das völliger Quatsch? Schüttelst Du den Kopf über so eine Anmaßung? Esoterischer Blödsinn? Denkst Du, wieso sollte das Universum anders sein, wenn es Dich nicht gäbe?

Wenn man sich das erst einmal so richtig vergegenwärtigt hat, dass die Welt ohne einen tatsächlich eine Andere wäre, erscheint alles auf einmal in einem ganz anderen Licht. Versuch es mal!

Also: **Was wäre anders, wenn DU niemals gewesen wärst?**
Bei mir wäre es beispielsweise so:

Wenn ICH nicht wäre, gäbe es meine Töchter nicht – und wenn es sie nicht gäbe, wäre wiederum das Leben Anderer anders verlaufen.

Wenn ICH nicht wäre, gäbe es meine Enkelin nicht; und wenn sie nicht da wäre, würde nicht irgendwann ein Mensch auf dieser Welt sie kennen lernen - sich in sie verlieben, mit ihr vielleicht Kinder zeugen, die wiederum Familien mit anderen gründen, oder was auch immer sie mit ihren Leben tun werden – und sein Leben würde ein ganz anderes werden.

Wenn ICH nicht wäre, wäre überhaupt das Leben all der Menschen, die mich kennen gelernt haben, anders verlaufen: Vielleicht besser, vielleicht weniger gut. Und dadurch hätten sie wiederum Andere anders beeinflusst, und diese wieder andere, und so fort; was auch immer das im Einzelnen zu bedeuten hätte. ALLES wäre anders verlaufen - ohne mich.

Ach ja: Und dieses Buch wäre so auch nicht geschrieben worden.

Egal, wie groß oder klein der Anteil eines Einzelnen am Gesamten auch sein mag, die Welt wäre tatsächlich eine Andere, wenn es diesen Einen nicht gegeben hätte, denn: **Alles hat mit allem zu tun.**

Deshalb flüstere, sage, schrei oder brüll es Dir so lange zu, bis Du es irgendwann endlich selbst begreifst:

„ICH   BIN   WICHTIG !"

Mach Dich auf den Weg – auf deinen Weg!

Je früher Du damit anfängst um so besser: Für Dich, aber auch für die Welt. Die Welt - Deine Welt und die der Anderen, das ganze Universum - ist ärmer ohne Deine wirkliche, echte und freie Seele.

Und deshalb ist es ganz wichtig, dass Du so schnell wie möglich begreifst, dass Du jetzt nur deshalb auf Deinem Weg zu Dir selbst bist, um endlich so zu werden wie Du eigentlich schon immer sein solltest.

*Sei endlich so, wie Du hierher geschickt wurdest,
und bereichere die Welt mit dem,
was Du bist.*

✦

Mick Saunter

Die Legende vom Moodchanger

Von der Suche nach dem eigenen Weg

MOODCHANGER
LIFE

Phantastische Erzählung

Der Superheld Moodchanger verliert immer mehr seine Kraft, das *Moodchanging*. Und obwohl er genau spürt, dass irgend etwas mit ihm nicht stimmt, setzt er unbeirrt seine Wanderung zu einem ihm unbekannten Ziel fort, zu dem es ihn seit Anbeginn seiner Existenz zieht: Es ist ihm gesagt worden, dass es dort für ihn richtig ist.

An einer Stelle des Weges dorthin erkennt er, dass es für ihn eigentlich nicht mehr weitergeht. Doch er kann nicht aufgeben, versucht das für ihn Unmögliche, verliert den Halt, und stürzt in ein dunkles Tal. Als er wieder zu Bewusstsein kommt, findet er sich wieder in einer Umgebung, in der er nichts wahrnimmt außer sich selbst: Es gibt dort keine Zeit. Und erst nach einer unendlich scheinenden Ewigkeit des Leidens, der Wut und der Verzweiflung, als er endlich erkennt, dass er aus eigener Kraft niemals wieder ins Leben zurück kann, macht er das, was ihm nie jemand beigebracht hat: Er bittet um Hilfe.

Die Fantasy-Ergänzung zu „Unerwünschter Besuch".

✦

Phantastische Erzählung
112 Seiten

ISBN 978-3-752979-92-3

Helga und Mick sind schon im Rentenalter, als sie sich auf die erste lange Motorradreise ihres Lebens machen. Es ist die Geschichte von der Verwirklichung eines durch die Umstände des Lebens immer wieder aufgeschobenen Traums:

Von einem Roadtrip auf dem Motorrad - so wie Wyatt und Billy in „Easy Rider" von 1969. Vom Chiemsee aus geht es einmal quer durch Europa in den äußersten Südwesten Irlands: Zur Halbinsel Dingle in der Grafschaft Kerry. Auf dem Wild Atlantic Way folgen sie den Spuren der Dreharbeiten zur Star Wars-Saga, können wegen schlechtem Wetter die Blasket-Inseln nicht besuchen, finden auf der Halbinsel Beara an einer spektakulären Stelle ein Meditationszentrum eines weltberühmten buddhistischen Meisters, und fahren über den Ring of Kerry zur Valentia-Insel - wo sie einen ziemlich verwilderten, zauberhaften subtropischen Garten entdecken. Auf der Rückreise erkundigen sie Südengland: Ohne feste Etappen, ohne konkrete Ziele; und lassen sich treiben, wohin es sie zieht. Sie kommen durch herrliche Dörfer, die wie Drehorte zu „Lang lebe Ned Devine!" und „Inspektor-Barnaby"-Krimis ausschauen. Mit supernetten, hilfsbereiten und entspannten Iren, die auch in der Dämmerung und im Nebel meist ganz entspannt bleiben - und ihre Autos ohne Licht fahren. Mit Engländern, die ganz oft den gängigen Klischees entsprechen - und mindestens ebenso oft überhaupt nicht. Mit viel richtig gutem Kaffee und köstlichem Afternoon-Tea, sagenhaften Landschaften, und, wie sich überraschender Weise herausstellt, angenehmen Links-Verkehr. Und kommen zurück mit der Erkenntnis, warum Fish and Chips das inoffizielle Nationalgericht in England ist: Es schmeckt einfach super!

✦

228 Seiten
ISBN 978-3-7485-4638-2 (Print), ISBN 978-3-7485-4824-9 (E-Book)

Mick Saunter

Manner sieht rot

MOODCHANGER   Kriminalroman

**Wie bemisst man
den Wert eines Lebens?**

Ein toter junger Mann am Untersberg, und Ziegenhaare in den Bäumen. Eine schrecklich zugerichtete Leiche, am Haken eines Chiemsee-Fischers. Eine junge Frau, die ihre Erfüllung in völliger Unterwerfung findet, zwei verschwundene Mitarbeiter einer Behinderteneinrichtung, und ein seltsamer SM-Club in Tirol: Konstantin Manner vom LKA Salzburg tappt zunächst völlig im Dunkeln, was das alles eigentlich miteinander zu tun haben soll.

Im Laufe der Ermittlungen taucht er in zwei ihm völlig unbekannte Welten ein: Die der Menschen mit geistiger Behinderung und der des BDSM. Alles ist fremd, ist unerwartet - und überraschend anders, als er es sich vorgestellt hat. Er trifft dabei auf Menschen, die ganz andere Vorstellungen vom Wert eines Lebens haben als er - und deckt ein Verbrechen auf, das er sich in seinen schlimmsten Phantasien nicht hätte vorstellen können.

Warum ihm das alles aber diesmal so nahe geht, dass er sogar bereit ist seine ganze berufliche Laufbahn zu riskieren, wird ihm erst klar, als er vom dunkelsten Geheimnis seiner Kindheit erfährt.

✦

540 Seiten
Der erste Band der siebenteiligen Kriminalroman-Reihe „**Manners Suche**"

ISBN 978-3-7485-7352-4 (Print)
ISBN 978-3-7502-0058-6 (E-Book)

Noch mehr von mir und über mich finden Sie unter

www.saunter.de

Druck:
Customized Business Services GmbH
im Auftrag der
KNV Zeitfracht GmbH
Ein Unternehmen der Zeitfracht - Gruppe
Ferdinand-Jühlke-Str. 7
99095 Erfurt